Alice Schwarzer
Lebenslauf

Alice Schwarzer
Lebenslauf

Kiepenheuer & Witsch

Verlag Kiepenheuer & Witsch, FSC-N001512

2. Auflage 2011

Umschlaggestaltung: Barbara Thoben, Köln
Umschlagmotiv: © Bettina Flitner / Motiv U4: Privatbesitz der Autorin
Gesetzt aus der Linotype Univers und der Stempel Garamont
Satz: Barbara Thoben
Druck und Bindung: GGP Media GmbH, Pößneck
ISBN 978-3-462-04350-1

Für Ernst Schwarzer

Inhalt

Vorwort

Ein Jahr liegt vor mir. Das ist die Zeit, die ich mir für mich nehme. Die Wochen zwischen den EMMA-Redaktionsschlüssen habe ich weitgehend freigeschaufelt, Vorträge und Fernsehen sind auf ein Minimum reduziert. Im Sommer 2011 will ich fertig sein mit diesen ersten 15 Kapiteln meines Lebens.

Alles ist vorbereitet. Fotos, Briefe, Taschenkalender und Archive sind gesichtet. Meine große schwarze Schreibtischplatte ist leer gefegt. Die Reisenotizen sind ausgewertet, die Wiederbegegnungen mit den Stationen meines Lebens: meine Heimatstadt Wuppertal, die nur 50 Kilometer entfernt liegt von Köln, wo ich seit 34 Jahren lebe; das fränkische Dorf, in dem ich bei Kriegsende sechs Jahre lang evakuiert war; München, wo ich in den frühen 1960er-Jahren im Swinging Schwabing gefeiert und gejobbt habe; Düsseldorf, Hamburg und Frankfurt, wo ich als junge Journalistin gestartet bin; Berlin, wo ich Mitte der 1970er-Jahre bei meiner Rückkehr aus Frankreich einen wahren Kulturschock erlitten habe – und mein geliebtes Paris, das mich so entscheidend geprägt hat und wo ich gleich zwei Mal gelebt habe: als Sprachstudentin in den 1960ern und als Korrespondentin in den 1970ern.

Jetzt sitze ich 50 Autominuten entfernt von Köln in meinem 400 Jahre alten Fachwerkhaus mit Blick auf die ebenso alte Linde. Die beiden waren vor mir da und werden nach mir da sein.

»Arbeitsklausur« lautet das Stichwort, denn zum Schreiben muss ich allein sein. Ungestörte Wochen liegen vor mir. Das heißt, wenn nicht gerade meine Katze Frizzi ihren Kopf gegen die geschlossene Türe meines Arbeitszimmers donnert oder Noah, mein vierjähriger Nachbar, sich durch den von uns gemeinsam frei geschnittenen Tunnel in der Hecke schiebt, sich vor meinem Fenster auf die Zehen stellt und mault: »Bist du bald mal fertig mit deinem Buch?«, sowie energisch sein »grünes Getränk« verlangt. Das ist die Menthe à l'eau, der Pfefferminzsirup, den ich seit Jahren jeden Sommer aus Frankreich mitbringe. Dabei gibt es den sicherlich längst in jedem deutschen Supermarkt.

Vor mir liegt eine Reise durch mein eigenes Leben. In den vergangenen Jahrzehnten habe ich mich für unendlich viele andere Leben interessiert und Menschen befragt. Immer mit Leidenschaft, immer getrieben von der Frage nach den Prägungen, die die Frauen und Männer formen, und den Freiheiten, die sie sich darum oder trotzdem nehmen.

In den letzten Jahren begann ich zu spüren, wie meine Neugierde auf mich selber wuchs. Ich habe selten innegehalten in meinem Leben. Es gibt einfach immer zu viel zu tun. Und ich bin auch nicht der Mensch, der sich am liebsten mit sich selbst beschäftigt und über seine Befindlichkeiten beugt. Dafür finde ich die Welt viel zu aufregend. Doch jetzt möchte ich mir die Zeit nehmen, mich selber zu befragen: Was hat mich geprägt? Wie waren die Bedingungen und Begegnungen meines bisherigen Lebens? Und – was habe ich daraus gemacht?

Ich bin in der etwas speziellen Lage, dass es ein öffentliches Bild von Alice Schwarzer gibt. Man glaubt zu wissen, wer ich bin, obwohl ich nur sehr selten öffentlich über mich selber geredet und kaum je über mich geschrieben habe. Manches von diesem Schwarzer-Bild basiert auf meinen Texten, meinem politischen Engagement und meinen öffentlichen Auftritten. Doch viel ist geprägt von Klischees. Dass meine Realität in weiten Strecken so ganz anders aussieht als diese Projektionen, auch das gilt es zu sagen.

Ich bin gespannt auf diesen Streifzug durch mein eigenes Leben. Doch ich habe auch Angst davor. Ich spüre, wie mein Herz schneller schlägt, wenn ich daran denke.

Im Juli 2010

1942/1943
Eine unerwünschte Geburt
Und die Flucht vor den Bomben

»Es ist ein Mädchen.« – Der Zettel liegt auf dem Küchentisch und der Satz ist in seiner klaren, schönen Handschrift geschrieben. Er war also trotzdem hingegangen. Obwohl sie erklärt hatte: »Ich will das Kind nicht sehen!« Und auch sie wird einige Tage später auftauchen, auf das Neugeborene blicken und dem Kind noch Jahre später in ihrer sarkastischen Art erzählen: »Hübsch warst du nicht gerade. Du warst ganz winzig, tomatenrot und schrumpelig.« *Er*, das ist mein Großvater, Ernst Schwarzer, zum Zeitpunkt meiner Geburt 47; *sie* ist meine Großmutter, Margarete (genannt Grete) Schwarzer, geborene Büsche, 46 Jahre alt. Sobald ich sprechen kann, werde ich sie »Papa« und »Mama« nennen, meine Mutter ist die »Mutti«.

Wir schreiben den 3. Dezember 1942. Es ist das Jahr, in dem die Wannsee-Konferenz die »Endlösung der Judenfrage« beschließt. Und das Jahr, in dem die flächendeckenden Bombardierungen deutscher Städte beginnen. Beides beschäftigt bzw. betrifft meine Familie existenziell. Wuppertal-Elberfeld wird wenige Monate später in einem Flammenmeer versinken.

Meine Mutter Erika ist 22 Jahre alt, ungewollt schwanger und bis ins hohe Alter stolz darauf, dass man »bis zuletzt nichts gesehen hat«. Die Schwangerschaft ist das Resultat eines Flirts mit einem Soldaten auf Heimaturlaub. Der ist ihr beim näheren Hinsehen so fremd, dass sie sich weigert, auf dem Standesamt seinen Namen preiszugeben. Auf eigenen Wunsch lerne ich ihn 20 Jahre später kennen: groß, blond, breitschultrig. Ein wenig verlegen an der gemeinsamen Kaffeetafel. Und auch mir sehr fremd. Ich habe mich nie mehr bei ihm gemeldet – und er sich nicht bei mir.

Die Geburt eines unehelichen Kindes ist in dieser Zeit noch eine große Schande – wenn es nicht gerade ein Kind ist, das die Mutter »dem Führer schenkt«. Doch das kann bei meiner Mutter nicht unterstellt werden. Die war schon als 17-jährige Dienstverpflichtete nach der »Kristallnacht« mit dem Satz aufgefallen: »Man sollte in alle braunen Buxen schießen!« Womit sie die Nazi-Hosen meinte und prompt bei der Gestapo vorgeladen wurde. Vorlaut wie sie war, hatte sie sich wohl um Kopf und Kragen geredet, wäre sie nicht jung und hübsch gewesen. Auf die Frage, warum sie nicht beim Bund Deutscher Mädel (BDM) sei, antwortete Erika schnippisch: »Ich sticke an meiner Aussteuer.« Und der genervte Gestapo-Mann entgegnete: »Solche wie Sie wollen wir auch gar nicht haben im BDM.«

Also: kein Kind für den Führer, sondern ein Kind der Schande. Als meine Mutter im Kreißsaal in den Wehen liegt, sagt der Arzt spöttisch zu ihr: »Na, rein geht eben leichter als raus.« Auch das wird sie nie vergessen.

Vom Krankenhaus an der Hardt aus kehren meine Mutter und ich erst mal nicht in die Wohnung in der Elberfelder Südstadt zurück. Ihre Mutter verbittet sich das. Dieselbe Frau, die ihr Leben lang so unkonventionell und weltoffen war, reagiert bei der eigenen Tochter hartherzig. Sie lässt sie in »ein Haus für gefallene Mädchen« ziehen – von wo aus die Leiterin sich noch vor Weihnachten bei ihr mit den Worten meldet: »Ihre Tochter gehört nicht hierher. Holen Sie sie bitte ab.«

Mein Start ist also nicht gerade rosig. Die äußeren Umstände sollten zeitgemäß anstrengend bleiben, die inneren aber, die familiären, sich zunächst zum Besseren wenden. Denn da ist mein Großvater. Sein Laden für Zeitschriften und Tabakwaren plus Leihbücherei ist nun geschlossen, weil er dienstverpflichtet wurde. Zwei Schlüsselsätze von ihm zu seiner Tochter sind bei meinem Einzug in die Blumenstraße 19 in der Familienchronik überliefert: 1. »Gib sie her, du lässt sie fallen.« Und 2. »Das Kind hat Hunger.«

Beides traf wohl zu. Die junge Mutter ist am Ende mit den Nerven und hat »saure Milch«. Ich werde also ein Flaschenkind und von Anfang an von »Papa« gefüttert. Denn die Frauen meiner Familie haben wenig Talent zur Mütterlichkeit. Meine Mutter wird lebenslang so etwas wie eine eher ferne Schwester für mich sein, eine eigentlich ältere, aber später dann sogar jüngere Schwester. Und mit meiner Großmutter, genannt Mama, werde ich zwar in meiner Kindheit sehr eng verbunden sein, aber ebenfalls eher auf einer geschwisterlichen Ebene: Wir teilen uns die Schokolade und das monatliche Mickey-Mouse-Heft. Statt Windeln zu wechseln oder Breichen zu kochen, liest sie lieber oder debattiert über Politik. Was damals heikel sein konnte. Vor allem, weil die Familie Schwarzer ganz entschieden gegen die Nazis war.

Meine Großmutter schafft es, sich durch zwölf Jahre Nazizeit zu mogeln, ohne auch nur ein einziges Mal »Heil Hitler« zu sagen. Die Hustenanfälle von Frau Schwarzer beim Betreten von Läden sind berüchtigt. Und sie riskiert mehr. Am Tag nach der »Kristallnacht« geht die kleine, außerhalb der Familie extrem schüchterne Frau demonstrativ in jedes ihr bekannte, als »jüdisch« gebrandmarkte Geschäft – durch ein Spalier von SA-Männern, die sie stoßen und ohrfeigen. Immer wieder. Sie war nie stolz darauf, sie fand das selbstverständlich. Erst 1995, bei einem Treffen mit Überlebenden in dem Frauenkonzentrationslager Ravensbrück, begriff ich: Schon für so was konnte man ins KZ kommen.

Am 26. Oktober 1941 waren die ersten Juden von Wuppertal ins KZ deportiert worden. Abfahrt Bahnhof Steinbeck, nur fünf Fußminuten von uns entfernt. Weitere Deportationen folgten, innerhalb von neun Monaten rund tausend Menschen, von denen nur etwa 150 überlebten. Mama muss etwas davon mitbekommen haben. Alle müssen etwas davon mitbekommen haben. Doch nach dem Krieg sagte auch sie über den Holocaust: »Wir wussten alle, dass etwas Furchtbares geschah. Die Demütigungen der Juden passierten ja Tag für Tag vor unseren Augen. Aber das… nein, das war unvorstellbar.«

Mein Großvater nimmt nun täglich zwei Henkelmänner zusätzlich mit Essen für die Zwangsarbeiter mit in den Rüstungsbetrieb, in dem er dienstverpflichtet ist, und so mancher wird sonntags heimlich eingeladen. Einer, ein Belgier, hat es doch tatsächlich geschafft, uns Jahre später, 1949/50, in Elberfeld aufzuspüren. Ich erinnere mich noch heute ganz genau: Die Tür fliegt auf, ein mir riesig scheinender Mann mit blendend weißen Zähnen stürmt herein, hebt meine kleine Großmutter hoch und wirbelt sie durch den Raum. Sodann leert er mit Schwung eine große Tasche aus: Auf unseren Wohnzimmertisch purzeln Schokolade, Kekse, Käse; lauter seltene, wunderbare Dinge.

Aber noch sind wir im Jahr 1942/43. Meine junge Mutter kommt wegen eines »Nervenzusammenbruchs« zur Kur in den Schwarzwald – und taucht nicht mehr auf in Wuppertal. Im November 1943 heiratet sie in Wien den deutschen Offizier Rudolf Schilling. Eine »Panikheirat«, wie sie später sagen wird. Sie wird sich ziemlich bald wieder scheiden lassen. In Wien wohnt das Paar in diesen Kriegsjahren am Karlsplatz 1, also an allerfeinster Adresse. Ihre Nachbarn sind Grafen, und die Gräfin ermahnt die junge Deutsche, »nicht ohne Hut auf die Straße zu gehen«. Bei dieser Luxuswohnung für einen deutschen Offizier 1943 liegt es nahe anzunehmen, dass es sich um eine »entjudete« Wohnung handelt. Eigentlich eigenartig, dass meine Mutter nichts davon gemerkt hat. Zumindest hat sie nie darüber gesprochen.

Ich bleibe bei den Großeltern in Wuppertal, komme tagsüber in die Kinderkrippe und werde abends von meinem fürsorglichen Papa versorgt. Um Geld dazuzuverdienen, verkauft er jetzt frühmorgens Zigaretten auf dem damals nur zehn Fußminuten entfernten Großmarkt, vermutlich Restbestände aus dem geschlossenen Laden.

In dieser Zeit erscheinen im Wuppertaler *Generalanzeiger* täglich die Todesanzeigen gefallener Soldaten. Ihre Familien sind »tief erschüttert« über die »unfassbare Nachricht«. Gleichzeitig wird auf Seite 1 gemeldet, wie »heldenmütig« die deutschen Soldaten »die Stellung halten« und wie zahlreich die »Feindverluste« sind. Am 18. Februar 1943 fragt Goebbels die Massen im Berliner Sportpalast: »Wollt ihr den totalen Krieg?« Sie wollen ihn. Und sie kriegen ihn.

Familie Schwarzer hört den verbotenen Sender *Radio London*. Auch dafür konnte man ins KZ kommen. Radio London meldet in der Regel die Bombenangriffe auf deutsche Städte vorab, um die Bevölkerung zu warnen. Gehen Schwarzers darum in der Nacht vom 24. auf den 25. Juni mit mir in den Bunker? Schließlich ist das nur einer von insgesamt 1.848 Fliegeralarmen, allein in Wuppertal.

In dieser Nacht fallen innerhalb von 40 Minuten, zwischen

1.16 und 1.56 Uhr, und nur auf den Stadtteil Elberfeld plus Rand-
gebiete: 229.170 Brandbomben, 18.579 Phosphorbomben, 2.540
Sprengbomben und 2.828 Minen. Die 630 ausgeschwärmten bri-
tischen Bomber lassen rund 3.000 zerstörte Häuser zurück (jedes
dritte) plus 1.640 Tote. 20 Tage später, am 15. Juli, erscheint im
Generalanzeiger folgende Suchmeldung: »Welcher SHD-Mann
hat in der Nacht zum 25.6. mein ½-jähriges Söhnchen, welches
aus den Armen meiner toten Tochter aus dem Keller gerettet war,
in der Nähe der Südbrücke übernommen?«

Auch wir drei, Papa, Mama und ich, sitzen in dieser Nacht in
einem Bunker. Viel gesprochen haben beide nie über diese Bombennacht und die Tage danach. Meine Informationen habe ich aus
dem Stadtarchiv. Überliefert ist nur die Anekdote der wundersamen Errettung aus dem Bunker. Papa erzählte: »Die metallene
Türe zu dem Keller war durch die Feuerhitze verzogen. Wir
bekamen sie nicht mehr auf, auch mit größter Anstrengung nicht.
Der Sauerstoff wurde knapp. Du warst schon ganz blau angelau-
fen. Mama hat dir immer nasse Lappen aufs Gesicht gelegt. Wir
hatten bereits alle Hoffnung verloren ... Da flog plötzlich die
Türe auf. Und stell dir vor: Ein junger Soldat, der wusste, dass
seine Mutter in dem Bunker war, hatte die Türe ganz alleine auf-
gestemmt.«

Die Stadt liegt in Trümmern, auch die Blumenstraße 19, die
ganze Straße. Wir aber leben.

Mama hatte nur das Allerwichtigste mit in den Bunker genommen. Hat sie die weiße Porzellandose in Form eines Schwans in
den Trümmern gefunden? Der Schwan steht 67 Jahre später vor
mir: Nur das mit Blei ungeschickt reparierte Oberteil ist erhalten
und auf dem Schwanenkopf sind bis heute Schmauchspuren. Mit
in den Bunker getragen hatte sie ganz sicher den roten Samtkasten mit den wichtigsten Familien-Dokumenten.

Wie Zigtausende andere Obdachlose werden auch wir an diesem 5. Juni 1943 erst mal in den Kasernen auf dem Lichtscheid
einquartiert. Die liegen auf der Anhöhe des schmalen, lang gezo-

genen Tals der Wupper, und wenn ich heute mit dem Auto nach Wuppertal fahre, komme ich immer daran vorbei. Die Gebäude sind inzwischen Wohnungen.

Nach den ersten wirren Tagen werden Schwarzers für einige Wochen im »Hotel zum Bären« in Calw einquartiert. Mich bringen die Großeltern im Kinderheim von Pforzheim unter. Ernst und Grete, die eigentlich so Lebenslustigen und von den Verhältnissen so Gebeutelten, nutzen diese Wochen zum Reisen: in das geliebte, zu der Zeit von den Deutschen besetzte Straßburg (wo sie sich mit meiner Mutter treffen) oder ins schicke Baden-Baden. Zwei Fotos von diesen Ausflügen liegen vor mir, darauf zu sehen: meine elegant behutete Mutter mit der goldenen Familienbrosche von Tante Sophie am Kragen und einem melancholischen Gesichtsausdruck; mein Großvater in der Rolle des Familienoberhauptes und meine Großmutter sichtbar ohne BH (30 Jahre bevor die Feministinnen denselben angeblich verbrannten). Sie hasste jede Art von Einengung.

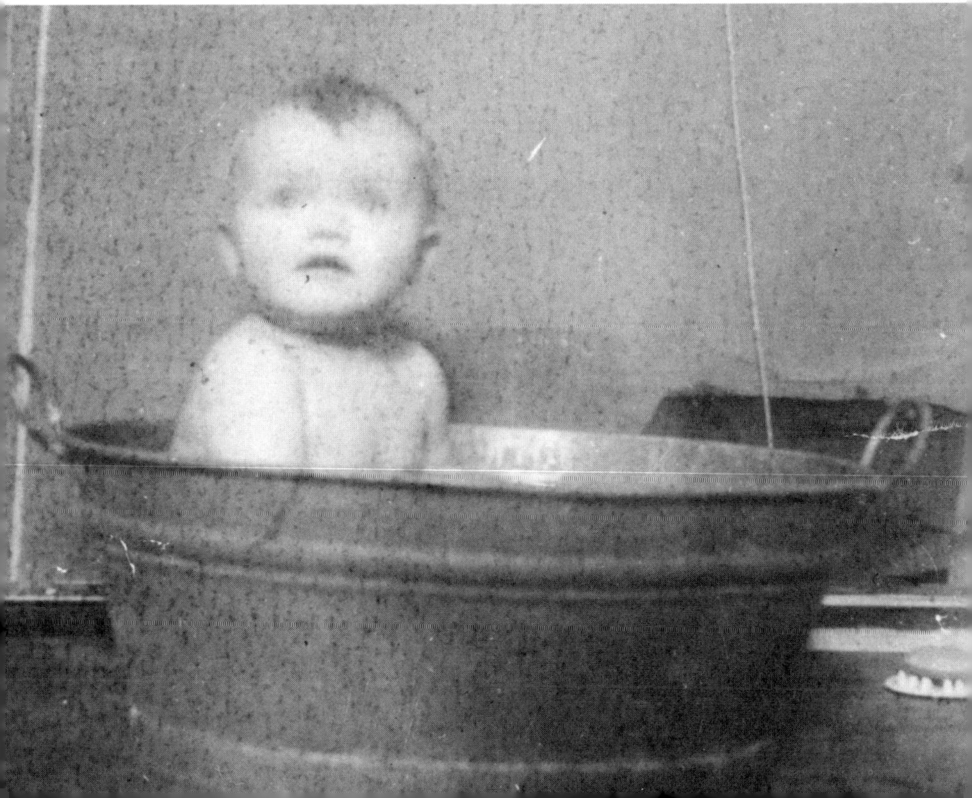

19. Jahrhundert
Zwei sehr konträre Familien
Die Schwarzers und die Büsches

Vor mir steht der dunkelrote Samtkasten mit vergoldetem Schloss. Er ist schon ziemlich abgewetzt, die Ziermuscheln vom Deckel liegen innen. Ich sollte sie wieder aufkleben. Wenn ich den Kasten aufklappe, sehe ich unter dem Seidenbezug der Innenseite des Deckels das Foto eines anrührenden kleinen Mädchens im Samtkleid mit Spitzenkragen, im gelockten Haar eine Schleife und am Arm ein Eimerchen, auf dem *Zandvoort* steht. Das Kind lehnt an einer zierlichen Balustrade. Und über den ganzen Innendeckel ist ein rotes, goldgefasstes Band gespannt mit güldenem Schriftzug: »Erinnerung an Zandvoort 1899«.

Das kleine Mädchen ist meine Großmutter Grete Büsche. Sie kann in diesem Sommerurlaub in dem holländischen Seebad noch keine zwei Jahre alt gewesen sein, denn sie ist im Oktober 1897 geboren. Der Samtkasten ist mir vertraut. In meiner Kindheit und Jugend wurden darin die wichtigsten Familiendokumente aufbewahrt: das Stammbuch, die Hochzeitsfotos, der Militärpass meines Großvaters etc. Und ich wusste immer: Eines Tages werde ich diesen roten Samtkasten weiter aufbewahren. Denn da die Großeltern meine sozialen Eltern sind, steckt in diesem Kasten auch meine Geschichte.

Mein Großvater, Ernst Schwarzer, kommt aus einer preußischen Beamtenfamilie in Ratibor, Oberschlesien, heute Polen. Er ging weg als 20-Jähriger und meldete sich freiwillig bei der Armee (was er sehr rasch sehr tief bereute). Eigentlich kamen »Schwartzers« aus Österreich, von wo der Großvater meines »Papas« während der 1848er-Aufstände fliehen musste. Er wurde Oberbahnrat in Ratibor und sein Sohn Karl Lokomotivführer. Karl heiratete Marie Aust, die Tochter des Stationsvorstehers in Breslau.

Es war keine glückliche Ehe. Der Vater war autoritär, die Mutter untertänig. Kam er nach Hause, hatte eines der sieben Kinder mit seinen Pantoffeln an der Haustüre stramm zu stehen. Die überforderte Mutter ließ vor allem die Söhne gerne zur Strafe auf Erbsen knien.

Mein Großvater war der jüngste Sohn, der bewunderte älteste hatte eine Karriere als preußischer Offizier gemacht und der lebenslustige zweite brüstete sich noch im Alter damit, als Matrose

19

anno 1918 Offiziere wie seinen Bruder ins Meer geworfen zu haben. Der dritte Sohn, Kurt, war im Krieg zum »Nahkämpfer« ausgebildet worden, lernte Erwürgen und Erstechen – und erholte sich nie mehr davon. Er landet nach dem Krieg in der Psychiatrie. Mein Großvater machte eine Lehre als »Kontorist«. Und als er 1919 nach dem Krieg im rheinischen Elberfeld hängen blieb (er war in Köln im Lazarett gewesen), da verband ihn scheinbar kaum noch etwas mit seiner preußischen Familie. Er erzählte von seiner Kindheit später nur anekdotisch, lästerte über die autoritären Eltern und schwelgte in Jugendstreichen. Die Heimat schien ihm wenig zu bedeuten.

Umso stärker war meine Großmutter mit ihrer Heimatstadt Elberfeld verbunden, die 1929 zusammen mit Barmen und Rand-Ortschaften zu Wuppertal vereint wurde. Ihre Liebe zum Rheinland, zu dem das an der westfälischen Grenze liegende Elberfeld gerade noch gehört, war tief. Ihr Vater, Wilhelm Büsche, kam aus einer alteingesessenen Elberfelder Perückenmacher-Familie und hatte eine Buchbinder- und Kartonagen-Fabrik. Ihre Mutter, Johanna Beckers, kam aus Rheydt und war katholisch getauft. Deren Vater, ein Pferdehändler, war laut Stammbaum offiziell »katholisch«, ihre Mutter »jüdisch«. Für die Rassentheoretiker war Mama also noch eine »Vierteljüdin«, wenn auch in Wahrheit vermutlich »Halbjüdin«. Für die Nazis zu wenig, für die hohe Sensibilität meiner Großmutter beim Thema Antisemitismus genug. Und irgendwie scheint die Zuordnung auch innerhalb der Familie fortgeschrieben worden zu sein. Meine Großmutter war noch im hohen Alter verletzt darüber, dass ihr Vater zu dem Kind zu sagen pflegte: »Guck mich nicht so an mit deinen jüdischen Augen.«

Das Ehepaar Büsche lebt mit seinen fünf Kindern, zwei Jungen und drei Mädchen, in dem Haus Neuenteich 79 (heute ein Aldi-Laden) am Fuß des botanischen Gartens und nur einen Steinwurf von der Innenstadt entfernt. Zu seiner Buchbinder-Fabrik mit etwa zwei Dutzend Angestellten und Arbeitern kann der Familienvater zu Fuß gehen, und es scheint Büsches eigentlich an nichts zu mangeln. Aber die Ehe ist schlecht. Er gilt als lebenslustig und gesellig und soll den ersten Elberfelder Schwimmverein gegründet haben. Sie ist schwierig, leidet an Migräne und ihre Szenen überschatten das Familienleben. Ein Drama, das sich bei ihrer Tochter wiederholen wird.

Als Grete, die Nachzüglerin, auf die Welt kommt, ist die Mutter 45 und der Vater 48 Jahre alt (also in dem Alter, in dem bei meiner Geburt meine Großeltern sein werden). Die Ehe scheint zu diesem Zeitpunkt schon völlig zerrüttet gewesen zu sein. Die kleine Grete, die 24 Jahre nach der Ältesten zur Welt kommt, ist weitgehend auf sich gestellt und einsam. Die Einzigen, die sich um sie kümmern, sind Schwester Sophie und ein Nennonkel namens Falk. Der Kriegsveteran hat im Erdgeschoss des Hauses ein Wirtshaus. Es gibt Indizien, dass der nette Onkel sich ein wenig zu intensiv um das kleine Mädchen »gekümmert« hat.

Im Ersten Weltkrieg verliert die Familie ihr Vermögen. Die Brüder haben studiert, sind Architekt und Geschäftsmann geworden – aber die Mädchen? Sophie wird mit einem Internatsjahr für »höhere Töchter« abgespeist. Henny, von der es immer heißt, von ihr hätte ich die Begabung zum Schreiben, wurschtelt sich so durch. Und die kleine Grete? Die lernt Schneiderin. Sie wird ihr Leben lang eine hochbegabte Schneiderin sein, die auf Zeitungspapier frei Schnitte entwirft und der keine Mode extravagant genug sein kann – aber sie wird ihren Beruf und ihre Begabung nie wirklich zu schätzen wissen und noch wenige Tage vor ihrem Tod zu ihrer Tochter sagen: »Das verzeihe ich meinem Vater nie, dass nur meine Brüder studieren durften.«

Grete hätte in der Tat eine der ersten Studentinnen sein können. Sie kam schließlich aus einer Stadt, der zwei der interessantesten weiblichen Persönlichkeiten dieser Zeit zu verdanken sind: die Dichterin Else Lasker-Schüler sowie die Frauenrechtlerin und Sexualreformerin Helene Stöcker. Beide sind 28 Jahre vor meiner Großmutter geboren, beide gingen von Elberfeld nach Berlin und beide starben im Exil: Stöcker 1943 in New York, Lasker-Schüler 1945 in Jerusalem.

Aber vermutlich hat die kleine Grete nichts gewusst von Helene und Else. Etwas allerdings muss auch das Mädchen am Neuenteich gestreift haben in dieser hohen Zeit der Ersten Frauenbewegung. Sonst hätte sie sich nicht noch ein halbes Jahrhundert danach so bitter beklagt über das verweigerte Studium.

Und noch etwas fällt mir auf beim Betrachten dieser mütterlich/großmütterlichen Linie: Ich bin die vierte Generation, die nicht von ihrer biologischen Mutter aufgezogen wurde. Sophie, die älteste Schwester meiner Großmutter, war das erste von fünf Kindern und noch unehelich geboren; sie wuchs bei ihrer geliebten Großmutter, Marie Weymar, auf und kam erst als Jugendliche ins Elternhaus. Grete, meine Großmutter, wurde von ihrer zu der Zeit schon kranken Mutter stark vernachlässigt und von der älteren Schwester Sophie mit versorgt. Und auch meine Mutter wurde nicht von ihrer Mutter großgezogen, sondern ebenfalls von Tante Sophie.

Am 8. Juni 1920 heiraten Grete Büsche und Ernst Schwarzer in Elberfeld. Der Brautvater hat trotz der Nachkriegsnot eine standesgemäße Hochzeit arrangiert – aber die aus Ratibor angereiste Mutter des Bräutigams verlässt am zweiten Tag überstürzt die Feierlichkeiten. Die rheinische Lässigkeit der Büsches scheint der schlesischen Preußin zuwider gewesen zu sein. Dabei waren die Schwarzers die Katholiken und die Büsches die Protestanten.

Zehn Monate später kommt meine Mutter zur Welt, am 30. April 1921. 24 Jahre später wird Hitler sich an diesem Tag umbringen – und meine Mutter wird fortan sagen: »Das war mein schönstes Geburtstagsgeschenk!«

Zum Zeitpunkt ihrer Geburt sind Erikas Eltern 23 und 24 Jahre alt, der Vater ist kriegstraumatisiert (und kommt wenige Wochen nach ihrer Geburt wegen Tuberkulose in ein Sanatorium), die Mutter ist lebensuntüchtig. Auf ein Kind war sie überhaupt nicht gefasst. Also übernimmt mal wieder Schwester Sophie die Verantwortung für das »Erilein«, mit Freude. Und ich, die vierte im Glied mit Ersatzmutter? Ich werde in den ersten Lebensjahren von einem Mann, meinem Großvater, großgezogen.

Verlobung. Ernst Schwarzer
& Grete Büsche, 1919

1
Meine Mutter Erika
mit 17 Jahren
2
Ernst Schwarzer (li)
und Bruder Paul
3
Tante Sophie &
die kleine Erika
4
Familie Büsche.
Neben Grete (re)
die alten Eltern
5
Die kleine Grete
in Zandvoort
6
Marie & Karl Schwarzer,
die Eltern von Ernst

1943/1949
Eine Kindheit auf dem Dorf
Und Papas Breichen

Es ist ein sonniger Maitag. Ich steige in Köln-Deutz in den Zug und fahre über Frankfurt und Würzburg nach Schweinfurt. Von da aus will ich mit dem Bus nach Stadtlauringen, ganz wie früher. Auf der Fahrt habe ich Muße zum Erinnern.

Wie ich dieses Dorf geliebt habe! Für mich bedeutete Stadtlauringen Freiheit. Sobald ich laufen konnte, zog es mich in Stall und Scheune zu den Tieren, kroch ich zum Hofhund in die Hütte oder lief über die Wiesen hinter dem Gehöft zur Lauer, einem kräftig fließenden Bach, in dem wir Kinder nicht müde wurden, Kaulquappen zu fangen und Staudämme zu bauen. Und dann die Kirche. Der Mohr am Eingang, der nickte, wenn man einen Pfennig reinsteckte (für die »armen Negerkinder«). Der Geruch von Weihrauch und dieses geheimnisvolle Abendmahl. Und erst die Prozessionen! Für die schickte mir meine Tante Henny eigens ein Körbchen mit einem blauen Perlenband, nicht ohne einen ironischen Reim dazu. Das füllte ich mit Blumenköpfen und schritt bei der Prozession hinauf zur Kapelle würdig voran. Mein Eifer war so groß, dass ich einmal sogar zu Hause auf die Knie fiel und betete: »Maria, du Gebenedeite ...«

Es spricht für die Toleranz meiner protestantisch getauften, aber nicht religiösen Großmutter, dass sie dazu nur lächelt und mich gewähren lässt. Selbst meinen Traum, zur Kommunion zu gehen – um auch so ein wunderbares weißes Kleidchen zu tragen –, versteht sie bestens. Ansonsten allerdings sind weiße Kleidchen so gar nichts für mich. Ich bin zwar kein Garçon manqué, kein verpasster Junge, aber ein sehr frei aufwachsendes Mädchen, das früh selbstständig ist, gezwungenermaßen, und darin auch bestärkt wird.

Die leblose Puppe in meinem ersten und letzten Puppenwagen ersetze ich umgehend durch meine erste lebendige Katze: Mucki. Und um den großen, bunten Ball, den mein Papa mir aus der Stadt mitgebracht hatte, werde ich vor allem von den Jungen beneidet. Mit ihnen spiele ich so gern wie mit den Mädchen, nur mit Puppen kann man mich jagen.

Als wir im Sommer 1949 zurück in meine mir unbekannte Heimatstadt Wuppertal ziehen, bin ich tief, tief unglücklich.

Lange Zeit weine ich mich in den Schlaf. Und in meinem abgegriffenen Lieblingsbuch, »Heidi« von Johanna Spyri, wird das Frankfurt-Kapitel verklebt – meine Identifikation mit der nach ihrer Alp so heimwehkranken Heidi ist so groß, dass ich sonst laut anfange zu schluchzen.

*

Auf dem öden Bahnhofsvorplatz von Schweinfurt suche ich eine Weile, bis ich die Haltestelle von Bus 8170 finde. Noch vor dem Einsteigen spricht mich eine alte Frau an: »Sie waren doch mit meinem Bruder in einer Klasse. So ein Blonder!« Ja. Vor einigen Jahren hat die Lokalpresse entdeckt, dass ich eine Zeit lang in dem fränkischen Dorf gelebt habe, und bei meinem letzten Besuch im Jahre 2004 wurde ich von Bürgermeister Heckenlauer sehr freundlich empfangen. Er hatte sich die Mühe gemacht, Zeitgenossen aus Kindergarten und Zwergschule zusammenzutrommeln. Da waren sie dann alle, nur die Karola vom Milchladen und die Franziska vom Schäfer fehlten. Und ich durfte mich sogar ins Goldene Buch der Stadt eintragen. Ich, »eine Saupreußin, eine damische«.

Diesmal komme ich unangekündigt. Der Bus fährt vorbei an der vertrauten alten Mühle, am Sägeweg und am Haus Schweinfurter Straße 10, wo ich gelebt habe. Er hält vor der Kirche, in der ich in meinem Eifer einmal sogar die Schuhe stehen gelassen hatte. Doch ich bleibe sitzen. Ich fahre weiter bis ins vier Kilometer entfernte Oberlauringen, das Nachbardorf, in dem wir die erste Zeit der Evakuierung verbracht haben.

An der »Unteren Judengasse« steige ich aus und gehe hoch zur Mitte des Dorfes, ein Platz mit Brunnen. Hier, Am Plan 1, sind die Großeltern am 12. August 1943 beim Dorfschmied Steigmeier eingezogen, sechs Wochen nach der Bombennacht in Elberfeld. Und bald darauf haben sie mich nachgeholt.

Inzwischen weiß ich von Zeitzeugen und aus Archiven, wie das hier war in den 16 Monaten, in denen wir beim Dorfschmied einquartiert waren. Das protestantische Oberlauringen war eine

Nazihochburg und der Ortsgruppenleiter und Lehrer ein »besonders scharfer Hund«. Gleichzeitig aber ist der Ort immer auch ein Zentrum der »Landjuden« gewesen, also Juden, die Viehhandel und Landwirtschaft betrieben.

Einerseits hatten Christen und Juden immer nachbarschaftlich zusammengelebt in dem Geburtsort des bis heute trotz seines kruden Antisemitismus hoch geschätzten »revolutionären Heimatdichters« Friedrich Rückert (1788–1866). Andererseits war dies nie ganz spannungsfrei gewesen, waren die Juden immer die »anderen« oder sogar die Ausgestoßenen geblieben. So hatte der große Sohn der Stadt in seinen 1829 verfassten »Erinnerungen« gereimt: »Wer Oberlauringen nicht hat / Seit einem Jahr geschauet / Sieht staunend eine Judenstadt / Ins Dorf hinein gebauet / Sie krimmeln da und wimmeln da, als wie am Blatt / Blattläuse, dass es einen grauet.«

Zu der Zeit war jeder fünfte Oberlauringer jüdisch, also knapp 200 Menschen. Hundert Jahre später, 1933, lebten nur noch 48 Juden im Ort. Und die letzten 13 jüdischen Nachbarn wurden am 25. April 1942 deportiert. Ein rundes Jahr später kamen wir. Da waren Synagoge und Judenschule schon in Wohnhäuser für »Arier« umfunktionalisiert (und sind es noch) und der »Israelitische Friedhof« draußen auf dem Feld vandalisiert (das ist er nicht mehr). Tag für Tag marschierten Am Plan die braunen Truppen auf und neben dem Kriegerdenkmal war eine »ewige Wache« postiert.

In diese Atmosphäre geraten meine ausgebombten Großeltern, die von Amts wegen dorthin »evakuiert« werden. Meinen Großvater, zeit seines Lebens ein Nazigegner, wird es bedrückt haben. Der damals 16-jährige Siegfried Schmidt erinnert sich gut an ihn: »Der Opa kam jeden Morgen bei mir an der Milchsammelstelle Milch holen für das Kind, also für Sie. Und manchmal kam er auch abends vorbei, ein bisschen plaudern. Ich habe mich gerne mit ihm unterhalten. Und er hat viel fotografiert. Mich auch. Sehen Sie hier …«

Meine Großmutter aber, die Frau, die so leidenschaftlich gerne bummeln geht, verlässt nun das Haus nicht mehr. Schmidt: »Die

Oma habe ich immer nur am Fenster gesehen. Wenn man hochguckte, zog sie die Gardine zu.« Doch auch hinter der Gardine hatte Mama vom ersten Stock aus den direkten Blick auf die vor dem Haus aufmarschierenden Nazihorden. Es muss sie wahnsinnig bedrückt haben. Und vielleicht hatte sie sogar regelrecht Angst. Mama hatte null mütterlichen Ehrgeiz, auch nicht mit ihrer Enkelin. Im Gegenteil. Schon als Kind erzählte sie mir: »Also der Papa war ja verrückt mit dir. Bei jedem Sonnenstrahl hat er dich auf den Hof getragen. Und er hat dir immer Breichen aus frischem Obst gemacht. Die jungen Mütter im Dorf kamen, um ihn um Rat zu fragen.« Mamas Kalkül ging auf: Papa betrachtete sich lebenslang als zuständig für die mütterliche Versorgung seiner Enkelin.

Von mir, dem ein-, zweijährigen Kind, gibt es ein paar unscharfe Fotos in Oberlauringen: mein stolzer Papa mit mir auf dem Arm Am Plan, umringt von Dorfschafen. Oder ich mit einem Spielzeugauto im Arm, sichtbar entschlossen von dannen strebend. Meine einzige direkte Erinnerung ist die: Ich laufe einen Berg hinunter und durch eine offene Tür geradewegs in eine Küche, unter deren Tisch kleine Katzen oder kleine Hunde sind, mit denen ich spiele. Es wird beim Bauern Schmidt gewesen sein.

Am 20. Dezember 1944 ziehen wir um in das katholische – und als weniger antijüdisch geltende – Stadtlauringen. Doch auch da bleiben wir selbstverständlich die nicht sonderlich geliebten »Saupreußen« (Mama: »Und das uns! Wo uns im Rheinland die Preußen besetzt haben!«). Wir werden zwangseinquartiert beim Bauern Hohn, der selber in dem armen Dorf nicht gerade fürstlich lebt und für uns 40 Quadratmeter im Erdgeschoss räumen muss. Der einzige Raum wird mit einem quer gestellten Kleiderschrank zum Wohn/Schlafzimmer gemacht, hinzu kommt eine kleine Küche mit einer winzigen Speisekammer. Am Anfang schlafe ich noch in meinem weißen Gitterbett; später, als Papa zurück nach Wuppertal gegangen war, lande ich im Ehebett neben Mama.

Jetzt, über 60 Jahre später, stehe ich wieder in dem Raum. Die Wände sind eingerissen und die 40 Quadratmeter sind jetzt das

Wohnzimmer von Sohn und Schwiegertochter der neuen Besitzerin. Aber die Fenster und der Blick hinaus sind wie damals. Mir wird das Herz ganz schwer. Ich erinnere mich nicht an den Einzug der Amerikaner, aber es ist mir oft erzählt worden: Am 8. April 1945 rollen die amerikanischen Panzer über die Schweinfurter Straße, von meiner Familie sehnsüchtig erwartet. Dennoch ist Mama leicht enttäuscht: »Die sahen gar nicht aus wie Soldaten. Die hatten die Füße hochgelegt und kauten Kaugummi.« Immerhin: Bei diesem Anblick trauten die Leute sich aus den Kellern. Und ich, zweieinhalb und semmelblond, fliege als »Blondy« quer über die Panzer von GI-Arm zu GI-Arm und habe bald ein schokoladeverschmiertes Gesicht.

Es wird sodann der liebste Sport von uns Dorfkindern, am Straßenrand zu stehen und zu rufen: »Häf ju Schokoläd for mei?« Sie haben. Sie sind wirklich nette Boys. Wenn auch nicht alle. Einer hatte kurz nach dem Einmarsch versucht, mit meiner Mutter, die gerade mal wieder zu Besuch war, zu flirten. Die wies ihn ab. Am Abend klopft es an unser Fenster. Ein junger GI kommt, um meine Mutter zu warnen. Sein Kamerad sei stark betrunken und hätte angekündigt, dass er sich »das Fräulein« jetzt holen wolle. Meine Mutter verlässt das Haus und in der Tat: Wenig später kommt der GI angetaumelt, volltrunken, und fordert die Herausgabe der »daughter«. Mit der Pistole in der Hand. Am nächsten Tag wird der Soldat von der MP, der amerikanischen Militärpolizei, wegen des Vergewaltigungsversuchs standrechtlich erschossen.

Dem Stadtarchiv entnehme ich, dass die Amerikaner in diesen Tagen auch vier Deutsche erschießen, darunter den Dorfpolizisten Buschküller. Der war aus Düsseldorf zugereist und in der Nazizeit ein besonders fieser Zeitgenosse, bei den polnischen Zwangsarbeitern mit gutem Grund verhasst. Die rund tausend Zwangsarbeiter waren zwar fünf Tage vor Einmarsch der Amerikaner abtransportiert worden, aber man wusste Bescheid im Dorf. Doch die Abrechnung währt nur wenige Tage – danach geht alles wieder seinen Gang.

Im Stadtlauringer Stadtarchiv fällt auf: Die Geschichte des Ortes ist hier zwar bis zurück ins 16. Jahrhundert akribisch dokumentiert – aber die Jahre 1939 bis 1947 fehlen im »Protokollbuch«. Und im »Beratungsbuch« gibt es null Eintragungen zwischen dem 7. 8. 1942 und dem 8. 11. 1944. Als sei nie etwas gewesen. Und auch heute, so wird mit gesenkter Stimme gesagt, lasse man das Thema besser ruhen.

Der so dramatisch geendete Dorfpolizist war Teil unserer Familienanekdoten. Denn wie so viele überlebten auch die Schwarzers in der Zeit nur dank Hamsterfahrten und Schwarzhandel, im kleinsten Stil: Mehl gegen Speck, Speck gegen Zigaretten, Zigaretten gegen Kleidung etc. Der Dorfpolizist machte regelmäßig Razzien bei den einschlägig Verdächtigen. Und es war einer meiner makaberen Lieblingsscherze, ins Zimmer zu stürmen und zu rufen: »Der Buschkühler kommt!«. Mit dem Resultat, dass Hektik ausbrach – und ich irgendwann anfing, fett zu lachen. Bestraft wurde ich für solche Scherze nie, im Gegenteil: Mama und Papa hatten Mühe, sich das Lachen zu verkneifen.

Und auch ich bin beim Hamstern im Einsatz. Denn in den raren, überfüllten Zügen, wo Menschen auf den Dächern kauern, gibt es ein Abteil »Mutter und Kind«, das ist meist halb leer und komfortabel. Also werde ich ab und an mitgenommen im Abteil auf Hamsterfahrt. An eine Episode erinnere ich mich: Ich sitze neben meiner Großmutter mit einer Puppe auf dem Schoß und die Dame gegenüber, die mir eine Freude machen will, lobt mein »reizendes Püppchen«. Doch mein Püppchen ist für mich alles andere als reizend. Es hat zwar einen wunderschönen Porzellankopf aus dem 19. Jahrhundert (auch der aus den Trümmern gerettet), aber seine Arme und Beine sind mit Stoff umwickelte Würstchen und sein Leib ist ein eingewickeltes Stück Speck. Es ist mir ziemlich peinlich.

Meine Mutter scheint in diesen Nachkriegsjahren öfter in Frankfurt zu sein. Doch sie beginnt erst ein halbes Jahrhundert später – als die Vergewaltigungen und die Prostitution nach Kriegsende ein öffentliches Thema werden –, über das zu reden, was sie dort gesehen hat. Sie sagt:

»Ich habe die jungen Frauen, oft noch halbe Kinder, die Krieg und Flucht überlebt hatten, in den Trümmern der Bahnhofstraße hausen sehen. Ihnen blieb gar nichts anderes übrig, als sich zu prostituieren. Und wenn sie schwanger wurden, brachten sie die Kinder in Hauseingängen und Kellern zur Welt – und so manche hat das Neugeborene in ihrer Verzweiflung gleich umgebracht.« Es scheint da also über die Sieger-Vergewaltigungen und die Nachkriegs-Prostitution hinaus durchaus noch weitere dunkle Kapitel zu geben, die bis heute nicht beleuchtet sind.

Der Schwarzhandel blüht bis zur Währungsreform am 20. Juni 1948, von da an kann man wieder alles kaufen, für harte D-Mark. Doch bis dahin sind Zigaretten die Währung, die Camels der GIs. Eine Packung Zigaretten entspricht 100 Mark. Zum Vergleich: Ein Drei-Kilo-Brot kostet 80 Pfennig. Zum Selberrauchen sind die Zigaretten also auch für Raucher wie Papa und Mutti viel zu kostbar. Ich sammle darum auf der Dorfstraße GI-Kippen für die beiden und friemel den Tabak raus. Sie sind sehr gerührt über das liebe Kind.

Doch Stadtlauringen, das ist für mich eigentlich: meine Großmutter und ich. Aber so zufrieden ich in meiner Erinnerung war – obwohl ich auf den Fotos manchmal so traurig aussehe –, so unglücklich war sie. Sie war Städterin durch und durch, ging dreimal die Woche ins Kino, doch in dem »Kuhdorf« gab es höchstens samstags eine Filmvorführung im Gemeindesaal, und was für eine … Das Einzige, was meine gekränkte Großmutter aufmuntern konnte, waren Kölner. Wenn die auf Hamsterfahrten vorbeikamen, blühte sie auf. Und die kölsche Trümmer-Hymne von Ostermann »Wenn ich su an ming Heimat denke un sin d'r Dom su vör mer ston …« konnte sogar der so Unsentimentalen die Tränen in die Augen treiben. Wie so manches habe ich auch das von ihr geerbt.

Das einzige Haus, in dem Mama und Papa verkehrten, war Bäcker Braun an der Kirche. Der Sohn des Hauses, der inzwischen verstorbene 87-jährige Bäcker, ist einer der Letzten mit einer lebendigen Erinnerung an uns. »Ihr wart ja täglich bei uns. Man konnte sich schließlich vertrauen.« Was sich in dem Fall sowohl auf die

Nazigegnerschaft als auch auf den Schwarzhandel bezog. Sogar an mich, die damals Vier-, Fünfjährige kann Arno Braun sich bestens erinnern:»Sie waren ein bescheidenes Kind. Sie haben immer nur Salzstangen oder trockene Brötchen gewollt.«

Ja, ich war ein bescheidenes Kind, aber mir blieb auch gar nichts anderes übrig. Ich wurde zwar geliebt, aber verwöhnt wurde ich nicht, wovon auch. Und ich hatte sehr früh Verantwortung. Als Papa 1946/47 zurückging nach Wuppertal, um eine Wohnung für uns zu suchen und eine neue Existenz, wurde ich sozusagen der Familienchef. Da war ich vier Jahre alt. Mama blieb scheu und introvertiert, ich übernahm die Verantwortung. Ich ging oft alleine einkaufen bei Metzger Lutz oder im Gemischtwarenladen Katzenberger; ich kundschaftete die Lage an der Post aus, ob Mama, die im kleinen Stil Schwarzhandel betrieb, es wagen konnte, ein Speck-Paket aufzugeben (auf Schwarzhandel stand Gefängnis); ja, ich ging sogar abends mit ihr auf Holzklau, wenn es sein musste. Denn die Bauern, die gaben den »Hergelaufenen« nicht das Schwarze unterm Nagel. Ich tat das allerdings nicht gern. Denn ich gehörte schließlich zum Dorf – und es wäre mir unendlich peinlich gewesen, erwischt zu werden.

Heidrun, die Schwester von Margit, mit der ich gemeinsam in die »Kinderbewahranstalt« zu den Nonnen ging, erinnert sich noch sehr genau:»Wenn wir dich zu Hause abholten, hat deine Großmutter die Tür immer nur einen Spalt geöffnet, und du hüpftest dann die Stufen runter. Sie trug einen Turban und redete mit niemandem. Wir glaubten, sie sei eine Hexe.« Die beiden Mädchen waren überzeugt, ich würde in der Laube im Garten wohnen, also so eine Art Pippi-Langstrumpf-Existenz führen. So ähnlich war es ja auch. Nur dass ich zusätzlich für eine Erwachsene die Verantwortung hatte.

Es gibt ein paar Anekdoten, die ein bezeichnendes Licht werfen auf das Verhältnis zwischen meiner Großmutter und mir. Ich glaube mich selbst daran zu erinnern, aber manchmal vermischen sich meine Erinnerungen vielleicht auch mit den späteren Erzählungen der Erwachsenen.

Da ist die Geschichte mit dem Dorfkino. Ich kann maximal drei gewesen sein, denn ich lag noch in meinem weißen Gitterbett. Mama war in die Samstagabend-Vorführung gegangen. Mir wurde langweilig, ich kletterte aus dem Bett, zog mich an und machte mich auf den Weg. Weit war es nicht. Vielleicht 500 Meter die Dorfstraße runter. Da postierte ich mich vor den Gemeindesaal – und als Mama rauskam, sagte sie nicht etwa: Um Gottes willen, was machst du denn hier, Kind! Sondern:»Das ist aber lieb, Alicelein, dass du mich abholst.« Es schien ihr einfach selbstverständlich.

Oder die Geschichte mit dem Hering. Das muss um 1947/48 gewesen sein, auf jeden Fall gab es noch Lebensmittelkarten. Der Dorfbüttel ging durch die Straßen und verkündete täglich, was es heute auf die Marken zu kaufen gäbe. An dem Tag gibt es auf die Abschnitte XY »Hering oder Eis« bei Katzenberger. Mama und ich sitzen in der Küche, ich auf meinem kleinen Schemel, wie so oft. Wir gucken uns an, jede hofft … Schließlich gebe ich nach und sage:»Du kannst die Heringe haben, Mama.« Mama zieht los.

Und die Geschichte meiner ersten D-Mark. Das muss im Sommer 1948 gewesen sein, direkt nach der Währungsreform. Ich war also fünfeinhalb. Kurz zuvor hatte ich ein paar Pfennige durch Kräutersammeln für die Apotheke verdient, wie viele Kinder im Dorf. Mama war sehr stolz und sagte:»Das ist dein erstes selbst verdientes Geld.« Sie legte die Pfennige in ein Medaillon. Wenig später schenkt sie mir eine Mark, was damals viel Geld war. Damit mache ich mich auf zum Jahrmarkt in das vier Kilometer entfernte Sulzdorf. Auf halber Strecke begegnet mir ein Bauer aus unserem Dorf auf dem Pferdewagen und fragt mich erstaunt:»Was machst du denn hier, Alois?« (Vielen Stadtlauringern war der Name Alice so fremd, dass sie mich einfachheitshalber Alois nannten.) Ich erstatte Auskunft und marschiere weiter. Das macht die Runde in Stadtlauringen.

Ich war also sehr früh sehr selbstständig und anscheinend auch relativ unerschrocken. Meine Großmutter war ein großes Kind –

und ich war ein vernünftiges Kind. Sie traute mir alles zu. Sie nahm mich ernst.

So manche meiner tiefen Strukturen wurden in den ersten Lebensjahren geprägt: mein extrem ausgeprägtes Verantwortungsbewusstsein für andere sowie dieses permanente Pendeln und Vermitteln zwischen dem Rand der Gesellschaft und ihrer Mitte. Das ist bis heute mein Platz: randständig sein und dazugehörig zugleich. Das Leben mit Mama, die so extrem unangepasst ist, ist mir vertraut – doch verkehre ich gleichzeitig sehr selbstverständlich bei den anderen, den »Normalen«. Ich lade mich auch unbefangen bei »Tante Ellis« oder »Onkel Braun« zum Mittagstisch ein, denn das Kochen ist nicht Mamas Sache. Wir zwei machen uns meist Grießbrei und ähnliche Schnellgerichte. Was mir übrigens später die Unbefangenheit geben wird, als Erwachsene leidenschaftlich gerne zu kochen.

Ich bin ein Dorfkind wie alle anderen, hole das Wasser von der Pumpe auf dem Hof und bin meist draußen unterwegs. Aber gleichzeitig ist da die unausgesprochene Herausforderung durch meine Großmutter. Mit vier bringe ich mir selber die Uhr bei, und als ich mit fünf eingeschult werde, kann ich schon recht ordentlich lesen. In meiner Zwergschule hinter der Kirche sitzt die dritte Klasse in der Reihe am Fenster, die zweite in der Mitte und die erste an der Tür.

Ich habe ein halbes Jahr lang das Vergnügen. Dann geht es zurück nach Wuppertal. Unsere wenigen Möbel passen locker auf den Lastwagen. Und auf meinem Schoß sitzt meine Katze Mucki.

In Oberlauringen, 1944

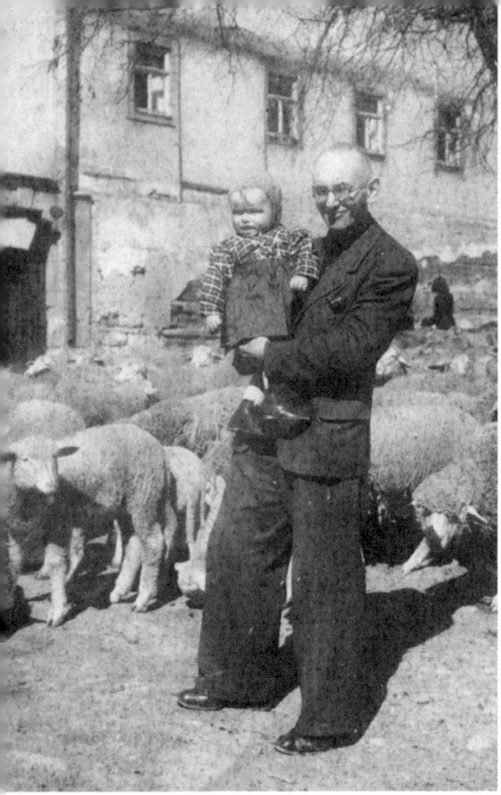
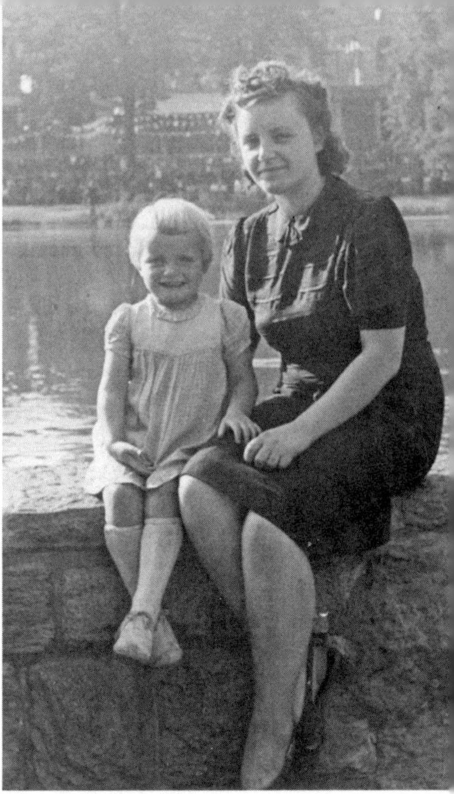
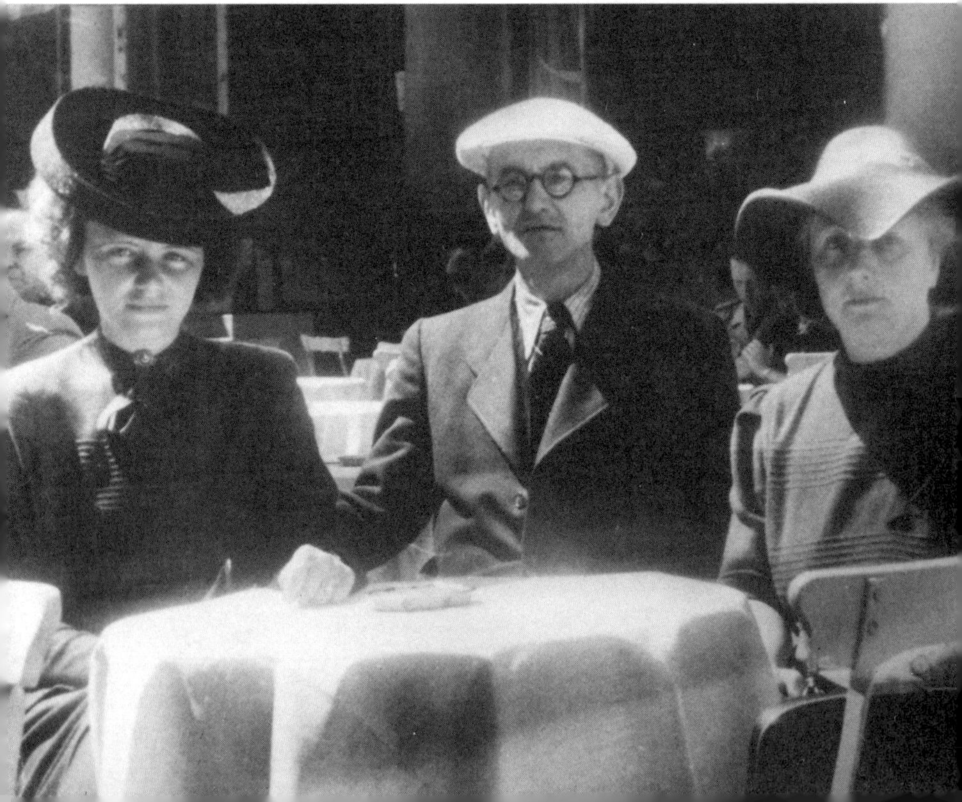

1
Papa mit mir
in Oberlauringen, 1943
2
Mutti mit mir
in Frankfurt, 1946
3
Mein Großvater
mit Mitte fünfzig
4
Meine Großeltern und
meine Mutter, 1943
5
Im Kindergarten. Ich
bin die 4. v. li, 3. Reihe

1949/1958
Die Schulzeit in Wuppertal
Und der erste Rock 'n' Roll

Ich stehe auf dem Schulhof der Volksschule Pfalzgrafenstraße in Wuppertal, auf die schon meine Mutter ging. Um mich herum Trauben von Kindern. Sie sind restlos begeistert, denn so etwas haben sie noch nie erlebt: Ein Mädchen, das eine Schürze trägt mit herzförmigem Oberteil und ebensolchen Taschen, und das Sätze sagt wie:»Wolln wir fei Fangerles spielen?« Grölendes Gelächter.

Ich beeile mich mit dem Einleben. Doch nachdem ich in der Klasse zunächst ein halbes Jahr übersprungen hatte – in Nordrhein-Westfalen wurde damals noch im Frühling eingeschult – werde ich nach ein paar Wochen wieder zurückversetzt: Ich komme einfach nicht klar mit der Rechtschreibung und dem fränkischen »weichen Bö« und »harten Bö« sowie »weichen Tö« und »harten Tö«.

Gegen mein Tausend-Seelen-Dorf ist die knapp 400.000 EinwohnerInnen zählende Stadt Wuppertal überwältigend. Überraschung Nr. 1: die Schwebebahn. Diese Hängebahn an Schienen, die sich seit Beginn des Jahrhunderts über dem Fluss durch das enge Tal schlängelt und quasi unfallfrei täglich Zehntausende transportiert, ist ja in der Tat eine Weltsensation. Bis heute fahre ich leidenschaftlich gern mit der Schwebebahn. Doch beim ersten Anblick dieser sehr hoch oben hängenden Straßenbahn erkläre ich entschieden:»Da rauf klettere ich nicht!« Gewohnt an meinen Heustall glaube ich, dass ich da mit der Leiter raufmuss. Dass im Sommer 1950 das Elefantenkind Tuffi bei einer Werbetour für den Zirkus Krone in der Schwebebahn in Panik die Wände durchbrach und in der wasserarmen Wupper landete, hob nicht unbedingt mein Zutrauen. Tuffi blieb übrigens unverletzt, lebt bis heute in den Wuppertaler Kinderherzen fort und ist ein beliebtes Buttonmotiv.

Überraschung Nr. 2: die erste Banane. Ich gehe mit meinem Papa über den Neumarkt, wo er, der jetzt wieder Zigaretten auf dem Großmarkt verkauft, von mindestens jeder zweiten Marktfrau sehr herzlich angesprochen wird. Papa hatte lebenslang einen Schlag bei den Frauen, galt als charmant und lustig und weckte, schlank wie er war, fürsorgliche Instinkte. Eine der Marktfrauen schenkt mir eine Banane, damals noch eine rare und mir unbekannte Frucht. Unerschrocken, wie ich bin, beiße ich kräftig rein – und spucke empört wieder aus. Ich hatte in die Banane mit Schale gebissen.

Überraschung Nr. 3: fließendes Wasser. Wahnsinn. Da konnte ich stundenlang zugucken. Schließlich war ich es im Dorf gewohnt, das Wasser in Zinneimern vom Brunnen im Hof zu holen. Da genügte es nicht, einfach am Kran zu drehen, da musste kräftig gepumpt werden.

Jetzt bin ich also in einer richtigen Stadt. Und Mama kann endlich wieder ins Kino gehen. Am liebsten in Filme mit O.W. Fischer, der ist so wunderbar ironisch. Ein Faible, das ich bald mit ihr teilen werde. Es ist die Blütezeit von Heimatfilmen wie »Schwarzwaldmädel« und »Grün ist die Heide«, die aber werden von Schwarzers tunlichst gemieden. Ich schmuggle mich ab acht, neun Jahren allein in die Filme ab zehn, Reihe drei für 1,10 Mark im Rex. Manchmal entdecken Mama und ich in der Pause, dass wir in derselben Vorstellung sind. Sie raschelt mit Schokoladenpapier, und ich knacke – immer ganz schnell, wenn es lauter wird auf der Leinwand – meine süßsaure Gurke zu 30 Pfennig, lose aus der Tonne im Kaufhof.

Mit etwa neun erwacht meine Leidenschaft für Hildegard Knef. Ich verpasse keinen Film mit ihr: diese Schultern, diese Schritte, diese Stimme … Ich kann sie stundenlang anhimmeln. Jahrzehnte später wird eine Freundin sagen: Ist doch ganz klar, sie gleicht total deiner Mutter! War mir gar nicht klar.

Die Knef ist auch Thema an unserem Wohnzimmertisch. »Mit der können die Deutschen nichts anfangen«, kommentiert meine Großmutter sarkastisch, als die Knef nach Hollywood geht. Aber die Amerikaner können in den frühen 1950er-Jahren, so kurz nach der Nazizeit, mit dieser hochgewachsenen, blonden Deutschen auch nichts anfangen. Das Problem von Hildegard Knef ist, dass sie zu früh zu große Schritte machte.

Ihren ersten großen Film, »Die Mörder sind unter uns«, von dem als sozialkritisch geltenden Wolfgang Staudte, habe ich allerdings erst Jahrzehnte später gesehen. Und er hat mich wirklich geschockt, obwohl die Knef, wie immer, eindrücklich ist. Der Film ist 1949 gedreht worden, noch in den Originaltrümmern von Berlin. Die Knef spielt darin eine junge Frau, die in ihre halb zerstörte Elternwohnung zurückkommt, sich die Schürze umbindet und die ganze Zeit damit beschäftigt ist, zu kehren und einen zugelaufenen Kriegsheimkehrer zu trösten. Der Arme kann es nicht verwinden, bei einer Partisanen-Erschießung in Polen untätig zugesehen zu haben, und zerbricht nun fast daran. Sie aber, und das erfahren wir nur so ganz en passant bei einem kurzen Gespräch im Treppenhaus, sie ist eigentlich das wahre Opfer: nämlich eine Überlebende aus einem Konzentrationslager. In Staudtes Film wird ihr Schicksal, das einer Jüdin in Nazideutschland, jedoch nie Thema, auch nicht zwischen ihr und dem deutschen Mittäter. Ihre Geschichte blitzt nur sozusagen als politisch korrekte Folie für ihn durch (seine Freundin ist keine Täterin, sondern ein Opfer). Die Staudte-Filme galten nach dem Krieg als mutige, selbstkritische Vergangenheitsbewältigung.

Doch solche Überlegungen sind mir als kleines Mädchen selbstverständlich noch fremd. Wir Mädchen sammeln Filmstar-Postkarten und tauschen mit Eifer: Ich drei Ruth Leuweriks gegen einen O.W. Fischer oder zwei Rudolf Pracks (der kitschige Förster aus »Grün ist die Heide«) gegen einen Clark Gable (der coole Rhett Butler aus »Vom Winde verweht«). Bei mir kommt dann irgendwann noch der junge Anthony Perkins dazu, aber das ist später.

Noch bin ich sechs, sieben und die wohl schwierigsten Jahre meines Lebens liegen vor mir. Wir wohnen dauerprovisorisch, aber romantisch: am Rand einer Gartensiedlung auf einer Anhöhe der Südstadt, die nach hinten an den tiefen Wald Burgholz grenzt und nach vorne einen Blick über ganz Elberfeld bietet. Unser Holzhäuschen, zu dem im Laufe der Jahre noch zwei, drei Anbauten hinzukommen, liegt ein wenig abseits. Zwischen uns und dem Wald ist nur ein ganz schmaler Pfad und in mein Dreimaldrei-

Meter-Zimmer ragen die Baumäste durch das meist offene Fenster. Der Wald ist mein Spielzimmer.

Als ab Mitte der 1950er-Jahre die Ersten aus der Gartensiedlung raus und wieder rein in die Stadt ziehen, da erklärt meine Großmutter kategorisch:»Ich will hier nie wieder weg!« Wir hätten vermutlich auch gar nicht weggekonnt. Wir haben nämlich chronische Geldsorgen. Das Wirtschaftswunder bricht aus, aber das ist eher etwas für Ellbogentypen, was nicht Papas Fall ist. Er schafft es nicht, wieder Fuß zu fassen, und verkauft weiter Zigaretten auf dem Großmarkt, was Mama ihm gerne lautstark vorwirft. Das Bewusstsein meiner Familie ist zwar bürgerlich, unsere reale Lage aber schrabbelt am Existenzminimum entlang. Und ab und zu sagt meine Großmutter den scharfen Satz:»Deine Mutter könnte auch mal was beisteuern.«

Doch die tut eher das Gegenteil. Sie ist wenig zu sehen in jenen Jahren, lebt unverheiratet über zehn Jahre aufeinanderfolgend mit zwei Lebensgefährten zusammen. Was für heutige Verhältnisse normal wäre, damals aber als anrüchig gilt. Es gibt ein Foto von uns beiden aus dem Jahre 1951, das aufschlussreich ist. Es wurde aufgenommen auf einem der sehr raren Ausflüge mit meiner Mutter und zeigt meine Freundin Ellen, die zwei Jahre älter ist, und mich vor der Pappmaché-Kulisse am Fuße des Drachenfels im Siebengebirge, ein klassischer Kinderausflug in unserer Region. Wir sitzen auf Mauleseln, die zehnjährige Ellen aufrecht, ich Achtjährige klammere mich mit gequältem Gesicht rutschend am Sattel fest. Zwischen uns steht leicht schräg meine schlanke, hübsche Mutter. Sie scheint wenig damit beschäftigt, wie ihr Kind dasitzt, und eher damit, dekorativ zu lächeln.

In diesen Jahren jobbt meine Mutter als Vertreterin, verkauft Staubsauger, Uhren, Waschmaschinen. Sie ist viel auf Reisen. So etwa einmal im Jahr hat sie einen Auftritt als »Mutter«. Dann moniert sie meine »Tischmanieren«, verlangt, dass ich am Silvesterabend um 23 Uhr zu Hause zu sein habe (da bin ich schon 16), oder kommt zu einem Elternabend im dekolletierten Sommerkleid, mit Hut und roten Fingernägeln. »Ich fand deine Mutter

immer schick«, schwärmt Ellen noch heute. Im Vergleich zu ihrer
biederen Mutter mag da was dran sein. Aber als Kind hat man
eben lieber eine biedere Mutter.

Doch bieder ist bei Schwarzers so gar nicht angesagt. Das
ätzendste Urteil bei uns lautet: Wie spießig! Als »spießig« gilt uns
vieles, was für die anderen normal ist: Aussteuer und Sammeltas-
sen kollektionieren; Gartenzwerge aufstellen oder Familienväter,
die sich aufblasen. Da halten wir uns fern. Wir bleiben daneben.
Auch mein Auftritt schwankt in diesen Jahren zwischen Ver-
wahrlosung und übertriebenem Chic. Es gibt ein Klassenfoto, auf
dem ich unübersehbar ein Loch im Pullover habe und einen schie-
fen Saum. Da muss ich sieben oder acht gewesen sein. Diese ersten
Jahre in Wuppertal waren wohl die schwersten, nicht zuletzt, weil
Papa in der Zeit anscheinend eine Freundin gehabt hat, die auch
ich später kennenlerne. Sie ist eine lebhafte, hübsche Frau, Groß-
händlerin auf dem Großmarkt, deren Mann im Krieg geblieben
war und die ihn wohl heiraten will. Das steht unausgesprochen im
Raum, als wir zurück aus Franken kommen – aber doch so deutlich, dass selbst ich etwas ahne. Er hat sich dann sehr bald sehr klar
für seine schwierige Frau entschieden (wegen mir, wird er später
behaupten). Aber die hat es ihm dennoch sehr, sehr übel genommen. Verständlicherweise.

Wenn es Mama gut geht, klappt sie ihre Singer auf, die fußbe-
triebene Nähmaschine mit den schönen Perlmutteinsätzen, die im
Schlafzimmer steht. Auf der werden aus Stoffresten »Kleidchen«
für mich gezaubert. So wie das rote mit den weißen Punkten, in
dem ich neben Ellen stehe: ein ärmelloses Kleid mit Bolerojäckchen
und passender Haarschleife aus dem gleichen Stoff. Haarschleifen
und Hüte hatten sich bei den Büsche-Frauen seit der Jahrhundert-
wende als Ausdruck ultimativen Chics eingebürgert.

Später, als ich ins Partyalter komme, wird sie manchmal nicht
rechtzeitig fertig mit dem ganz und gar unentbehrlichen neuen
Kleid, das wir in irgendeiner Illustrierten gesehen haben und das
sie frei nachschneidert. Unvergessen der Morgen meiner Konfir-
mation. Sie ist mal wieder nicht fertig geworden und hat die Nacht

durchgenäht: ein dunkelblaues Kleid (schwarz fand sie zu dem Anlass »spießig«) mit schwingendem Rock, viereckigem kleinen Ausschnitt und langem Reißverschluss im Rücken. Für den aber ist keine Zeit mehr, also näht sie mich mit großen Stichen in das Kleid ein und bescheidet mich knapp: »Stell dich nicht so an!«

Papa und ich sind in diesen Jahren viel mit Vertuschen und Vermitteln beschäftigt. Zu vertuschen gibt es so einiges. Mamas Schlampigkeit im Haushalt, ihre Szenen, die auch schon mal eine Nacht durchgehen können, und überhaupt das ganze Chaos. In Spitzenzeiten drängeln sich in dem kleinen Häuschen drei Hunde und fünf Katzen mit uns, in deren Versorgung Mama deutlich mehr Zeit investiert als in die meine. Ich würde schon zurechtkommen, da sind sich alle einig.

Abends gehen Papa und ich meist früher ins Bett. Mama liest noch im Wohnzimmer, oft bis in die Nacht. Dann krieche ich zu ihm ins Bett, und er erzählt mir Geschichten, frei erfundene Geschichten. Einer unserer Lieblingsplots ist der vom Kasper und seiner bösen Großmutter, die immer keifend hinter dem armen Kasper her ist. Wir sprechen es nie aus, aber wer damit gemeint ist, ist schon klar. Das sind auch die Stunden, in denen er mir, auf mein Drängen hin, immer wieder von diesem absurden Krieg erzählt – und ich den Krieg so richtig hassen lerne.

Am Tag verbringe ich viel Zeit mit Tieren, schleppe immer wieder ausgesetzte Katzen und Hunde an und trete zum ersten – und letzten – Mal in meinem Leben einem Verein bei: dem »Bund gegen Missbrauch der Tiere«. Wie schon der Name erkennen lässt, war das bereits damals ein recht militanter Tierrechtsverein. Tierrechtlerin bin ich geblieben, Familienerbe. Übrigens als EMMA 1994 erstmals mit einem Dossier zum Tierrecht titelte – und die Parallelen zwischen dem Status der Tiere und dem der Frauen analysierte –, da habe ich mich eigentlich ganz gerne beschimpfen lassen (Stil: Jetzt ist sie ganz verrückt geworden). Denn das lag voll in der Tradition meiner Tauben fütternden Großmutter. Auch sie hatte den Ruf einer »Hexe«.

Es sind damals politisch sehr bewegte Jahre – und entspre-

chend laufen die Gespräche abends an unserem runden Wohnzimmertisch. Mama ist Wortführerin.

Seit Mai 1949 geht der Riss zwischen West und Ost auch offiziell mitten durch Deutschland: hier die an Amerika attachierte
Bundesrepublik (BRD), da die an die Sowjetunion gebundene
Deutsche Demokratische Republik (DDR). Bei Schwarzers wird
beides kritisch beäugt.

Und als im Sommer 1959 der Koreakrieg
beginnt – der in Wahrheit ebenfalls kein Konflikt zwischen Süd-
und Nordkorea, sondern eine Konfrontation zwischen der kapitalistischen und der kommunistischen Welt ist –, da ist auch Europa und vor allem Deutschland hochalarmiert. Droht ein 3. Weltkrieg? Eine Umfrage belegt, dass 92 Prozent aller Deutschen finden: Wir sollten uns raushalten! Und auch Schwarzers sind selbstverständlich strikt gegen die bevorstehende Remilitarisierung
Deutschlands.

Der Kalte Krieg ist auf dem Gefrierpunkt. In Amerika beginnt
die Hexenjagd des US-Senators McCarthy auf tatsächliche und
angebliche »Kommunisten«, darunter auch Intellektuelle und
Filmleute, bis hin zu Charlie Chaplin, dem man nach einer Eu-
ropa-Reise die Rückkehr verweigert. Düsterer Höhepunkt der
McCarthy-Ära ist am 19.6.1953 die Hinrichtung des Ehepaars
Ethel und Julius Rosenberg wegen angeblicher Atomspionage.
Die Rosenbergs waren von Ethels Bruder denunziert worden
und hatten bis zuletzt alles bestritten. Die Hinrichtung wird auch
im Westen von vielen als Signal und Exempel begriffen, als War-
nung an alle: So kann es jedem Sympathisanten mit dem Erzfeind
ergehen!

All diese Ereignisse werden in unserer Familie leidenschaftlich
debattiert – und so klein ich noch bin, so selbstverständlich rede ich
mit und meine Meinung wird ernst genommen. Gruppendyna-
misch nachvollziehbar teile ich im Prinzip zwar die Familienan-
sichten, erkläre jedoch öfter, dass meine Großmutter »mal wieder
übertreibt«. Ich gelte als die Gemäßigte in meiner Familie. Im Nachhinein muss ich jedoch Abbitte leisten: Mama hat mit ihren scharf-
sichtigen, kritischen Einschätzungen fast immer recht behalten.

Eines allerdings finde ich zurückblickend eigenartig: Obwohl bei uns alle Unterdrückten der Welt Thema sind, wird nie explizit über die Rechte der Frauen geredet. Die Verabschiedung 1949 von Artikel 3 des Grundgesetzes, »Männer und Frauen sind gleichberechtigt« – so tapfer erkämpft von den »vier Müttern des Grundgesetzes«, allen voran Elisabeth Selbert – kein Thema. Der darauf folgende Kampf von Politikerinnen wie Maria-Elisabeth Lüders, einer Aktivistin der historischen Frauenbewegung, für die Umsetzung dieses hehren Grundsatzes in geltendes Recht – kein Thema. »Das andere Geschlecht« von Simone de Beauvoir, das 1949 im Original und 1951 auf Deutsch erschien – kein Thema.

Kann es sein, dass meine so hochpolitisierte und meinungsfreudige Großmutter bei der Frage der Emanzipation so still war, weil sie sich selbst in einer totalen ökonomischen und sozialen Abhängigkeit befand – und sich gar nicht erst erlauben konnte, darüber auch nur nachzudenken?

Selbstverständlich wurde auch geklatscht in meiner Familie. Und wie. 1953 wird Elisabeth II. gekrönt, das ist schon damals ein Medienevent. Aber noch mehr interessiert Mama, dass »Prinz Philip mal wieder mit seinem Sekretär auf Segeltörn ist« oder Prinzessin Margaret nachts zu »La vie en rose« auf Tischen tanzt. Als der Schah von Persien Mitte der Fünfziger die Halbdeutsche Soraya heiratet und fortan die Yellow Press ausgesorgt hat, finden wir das nur »kitschig« und den Schah »reaktionär«. Und als Fürst Rainier von Monaco Grace Kelly heiratet, fällt uns auf, dass der Koch gekündigt hat, weil die Amerikanerin alle Gasöfen rauswarf und le Cuisinier es als Zumutung empfand, auf Elektroplatten zu kochen. Die frankophilen Schwarzers leiden mit ihm.

*

An meine Schule bzw. meine Schulen habe ich nur eigenartig verschwommene Erinnerungen. Nach dem holprigen Start bin ich in den ersten vier Jahren in der Volksschule schlicht unterfordert, knalle mittags den Tornister in die Ecke und verziehe mich in mein Zimmer, um zu lesen (Berge von Kinderbüchern aus der Stadtbibliothek und direkt in Folge Krimis) oder trabe raus in den Wald: Buden bauen, Schnitzeljagd machen. Im Winter fahren wir Schlitten und da kann es mir gar nicht rasend genug die Rheinstraße runtergehen. Ich bin das einzige Mädchen, das manchmal auf dem »Vierer« vorne lenken darf. Und als ich mir bei einem Rumms gegen eine Mauer den Kopf verletze, trägt mein Papa mich auf seinen Armen kilometerweit durch den tief verschneiten Wald zur Hausärztin. Im Sommer gehen wir morgens ins Schwimmbad, das ist am Vormittag gratis für Kinder. Und selbstverständlich gehen wir die zwei, drei Kilometer zu Fuß, hin und zurück. Für die Straßenbahn langt das Taschengeld nicht, und ein Auto hat niemand. Oder wir sind im Wald. Da gibt es so viele Waldbeeren, dass wir uns mit einer Milchkanne hinsetzen und die, ohne noch mal aufstehen zu müssen, voll pflücken.

Ich habe eine kleine Bande, allen voran gehört Ellen dazu. Bei ihr geht es so ganz anders zu als bei uns. Die Nilles haben sechs Kinder, der Vater ist Bäcker, und wenn er mittags die Nachrichten hören will, darf niemand reden. Als den zwei Ältesten von den Lehrern dringlich eine Begabtenförderung angeboten wird, lehnen die Eltern das ab (der Älteste wird später aus eigener Kraft Arzt werden). Alle Kinder müssen ab dem 14. Lebensjahr arbeiten gehen, auch Ellen. Sie wird in eine Näherei gesteckt. Und da sie zwei Jahre älter ist als ich, habe ich ab dem zwölften Lebensjahr plötzlich keine beste Freundin mehr. Ihr Platz wird bald besetzt werden durch eine innige Freundschaft mit einem gleichaltrigen Jungen, dem rothaarigen Volker.

Ich muss sieben oder acht Jahre alt gewesen sein, als ein Mädchen aus meiner Klasse hämisch zu mir sagt: Du hast keinen Vater, weil deine Mutter gar nicht verheiratet war, als du auf die Welt kamst! Ich bin überrascht. Denn bis dahin hatte meine Familie mir suggeriert, meine Mutter sei eben geschieden. Und da ich meinen Papa hatte, stellte ich mir keine weiteren Fragen nach einem Vater. Jetzt aber will ich es wissen. Ich frage niemanden – die Großeltern mag ich mit dem Thema Mutter nicht weiter belasten –, krame in unserem samtenen Familienkasten und werde fündig: Da ist das Hochzeitsfoto meiner Mutter. Auf der Rückseite aber steht als Datum: 9. November 1943. Da war ich schon fast ein Jahr alt. Ich greife mir ein Küchenmesser, kratze die 3 aus und mache eine 1 daraus. Bewaffnet mit diesem Foto marschiere ich in die Schule und knalle die Antwort auf den Tisch. Von da an ist Ruhe.

*

Mit zehn gehe ich von der Volksschule auf die »höhere Schule«, die Elsa-Brandström-Schule. Wenige Wochen, nachdem ich in die Sexta eingeschult bin, werde ich schwer krank. Man hatte mein Bauchweh zu lange für die Folge von zu viel Eisessen gehalten. Als ich endlich ins Krankenhaus eingeliefert werde, ist es fast zu spät: Blinddarmdurchbruch. Zum Operieren habe ich zunächst zu hohes Fieber. Ich werde einige Tage lang in ein Badezimmer hinter einen Plastikvorhang geschoben – und bin mir durchaus bewusst, was das bedeutet. Ich überlebe, doch Kamillentee kann ich seither nicht mehr riechen. Neun Jahre später werde ich erneut in dieses Krankenhaus, das »Kapellchen« mit seinen netten Nonnen, eingeliefert werden – und wieder nur ganz knapp davonkommen.

Ein paar Monate später, im Herbst 1953, bekommt meine Großmutter einen Schlaganfall. Sie ist halbseitig gelähmt und die Ärzte gehen davon aus, dass die kleine, mollige Frau es nie mehr schaffen wird. Doch sie beginnt zu kämpfen, nimmt 20 Kilo ab und kommt zu aller Überraschung wieder auf die Füße. In diesen Monaten sind Papa und ich nun ganz allein. Wir wuppen gemeinsam den Haushalt und die Tiere, wobei er schon immer fürs Einkaufen und Wäschewaschen zuständig war. Zeit für Schulaufgaben bleibt da wenig, und es kümmert sich auch niemand darum. Vokabeln und Aufsätze mache ich meistens frühmorgens, dann ist er schon weg. Vor allem die Aufsätze machen mir Spaß, ich bin darin meist die Beste. Aber meine Schrift ... und der Zustand der Schulhefte ... Mein Ruf lautet: »hochintelligent, aber faul«.

Einmal will ich den Ansprüchen meiner als pedantisch und hartherzig verschrienen Klassenlehrerin, Fräulein Wallis, die zu Unterrichtsbeginn unsere Fingernägel kontrolliert, um jeden Preis gerecht werden. Ich verjage alle Katzen vom Tisch, wische alles sauber und schreibe los. Mit Sorgfalt und allergrößter Anstrengung – und dem Ergebnis, dass das Fräulein Wallis beim öffentlichen Verlesen der Noten mein Heft erst ganz zum Schluss mit spitzen Fingern hochhält und vor versammelter Klasse erklärt: »Da habe ich gar nicht erst reingeschaut, so wie das aussieht.« Was meine Motivation nicht gerade steigert.

Ich bin nicht nur dem Fräulein Wallis, das seine Blütezeit bei den Nazis gehabt hatte, zutiefst suspekt. Ihre Favoritin ist die adrette Bärbel mit den gestärkten weißen Blusen und den prächtig geflochtenen dicken braunen Zöpfen, die sie immer mit so elegantem Schwung nach hinten wirft. Und ausgerechnet diese Bärbel, von mir aus der Ferne bestaunt, meldete sich vor einigen Jahren bei mir. Sie ist Lehrerin geworden, hat geheiratet, Kinder bekommen – und irgendwann EMMA abonniert. »Ich habe dich schon früher immer so bewundert«, sagt sie heute. »Ich bin so auf brav und fleißig gedrillt worden von meiner Mutter – und du warst so frei und so frech.« Wie schade, dass sie mir das nicht 50 Jahre früher gesagt hat.

Gezieltes Fördern von Problemkindern ist in der Zeit kaum angesagt, schon gar nicht bei Mädchen. In der Quinta ist Fräulein Wallis es schließlich leid mit mir und empfiehlt ein Privatlyceum. Argument: Da gibt es kleinere Klassen. Jetzt also die Herderschule. Aber auch da sind über 40 Mädchen in einer Klasse, und diese Bürgerstöchter sind mir allesamt noch fremder.

Eines Tages werde ich mitten aus dem Unterricht nach Hause geschickt: Meine Mutter hatte einfach das monatliche Schulgeld von 50 Mark über Monate nicht bezahlt (das hatte Mama ihr aufgebrummt: »Die kann auch mal was tun.«). Ich stecke die Demütigung schweigend weg, denn niemals hätte ich mich bei meinen Großeltern über meine Mutter beschwert. Das hätte nur noch mehr Stoff für Mamas Tiraden geliefert.

Zu guter Letzt lande ich aus Ratlosigkeit auf einer Handelsschule. Was mich anödet. Denn neben Deutsch und Geschichte geht es um Stenografie und Buchführung. Meine Noten bleiben durchwachsen, doch ich scheine mir einen Ruf wie Donnerhall zu erwerben. Rund 30 Jahre später sprach mich eine mir fremde Frau in Wuppertal an. Sie wäre auf der Handelsschule gewesen, Jahre nach mir, und da hätten immer noch alle Lehrerinnen von mir geredet: Was für ein rebellisches Mädchen ich doch gewesen sei. Eigenartig. Ich erinnere mich zwar durchaus an diese Seite, doch ich erinnere mich auch nur zu gut an meine melancholischen Stimmungen. Die scheint aber niemand bemerkt zu haben.

Immerhin lerne ich auf dieser Handelsschule meine »beste Freundin« kennen, die in meinen Teenagerjahren eine so zentrale Rolle spielen wird: Barbara. In unseren 40 Jahre später rückblickend geschriebenen Briefen (die wir 2005 in einem Buch veröffentlicht haben:»Liebe Alice! Liebe Barbara!«) erinnert Barbara sich an den Beginn unserer Freundschaft:

»Es war nach kürzester Zeit nicht zu überhören, dass die beiden letzten Reihen der Klasse vor unterdrücktem Kichern bebten. Die Frage stellt sich, wer die Verursacherin dieses Kicherns war? Es war Alice! Es gab Mahnungen, es gab Unschuldsbeteuerungen (›Glauben Sie mir, es hatte direkt etwas mit dem Lehrstoff zu tun‹). Nun gut. Damals galt das Prinzip, wer auf die Frage der Lehrerin als Erste eine Antwort weiß, meldet sich und kommt dran. Du warst sehr schnell, wir waren gewohnt, dass du die richtige Lösung kanntest. Nur fiel irgendwann einer Lehrerin auf, dass deine Antworten abenteuerlich waren, sobald sie sich auf etwas bezogen, was auf der Tafel stand. Es stellte sich heraus, dass du nicht gut sehen konntest. Dein Umzug in die erste Reihe wurde beschlossen. Du rafftest deine Sachen an dich, Bücher, Schreibblock, Füllfederhalter usw. und gingst mit wippenden blonden Locken und wippendem Rock nach vorn – und mit der Bemerkung: ›Dann wollen wir mal sehen, ob das besser ist. Da muss ich fünfzehn Jahre alt werden, bevor irgendjemand bemerkt, dass ich

eine Brille brauche!‹. Dein Aufenthalt in der ersten Reihe hatte
unseren Lehrerinnen aber ein neues Problem beschert. Da du
sehr schnell warst, kam praktisch außer dir niemand mehr an die
Reihe. Dein Argument: ›Ich kann ja nicht sehen, wer sich in meinem Rücken meldet.‹ Stimmt. Du wurdest also in die Mitte versetzt. Und während du deinen neuen Platz einnahmst, hörten wir
dich sagen: ›Dann wollen wir mal hoffen, dass das jetzt die Ideallösung ist. Ich kann es nur hoffen!‹ (Mit komischer Verzweiflung
und aufwärts gerollten Augen). – Das ist die Ideallösung!, dachte
ich. Mittlerweile war mein Interesse an dir in unbedingte Zuneigung umgeschlagen. Ich dachte: Das ist sie! Die andere, die mir
ähnlich ist.«

Mir ging es nicht anders. Barbara war anders als die anderen
und sah irgendwie anrührend aus in ihrem blauen Mantelkleid
mit dem weißen Kragen. Sie hatte einen ganz ähnlichen Blick wie
ich auf die Menschen und die Welt – wenn auch sarkastischer. Wir
wurden »beste Freundinnen« und schier unzertrennlich für die
nächsten sechs Jahre.

Und die Schule? So richtig gelernt habe ich in keiner Schule
etwas – umso leidenschaftlicher habe ich das später nachgeholt.
Und als ich mit Ende zwanzig in Paris ein Kind plante – wobei
ich aufschlussreicherweise immer von einer Tochter ausging –, da
war es beschlossene Sache: Meine Tochter kommt mal auf die
Odenwaldschule. Denn für sie ist das Fortschrittlichste gerade gut
genug. Heute, vor dem Hintergrund des mittlerweile öffentlich
gewordenen Missbrauchsskandals an dem renommierten Reform-
internat, kann ich nur sagen: Es hatte ja vielleicht auch etwas für
sich, dass ich nicht auf einer Eliteschule war, sondern so anar-
chisch aufgewachsen bin.

Wir drei – Mama, Papa und ich –, wir sind trotz aller Probleme
gleichzeitig eine verschworene Gemeinschaft und verbringen
viele gemeinsame Stunden mit Mensch-ärgere-dich-nicht-Spie-
len, Hörspielhören oder damit von Papa gebackenen Sonntags-
kuchen zu essen. Wir lachen viel miteinander. Beide haben sehr

viel Sinn für Humor, sie eher ins Sarkastische gehend, er stärker in Richtung Nonsens. Der Mittwoch, an dem einmal im Monat das neue Mickey-Mouse-Heft erscheint, ist für meine Großmutter und mich ein Festtag. Es wird eines unserer Lieblingsspiele, in Mickey-Mouse-Speech zu reden. Kicherkicher, lachlach, stöhnstöhn. Und wenn ich mit meinen Freundinnen auf der Straße mal meinem Papa begegne, dann staunen die, dass man einen so lustigen, liebenswürdigen Großvater haben kann.

Barbara erinnert sich: »Deine Großmutter, respektive Mama, und dein Großvater, dein Papa, sind mir noch in guter Erinnerung. Sie sah ich immer nur sitzend. Sie reichte mir ihre kleine Hand zur Begrüßung wie zum Handkuss, den Blick auf ihren Schoß geheftet. Nur manchmal, ganz selten, schaute sie mich rasch an. Sie sprach erst mit mir, nachdem ich ein paarmal bei dir übernachtet hatte. Ihre Schüchternheit stand in völligem Widerspruch zu ihren präzisen Fragen und dem lebhaften Interesse in ihren Augen. Deinen Papa sehe ich immer mit irgendetwas beschäftigt. In der Küche, wo er etwas zubereitete (für die Katzen und Hunde). Er hatte eine bezaubernd altmodische Liebenswürdigkeit, etwas Elegantes in seiner leicht gebeugten Haltung. Zum damaligen Zeitpunkt waren diese beiden Menschen die tolerantesten, denen ich je begegnet war. Sie sprachen mit dir – und auch mit mir –, als seien wir gleichaltrig. Gleichberechtigt! Von ihm ging etwas Friedliches aus. Er wirkte ruhig und verständig und schien mir längst nicht so kompliziert wie sie, die für mich auch etwas Undurchsichtiges hatte. Zuneigung vergab sie nicht ohne Weiteres. Ich weiß noch, dass ich bei ihr aufpasste, was ich sagte oder nicht sagte, weil sie etwas hatte, was ich heute den ›Röntgenblick‹ nennen würde. Und so etwas wie einen ›doppelten Boden‹. Sie thronte in ihrem Sessel mehr, als sie saß, eine kleine Monarchin, die mit ironischem Lächeln zusah, wie dein Großvater Tee und Gebäck für uns auf den Tisch stellte. ›Sie müssen etwas essen‹, sagte sie einmal zu mir, lachend. Ich war überwältigt davon, dass beide mich siezten!« Da müssen wir sechzehn, siebzehn gewesen sein.

Als in den 50er-Jahren die erste Gastarbeiterwelle anbrandet und die Italiener als »Spaghettifresser« verspottet werden, da will die so gerechte Mama doch tatsächlich einen Gastarbeiter bei uns aufnehmen. Papa und ich schütteln nur milde den Kopf: Wo soll der denn schlafen?

Kommt Papa vom Einkaufen aus der Stadt und berichtet vergnügt über »die Gammler«, die mal wieder Persil in den Stadtbrunnen geworfen hätten, und darüber, dass »die Sitzende« (von Henry Moore) geteert und gefedert worden sei – dann blickt Mama nur kurz von ihrer Lektüre hoch, guckt scharf über den Brillenrand und sagt schneidend: »Ernst, wir sind doch hier nicht bei der Bild-Zeitung.«

Ich weiß nicht, woher sie ihn hatte, aber diese Frau hatte einen unbeugsamen Gerechtigkeitssinn. Und einen ungewöhnlich klaren, ja fast visionären politischen Verstand. Schon in den 1950er-Jahren schrieb sie zum Beispiel Leserinnenbriefe an den Wuppertaler *Generalanzeiger*, um gegen die »Verseuchung der Natur« durch die Pflanzenschutzmittel zu protestieren. Das war vierzig Jahre vor der Ökobewegung. »Tote Blumen« darf man ihr nicht schenken und Tierrechtlerin ist sie sowieso. Vom politischen Durchblick ganz zu schweigen.

Gleichzeitig aber sind da diese Phasen, in denen sie Szenen macht, täglich ihr Migränepulver schluckt und Nächte durchschreit. Und da zu der Zeit noch niemand an Therapie oder Psychopharmaka denkt und auch keine Klagemauer in Sicht ist, richtet sie ihre ganze Frustration und Aggression gegen ihn. Ausgerechnet gegen ihn. Gegen diesen so zutiefst menschlichen und liebevollen Mann, der nie in seinem Leben einer Fliege etwas zuleide getan hat. Ausgerechnet er soll nun schuld sein an ihrem gescheiterten Leben. Nein, es war nicht leicht, mit ihr zu leben. Und er ist nicht zuletzt auch an ihr viel zu früh gestorben: mit 75 an Lungenkrebs, weil der Stressraucher auf seine Zigarette nicht verzichten konnte.

In diesen Szenen einer Ehe bin ich fast immer auf seiner Seite. So wie er mich früher behütet und versorgt hat, so beschütze und tröste ich jetzt ihn. Ich bin die Einzige, die die tobende Grete stoppen kann. Und so gerate ich zwischen die Mühlsteine dieses Ehedramas. Wir sind also weniger zwei Erwachsene und ein Kind, eher ein Schicksalstrio in einem sehr schwankenden Boot.

Doch auch ohne diese spezielle Konstellation meiner Familie ist das Verhältnis zwischen Großeltern und Enkel grundsätzlich ein anderes als das zwischen Eltern und Kind. Eltern haben viel stärkere Zwänge als Großeltern. Sie sind in einer weniger gelassenen Lebensphase und werden auch von der Umwelt in Bezug auf das Kind ganz anders in die Pflicht genommen, speziell die Mutter. Bei Großeltern hingegen findet man es nett, wenn sie sich überhaupt um das Enkelkind kümmern. Jean-Paul Sartre, der ebenfalls bei den Großeltern aufgewachsen ist und dessen Mutter auch eher den Status einer Schwester hatte, schildert dieses einem Kind mehr Freiheiten lassende Verhältnis in seinen Lebenserinnerungen »Die Wörter« treffend. Auch wenn er den Großvater, einen Bruder von Albert Schweitzer, überhöht und die sehr gebildete Großmutter kleiner macht.

Bei mir kam dann noch die Rollenumkehrung hinzu: Die Großmutter hatte den eher väterlichen Part, der Großvater den eher mütterlichen. Es ist mir übrigens aufgefallen, dass der Großvater als Hauptbezugsperson bei Rollenbrecherinnen gar nicht so selten ist, von der französischen Arbeiterführerin und Frauenrechtlerin Flora Tristan bis hin zu der deutschen Schauspielerin Hildegard Knef. Doch wie wird man unter solchen Umständen zur Feministin? Das habe ich mich natürlich später auch selbst oft gefragt. Und da fallen mir in meinem Fall spontan gleich mehrere Antworten ein.

Zum einen war mir die klassische Rollenverteilung Frau/Mann fremd: Mein Großvater arbeitete selbstverständlich auch im Haushalt und die Großmutter kaschierte nicht ihre intellektuellen und politischen Leidenschaften. Auch habe ich innerhalb meiner Familie nie die Erfahrung gemacht, als Mädchen minderwertig zu sein. Meine Großmutter hatte keine Frauenverachtung, im Gegenteil; und meinem Großvater war ein Überlegenheitsdenken als Mann sehr, sehr fremd, er behandelte mich als absolut gleichwertig. Unser beider Verhältnis hatte ja auch ein solides Fundament der Gegenseitigkeit: Er hatte mir als Kind quasi das Leben gerettet – und ich beschützte ihn im Alter vor seiner rasenden Frau. Und last but not least: Ich habe gesehen, wohin das führen kann, wenn eine potente Frau ins Haus eingesperrt ist. Vermutlich erfülle ich also auch das, was man in der Psychologie den »Auftrag der Mutter« nennt, nur dass es sich in diesem Fall um den (wortlosen) Auftrag der Großmutter handelt.

Doch woher kam die Sensibilität meines Großvaters? Sicher nicht nur aus seiner Kindheit, sondern auch aus seinen Erfahrungen als Soldat im Ersten Weltkrieg. Ich gehe heute davon aus, dass er klassisch kriegstraumatisiert war – doch ich fürchte, dass er außer mit mir mit niemandem darüber hat reden können. Mit mir sprach er darüber auf kindgerechte Weise.

Wenn er mir abends vor dem Einschlafen die improvisierten Geschichten vom Kasper und der bösen Großmutter erzählt, ist immer wieder auch vom Krieg die Rede. Das Grauen wird nur gestreift. Wenn er zum Beispiel erzählt, wie die Frauen sich in Panik vor den einrückenden deutschen Soldaten in den Ardennen auf den hohen Kachelöfen verkrochen. Da weiß ich nichts, aber ich ahne alles. Und eine meiner Lieblingsgeschichten geht so: Mitten in der großen Schlacht wird Grenadier Schwarzer von dem Unteroffizier losgeschickt, um zusammen mit einem Kameraden die Gulaschkanone zu holen. Die beiden hasten durch den Kugelhagel und kehren zurück mit dem Topf. »Wo ist der Deckel?«, brüllt der Unteroffizier. »Melde gehorsamst, Herr Unteroffizier, Deckel beim Transport verloren gegangen.« Antwort: »Marsch, zurück, Schwarzer! Deckel holen!« Und er trabt tatsächlich zurück in den Kugelhagel, um einen Topfdeckel zu suchen … An der Stelle fing ich immer an zu protestieren: »Aber, Papa, warum hast du das denn getan? Das war doch lebensgefährlich!« Und er antwortete: »Hast du eine Ahnung. Wir wären sonst standrechtlich erschossen worden.«

Dem Militärpass von Ernst Schwarzer, der es nie über den Grenadier hinaus brachte, entnehme ich, dass er am 21. September 1915 vom Königin-Elisabeth-Garde-Grenadier-Regiment Nr. 3 in Berlin-Charlottenburg aus in den Krieg zieht. Er überlebt drei große Schlachten: 1915 die Herbstschlacht bei La Bassée und Arras sowie 1917 die Kämpfe an der Aisne und in der Champagne. Diese Schlachten gehörten zu den blutigsten Massakern des 20. Jahrhunderts. Auch er wird zweimal schwer verwundet: Streifschuss, Quetschungen durch Verschüttung und ein lebenslang taubes rechtes Ohr. Er hatte wirklich die Schnauze voll.

Als er im Juli 1917, nach seinem zweiten Lazarettaufenthalt, auf dem Kasernenhof gefragt wird: Wer kann Schreibmaschine und Französisch?, da tritt Grenadier Schwarzer vor. Er kann weder Schreibmaschine noch Französisch. Doch er kriegt den Job als »Maschinenschreiber« bei der Geheimen Feldpolizei in Charleville, weil er »so intellektuell aussieht«. Es folgt Learning by Doing. Die letzten 16 Kriegsmonate verbringt er in Sicherheit, bemuttert von seiner französischen Vermieterin, bei der er einquartiert ist.

Doch von diesen traurigen Geschichten habe ich eigentlich nur wenig gehört, zumindest nicht in Worten. Viel lieber erzählte er mir seine Köpenickiaden. Wie er, wenn er zum Beispiel auf Botengänge von Berlin in seine oberschlesische Heimat geschickt wurde, als Allererstes immer seine eiserne Ration verputzte (nicht ohne mit den anderen Hungrigen im Zugabteil zu teilen), sodann seine erste Verlobte in Breslau besuchte und sich erst Tage nach dem Termin bei seiner Dienststelle meldete. Dass man ihm bei Scherzen dieser Art jedes Mal mit schweren Strafen, bis hin zum Erschießen, drohte, scheint ihn nicht erschüttert zu haben. Er konnte die Chose einfach nicht ernst nehmen.

Als Papa dann nach dem Krieg bei IG Farben (später Bayer) als »Sekretär« anfängt und plötzlich so gar nicht mehr funktioniert – da gibt ihm der Arzt zwei schallende Ohrfeigen und brüllt: »Reißen Sie sich zusammen, Schwarzer!« Die darauf folgende Tuberkulose ist sicher psychosomatisch, die klassische Kriegskrankheit dieser Zeit. Hat er mit seiner verstörten Frau jemals darüber reden können? Vermutlich nicht. Die hat ihre eigenen Probleme. Wie gut hätte ich es damals verstanden, wenn er sich hätte scheiden lassen. Oder wenn er mal ausgerastet wäre. Aber das kam für ihn nicht infrage. Papa blieb immer höflich. Grobheiten oder Gewalt gab es in unserer Familie nicht – höchstens schmiss Mama mal einen Teller an die Wand. Trotz alledem hat er sie offensichtlich geliebt. Sie war ja auch wirklich interessant und sehr charaktervoll – nur eben gleichzeitig extrem destruktiv.

Noch wenige Wochen vor seinem Tod 1970 schreibt Papa aus dem Krankenhaus rührende Karten an seine »Liebe Grete«. Nicht etwa sie machte sich Sorgen um den Todkranken – Krankenhäuser betrat sie grundsätzlich nicht, da »riecht es so komisch« –, sondern der Todkranke machte sich Sorgen um sie: die Frau, die da jetzt alleine am Waldrand sitzt, getröstet nur von ihrer ungeliebten Tochter. Denn ich lebe zu der Zeit in Paris. Und er macht sich zu Recht Sorgen. Sie wird zwei Monate nach ihm an einer Thrombose sterben. Sie kann ohne ihn einfach nicht leben.

*

Doch noch sitzen wir drei da oben in unserem Waldhaus. Mit zwölf lasse ich mich zu aller Überraschung taufen. Kommentar Mama: »Bitte, wenn das Kind das will.« Und zwei Jahre später lasse ich mich auch noch konfirmieren. Was mit unserem engagierten Pastor Hanusch zu tun hat, ein Aktivist der Bekennenden Kirche und Legende in der Wuppertaler Protestanten-Szene (und übrigens der Ziehvater von Johannes Rau). Und auch damit, dass ich es ein bisschen leid bin, immer anders zu sein als die anderen.

Zur Taufe in der Christuskirche kommt Mama selbstverständlich nicht mit. Aber Papa. Und Mutti leider auch. Denn die kriegt einen Hustenanfall, als mir der junge Vikar mit seinen großen Händen mit Schwung Wasser über den Kopf gießt und ich wegen der in meinen Kragen rinnenden Tropfen leicht zusammenzucke. Der Hustenanfall ist in der leeren, hallenden Kirche unschwer als Lachanfall zu identifizieren. Einen Vorteil allerdings haben diese

Art von Erfahrungen für mich: Wer so was überlebt, dem ist für den Rest des Lebens nichts mehr peinlich.

Das Jahr 1957 ist für mich von zwei bedeutenden Ereignissen markiert: vom Rock 'n' Roll und vom ersten Kuss. Mein Lieblingssender ist der BBC und meine Lieblingssendung ist die von Chris Howland, dieser britische Soldat, der Deutschlands erster DJ wurde. Hitparaden sind jetzt meine ganze Leidenschaft, und wenn mein Favorit nicht an erster Stelle steht, flippe ich aus.

Um den Sender maximal zu empfangen – das heißt mit etwa zehn, 20 Prozent der heutigen Qualität –, muss ich meine Finger hinten in die Antennenbuchse meines kleinen Radios stecken. Meine Musikstunden sind also eine ziemlich verrenkte Angelegenheit. Was mich und meine Freundinnen nicht stört. Denn nirgendwo dürfen wir so laut und ungehindert unsren geliebten Rock 'n' Roll hören wie in meinem winzigen Zimmer: Bill Haley! Wanda Jackson! Little Richard! Und, ach, Elvis Presley!!!

Als Elvis 1958 im Kino in der sogenannten *Wochenschau* vor dem Film eine Minute lang zu sehen ist – als GI, der mit Seesack auf der Schulter die Gangway in Bremerhaven runterkommt –, da gucke ich mir diesen blöden Affenmonsterfilm gleich drei Mal an, nur wegen Elvis. Diese Grübchen, diese Silhouette, diese Stimme …! Ich wäre zu Fuß für ihn bis ans Ende der Welt gegangen.

Und dann ist da noch Volker. Mit ihm teile ich nicht nur das Faible für Rock 'n' Roll, sondern auch das Interesse an allem, was in meiner Familie so selbstverständlich Thema ist. Auch er lebt bei den Großeltern und ist ein Scheidungskind. An vielen Tagen und Abenden sitzen wir auf unserer Lieblingsbank auf dem sogenannten »Spielplatz«, ein Platz am Waldrand, und reden, reden, reden … Oft bis es dunkel wird und seine Großmutter ihn holen kommt. »Ich hatte immer schon Herzklopfen, wenn ich dich nur sah«, hat Volker mir jüngst beim Wiedersehen gestanden. Mir ging es nicht anders. Dieser rothaarige Volker ist meine erste Liebe. Was zwangsläufig zum ersten Kuss führen musste. Wir sind beide 14. Und es ist sehr aufregend.

In der Schule, 1950

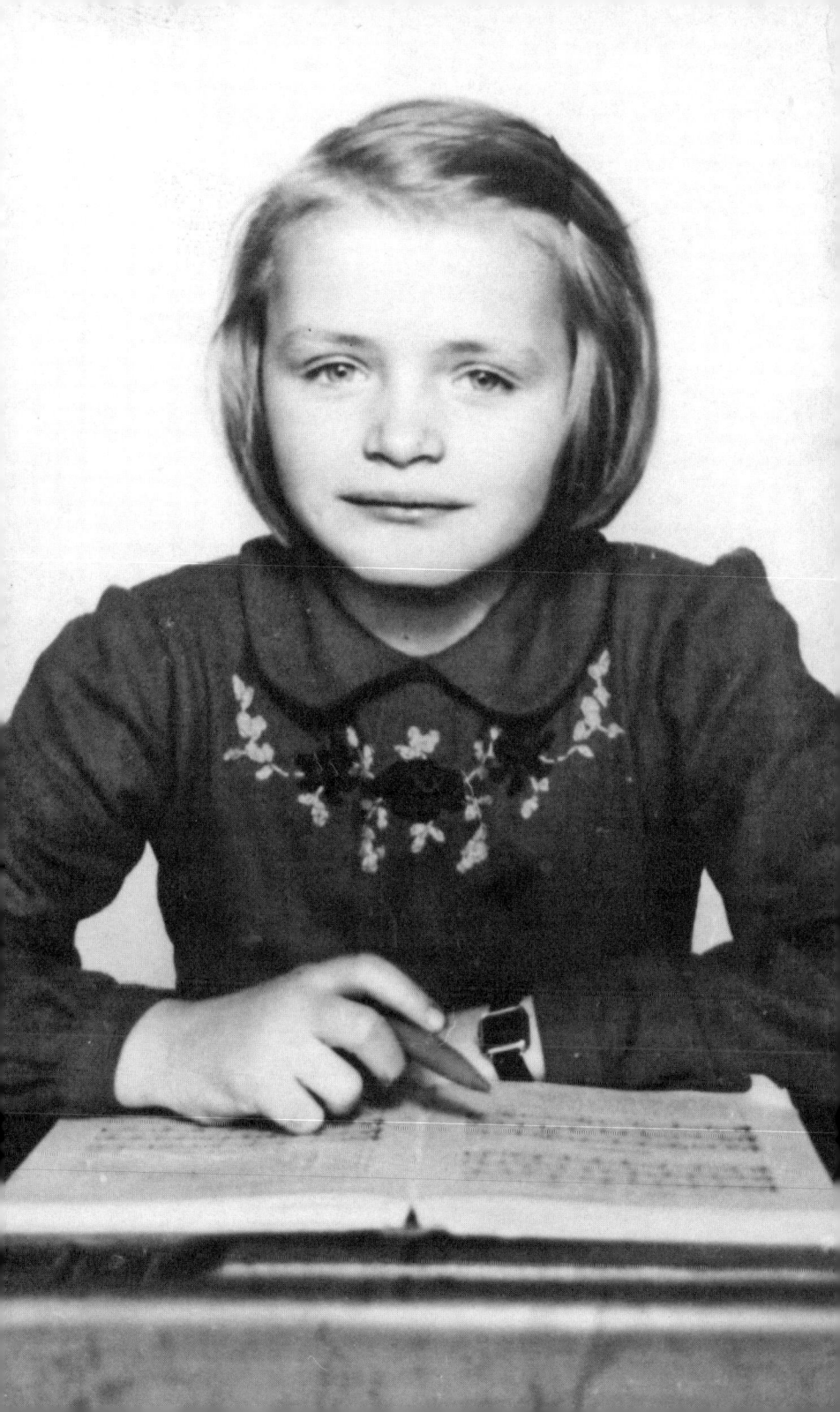

1
Mit Ellen vor
unserem Häuschen
2
Ausflug mit Mutti
und Ellen, 1951
3
In meinem Jung-
mädchen-Zimmer
4
Ausflug. Re neben mir
Volker, meine erste
Liebe
5
Tanzschule H. H. Koch.
Neben mir: Partner Tom
6
Mit Freundin Elke,
im Alter von 18

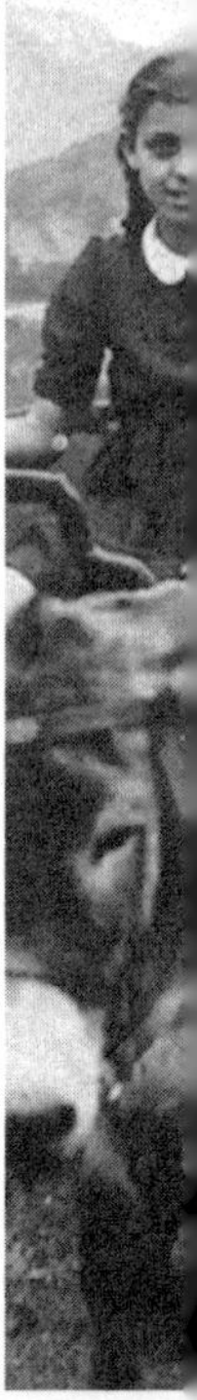

1959/1963
Meine terrible
Mädchen-Clique
Und Ratlosigkeit
im Beruf

Ich bin eines von 28 Mädchen, aufgereiht auf einer langen Stuhlreihe an der Fensterseite des Raumes; uns gegenüber, etwa zehn Meter entfernt, sitzen die Jungen. Es sind 32, vier mehr (wie ich heute auf dem Gruppenfoto zähle). Ich hätte mir also gar keine Sorgen machen müssen. Doch gezählt habe ich damals nicht. Und als Frau Koch von der Elberfelder Tanzschule H.H. Koch verkündet: »Die Herren bitte auffordern!«, da wird mir ganz mau. Bis dahin war ich der Überzeugung, mein Wert hinge davon ab, wer und wie ich bin. Doch jetzt begreife ich schlagartig: Mein Wert hängt einzig und allein davon ab, ob ich einem der Jungen, die da sitzen, gefalle und in den nächsten Sekunden aufgefordert werde – oder sitzen bleibe.

Ich werde aufgefordert: von Tom, dem großen Strahlenden, der auf dem Gruppenfoto nicht zufällig in der Mitte steht. Tom bleibt mir treu. Ich bin seine »Mittelballdame« (im topmodischen Charleston-Kleid aus hellblauem Jacquard), und ich bin seine »Schlussballdame« (im klassischen hellblauen Tüllkleid mit Riemchenträgern). Wobei von Anbeginn an klar ist: Tom interessiert mich über die Tanzschule hinaus nicht einen Deut – was gegenseitig zu sein scheint. Auch er macht jenseits der wöchentlichen Tanzstunde keine Anstalten, Kontakt aufzunehmen. Wir scheinen einfach beide erleichtert, die Chose unter Dach und Fach gebracht zu haben.

Und auf sein wahres Interesse für mich kommt es auch gar nicht an. Es zählt nur eines: Ich bin kein Mauerblümchen! Im Gegenteil. In der Schule zeige ich das Gruppenfoto von der Tanzschule rum und frage siegesgewiss: Ratet mal, wer mein Tanzherr ist? Der ... nein! Der auch nicht. DER! Der Triumph ist total. Und ich habe verstanden. Ich habe verstanden, dass es ab jetzt nicht mehr darauf ankommt, ob ich ein guter Kumpel bin, witzig oder geistreich, mutig oder einfühlsam. Es kommt nur noch darauf an, ob ich den Jungs gefalle, warum auch immer.

Und ich habe Glück. Ausgerechnet in dieser Lebensphase mutiert das staksige Mädchen Alice zur strahlenden Blondine (wie ich rückblickend auf den Fotos sehe). Rasch wird klar: Die

Sorge, ob die Jungs sich für mich interessieren, bin ich los. Ich kann meine Energie wieder anderweitig einsetzen. Zunächst geht es um die Frage, wie es weitergehen soll. Ich bin 16 Jahre alt, habe die Handelsschule abgeschlossen und müsste jetzt entweder weiter zur Schule gehen oder aber berufstätig werden. Und da habe ich eine Idee: Ich will Innenarchitektin werden! (Die Leidenschaft fürs Einrichten habe ich bis heute, niemand ist vor meinen guten Ratschlägen sicher.) Ich erkundige mich bei der renommierten Wuppertaler Werkkunstschule, und die sagen mir, dass ich vor dem Studium zunächst eine Schreinerlehre machen müsste. Okay. Ich suche eine Stelle als Schreinerin – was damals so verbreitet ist wie ein zweiköpfiges Kalb – und finde tatsächlich eine. Und nun passiert etwas, was sich selbst eine Feministin nicht ausdenken könnte. Wenige Tage vor meinem Antritt in der Schreinerei schreibt mir der Chef, es tue ihm leid, aber er müsse mir absagen. Das Gewerbeaufsichtsamt habe Einspruch eingelegt – der Betrieb hat keine Damentoilette.

Was nun? Ich bin ratlos. Da fällt zu Hause aus Mamas Mund der böse Satz:»Sie wird wie ihre Mutter.« Was in meiner Familie so viel heißt wie: Sie wird ein Nichtsnutz. Das lasse ich mir nicht zweimal sagen. Am 1. Juni 1959 trete ich die nächstbeste Stelle als kaufmännischer Lehrling an, in einer Autohandlung. Es ist eine kleine Klitsche, im Büro sind wir nur zu dritt. Der 21-jährige Juniorchef duzt mich, ich habe ihn zu siezen. Und wenn der Seniorchef mir Briefe diktiert, übertrage ich die diskret in richtiges Deutsch. Am ärgsten aber grämt mich, dass ich die Urinproben vom Chef in die Apotheke bringen und für die Chefin die *HÖRZU* kaufen muss.

Denn zu der Zeit bin ich *Spiegel-* und *Zeit*-Leserin. Und wenig später kommt noch die *Twen* dazu. *Twen* ist etwas ganz Neues: ein großformatiges Magazin mit schwarzgrundigem Cover, das Tabus bricht, über freie Liebe und Abtreibung schreibt und ein cooles Layout hat. Das macht der Wuppertaler Grafiker Willy Fleckhaus (der später auch die regenbogenfarbene *edition suhrkamp* gestalten wird, in der meine beiden ersten Bücher erscheinen).

Und: Ich habe *Polska* abonniert, eine großformatige Kultur-
zeitschrift auf rauem Papier aus Polen. Sie erscheint einmal im
Monat und ist ein Avantgardeblatt für Design, Foto und Kunst –
die in der Tat später einen großen Raum in meinem Leben einnehmen werden. Bis heute sind auffallend viele Menschen in meiner Nähe KünstlerInnen. Und auch bei EMMA beschäftigte mich
die Frage der Form und die Rolle von Fotos von Anfang an stark,
obwohl ich selber vom Text herkomme.

Aber noch sitze ich in meiner Autohandlung, wo alles sehr eng,
sehr kleingeistig, kurzum sehr spießig ist. Nach ein paar Monaten
schlafe ich keine Nacht mehr und höre den Kuckuck nebenan im
Schlafzimmer der Großeltern halbstündlich rufen. Irgendwann
reicht es. Ich gehe zur Ärztin. Die rät zum Abbruch der Lehre. Erst
da, mit 16, lerne ich meinen staatlichen Vormund kennen. Bis
dahin wusste ich nichts von seiner Existenz. Es ist ein freundlicher
Herr im Jugendamt. Er muss der Auflösung meines Lehrvertrages
zustimmen. Ich empfinde das als demütigend und begreife erst
jetzt, dass eine »ledige Mutter« in der Zeit automatisch einen Vormund für ihr Kind bekommt. Den meinen sehe ich 1959 zum ersten und letzten Mal.

Drei Wochen später sitze ich in der Buchhaltung des Autoer-
satzteil-Herstellers *Gebr. Happich GmbH* in Elberfeld. Bei Happich gibt es in der Zeit ausschließlich männliche Sachbearbeiter
und Chefs, alle Frauen sind, unabhängig von ihrer Qualifikation,
Sekretärinnen oder Hilfskräfte der Männer. Nur in der Buchhaltung arbeiten Frauen auch eigenständig. Also die Buchhaltung,
Debitoren / Kreditoren. Bis heute spüre ich so einen Nachge-
schmack von Papier und Staub, wenn mir auf der Autobahn ein
Lastwagen der Firma *Nellen & Quack* begegnet, die standen in
meinem Karteikasten unter K bis N.

Bei Happich halte ich es knapp zwei Jahre aus. Den Gruß
»Mahlzeit« kann ich seither nicht mehr so gut hören. Und als ich
30 Jahre später ehrenvollerweise den »Kulturpreis« meiner Heimatstadt bekomme, da sitzen in der Reihe hinter mir Menschen,
die sich als Familienangehörige oder Nachbarn der Familie Hap-

pich outen. Sie behaupten allen Ernstes, ich sei ja schon damals, als ich bei Happich noch eine von Hunderten von Beschäftigten war, eine »sehr auffällige und bemerkenswerte Erscheinung« gewesen. Komisch, ich sehe mich eher graumäusig vor meinem Karteikasten sitzen. Allerdings erinnere ich mich an eine Episode, die sich Herr Happich vielleicht gemerkt hat. Anlässlich einer Jubiläumsfeier mit Festbroschüre frage ich Happich senior – aus welchem Grund auch immer – nach seiner Vergangenheit in der Nazizeit. Er ist überrascht. Doch er antwortet freundlich. Er war ein üblicher Mitläufer, wenn ich mich recht erinnere. Doch es war zweifellos Ende der 1950er-Jahre ganz und gar ungewöhnlich, dass eine junge Angestellte ihren mächtigen Chef nach seiner Nazivergangenheit befragt.

Mein »wahres« Leben spielt sich in der Zeit außerhalb der Arbeit ab. Und meine Rettung ist »die Clique«. Denn zu meiner besten Freundin Barbara, die – auch nicht gerade zu ihrem reinen Vergnügen – nun eine Banklehre macht, gesellen sich »die Kleine« und »der Klopfer«. Die Kleine, die tatsächlich klein ist, heißt eigentlich Doris, und der Klopfer, der seinen Spitznamen von dem Walt-Disney-Hasen weghat, eigentlich Ursula. Beide arbeiten ebenfalls bei Happich und sind zwei Jahre älter, was keine Rolle zwischen uns spielt. Wir lernen uns – auf der Damentoilette kennen. Dahin flüchten die Damen von Happich, wenn es ihnen zu viel wird mit den Herren, auf eine Schwatz- und Schminkpause. Das heißt, die Kleine hat immer ziemlich viel zu schminken und ihre Haare zu einem Farah-Diba-Turm zu türmen, der Klopfer und ich hingegen lehnen währenddessen lässig am Waschbecken.

Irgendwann kommen dann noch eine fünfte und sechste hinzu: Doris, die eine Klasse unter Barbara und mir in der Handelsschule war und von unserer Klassenlehrerin mit scheelem Blick angesehen wurde, weil sie es wagte, sich mit 15, 16 die Wimpern zu tuschen; und Teddy, so genannt nach ihrem Wintermantel, die sich ebenfalls bei Happich langweilt. So unterschiedlich wir sechs sind, so haben wir doch, bis auf eine, etwas gemeinsam: Wir sind alle vaterlos. Die Mütter von vier meiner fünf Freundinnen sind Kriegerwitwen, was für die damalige Zeit nicht ungewöhnlich ist. Gleichzeitig sind diese Mütter berufstätig, alle vier waren also sogenannte »Schlüsselkinder«. Was sie früh selbstständig gemacht hat.

Es ist die Zeit der Verabredungen, der Zwangsdates. Eine, die am Samstagabend keine Verabredung mit einem Jungen hat, ist arm dran. Also verabredet man sich, egal mit wem. Manchmal tritt bei mir die Ernüchterung noch vor dem Treffen ein. Dann schnappe ich mir Mamas Plastiktüte mit dem Taubenfutter und marschiere damit zu meiner Verabredung, meist am Brunnen auf dem Elberfelder Neumarkt. Dort erkläre ich dem verdutzten Jungen dann entschieden: »Ich muss erst noch die Tauben füttern.« Das sondert schlagartig die Spreu vom Weizen. Denn Tauben gelten schon damals als »Ungeziefer«, und Ungeziefer muss vernichtet werden, das füttert man nicht auch noch.

Irgendwann beschließt die Clique: Schluss mit den blöden Verabredungen. Wir ziehen ab jetzt gemeinsam los. Unser Sextett ist komplett, und schon unser Dresscode ist Programm! In der Freizeit tragen wir meist Jeans und genießen das, schließlich waren Hosen für uns als kleine Mädchen noch verboten, im Winter mussten wir Röcke drüberziehen (so wie heute noch so manche kleine Türkin). Mit den Jeans legen wir uns in die Badewanne und lassen sie am Körper trocknen, damit sie knalleng werden. Dazu kommt ein grob gestrickter Herrenpullover, am besten in Schwarz oder Anthrazit und gerne gaaanz lang. Also so richtig existenzialistisch!

Und das Wunderbare ist: Die meisten Erwachsenen flippen aus über unseren »Amilook«. Sie tuscheln, gucken uns hinterher und machen abfällige Bemerkungen. Auch über unsere hautengen, kniekurzen Röcke regen sie sich netterweise auf. Die näht meine Großmutter mir so eng, dass ich mich in der Straßenbahn an der Stange hochziehen muss, weil ich den Schritt auf die Stufe nicht machen kann.

Das Kontrastprogramm zu uns sind die Mädchen im Petticoat, mit engen Metallgürteln und busenbetontem Oberteil à la BB, Brigitte Bardot. (Die Phase hatte ich auch mal, sie aber schnell hinter mich gebracht.) Sie schminken sich die Lippen babyrosa und machen Schmolllippen à la Brischitt. Das findet meine Clique total daneben. Wir gucken cool unter unserem breiten schwarzen Lidstrich hervor und lassen es uns auf keinen Fall anmerken, wenn uns ein Junge gefällt.

Unser Terrain ist die Elberfelder Poststraße, die man samstags auf und ab flaniert, mit kleinen Abstechern in die *Rico-Bar*, eine italienische Eisbar, oder die *Beletage*, eine Milchbar, wo wir Milchshakes schlürfen und die Straße beobachten. Die *Beletage* befindet sich im ersten Stock an der Poststraße und ihre Einrichtung würde heute jedes Design-Museum zieren: eine geschwungene, glitzernde Bar mit gläsernem Milchshaker plus Nierentische und pastellfarbene Schalenstühle. In der *Beletage* rauche ich meine erste und letzte Zigarette. Mit so einem Hustenanfall will ich mich nicht ein zweites Mal blamieren.

Als die Poststraße zu eng wird für uns, ziehen wir los in die Jazzkeller der Umgebung: ins *La Boheme* in Barmen mit Tropfkerzen und Livejazz (über dem Keller wird später Pina Bausch proben), in den Schuppen auf einem Matschfeld in Langenfeld, wo dank Dieter Frenzel Modern Jazz gemacht wird und Saxofonist Peter Brötzmann den europäischen Free-Jazz mit erfindet, oder ins *Down Town* in der Düsseldorfer Altstadt, wo ich 1962 meinen ersten »richtigen« Freund kennenlernen werde. Wir trinken Cola und, bei großem Übermut, Cola-Rum. Und das Lieblingsspiel unserer Clique geht so: Wenn wir mit einem Jungen tanzen, zwinkern wir uns über dessen Schulter hinweg gegenseitig zu und schneiden Grimassen. Oder wir schließen Wetten ab, wer heute Abend die meisten Jungs küsst. Es bleibt nicht aus, dass sich unsere lässige Haltung zu den Jungs rumspricht – was uns ein denkwürdiges Silvester 1961 beschert.

Die Mutter der Kleinen ist verreist, wir haben sturmfreie Bude und planen unsere erste gemeinsame »Fete«. Dazu laden wir die jeweiligen Favoriten unter unseren Verehrern ein, kaufen Cola und Rum, Salzstangen und Luftschlangen und machen Kartoffelsalat. In Mutters Schlafzimmer mit dem dreiteiligen Spiegel brasseln wir uns angemessen auf und harren nun der Dinge, die da kommen sollen. Um acht Uhr soll es losgehen. Es wird acht, es wird halb neun, es wird neun, es wird … Und irgendwann wird klar: Alle sechs Jungs haben uns versetzt. Sie müssen sich abgesprochen haben, denn sie sind keine Clique. Die Herren erteilen uns einen Denkzettel.

Nach der ersten Verblüffung bricht der Übermut aus. Wir kichern, tanzen und singen den ganzen Abend und finden es sehr, sehr komisch, um Mitternacht Wasser aus dem Fenster im zweiten Stock auf die Straße zu schütten. Gegen ein Uhr nachts gehe ich mit Barbara – bei der ich schlafe, um nicht nachts durch meinen Wald tappen zu müssen – durch den sanft rieselnden Schnee nach Hause. Ich muss noch heute lachen, wenn ich daran denke. Es war mein erstes Frauenfest.

Wenn wir am Freitag- oder Samstagabend nicht gerade in einem Jazzkeller hocken, dann fahren wir zu den großen Jazzkonzerten in der Grugahalle und erleben den Vorläufer des Rock 'n' Roll, den Blues. Wir hören Legenden wie Miles Davis, Ella Fitzgerald mit Louis Armstrong oder Mahalia Jackson. Bei ihr tobt das Publikum so, dass Mahalia auch nach der x-ten Zugabe noch ein letztes Mal rauskommt: im geblümten Morgenmantel und barfuß. Zu der Zeit ist die Bluessängerin rund fünfzig, recht füllig – und rasend sexy, finde ich. Zum Abschluss singt sie »In the upper room, there is your sweet Lord«, und ich trommle mir vorne an der Bühne die Hände wund vor Begeisterung.

»Ich habe den Eindruck«, hat meine Freundin Margarete Mitscherlich nach der Lektüre meines Briefe-Buches mit Barbara im Jahr 2005 mit psychoanalytisch geschärftem Blick gesagt, »dass du in diesen Jahren mit deiner Clique deine Kindheit nachgeholt hast.« Genau so wird es sein.

Diese Jahre sind auch eine große Zeit des Kinos. Ende 1955 kommt der erste Sissi-Film raus, aber der geht an mir vorbei. Das ist das andere Deutschland. (Und ich sehe Sissi leider erst nach dem Tod von Romy Schneider – und bin hingerissen von ihrer Präsenz und ihrem Charme.) Ich gehe damals in Filme wie »Endstation Sehnsucht« mit Marlon Brando oder »Die Katze auf dem heißen Blechdach«, das Psychodrama mit Liz Taylor und Paul Newman. Natürlich ist der Kultfilm meiner Generation »Jenseits von Eden«, auch für mich ein Meilenstein (und ebenfalls von Regisseur Elia Kazan). Mit 14, 15 bin ich unsterblich in James Dean verliebt. Ich weine bitterlich, als Jimmy in seinem Porsche tödlich verunglückt. Sein letzter Film, »Denn sie wissen nicht, was sie tun«, ist auch für mich das Größte – und ich staune beim Wiedersehen Jahrzehnte später, was für ein selbstmitleidiger Männerkitsch das war.

Ganz wie »Jules und Jim« mit Jeanne Moreau, Oskar Werner und Henri Serre. Deren Dreiecksverhältnis schien uns damals ein Höhepunkt an Frivolität – und ist doch bei späterem Hinsehen nichts als eine ziemlich homophile Verstrickung zwischen den beiden Jungs, denen die völlig konturenlose, auf ihre körperliche Laszivität beschränkte Moreau als Projektionsfläche dient. Den großen Durchblick hatten wir damals nicht gerade.

Ende der 1950er-Jahre kommt in die Poststraße das erste Filmkunstkino und gleich daneben die erste Schaschlik-Bude – die Emigranten vom Ungarn-Aufstand sind angekommen. Das neue Kino lässt uns teilhaben an der cineastischen Avantgarde: »Asche und Diamant« 1959 von Andrzej Wajda, der Film über den polnischen Widerstand, für dessen verzweifelten Helden wir alle schwärmen; »Letztes Jahr in Marienbad« 1961 von Alain Resnais, dessen intellektuelles »Streichholzspiel« wir alle nachspielen, mit der sinnlich-spröden Delphine Seyrig (die später in Paris eine Freundin werden wird); »Bitterer Honig« im Jahr 1961, die Verfilmung eines Theaterstücks der 19-jährigen englischen Arbeiterin Shelagh Delaney, in dem es um die Freundschaft zwischen einem schwangeren Mädchen und einem Homosexuellen geht.

Und dann 1962 »Cleo – Mittwoch zwischen 5 und 7« von Agnès Varda, der erste Film, in dem eine Frau im Mittelpunkt steht. Cleo, die zwei Stunden lang auf ihre Krebs-Diagnose wartet, irrt in Echtzeit durch Paris und begegnet dabei einem nicht minder verlorenen Soldaten, der zurückmuss in den Algerienkrieg. Die Nouvelle Vague schwappt bis Wuppertal. Und die französische Kolonie Algerien wird in diesem Sommer nach einem langen, blutigen Widerstandskampf unabhängig werden.

Im Sommer 1961 machen Barbara und ich unsere erste gemeinsame Urlaubsreise. Es geht nach Norderney. Wir sind 18 und unsere Familien verdonnern uns dazu, mit einer Reisegesellschaft zu fahren. Nun gut. Zugfahrt, Privatzimmer bei einer Dame mitten auf Norderney und Essensmarken, zum Glück. Essen gehen wir abends nach dem Strand und dabei gibt es ein Ritual: Unter dem Tisch darf jede ihre Füße immer auf die Füße der anderen stellen – denn wir gehen barfuß, versteht sich –, und in der Halbzeit wird gewechselt. Barbara vergisst das Wechseln zu meiner Freude oft, sodass ich meine Füße auf ihren warmen Füßen stehen lassen kann – oder tut sie es extra?

Mir scheint, in diesen drei Wochen auf Norderney hören wir nicht auf zu lachen – bis der erste Mann auftaucht. Joachim heißt er. Er erinnert mich »an den jungen Orson Welles«, schwärme ich bei Barbara, und er beeindruckt mich damit, dass er beim Strandspaziergang Boris Vian zitiert. Der hatte das damals berühmte Kriegsverweigerer-Lied zum Algerienkrieg geschrieben und gesungen: »Monsieur le Président, je vous fais une lettre …«

Um seinen Urlaub zu finanzieren, jobbt der Jurastudent tagsüber als Tellerwäscher. Eines Nachmittags hat er frei und fährt mit mir mit dem Bus zur »Weißen Düne«. Das ist ein FKK-Strand, das wissen alle, nur ich weiß es mal wieder nicht. Wir setzen uns an den Rand besagter Düne, ich bleibe eingepackt in Hose und Pullover. Die Konversation dehnt sich … und als es mir zu brenzlig wird, schlendere ich um die Düne – und komme eilenden Schrittes und mit geweitetem Blick zurück. »Da hinten ist ein nackter Mann!«, stoße ich aus. Da guckt Joachim mich an, lächelt spöttisch und sagt: »Ich fürchte, daran wirst du dich gewöhnen müssen, Alice.« Sodann besteigen wir beide wieder den Bus und fahren zurück. Das ist das Quasi-Ende meines Ferienflirts, und ich bin sehr enttäuscht, dass mein romantischer Poet »so gewissenlos nur auf das eine spekuliert«.

Im Sommer darauf fahren Barbara und ich nach Timmendorf. Diesmal sparen wir das Fahrgeld, wir trampen – und entkommen nur sehr knapp einer heiklen Situation mit zwei Lastwagenfahrern. Timmendorf entpuppt sich als eher braves Familienbad, wir amüsieren uns nur halbwegs. Am 6. August springt uns am Kiosk die Schlagzeile ins Auge: »Marilyn Monroe tot«. Ich lasse mich auf den Rinnstein plumpsen und beginne laut zu schluchzen. Denn, das ist nachzutragen, inzwischen bin ich nicht mehr in Elvis und Jimmy verliebt, sondern in Marilyn. Ich finde sie nicht nur umwerfend sexy, sondern auch sehr komisch und anrührend. Damals habe ich noch keine Worte dafür, aber ich spüre Marilyns Kampf, nicht nur Körper, sondern auch Kopf zu sein.

Wird Timmendorf uns zu langweilig, machen wir Ausflüge nach Hamburg zum Fischmarkt oder nach Lübeck aufs Tanzboot »Riverboat«. Per Autostopp, klar. An eine Fahrt erinnert Barbara sich. Da hielt ein Typ im nagelneuen Mercedes, der sich als Unternehmer vorstellte. Wir nichts wie rein. Barbara schreibt: »Das Gespräch kam auf Literatur und hakte dann bei Hemingway ein. Unser stolzer Firmenbesitzer outete sich als glühender Fan dieses Autors. Eigentlich hatte er vorgehabt, uns nur bis zur nächsten Tankstelle mitzunehmen, aber nachdem du ihm klargemacht hattest, dass das Verabscheuungswürdige an Hemingway ›dieses Heroische im Untergang‹ sei und dass das schlichtweg fatal wäre (›Bei Ihnen als Unternehmer erstaunlich, diese Sicht der Dinge‹, sagtest du), fuhr er uns schließlich zu unserem Ziel und bedankte sich überschwänglich für ›die interessante Unterhaltung‹.«

Als Barbara und ich aus dem Urlaub zurück nach Elberfeld kommen, kocht die Gerüchteküche. Ein Typ aus Wuppertal war auch in Timmendorf gewesen und hatte ergebnislos versucht, mich anzubaggern. Jetzt rennt er durch die Szene und verbreitet: »Die beiden sind lesbisch.« Wir dementieren empört! Dabei ist es gar nicht so abwegig. Denn immer, wenn mir ein Junge gefällt, frage ich mich innerlich: Wenn ich wählen müsste zwischen ihm und Barbara, wen würde ich nehmen? Und meine innere triumphierende Antwort lautet jedes Mal: Barbara!

Längst haben wir auch die Literatur entdeckt: »Der Fänger im Roggen«, der junge Rebell gegen die Konventionen, ist nicht nur mein Kultbuch. »Bonjour tristesse« von der 18-jährigen Françoise Sagan hat dasselbe Thema, nur aus weiblicher Sicht. Ich lese, lese, lese, wild gemischt: Graham Greene, Pearl S. Buck, Erich Maria Remarque (sein Antikriegsbuch »Im Westen nichts Neues« über den Ersten Weltkrieg) oder Camus – und anscheinend auch Hemingway, der offensichtlich nicht so ganz mein Fall war.

Ist meine beste Freundin Barbara verreist, schreiben wir uns täglich 20-Seiten-Briefe. Die wimmeln nur so von Hihi, Kicherkicher, Lachlach, Schluchzschluchz, Stöhnstöhn. Erika Fuchs, die Übersetzerin von Micky Mouse, prägt unsere Sprache mindestens so stark, wie es unsere so anspruchsvolle Lektüre tut.

Ende August 1961 werde ich nach dem Urlaub auf Norderney schwer krank. Man liefert mich wieder ins Kapellchen ein, zu den netten Nonnen, wo ich schon mit meinem Blinddarmdurchbruch gelegen hatte. Ich habe sehr lange sehr hohes Fieber. Zunächst herrscht Ratlosigkeit, dann keimt der Verdacht, es könnte Kinderlähmung sein (wie man mir später gesteht). Als selbst meine Großmutter im Krankenhaus auftaucht, weiß ich: Es ist ernst. Doch dann stellt sich heraus: Es ist eine Lungenentzündung. Die Lunge. Papas Erbe.

Als es mir endlich besser geht, geht es rund. Barbara erinnert sich in einem Brief von 2004: »Ich sehe noch deutlich das Zimmer und dich in einem dieser weißen Krankenhausnachthemden. Dein Bett stand direkt vor dem Fenster, ein Pulk von Besuchern hing drum rum. Und da warst du glücklicherweise schon wieder höchst lebendig und unverändert begeistert und kommentiertest die aktuellen politischen Ereignisse. Und mir geht angesichts der vielen fremden Gesichter staunend auf, mit welch unterschiedlichen Menschen du bekannt und befreundet bist. Um dein Bett rum standen: die Clique vollzählig, versteht sich; daneben der Sohn von deinem Konfirmationspfarrer Hanusch (hast du nicht ein bisschen für den geschwärmt, ich meine, für den Sohn?); eine Nachbarin aus der Gartensiedlung und deine Kinderfreundinnen Alice und Ellen, die damals als Näherinnen arbeiteten und komischerweise so hießen wie die Kessler-Zwillinge. Und zu deiner Verlegenheit stand da noch einer aus dem Jazzschuppen in Langerfeld mit einer Schallplatte in der Hand im Türrahmen.«

Barbara muss Tagebuch geführt haben. Doch es war in der Tat so, und es ist typisch für mich geblieben, dass ich mich nie in geschlossenen Zirkeln bewegt habe. Ich habe mir den gleichzeitigen Kontakt mit den unterschiedlichsten Menschen nie nehmen lassen: KollegInnen wie NachbarInnen, jung wie alt, intellektuell oder auch gar nicht. Und ich finde bis heute, nichts ist langweiliger als homogene Milieus.

Eine meiner Jugendfreundinnen hieß tatsächlich Alice, was damals noch ein rarerer Name war als heute. Ihre Mutter kam aus Lodz. Als Alice mit 19 heiratet (und bis zum Tod ihres Mannes knapp fünfzig Jahre glücklich verheiratet blieb), hocken wir vorher in ihrem Zimmer und bestaunen Brautkleid und Kranz. Ich greife mir den Kranz und gehe zum Spiegel – da schreien alle: Nicht aufsetzen, Alice, das bringt Unglück, dann heiratest du nie! Und da lächle ich triumphierend, lasse den Kranz noch einen Moment lang über meinem Kopf schweben – und drücke ihn mir dann fest ins Haar. Dabei war das mit dem Stand der Ehe in Wahrheit für mich noch keineswegs so klar. An dieselbe Alice hatte ich ein Jahr zuvor, nach einem kleinen Flirt mit einem jungen Engländer, geschrieben: »Ich glaube, ich heirate mal einen Ausländer. Die sind ganz anders als die deutschen Männer. Viel charmanter.«

Auch die »aktuellen politischen Ereignisse« waren im Herbst 1961 durchaus der Rede wert. Im Sommer hatte die DDR die Mauer mitten durch Berlin gebaut. Das war hart. Aber es war auch eine Reaktion auf die Propaganda von Springerpresse & Co., dank der der DDR die Menschen in Scharen wegliefen. Außerdem steckten wir mitten im Wahlkampf (am 7. November wurde Adenauer zum vierten Mal vom Bundestag zum Kanzler gewählt). Ich aber durfte noch nicht wählen. Ich war erst 19, und damals wurde man erst mit 21 volljährig.

Umso mehr agitiere ich. Denn ich bin nicht nur gegen die CDU, sondern auch gegen die SPD. Auch wenn mich empört, dass Adenauer Willy Brandt als »alias Frahm« tituliert, womit er sowohl auf dessen uneheliche Geburt als auch auf dessen Zeit im Exil anspielt, macht die SPD mir doch zu viele Kompromisse in Sachen Wiederbewaffnung. Ich bin für die DFU, die *Deutsche Friedensunion*! Und ich möchte, dass alle, auch alle Nonnen im Krankenhaus, sie wählen!

Eine der Leitfiguren der DFU ist eine Pädagogik-Professorin in Wuppertal, Renate Riemeck. Ihre Gegner behaupten, sie sei von der DDR gelenkt. Was ich unverschämt finde! Erst viel später wurde klar: Da war was dran. Die DDR hat ja bei den meisten »Friedensbewegungen« in der Bundesrepublik ordentlich mitgemischt, wie wir heute wissen. Ich war damals eben politisch noch ziemlich blauäugig. Übrigens: Renate Riemeck war die Lebensgefährtin der Mutter von Ulrike Meinhof und nach deren Tod Ulrikes Vormund. Und auch Ulrike war ja heimliches Mitglied bei der damals illegalen KPD (Kommunistische Partei Deutschland).

In der Zeit gibt es den ersten Medizin-Skandal der Nachkriegszeit: den Contergan-Skandal. Erst nach vielen, vielen Enthüllungen und massivem Druck durch Kläger und Medien wird Contergan am 27.11.1961 endlich vom Markt genommen. Dabei ist Ärzten schon lange klar, dass das Schlafmittel bei Schwangeren Missbildungen des Fötus verursacht, unter anderem die verkürzten sogenannten »Contergan-Ärmchen«. Ich bin zwar nicht schwanger, aber ich weiß Bescheid. Also schlucke ich in diesem Oktober 1961 die meisten Pillen einfach nicht, die mir verabreicht werden. Und als ich nach vier Wochen aus dem Krankenhaus entlassen werde und mein besonders netter Arzt zum Abschiedsgespräch an mein Bett tritt, da ziehe ich meine Nachttischschublade auf und zeige triumphierend auf meine Tablettensammlung: alle nicht genommen! Der junge Arzt nimmt es locker und lacht. Und ich bin zum Glück trotzdem – oder deswegen? – gesund geworden.

*

Anfang 1962 wechsle ich die Stelle. Ich gehe zu *Intermarket*, einem Marktforschungsinstitut in Düsseldorf. Das ist schon mal ein erster Schritt raus aus Wuppertal. Und Marktforschung ist damals auch noch etwas ganz und gar Ungewöhnliches, frisch importiert aus Amerika. Da arbeitet ein kreativer, unkonventioneller kleiner Haufen. Und ich verspreche mir vom Wechsel der Branche natürlich auch einen Wechsel der Tätigkeit. Was eintrifft, aber nur zum Teil. Ich lerne nicht nur, Tabellen zu schreiben, sondern auch, sie zu interpretieren.

Der Chef, so ein Charles-Laughton-Typ, fährt einen Citroën, DS, das Modell, das sie aus einem im warmen Windkanal geschmolzenen Eisblock entwickelt hatten, mit der flachen Schnauze. (15 Jahre später kaufe ich mir auch so ein Modell, nachdem ich erst die kleine Schwester, die sogenannte Ente, gefahren hatte.) Und mein Abteilungsleiter, ein Egghead, der aussieht wie aus der Berater-Crew eines amerikanischen Präsidenten und für den ich ein leichtes Faible habe, stöhnt zunehmend: »Schwarzer, tu mir den Gefallen und gehe auf die Werbeschule!« Er verspricht sich davon wohl tatsächlich eine anregende Kollegin, aber er hofft auch auf eine andere Sekretärin, eine, die nicht auf jeder Seite zehn Tippfehler macht. Doch ich habe keine Lust, Werbung zu meinem Beruf zu machen. Anderthalb Jahre später werde ich nach München gehen und in einem Buchverlag anfangen.

Am 28. Oktober 1962 schlägt mir am Düsseldorfer Bahnhofskiosk die Schlagzeile entgegen: Rudolf Augstein verhaftet! Dem Herausgeber des *Spiegel* wird vorgeworfen, »Staatsgeheimnisse« verraten zu haben, und der Kanzler persönlich erklärt, man habe in der Hamburger Redaktion »in einen Abgrund des Landesverrats« geblickt. Augstein wird tatsächlich eingebuchtet. Die Aufregung ist groß, auch bei mir. Denn in Wahrheit geht es bei der Affäre um eine Konfrontation zwischen kritischer Presse und Staat, um die *Spiegel*-Kritik an dem damaligen Bundesverteidigungsminister Franz Josef Strauß, der ein ziemlich hemmungsloser Machtmensch war. Der Fight ist hart, Augstein gewinnt ihn. Strauß muss zurücktreten und retiriert in sein Stammland Bayern.

Zu Hause, bei den Großeltern, werden die Ereignisse nicht zuletzt in *Panorama* verfolgt. Der damalige *Panorama*-Macher, Gert von Paczensky, eigentlich ein gediegener Linksliberaler, wird von der Boulevardpresse »der mit dem Spitzbart« genannt (wie Ulbricht) und *Bild* empfiehlt ihm, er solle »doch gleich nach drüben gehen«. (Jahrzehnte später werde ich mich mit dem Kollegen Paczensky und seiner Frau Anna Dünnebier befreunden – und die beiden werden 1998 eine Biografie über mich schreiben.)

Das Thema des Jahres aber ist der Brühne-Prozess. Vera Brühne wird des Doppelmordes beschuldigt. Sie ist eine blendend aussehende, stolze Frau mit mondänem Lebenswandel. Der ausschlaggebende »Beweis« kommt von ihrer eigenen Tochter, der hätte sie die Morde gestanden (sie wird später vielfach widerrufen, vergebens). Brühne ist über Monate Thema Nr. 1 in den Medien, meist in gehässigem Ton, wobei es mehr um ihren Lebenswandel geht als um die Schuldfrage. Für Mama ist ziemlich schnell klar: »Die Brühne ist unschuldig. Da stecken ganz andere Sachen dahinter, vielleicht Waffenhandel.« Vera Brühne wird verurteilt, lebenslänglich. Aber Mama sollte recht behalten, wie so oft. Das Urteil wird schon lange für ein Fehlurteil gehalten. Und der Waffenhandel scheint in der Tat eine Rolle gespielt zu haben.

Meine Mutter ist jetzt Anfang 40 – und beendet das Kapitel »Männer«. In der Tat hatte sie nie eine glückliche Hand mit ihren Männern. Zwei hatten versucht, bei meinen sporadischen Besuchen Ersatzvater zu spielen. Im Gedächtnis geblieben ist mir von dem einen eine Tracht Prügel auf den nackten Po als Sechsjährige – was mich so empört hat, dass ich schreiend in den nahe gelegenen Wald gelaufen bin. Und bei dem anderen hat es mich so geärgert, dass er sich immer automatisch das größte Stück Fleisch nahm, dass auch ich mir beim rituellen Sonntagmittagessen den Teller übermäßig vollud – und anschließend nun immer »leer essen« musste, auch wenn das bis drei Uhr nachmittags dauerte. »Spießig« hätte meine Großmutter das genannt. Aber der habe ich selbstverständlich nichts davon erzählt.

Doch nicht nur die Tochter auf Besuch, auch meine Mutter selbst scheint letztendlich nie glücklich gewesen zu sein mit den Männern. Der »Richtige« kam nie, falls es ihn für sie überhaupt gegeben hätte. Und er kam trotz – oder wegen? – ihrer flirrenden Attraktivität nie. Nun also Schluss. »Ich bin es leid mit den Männern«, erklärte sie – und wandte sich verstärkt ihrer allmählich auch für sie interessant werdenden Tochter zu.

In der Zeit überrede ich meine Mutter, gemeinsam eine Wohnung zu nehmen. Denn da oben im Waldhäuschen bei meinen Großeltern wird es langsam zu eng für ein junges Mädchen. Wir halten unsere Umzugspläne zunächst geheim, bis Mama sie entdeckt – und Szenen macht. Sie hatte, wie üblich, in meinen Sachen geschnüffelt. (Ich hatte mir darum angewöhnt, zwischen Bücher und Wäsche große Zettel zu legen mit der Aufschrift: Mama, du sollst doch nicht schnüffeln!) Papa hält dagegen und zu mir. Er findet meinen Umzug richtig und unterstützt uns, auch mit Geld, das er doch eigentlich selber kaum hat.

Was Mama angeht: Sie hat mich mit ihrem Interesse an Politik und ihrem leidenschaftlichen Gerechtigkeitssinn zweifellos geprägt. Aber sie war gleichzeitig kindlich egozentrisch und destruktiv – auch gegen sich selbst. Nach einer ihrer zahlreichen Szenen zerstörte sie alle Fotos von sich, derer sie habhaft werden konnte. Sie machte sich sogar die Mühe, ein Passfoto von ihr, das ich in meinem Portemonnaie hatte, rauszuklauben und zu zerreißen. Immerhin: Ein paar Kinderfotos von ihr sowie das Verlobungs- und Hochzeitsfoto haben überlebt.

Im Rückblick frage ich mich, wie eigentlich meine Gefühle zu ihr waren. Unser Verhältnis war klar: Sie war eine Art Schwester. Dennoch, gekümmert habe ich mich nicht wirklich um sie. Dazu war ich zu sehr mit der Abwehr ihrer Zerstörungswut beschäftigt. Die richtete sich nicht gegen mich, von mir hieß es in der Familie, ich sei »der einzige Mensch, den Mama liebt«. Auf ihre Art. Die richtete sich gegen meinen Großvater. Und er konnte sich nicht wehren gegen sie. Ich hatte also damit zu tun, ihn vor ihr zu schützen – was mir nur in Maßen gelang. Und er litt unter ihr. Was ich ihr übel nahm, über den Tod hinaus. So kommt es, dass ich Mama zwar nicht gehasst, aber auch nicht geliebt habe – und zunehmend auf Distanz zu ihr ging. Das war eine Überlebensfrage.

Während meine Mutter mal wieder auf Vertreterreise ist, finde ich eine Wohnung, zwei Zimmer mit Küche und Bad, richte sie ein und mache am Wochenende mit der Clique einen Großputz. Von nun an hat meine Mutter ein Zimmer, und ich habe ein Zimmer. Da residiert jetzt die Clique, und wir laden nach Lust und Laune Freundinnen und Freunde ein. Meiner Mutter gefällt das. Sie versucht, so oft wie möglich mit von der Partie zu sein, und hat nun endgültig den Status einer Schwester.

Im Winter 1962/63 komme ich eines Abends früher als geplant von einer geplatzten Verabredung nach Hause. Meine Mutter empfängt mich schon in der Tür mit der Nachricht: »Der Papa ist todkrank.« Ich renne los, in einem durch bis ins Waldhaus, das nur eine Viertelstunde von uns entfernt ist. Und da liegt er, bewusstlos. Ich rase weiter. Auf der anderen Seite des Berges die Himmelstreppe wieder runter, durch den Schnee zur Telefonzelle. Von da rufe ich direkt den Krankenwagen, mit einem Arzt halte ich mich gar nicht mehr erst auf.

Als ich mit dem Todkranken an den Pforten des Städtischen Krankenhauses ankomme, fragen sie mich nach dem Einlieferungsschein – doch nach einem Blick in mein Gesicht lassen sie mich wortlos durch. Am nächsten Tag sagt die Stationsärztin zu mir: »Sie haben ihm das Leben gerettet. Er hätte die Nacht nicht überlebt.« Wie immer: die Lunge. Zehn Jahre später werde ich versuchen, die wundersame Rettung zu wiederholen. Vergeblich.

*

In Düsseldorf, wo ich jetzt meist ausgehe und das nur dreißig Kilometer von Wuppertal entfernt ist, lerne ich im Januar 1962 M. kennen. Barbara und ich sind zum Tanzen ins *Down Town* gegangen, ein Jazzkeller in der Altstadt, und da fordert er mich auf. Er sieht gut aus, eigentlich mein Typ: groß, dunkel, schwarzer Rollkragenpulli, lässig. Aber irgendwie zu ernst. Dennoch, ich verabrede mich mit ihm. Nach dem ersten Treffen will ich nicht mehr hingehen. Er ist mir einfach zu stumm. Doch meine beste Freundin beschwört mich: »Den kannst du doch nicht versetzen!« Und so gehe ich wieder hin, und die Dinge nehmen ihren Lauf.

Kann es sein, dass junge Mädchen oft nur mit Männern flirten, um ihren Freundinnen einen Gefallen zu tun bzw. sie zu ärgern? M. ist fünf Jahre älter als ich, geborener Münchner, Kaufmann, und kennt schon das Leben. Er weiß, wo es die angesagtesten Lokale und den besten Jazz gibt. Aber er ist irgendwie verloren, getrennt von seinen Freunden in Süddeutschland und Sohn einer Mutter, die ihren Kummer im Alkohol ertränkt hat, und eines Vaters, der ein harter, autoritärer Typ war, Exnazi noch dazu.

M. verliebt sich in mich. Ich finde ihn nett, meine es aber nicht so ernst wie er. Vor allem habe ich nicht seinen Hang zum Drama, dieses so weitverbreitete Beziehungsmuster, das nach immer demselben Schema abläuft: Spannung und Versöhnung. Dennoch: Er wird mein erster Freund.

Nachdem er mich monatelang bestürmt hat, gebe ich nach – ausgerechnet in einem Moment, wo er gar nicht mehr damit gerechnet und sich damit abgefunden hatte, dass seine zukünftige Ehefrau eben sehr, sehr seriös ist. Ich hatte alles vorausschauend arrangiert. Es ist knapp vor meiner Periode, ich kann also nicht schwanger werden. Und meinen Großeltern erzähle ich: Ich schlafe bei Barbara. Die legt auf der Party an diesem Samstagabend mit tiefem Blick Edith Piaf auf: »Non, je ne regrette rien …« Und ich fahre noch in derselben Nacht mit M. in sein möbliertes Zimmer in Köln. Ich blute nicht. Das zum Mythos des Jungfernhäutchens.

Am nächsten Morgen begleitet M. mich sehr verliebt und sehr fürsorglich zurück nach Wuppertal. Ich sitze ihm gegenüber im Zug und scheine ein enttäuschtes Gesicht zu machen. Er fragt: »Hast du was?« Und ich maule: »Deswegen macht man so ein Theater … « M. lacht. Er ist ein erfahrener Liebhaber, und das Ärgste, was mir von ihm droht, ist erotische Überforderung. Nein, ich kann mich über meinen Einstieg in die Sexualität wirklich nicht beschweren. Da bekomme ich später von den Frauen, die ich befrage, ganz andere Geschichten zu hören.

Zurück in Elberfeld habe ich nichts Eiligeres zu tun, als zu Barbara zu rennen, die fünf Minuten vom Bahnhof entfernt in einem möblierten Zimmer wohnt, seit ihre Mutter zu ihrem neuen Mann an den Bodensee gezogen ist. Barbara öffnet die Tür, sieht mich an und sagt: »Du hast es getan!« Ja, ich habe es getan.

Barbara hat sich inzwischen einen gewissen Dolf zugelegt. Der ist schwul, sehr schwul, amüsant und schräg. Sie macht den Fehler, sich tatsächlich in ihn zu verlieben. Und als er nach § 175 – der männliche Homosexualität bis 1969 mit Gefängnis bestraft – wegen »Küssen im Hauseingang mit einem Mann« plus Bücherklau ins Gefängnis kommt, besucht sie ihn sehr treu. Dolf wird uns noch länger erhalten bleiben als M.

Meine Beziehung mit M. bleibt turbulent und für mich zermürbend: Er will mich, aber nicht so, wie ich bin. Mal mache ich zu große Schritte, mal lache ich zu laut, mal habe ich die falsche Meinung. Er will mich umziehen. Aber ich will nicht umerzogen werden.

Am Jahresende schmieden Barbara und ich einen Plan: Wir wollen weg. Am liebsten nach Paris, aber das dürfen wir nicht. Und da wir erst 20 sind, also noch nicht volljährig (was man damals erst mit 21 wird), müssen wir gehorchen. Gut, dann wenigstens München, das Mekka Nr. 2 dieser Zeit. Wir bereiten alles sehr geheim vor – und im Mai 1963 geht's los. Nur meine Mutter und die Großeltern haben die Adresse. M. weiß nichts, und selbst unsere Clique informieren wir erst im Nachhinein.

Frühling 1963 in Swinging Schwabing. Barbara und ich beziehen unser Traumzimmer in der Konradstraße – und eigentlich hätte alles wunderbar werden können.

In Wuppertal, 1964

1
Mit Barbara
auf Norderney, 1963
2
Die Clique.
Klopfer, die Kleine,
ich und Barbara
3
Cola-Rum im Barmer
Jazzkeller La Bohème
4
Mit Verehrer auf
der Riverboatshuffle
5
Mit Mutti in Brüssel
zur Expo, 1958

1963/1964
Ein Zimmer in Schwabing
Und ein Trip nach Saint Tropez

Es ist der erste Abend. Barbara und ich sind gerade eingezogen in unser Traumzimmer: Konradstraße 12, zweiter Stock. Wir sind im Herzen von Schwabing, zwei Fußminuten entfernt von der Leopoldstraße, fünf Minuten vom *Schwabinger Nest* und zehn Minuten vom Englischen Garten. Wir konnten es einfach nicht besser treffen! In diesen Jahren ist München das deutsche Mekka der Boheme und Möchtegern-Boheme. Es ist so angesagt wie heute Berlin. Die Welt steht uns offen ... Da sind nur noch ein paar kleine Probleme.

Doch zunächst freuen wir uns des Lebens, genießen die so schöne und so sinnliche Stadt. Und wir machen uns auf Jobsuche. Das Wort »Arbeitslosigkeit« kennen wir nicht. Wirtschaftswunder ist angesagt. Bei Barbara zieht sich die Sache, ich finde am dritten Tag eine scheinbar passende Stelle, in der Werbeabteilung des *Nymphenburger Verlags*. Das hatte ich ja gerade gelernt: Werbung. Und da wollte ich hin: Bücher. Der Verleger stellt mich an einem Samstagnachmittag spontan ein. Gleich in der darauf folgenden Woche trete ich meine Stelle an. Doch nun taucht die Frau des Verlegers auf, und die entscheidet mit eisigem Blick auf die 20-jährige Blondine, dass ich keineswegs in die Werbeabteilung komme, sondern zunächst mal die Texte für ein Gartenlexikon zu tippen habe. Ein Gartenlexikon! Mein Frust könnte größer nicht sein. Umso entschlossener werfe ich mich in das Münchner Leben: Konzerte, Theater, Kino, Schwabing.

Ziemlich bald reisen zwei unserer Wuppertaler Clique nach, Doris und Teddy. Die anderen beiden, Klopfer und die Kleine, sind glücklich in Paris gelandet. Innerhalb kürzester Zeit hat die clevere Doris nicht nur eine Stelle im Büro, sondern auch einen Job am Abend (sie spart, mit Erfolg, auf eine eigene Boutique). Doris steht in der *Nachteule* an der Bar. Und es dauert nicht lange, da machen wir uns alle in der *Nachteule* nützlich: Barbara als Bedienung und ich als Empfangsdame, ladylike und kühl in meinem Chanel-Kostüm in Pfeffersalz, eine Imitation natürlich, sowie der passenden Chanel-Kette. Lohn: 20 Mark am Abend.

Es gefällt uns außerordentlich in der *Nachteule*, die zu Recht angesagt ist. Das Kellerlokal hat Livejazz und einen Hauch von Existenzialismus. Die gewölbten Wände sind schwarz und übersät mit weiß gekritzelten Namenszügen. Beim Ankommen landet man zunächst an der Garderobe bei »Mutti«. Mutti weiß alles, Mutti kennt alle, Mutti versteht alles. Vor allem kann sie nähen. Das ist für mich lebenswichtig, denn irgendein Saum hängt oder ein Knopf fehlt immer, und ich hasse Nähen (das ist bis heute so).

Ein paar Stufen weiter runter ist man im Lokal mit den kleinen runden Tischen, auf denen Tropfkerzen in Weinflaschen stehen, und den Thonet-Stühlen; links die Bar, das Revier der tüchtigen Doris, die immer schon so gut mit den Wimpern klimpern konnte. Das Beste aber an der *Nachteule* sind ihre Besitzer: David, Jakob und Nathan. David und Jakob sind Brüder, Nathan ist ihr Cousin. Alle drei jiddeln zum Herzerweichen und verbreiten diese unwiderstehliche Mischung von entschlossener Aufgeräumtheit und tiefer Melancholie.

Einmal vertrete ich Doris an der Bar. Es wird ein Desaster. Die Typen erzählen den ganzen Abend zweideutige Witze – und ich schaffe es einfach nicht, darüber zu lachen. Ich fürchte, ich war recht streng als junge Frau. Heute würde mir das nichts mehr ausmachen, im Gegenteil: Ich würde die Jungs noch auf den Arm nehmen. Aber die Frage stellt sich ja jetzt nicht mehr.

Manchmal springe ich auch als Bedienung ein. Wenn dann nachts hinten in der Küche mit dem Trio abgerechnet wird, gibt es immer so ein Hin- und Hergeschiebe mit den Scheinen und Münzhaufen und ein Genörgele: »Hat sie sich wieder verzählt.« – »Hat sie vergessen, Tisch sechs abzukassieren.« – »Ja, wo hat sie denn die Augen?!« Macht nichts, wir lieben die drei! Doch Fragen nach ihrem Leben dürfen nicht gestellt werden, das hatte Mutti uns schon gesteckt.

Heute weiß ich, dass David, Jakob und Nathan polnische Juden waren, die das KZ überlebt hatten. Vermutlich waren sie in München als »Displaced Persons« in einem Übergangslager gelandet, auf dem Weg nach Israel. Durften sie dann nicht einreisen, weil sie krank waren (Israel ließ nur Gesunde einreisen)? Oder wollten sie bleiben, weil sie schon eine Existenz gefunden hatten? Oder war ihnen Israel letztendlich doch zu fern? Wie auch immer, die drei machten die *Nachteule* zu einer Institution, ohne die Swinging Schwabing deutlich ärmer gewesen wäre.

Bald stellt sich heraus, dass auch unsere Zimmerwirtin eine Frau mit Vergangenheit ist. Zu der Zeit gibt es ja noch keine WGs, die sind eine 68er-Erfindung, und junge Mädchen wie wir wohnen »möbliert« bei einer Zimmerwirtin. Da pflegen die Regeln streng zu sein, kein Herrenbesuch etc. Barbara und ich wohnen neben zwei, drei weiteren jungen Frauen in dem größten Zimmer der Wohnung von Frau Fischinger. Barbaras Bett steht rechts von der Türe, meines schräg gegenüber links am Fenster. Wir haben vielleicht 20 Quadratmeter, uns scheint es ein Ballsaal.

Am 15. Juli 1963, also zwei Monate nach Einzug, schreibe ich in einem Brief an meine Mutter ausführlich über unsere Vermieterin: »Stell dir vor, gestern bei deinem Anruf erwischte mich die Fischinger, meine liebreizende Wirtin. Ob ich wollte oder nicht, ich musste mir ihre ganze Vergangenheit anhören (und die ist, da sie flott auf die 60 zugeht, gar nicht so schnell erzählt). Und was da so rauskam, wird dich bestimmt interessieren. Stell dir vor, ihre Mutter hatte früher eine Pension im gleichen Haus, in dem wir jetzt wohnen. Leute wie Rilke gingen ein und aus. Dann, bei Kriegsausbruch, zogen Mutter und Tochter sich als erklärte Anti-Nationalsozialistinnen (sie bekommt schon bei dem Wort Hitler oder Deutsche einen knallroten Kopf vor Wut) aufs Land zurück. Ihre jüdischen Freunde, die sie zu retten versuchte, die sich aber dann selbst gutgläubig stellten, kamen jämmerlich im KZ um (deswegen hat sie anscheinend heute noch einen Schuldkomplex). Während des Krieges fuhr sie mit einer Freundin, deren Mann in Russland gestorben war, an die russische Grenze. Was sie da gesehen hat, muss unvorstellbar gewesen sein. Konzentrationslager, halb nackte Skelette durch den Schnee wankend, im Hotel ›nur für Arier‹ Tag und Nacht saufende und grölende Offiziere. Da ist es wirklich mehr als verständlich, dass sie einen kleinen Knacks bekommen hat. Sie hat mir erzählt, dass sie heute noch oft nachts schweißgebadet aufwacht, weil sie diese armen Menschen vor sich sieht. Wenn ich mir vorstelle, dass die Frau mit all den Erinnerungen leben muss ...«

In der Tat ist das alles zu der Zeit ja noch gar nicht so lange her. Ich schrieb diesen Brief 1963 – da war der Krieg gerade mal 18 Jahre vorbei. Und jetzt lebten in einer Stadt wie München die Opfer und die Täter nebeneinander. Im Nachhinein bin ich gerührt, dass Frau Fischinger das Vertrauen hatte, mir von ihrem Leben zu erzählen. Aber das hatte man früher auch rasch gespürt – kommt der oder die andere aus Nazi- oder aus Anti-Nazi-Verhältnissen?! Es war wie ein unausgesprochener Code.

Übrigens: Die Pension von Mutter Fischinger war tatsächlich Legende. Künstler und Intellektuelle pflegten dort zu logieren – und in der Nazizeit war es für viele die letzte Station vor der Flucht. Dreißig Jahre später sprach mich auf einem Familienfest am Ammersee eine Frau an, die sich als die Tochter von Frau Fischinger vorstellte. Sie hatte mich gleich wiedererkannt und erinnerte sich bestens an Barbara und mich. »Ihr wart beide sehr lebhaft«, sagte sie. »Sehr komisch und wahnsinnig politisch interessiert.«

Es ist der Sommer, in dem Martin Luther King in Washington vor einer viertel Million Menschen seine berühmte Rede hält: »Ich habe einen Traum.« Den Traum vom Ende des Rassismus und der Gleichheit zwischen Schwarz und Weiß. Luther King wird später ermordet werden. Ganz wie John F. Kennedy, der Präsident, der das Gesetz von der Gleichheit der Rassen (Civil Rights Act) vorbereitete. Dass auch der Sexismus den Menschen zu schaffen machen kann, das erlebten wir zwar alltäglich, hatten aber noch keine Worte dafür.

Am 22. November 1963 fällt der tödliche Schuss auf den Präsidenten von Amerika, der neben seiner Frau Jacqueline in einem offenen Wagen sitzt. Angeblich war der Schütze, Lee Oswald, ein Einzeltäter. Auch er starb wenig später. Und bis heute wollen die Gerüchte nicht verstummen, es seien reaktionäre Kräfte gewesen, vielleicht sogar der US-Geheimdienst oder die Mafia, die den zu fortschrittlichen Kennedy ermorden ließen.

Und bis heute verfolgt mich dieses Bild: Wie Jacqueline in den Sekunden nach dem tödlichen Schuss nicht etwa bei ihrem Mann bleibt, sondern versucht, über das Heck des Wagens wegzukriechen. Eine Szene, die meiner Meinung nach viel aussagte über den Zustand dieser Ehe, in der er sie chronisch betrogen hatte (nicht zuletzt mit Marilyn Monroe). Stand der gedemütigten Frau in diesem dramatischen Moment nur noch der Sinn nach Flucht? Später wird sie den »reichsten Mann der Welt«, Aristoteles Onassis, heiraten und noch später wieder in ihrem ursprünglichen Beruf als Lektorin arbeiten.

Anzunehmen ist auch, dass wir beiden Girls es uns in der Konradstraße nicht verkneifen können, über Franz Josef Strauß zu lästern, den Landesherrn. Dazu klingen aus unserem Zimmer die Töne unserer aktuellen Lieblingsplatte: Lotte Lenya singt Brecht/Weill: »Surabaya-Johnny, warum bist du so roh …« Und wir rezitieren eifrig die so empfindsam-ironischen Verse von Heinrich Heine, den wir gerade in einer billigen Taschenbuchausgabe entdeckt haben. Die Wände sind dünn und das Telefon für alle steht auf dem Flur, da hört gerne die ganze Wohnung mit. Zum Telefonieren mit Papa verabredete ich mich immer für Tag und Stunde via Postkarte.

*

Unser Glück scheint vollkommen, bis … ja, bis eines Abends das Telefon klingelt. »Für Sie, Fräulein Schwarzer.« An der Leitung: M.s bester Freund. Er sagt, M. sei todkrank und liege hier in der elterlichen Wohnung in München. Wenn ich ihn noch einmal sehen wolle … Ich bin unentschlossen. Barbara, was soll ich tun? Meine Freundin sagt: »Der Arme. Geh hin.« Und obwohl uns beiden ganz klar ist, dass es eine Finte ist, gebe ich doch tatsächlich nach. Und alles geht von vorne los.

Wie sich rausstellen wird, war er mir umgehend nach München, seine Heimatstadt, nachgezogen. Der Moment war günstig für ihn, die Wohnung seines verstorbenen Vaters stand noch leer.

Woher aber wusste M., wo ich war? Meine Mutter hatte ihm »aus Mitleid« meine Adresse verraten. Sie wird das ein Jahr später in einer ähnlichen Situation noch einmal tun.

Um eine viel zu lange, vorwiegend quälende Geschichte kurz zu machen: Das mit M. geht weiter. Und unser Beste-Freundinnen-Glück ist von nun an schwer überschattet. Barbara ist oft allein. Dabei interessiert sie mich zu dem Zeitpunkt eigentlich viel mehr als er. Mit ihr teile ich die Interessen, mit ihr diskutiere ich bis in die Nächte, mit ihr lache ich, bis mir die Tränen kommen. Er schweigt vorzugsweise oder macht mir Vorwürfe. Dennoch opfere ich sie für ihn. Der Stellenwert einer Liebesbeziehung mit einem Mann ist einfach so unendlich viel größer als der einer Freundschaft mit einer Frau. Der »erste Freund« gilt als das Eigentliche, Freundinnen sind eine Art Vorspiel.

Einmal fürchte ich, ich sei schwanger. Ich gehe zu einer Frauenärztin in der Nähe des Stachus. Da werde ich erst mal von der Sekretärin abgefertigt, dann in eine der zahlreichen Kabinen geschickt, wo ich mich »schon mal untenrum freimachen« soll, und erst dann trete ich endlich der mir bis dahin unbekannten Ärztin gegenüber: auf nackten Füßen und mit bloßem Hintern. Sie führt ein knappes, barsches Gespräch mit mir und scheint Lichtjahre davon entfernt, meine Sorgen auch nur wahrzunehmen. Sodann schickt sie mich weiter zur Sprechstundenhilfe, die mir im Stehen eine Spritze in den Po gibt. Währenddessen plaudert sie mit einer Kollegin weiter.

Als ich die Praxis verlasse, strömen mir die Tränen übers Gesicht vor Erniedrigung und Verzweiflung. Ich vergesse sogar das Rendezvous mit M. Das ist 1963. Da ist die Pille zwar in Amerika schon auf dem Markt, in Deutschland aber noch nicht angekommen. Und als sie dann ein Jahr später endlich da ist, darf sie »aus moralischen Gründen« nur verheirateten Frauen verschrieben werden. Das sind noch Zeiten. Ich werde die Pille erst ab 1968 nehmen.

In der Konradstraße 12 hängt der Haussegen schief. Barbara ist verständlicherweise gekränkt, ja vermutlich wütend. Ihr neues

Schnippischsein lässt auf nur schlecht unterdrückte Aggressionen gegen mich schließen. Dennoch beschließen wir, den Sommerurlaub gemeinsam zu verbringen. Wir wollen nach Paris, endlich! Und von da aus nach Saint Tropez, denn das ist nicht nur das Mekka von Brigitte Bardot, sondern auch das von Juliette Greco und Françoise Sagan.

Mitte August fahren – genauer gesagt trampen – wir los. Wir haben diese gefährliche Angewohnheit aus Geldmangel und Leichtsinn. Vorher trenne ich mich wieder mal von M.

Zunächst einmal landen wir in Klopfers Au-pair-Mädchen-Zimmer im feinen 16. Arrondissement. Klopfer ist inzwischen ebenfalls von ihrer besten Freundin verraten worden: Die Kleine hatte sich von ihrem deutschen Freund, den sie später auch heiraten wird, zurück nach Wuppertal locken lassen. »Wie oft ich das bereut habe!«, jammert sie noch heute in der ihr eigenen komischen Selbstironie. Aber damals ist das so: Freundinnen stehen in jedem Fall nur an zweiter Stelle. Und auch ich bin da keine Ausnahme. Leider.

In Paris renne ich erst mal los. Einen Tag lang mit Klopfer kreuz und quer über die Boulevards und durch die Gassen, atemlos vor Begeisterung. Barbara zieht sich derweil unausgesprochen schmollend ans Seineufer zurück. Am Abend des zweiten Tages lache ich mir in dem Jazzkeller neben dem kleinen Theater in der Rue de la Huchette, wo seit hundert Jahren »Die kahle Sängerin« von Ionesco aufgeführt wird, einen charmanten Pariser an – und tauche erst am nächsten Nachmittag wieder auf bei meinen Freundinnen. Wir sind nachts durch die Hallen geschlendert, im *Pied de Cochon* Zwiebelsuppe essen gegangen und mit seinem offenen Sportwagen über die Champs Elysées gebrettert. Es hat Spaß gemacht. Außerdem hatte ich es mir schon vorher vorgenommen: endlich das Sexmonopol von M. brechen! Mein Pariser Flirt war hübsch und charmant, aber seinen Namen hatte ich, ehrlich gesagt, schon nach ein paar Monaten wieder vergessen. Saint Tropez. Als ich im letzten Sommer wieder mal da war (weil es noch heute sehr schön sein kann, außerhalb der Hauptsaison und neben den Trampelpfaden), da bin ich wie immer die Rue du Clocher raufgeschlendert, bis hoch zur Kirche. Ich habe zu den Fenstern im 1. Stock zur Gasse hingeschaut und auf den verträumten Place d'l'Ormeau. Es ist noch heute eine der schönsten Ecken in dem inzwischen so verrummelten Ort.

Unser »Studio« Rue du Clocher Nr. 12 hatte ein Wohn/Schlafzimmer mit Küche und Bad und kostete nur 25 Francs am Tag, das waren 20 Mark. Dominique, die Antiquitätenhändlerin im Erdgeschoss, kam nicht mehr in die oberen Räume ihrer eigenen Wohnung, weil sie ein Gipsbein hatte. Also vermietete sie sie. Das große Bett ist für Barbara und mich, der kleinere Klopfer kommt auf die Schlafbank mit den vielen Kissen und muss auch nur die Hälfte zahlen. Und dann schwärmen wir aus: in die Gassen und Boutiquen, an die Strände, in die Welt!

Wir schauen damals vermutlich selten den Boulespielern auf dem Place des Lices zu (wie ich es heutzutage so gern tue), wir gehen eher tanzen. Bei der Gelegenheit lerne ich eine französische Clique kennen, die mich ein paarmal mitnimmt: nachts mit dem Boot rüber nach Sainte Maxime, an verschwiegene Plätze in der Lagune zum Drink oder am späten Abend noch zum gemeinsamen Essen. An eine Situation erinnere ich mich noch ganz genau. Es muss gegen elf Uhr abends gewesen sein. Wir, ein rundes Dutzend junger Frauen und Männer, sitzen in einem großen Raum in einem der vielen Ferienhäuser in den Hügeln der Halbinsel. Wir reden und essen und trinken seit Stunden, das weiße Leinentuch auf dem Tisch ist übersät mit Baguetteresten. Die Fenster stehen weit offen, wir hören die Grillen zirpen und riechen den schweren Blumenduft. Da halte ich einen Moment lang inne und weiß: So will ich leben! So lebendig, so genussfreudig, so großzügig.

Doch auch in Saint Tropez scheint nicht immer die Sonne. An einem der Badetage am Plage de Tahiti ist mir zu viel los. Ich schnappe mir mein Buch und mein Handtuch, sage den anderen »Bis gleich« und klettere über den Felsen in die nächste Bucht. Da ist kein

Mensch. Aber auf dem Wasser schippern die Boote hin und her und hinter dem Felsen höre ich die Menschen reden und lachen. Ich lese – und mache für einen Moment die Augen zu. Da ist er über mir. Es geht alles ganz schnell. Und nach der ersten Gegenwehr ist klar: Wenn ich mich nicht füge, erwürgt er mich. Er hat harte, schwielige Hände, ist sehr stark und offensichtlich ein Gastarbeiter aus Nordafrika. Ich spreche noch kaum Französisch, und er spricht kein Englisch.

Das alles spielt sich innerhalb von Sekunden ab. Mit einer Hand drückt er mir die Kehle zu, mit der anderen reißt er an meinem Bikini. Da mache ich ihm ein Zeichen. Ich bedeute ihm mit Gesten, dass der harte Felsen unter mir sehr unbequem für mich sei und ich lieber mit ihm rauf in den Kiefernwald gehen möchte. Er zögert und lässt los. Ich lächele und greife seine Hand. Und er geht tatsächlich mit mir den Felsen hoch Richtung Kiefernwald. Hand in Hand.

Oben angekommen reiße ich mich los und laufe schreiend auf der anderen Seite den Felsen runter. Bei einem jungen Paar, das ich als Erstes erreiche, lasse ich mich fallen – und sehe, dass er noch einen Moment lang verdutzt stehen bleibt. Erst dann trollt er sich in den Wald.

Als ich wieder bei Barbara und Klopfer ankomme, können die meine Verstörung zunächst gar nicht einordnen. Ich hatte sie ja erst vor einer halben Stunde verlassen. Ich gehe zur Polizei. Doch was soll die tun. Die Würgemale am Hals werden erst rot, dann schwarz, dann gelb. Ich brauche Tage, um mich zu beruhigen.

Jahre später kehre ich an den Ort zurück und begreife: Es war ganz einfach, mich auszuspähen. Oben läuft ein Trampelpfad lang, von dem aus man in jede Bucht Einsicht hat. Und wer von den Bootsfahrern oder Spaziergängern hätte denn schon genauer hingeguckt bei einem Paar, das in einer einsamen Bucht in Aktion ist? Das hätte doch jeder für ein Liebespaar gehalten. In eine einsame Bucht bin ich nie mehr alleine gegangen.

Die Spannungen zwischen Barbara und mir werden nun so unerträglich, dass ich Ende August die Kündigung zu Ende September für unser Zimmer in der Konradstraße einwerfe. Ich weiß noch genau wo: in den Briefkasten am Café Sénéquier, Ecke Quai Jean Jaurès (der hängt noch da). Barbara versucht nicht, mich daran zu hindern.

Am Tag der Rückfahrt kommen wir erst spät los. Wir stehen nachmittags in der glühenden Hitze und halten mal wieder die Daumen hoch. Es dauert, bis jemand anhält. Es ist ein klappriger Lieferwagen, der bis Salon-de-Provence fährt. Wir steigen ein. Die Konversation läuft über Klopfer, die als Einzige des Französischen mächtig ist. Es geht schon auf den Abend zu. Der kleine Alte – er wird so um die 60 gewesen sein, also in meinen damaligen Augen sehr alt – bietet uns an, in seinem Häuschen zu übernachten. Er könnte, so verstehen wir, nebenan bei Freunden schlafen. Wir nehmen dankbar an.

Das Häuschen steht direkt neben einer Tankstelle und ist in der Tat sehr klein. Es besteht aus einem einzigen großen Raum plus Bad, das große Bett steht neben dem Küchentisch. Der kleine Alte bietet uns netterweise auch noch zu essen an, irgendwas Richtung Salat und Käse. Ja, merci beaucoup. Und nun? Der Typ rührt sich nicht vom Fleck. Es wird immer später, aber wir können ihn ja schlecht aus seinem eigenen Haus schmeißen. Schließlich kommt er irgendwann doch tatsächlich in einem langen weißen Nachthemd aus dem Bad.

Wir drei sind ratlos. Nicht zuletzt die Selbstverständlichkeit, mit der er sich benimmt, entwaffnet uns. Er denkt sich ja vielleicht gar nichts dabei? Vielleicht sind wir die Perversen, die dem armen Mann etwas unterstellen? Wir begeben uns also schließlich, ziemlich angezogen, in das riesige Bett und quetschen uns alle drei auf eine Seite – auf der anderen schläft er. Infamerweise schlage ich vor, Barbara, die die Dünnste von uns ist, solle sich neben ihn legen, sie habe schließlich die wenigsten Kurven, sei also am geringsten gefährdet.

Mitten in der Nacht schreckt Barbara hoch und wispert in mein Ohr: Er hat mich angefasst! Jetzt reicht es. Wir stehen alle drei auf und verbringen die Nacht sitzend. Er schläft allein weiter im Bett. Vorwürfe machen wir Monsieur auch am nächsten Morgen nicht. Denn so ganz sicher sind wir immer noch nicht: Hatte er Barbara wirklich angefasst? Oder hatte sie das nur geträumt?

Sehr früh am Morgen stehen wir nun an der Route Nationale 7 und halten wieder die Daumen hoch. Da bremst vor uns scharf ein roter Porsche, raus guckt eine ziemlich selbstbewusst aussehende Frau. Uff. Das mit den Männern reicht jetzt auch. Diese Frau, das stellt sich im Laufe der Fahrt raus, ist doch tatsächlich Suzanne Baron, die renommierte Cutterin der schon damals von mir sehr geschätzten Regisseure Tati und Resnais. Mit ihr sausen wir Richtung Paris. Ab und an bremst Suzanne und biegt ab: um frischen Lorbeer am Papstpalast von Avignon zu pflücken, um Öl bei einem Bauern oder Wein in einem kleinen Weingut zu kaufen. (Das habe ich mir gemerkt und halte es bis heute genauso, wenn ich durch Frankreich fahre.)

Auf der Höhe von Lyon müssen Barbara und ich aussteigen – wir trampen weiter nach München. Schweren Herzens.

*

In diesem Herbst / Winter 1963/64 pendle ich zwischen München und Wuppertal, zwischen dem Ausbruch aus der Beziehung mit M. und dem Wiederzurückgehen. Ich bin ratlos, ja verzweifelt. An Barbara schreibe ich von Wuppertal aus Sätze wie: »Ich hätte mich in meiner Angst vor der Leere nicht wieder an ihn klammern dürfen.« Und: »Ich bin schon lang nicht mehr auf der Suche nach Glück, ich will nur noch meine Ruhe.« Ich komme zu der Erkenntnis: »Da ist dieses überdeutliche Wissen, dass ich ganz allein bin. Dass ich alleine zu entscheiden und zu verantworten habe.«

Da bin ich 21 und verliere mich offensichtlich in diesem Bermudadreieck zwischen verlorener bester Freundin, verlassenem ersten Mann und fehlender beruflicher Perspektive. Und ich gehe doch tatsächlich wider besseres Wissen zu M. zurück. Bei einem Ausflug nach Salzburg zieht er irgendwann Verlobungsringe aus der Tasche, davon ausgehend, dass ich begeistert sein werde. Ich kriege Panik. Jetzt wird es eng, ganz eng. Ich will meine Freiheit. Er spürt das. Die erste Szene spielte sich ab, als ich aus Frankreich zurückkam und meinen Pariser Flirt gestand, kombiniert mit der Mitteilung, dass ich ihn verlassen würde. Dummerweise hatte ich ihm das alles am Abend in seiner Wohnung mitgeteilt. Reaktion: Ich bringe dich um. Und hätte ich nicht klein beigegeben, hätte ich vielleicht tatsächlich die Nacht nicht überlebt. Heute weiß ich, dass das die heikelste Situation für Frauen bei Trennung sein kann: ein letztes Mal allein mit ihm in der Wohnung. Davor würde ich jede warnen. Auch wenn er noch so nett ist.

Am nächsten Morgen gehe ich zur Polizei, berichte, was mir widerfahren war, und bitte um Schutz, um meine Sachen aus seiner Wohnung zu holen. Zwei Beamte begleiten mich. Und M. wird mit auf die Wache gebeten. Dort sitzt ein sehr netter, sehr verständiger Kommissar und spricht mit uns. Er rät uns väterlich, uns doch wieder zu vertragen. Also, Kinder …

Ich pendle weiter, zwischen den Gefühlen und den Städten, und nehme nur noch zeitlich begrenzte Jobs an, weil ich weiß, dass sich bald etwas ändern wird. Aber wie und wann?

Barbara hat sich inzwischen mit einem Portugiesen angefreundet, einer aus der Clique vom *P1* (ja, da gingen wir schon damals tanzen). Jorge ist melancholisch und schroff zugleich, eben ein Portugiese in den 1960er-Jahren. Ich finde, er passt nicht zu ihr, wage aber nicht, das zu sagen. Ich habe ja selber reichlich Mist gebaut. Und da ist sie auch schon schwanger – und heiratet. Jorges Bruder und ich sind Trauzeugen. Ich mit einem dieser breitkrempigen schwarzen Hüte, das hätte Mama gefallen. Reden wir noch? Ja, aber eine echte Kommunikation zwischen Barbara und mir liegt brach, in aller Freundlichkeit.

Einmal logiere ich nach einem Streit mit M. kurzzeitig bei dem jungen Paar. Barbara ist hochschwanger. Ich bügele gerade. Es klingelt an der Tür. Jorge öffnet. Da steht M., schneeweißes Gesicht, bebend vor Aggression – und in der Hand doch tatsächlich ein Beil (er streitet das bis heute ab, aber Barbara bestätigt es).

»Wo ist sie?!« Jorge, der fast einen Kopf kleiner ist als M., läuft zur vollen Größe eines Südländers und Hausherrn auf. Er greift sich mein Bügeleisen, bläht den Brustkorb und herrscht M. an: »Verschwinde!« Eine Schlägerei liegt in der Luft. Barbara und ich linsen von hinten vorsichtig um die Ecke und können uns, bei aller Dramatik, das Lachen kaum verkneifen.

Ich hatte, abgesehen von der fatalen Nacht, nach der ich die Polizei gerufen hatte, M. noch nie gewalttätig erlebt. Ja, ich wusste, dass er eigentlich Gewalt hasste, er war schließlich der Sohn eines gewalttätigen Vaters – aber anscheinend war das gleichzeitig nicht spurlos an ihm vorübergegangen.

Als ich Anfang der 1970er-Jahre beginne, für meine Bücher Frauen unter den verschiedensten Aspekten nach ihren Lebenserfahrungen zu befragen, blicke ich in Abgründe. So groß hatte ich mir das Ausmaß der Demütigungen und Abhängigkeiten von Männern nicht vorgestellt. Doch erst, als das Thema beginnt öffentlich zu werden – und sehr, sehr zögerlich –, reden sie über das allergrößte Tabu: die Gewalt in Beziehungen. Schläge vor den Augen der Kinder, Vergewaltigungen im Ehebett – und alles hinter verschlossenen Türen, sodass manchmal noch nicht einmal die Nachbarn etwas ahnen bzw. etwas ahnen wollen. Ich bin entsetzt. Was für ein Glück ich doch habe, dass mir so etwas noch nie passiert ist!

Noch nie? Es dauert Jahre, bis ich mich erinnere. Ich hatte es total verdrängt.

Doch all das genügt mir immer noch nicht. Irgendwann vertrage ich mich doch tatsächlich wieder mit M. – schließlich hatte er das alles »nur aus Liebe« getan. Anfang März gehen wir in Schwabing aus. Es wird ein Schicksalsabend. Denn wir sind mit einem Freund von M. verabredet, der zur Münchner Journalistenschule geht. Ich hocke stundenlang beim lauwarmen Münchner Bier und frage ihn aus. In der darauf folgenden Nacht sitze ich aufrecht im Bett. Das ist es! Ich gehe zur Journalistenschule! Ich werde Journalistin! Wie hatte ich nur vergessen können, dass ich immer die Beste war in Aufsätzen? Ja, einmal hatte ich sogar in der Schule einen nicht geschriebenen Aufsatz über einen Ausflug nach Den Haag so souverän von den leeren Blättern abgelesen, dass der Lehrer mir eine Eins gab. (»Ich verzichte darauf, mir das Heft anzusehen, Alice. Das verdirbt mir nur die Laune.«) Und wieso hatte ich, die leidenschaftliche Zeitungsleserin, noch nie daran gedacht, selber zu schreiben?!

Es ist beschlossene Sache. Mein Plan ist gefasst, niemand mehr wird mich davon abbringen. Doch wie stelle ich es an? Das Abitur nachmachen und studieren? Aber wer soll das bezahlen? Nein, ich werde ein, zwei Jahre als Au-pair nach Paris gehen, dort Französisch lernen und meinen Horizont erweitern – und mich von da aus bewerben. Ich nehme Kontakt zu Klopfer auf, die inzwischen wieder in Deutschland ist. Sie empfiehlt mir eine Freundin in Paris, Renate, die als Au-pair-Mädchen jobbt. Ja, kein Problem, ich kann in den ersten Wochen bei ihr wohnen und mir von da aus etwas suchen. Ich korrespondiere postlagernd mit ihr. Niemand mehr soll mir nun auf die Schliche kommen, nichts mehr soll mich aufhalten. In München nehme ich eine auf zwei Monate begrenzte, letzte Stelle an, bis Ende April. Bis dahin wird es mir gelingen, stolze 350 Mark zu sparen. Damit werde ich nach Paris aufbrechen.

Am 28. April 1964 notiere ich in meinen Taschenkalender: »Ich bin schrecklich traurig. Am liebsten würde ich ihm alles sagen.« Doch es ist für mich eine Frage des Überlebens.

Der Tag meiner Abfahrt steht fest: der 29. April 1964. Es ist ein Mittwoch, und am Morgen verabschiede ich mich von M. mit den Worten: »Bis heute Abend im Nest. Sieben Uhr.« Kaum ist die Tür ins Schloss gefallen, schreibe ich ein hastiges Abschiedswort für ihn, im Ton bewusst so gehalten, dass er erst mal die Wut kriegen wird – und ich Zeit und Abstand gewinne.

Und dann rufe ich Barbara an. »Wenn du mich noch einmal sehen willst«, sage ich, »musst du gleich zum Hauptbahnhof kommen. Um 13.50 Uhr fährt mein Zug nach Paris.« Barbara kommt. Wir umarmen uns. Ich steige in den Zug. Wir winken beide, bis wir uns nicht mehr sehen.

Ich weiß: Das ist das Ende meiner Jugend.

In München, 1964

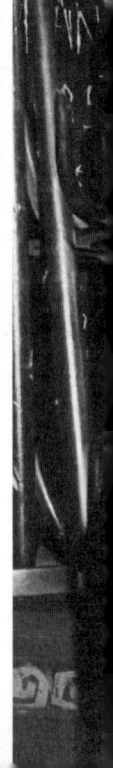

1
Am Odeonsplatz,
1964
2
Mit Barbara,
1964
3
Mit Freunden
4
David, Jakob
& Nathan
in der Nachteule

PETER
ZY
PEACE
Harald
EDWARD
Siegfried
PATRICK
WOLF
GERHARD
RAMBLER

1964/1965
Ganz Paris träumt von der Liebe
Und ich begegne ihr

In meinem kleinen weißen Taschenkalender von 1964 stehen auf den ersten Seiten sechs Adressen: meine Wuppertaler Adresse für Anfang des Jahres, die Münchner bis Ende April und sage und schreibe vier Adressen für Mai bis Dezember in Paris. Wobei die Adresse Nr. 6 das Happy End meiner Odyssee sein wird.

Sie beginnt am 4. Mai 1964 bei einer Familie am Boulevard Diderot, schräg gegenüber vom Gare de Lyon. Die Au-pair-Mädchen-Stelle hatte ich innerhalb von drei Tagen gefunden, vermittelt vom »Verein Freundinnen junger Mädchen«. Und ab dem 5. Mai war ich auch schon eingeschrieben an der *Alliance Française*, der Sprachenschule am Boulevard Raspail.

Es ist eine traditionelle, bürgerliche Familie. Sie ist Anfang dreißig, recht attraktiv und Hausfrau; er Mitte dreißig und eine aufstrebende Führungskraft auf dem Pariser Großmarkt, der gerade von den Hallen, dem »Bauch von Paris«, umgezogen ist vor die Tore der Stadt. Dazu drei Kinder: ein achtjähriges Mädchen und ein fünfjähriger Junge, die beide bis zum späten Nachmittag zur Schule gehen und nur zum Mittagessen nach Hause kommen, sowie der zweijährige Vincent. Er wird in den kommenden Wochen mein Kind werden.

Die Familie wohnt im weiträumigen 2. Stock, ich habe ein Dienstmädchenzimmer im 6. Stock, klein, aber mein und mit einem winzigen Balkon. Direkt neben dem oft weinenden spanischen Dienstmädchen der Nachbarn. Mein Zeitplan ist eng, jedoch typisch für ein Au-pair-Mädchen dieser Zeit. Morgens frühstücke ich mit den Kindern, dann ab in die Metro und zur Alliance, Kurs 1 von 8.30 bis 10.15 Uhr. Danach zwei freie Stunden, die ich zum Bummeln nutze: durch den Jardin du Luxembourg, in dem ich bald jede Bank kennen werde, und über die Boulevards. Ab 12.30 Uhr Essen mit der ganzen Familie: Madame, Monsieur und drei Kinder. Sodann spüle ich und gehe anschließend mit Vincent spazieren, meist in den nur wenige Fußminuten entlegenen Jardin des Plantes. Ab 17 Uhr ist eine Stunde Bügeln angesagt, täglich. Abendessen allein mit den Kindern und danach Baden und Zubettbringen von Vincent.

So geht das sechsmal in der Woche, freitags habe ich frei, sonntags bis Mittag zu tun. Die Abende verbringe ich meist in meinem Zimmer. Denn erstens bin ich erschöpft, und zweitens habe ich gar kein Geld zum Ausgehen. Ich erhalte 150 Francs im Monat (der Kurs steht zu der Zeit 1.20 Frs für 1 DM), davon gehen 55 Frs Schulgeld ab und 25 Frs für die Metro. Da bleibt nicht viel.

In dieser Situation ist es nicht ohne Komik, dass mich ständig Mahnungen aus Deutschland erreichen: Ich solle nur ja vorsichtig sein, denn erstens die Männer an sich und zweitens die Mädchenhändler speziell ... Selbst M., der sich offensichtlich darauf vorbereitet, auch diese Trennung auszusitzen und im Laufe des Jahres noch zweimal in Paris auftauchen wird, lässt via Mutti ausrichten, ich sei doch »so naiv« und solle mich nur ja in Acht nehmen. An Barbara schreibe ich in diesen recht einsamen Wochen: »Ich habe noch nie so seriös gelebt wie in Paris.«

Ich mag den kleinen Vincent und auch die beiden Großen sind nett, aber Madame ist eine Qual. Sie spricht etwas Deutsch, wir können uns also verständigen. Dabei bleibt es mir nicht verborgen, wie angespannt sie ist. Permanent träumt diese Mutter von drei Kindern, Vincent falle aus dem Fenster (offensichtlich ist sie von diesem dritten Kind überfordert). In der Schule, wo die meisten jungen Frauen in einer ähnlichen Lage sind wie ich, lerne ich schnell: Es gibt unter uns nur ein Thema, das noch ärger ist als Madame – das ist Monsieur. Der immerhin ist für mich kein Thema.

Nach ein paar Wochen werden mir Madames demütigende Triezereien zu viel. Ich kündige am 31. Mai zu Ende Juni. Was die Laune nicht hebt. Am Tag darauf passiert es. Ich schleppe die vom dienstmädchenfreien Sonntag überquellenden Mülleimer über die steile Dienstbotentreppe nach unten, da läuft mir der kleine Vincent durch die angelehnte Türe hinterher: Aliiiis, Aliiiiis. Wieder oben, stürzt Madame sich auf mich wie eine Furie, mit einer Mischung aus Eifersucht und schlechtem Gewissen. Sie schreit, Vincent hätte sich auf der steilen Treppe zu Tode stürzen können, und ich wolle wohl ihr Kind umbringen, ich »elendes Naziweib«. Es reicht.

Nur wenige Stunden später habe ich, dank des unerschöpflichen Vermittlungsbüros in der *Alliance*, ein neues Zimmer: bei einem jungen Schauspielerpaar Nähe Metro Nation. Ich trage meinen Koffer, ein Geschenk von Papa, zum Taxi. Und als Madame hinter mir herruft, drehe ich mich noch nicht einmal mehr um.

Das Kapitel Au-pair-Mädchen ist nach dieser Erfahrung für mich erledigt. Ich strebe ein neues Konzept an: ein Zimmer bzw. »Studio«, also eine unabhängige Einzimmerwohnung, für die Mitarbeit in der Familie und zusätzliche Jobs für die Lebenshaltungskosten. Mein Konzept wird aufgehen, auch wenn es im ersten Halbjahr ein zäher Kampf ist. Es gibt wenig, was ich in diesem Sommer nicht mache für drei bis fünf Francs die Stunde: Kinder verwahren, putzen gehen ... Erst im Spätherbst finde ich Büro- und Tipparbeiten. Was für ein Luxus.

Dank dieser Tippjobs bekomme ich einen tiefen Einblick in die Emigranten-Szene. Da ist Monsieur Alexandre im 18. Arrondissement, ein deutschstämmiger Filmjournalist, der 1933 weggegangen ist aus Berlin. Er berichtet für deutsche Zeitungen und den Rundfunk das Neueste aus der glamourösen Welt des Films. Und wir beide klatschen mit Vergnügen über Romys Heuschnupfen oder Antonionis Launen (der bekommt in dem Jahr den *Goldenen Löwen* in Venedig). Und da ist Maître Muller, ein Elsässer Anwalt, mit seinem schlohweißen Haar und dem schwarzen Käppi ein klassischer jüdischer Patriarch, der seine Kanzlei in der schicken Avenue de l'Opera hat. Bei ihm tauche ich tief ein in die Schicksale Überlebender, denn Maître Muller bearbeitet Wiedergutmachungsklagen.

Einmal verlasse ich gleichzeitig mit einer seiner Klientinnen die Praxis. Ihr Dossier kenne ich nur allzu gut: jede Nacht Albträume, jede Nacht immer wieder zurück ins Lager ... In dem käfigkleinen Aufzug, in dem wir vom vierten Stock nach unten rasseln, versuche ich zaghaft, eine Konversation zu beginnen. Auf Deutsch. Denn Maître Muller liebt es, mit mir Deutsch zu sprechen, ich spreche auch noch sehr schlecht Französisch – und sie ist ja Deutsche. Die Frau antwortet mir nicht. Sie sieht mich nur an. Vier Stockwerke lang. Meine Beschämung ist groß.

Der Zweite Weltkrieg, der Naziterror und die Konzentrationslager, all das ist in diesen Jahren, nur zwei Jahrzehnte nach dem Ende des Horrors, noch sehr, sehr präsent in Frankreich. Lebendig präsent. Erstmals bin ich nicht nur mit der Geschichte, mit den ermordeten Juden konfrontiert, sondern mit der Gegenwart, den lebenden Juden. In der Regel schweigen sie – oder sie sind freundlich mit mir, der so deutsch aussehenden Deutschen. Doch es gibt auch Selbstgerechtigkeit und Missbrauch unserer schmerzlichen Geschichte. So passiert es mir nicht nur einmal, dass Männer auf der Straße hinter mir her rufen »Hallo, Fräulein«. Reagiere ich abweisend, setzen sie nach und beschimpfen mich als »Nazi« oder »SS«. Ich lerne, mich zu wehren.

Im Rückblick finde ich es bemerkenswert, dass ich selbst in den Monaten der extremen Geldnot nie auch nur einmal auf den Gedanken komme, mich einladen oder gar aushalten zu lassen. So etwas liegt einfach außerhalb meines Vorstellungsvermögens. Meine Flirts sind im Prinzip etwa gleich alt und niemals vermögend. Ich zahle grundsätzlich selber für mich.

Im Juli 1964 fahre ich mit einem Schauspielerpaar – das heißt, er ist Schauspieler, und sie wäre es gern – sowie seinen beiden kleinen Jungen in den Süden. Ich jobbe in Paris bei der Familie fünfmal die Woche zwei Stunden für mein Studio. Und ich fahre mit ihnen in Urlaub, um die kleinen Jungen zu versorgen, wenn sie ihn zu seinen Auftritten bei den Festspielen in Avignon und Arles begleitet. Sie sind ein nettes, unkonventionelles Paar, fühle mich wohl bei ihnen. Einzige Krux: Unser Ferienhaus ist in Roquebrune, auf dem platten Land. Ans Meer komme ich nur mit der Familie oder mit dem Bus.

Also nehme ich für meine freien Tage mit Begeisterung eine Einladung von Klopfer wahr, die inzwischen wieder in Deutschland lebte. Sie macht Ferien in Sainte Maxime, gleich gegenüber von unserem geliebten Saint Tropez! Klopfer wohnt in einer Art Jugendheim, und ich quetsche mich für ein paar Nächte mit in die Kammer.

Diese Tage in Sainte Maxime sollten Schicksalstage für mich werden. Ich begegne meiner ersten »großen Liebe«: Bruno. Er sitzt am Strand, allein, und liest: eine Studie über Marx, wie ich erspähe. Aber er hätte meinetwegen auch Mickey Mouse lesen können (was ebenfalls nicht ausgeschlossen gewesen wäre, wie sich später herausstellen wird). Egal. Er ist es einfach! An meine Mutter werde ich ein paar Wochen später schwärmerisch schreiben: »Er ist die vollkommene Verkörperung meines Typs: groß, dunkel mit einem sehr ausdrucksstarken Gesicht. Und er ist so geistreich, so charmant und höflich – und trotzdem irgendwie schüchtern.«

Aber noch ist es nicht so weit. Noch sagt Klopfer trocken zu mir: »Den kannst du vergessen. Diese Art von Parisern würde niemals eine Frau und schon gar keine Ausländerin ansprechen. Du kannst dir gar nicht vorstellen, wie arrogant die sind.« Denn auch das ist gleich klar: So ein Mann kann nur aus Paris kommen.

Also warte ich. Und riskiere schon mal einen Blick. Er blickt zurück. Ich warte weiter. Denn niemals hätte ich damals einen Mann von mir aus angesprochen. Ich mute mir sogar die Mittagshitze am Strand zu und bleibe allein zurück. Schließlich gebe ich auf, gehe ins Wasser, komme triefend zurück – da steht er vor mir und sagt den ungeheuer originellen Satz: »Vous êtes Allemande, Mademoiselle?« Oui! Am Abend sind wir verabredet, die restlichen Tage in Sainte Maxime verbringen wir zusammen, und am 31. Juli steige ich in Arles in den dritten Waggon des Zuges nach Paris. Darin wartet Bruno schon auf mich. Im nächsten Tunnel küssen wir uns zum ersten Mal.

Die Beziehung zwischen uns wird sehr bald sehr innig. In den kommenden zehn Jahren werde ich mein Leben mit Bruno teilen: mal einen Kilometer entfernt von ihm, mal 500 oder 800 Kilometer, aber immer im täglichen Austausch. Später werden wir etliche Jahre lang eine gemeinsame Wohnung haben.

Zurück in Paris geht mein Kampf um Jobs weiter. Aber nun ist da auch Bruno, der mich unterstützt und begleitet. Er wohnt im sechsten Stock des Hauses der elterlichen Wohnung, studiert Jura und teilt meine politischen und kulturellen Interessen. Wir sehen uns quasi täglich. Vieles verbindet uns, manches ergänzt sich. Ich mag seine höfliche Reserviertheit, auch wenn er mir manchmal zu wohlerzogen ist – und er mag meine spontane Offenheit, auch wenn ich ihm manchmal zu temperamentvoll bin. Wir lachen und lästern viel zusammen, diskutieren leidenschaftlich über Politik und gehen ins Konzert, ins Kino (durch ihn lerne ich die Marx Brothers kennen), in Museen: querbeet, vom *Louvre* bis zum *Musée d'Art Moderne*. Ich entdecke die Impressionisten, mein Lieblingsmuseum wird das *Jeu de Paume* im *Jardin des Tuileries*. Und ich erlebe, wie die Verkäufer in den Spielzeugläden am Montparnasse Bruno genauso herzlich als Stammkunden begrüßen wie die Buchhändler. Er ist sehr intellektuell – und gleichzeitig sehr verspielt. Die Mischung gefällt mir.

Am 26. August 1964 feiert Paris den 20. Jahrestag der Befreiung von den Deutschen. Ein Ball auf dem Pont Neuf, Feuerwerk am Arc de Triomphe und vor dem Rathaus eine feierliche Ansprache von Präsident de Gaulle, dem einstigen Anführer der militärischen Résistance. Wir, der Franzose und die Deutsche, hören uns das an, Hand in Hand. Unser beider Verhältnis zu de Gaulle ist eher kritisch, er ist uns viel zu konservativ, wir sympathisieren mit dem Sozialisten Mendès-France. Aber dennoch, wir sind gerührt. Vor allem ich. Und als de Gaulle mit seiner mächtigen Stimme die Marseillaise anstimmt, da bekomme ich feuchte Augen.

Dass ich Deutsche bin, spielt für Bruno und seine Freunde eigentlich keine Rolle. Die finden das zwar leicht exotisch, aber eher nett. Doch in den französischen Kreisen, in denen ich mich von nun an ausschließlich bewege, begegne ich in all den Jahren nicht ein einziges Mal einem anderen Ausländer. Die Franzosen bleiben in der Regel unter sich. Das heißt, so sehr französisch ist Bruno in Wahrheit gar nicht, wenn auch ungeheuer pariserisch. Seine Mutter kommt aus dem Elsass und sein Vater ist ein halber Pole.

Die bürgerliche Familie, deren einziger Sohn unter drei Töchtern er ist, ist alles andere als entzückt über die hergelaufene

Deutsche. Sie hatte sich für ihren Prinzen eine standesgemäßere Schwiegertochter erhofft – und wird mich bis zum bitteren Ende bekämpfen.

Ich teile mit Bruno nicht nur das Interesse am Film, sondern auch mein spezielles Interesse am polnischen Film. Im Herbst sehen wir zusammen »La Passagère«, die Passagierin von Andrzej Munk. Der Film erzählt die Geschichte einer Ex-KZ-Wärterin, die inzwischen in Amerika verheiratet ist und auf einer Schiffsfahrt nach Europa glaubt, ein ehemaliges Opfer wiederzuerkennen. Zwei Rückblenden zeigen uns zwei Versionen: erstens die Version, die die KZ-Wärterin ihrem Mann, der nicht Bescheid weiß, erzählt. Zweitens die Wahrheit. Die Bilder von der Gegenwart auf dem Schiff sind Standbilder mit Kommentar, nur die Vergangenheit ist lebendig. Als wir das Kino verlassen, laufen mir die Tränen übers Gesicht. Bruno will mich trösten und sagt: »Du kannst doch nichts dafür.« Das stimmt, aber dennoch … Ich glaube nicht an eine Kollektivschuld, aber doch an eine Kollektivscham. Bruno versteht viel, aber eben nicht alles. Wie sollte er.

Nun intensiviere ich meine Lektüre von Heinrich Heine, Enri Ein, wie die Franzosen sagen. Jetzt nicht nur die Gedichte, sondern auch die Essays. Seine Liebe zu Frankreich und seine Sehnsucht nach Deutschland bringen es ziemlich genau auf den Punkt für mich. Ab und zu nehme ich die Metro zum Cimetière Montmartre und lege Henri eine Blume aufs Grab.

Ich liebe Paris und könnte stundenlang und immer wieder über die Boulevards und durch die Gassen bummeln. Bis heute kenne ich keine Stadt auf der Welt, ihr Verkehrsnetz, die Busse und Metro, so genau wie Paris. Auch ist mir das französische Temperament, dieses leichte Konversationmachen und spielerisch Geistreichsein, sehr vertraut. Doch gleichzeitig habe ich Heimweh. Ich vermisse das Tiefgründige, den Nebel, das Schwarzbrot.

Ab und zu schickt Papa mir Päckchen mit jenem Schwarzbrot und Leberwurst. Und manchmal steckt auch ein 50-Mark-Schein drin. Mutti, die gerade für Melitta arbeitet, sendet deutschen Kaffee.

Und ich bleibe trotz alledem auch mit Freundin Barbara in enger Korrespondenz. Sie ist inzwischen Mutter eines Sohnes geworden, worüber sie allerdings beunruhigend wenig schreibt. Sie wird, zusammen mit Mann und Sohn, ein paar Monate später für drei Jahre nach Portugal gehen und irgendwann geschieden sein.

In der Literatur lese ich ab Jahresende die Franzosen, vorwiegend die Klassiker, und entdecke Rimbaud und Verlaine. Dennoch sind es vor allem die deutschsprachigen Autoren, die mich interessieren. Ich lasse mir die Bücher schicken oder leihe sie aus in der Bibliothek des Deutschen Hauses der *Cité Universitaire*. Da gehe ich auch manchmal tanzen, ohne Bruno, denn der kann zu meinem Kummer nicht tanzen. Den Notizen in meinem Taschenkalender entnehme ich meine Lektüre aus dieser Zeit. Es sind, neben meinem geliebten Heine: Cesare Pavese, James Joyce, Peter Weiss, Uwe Johnson, Max Frisch und Günter Grass. Die einzigen Auto-*rinnen* scheinen Ingeborg Bachmann und Mary McCarthy gewesen zu sein. Ihr Buch »Die Clique« ist das erste feministisch bewegte Buch, das ich lese – ohne dass ich das Wort »Feminismus« gekannt hätte.

Es geht darin um die Geschichte einer Mädchen-Clique im Frauen-College und ihren Aufbruch ins Leben. Bis heute gegenwärtig ist mir die Szene, wie eine von ihnen versucht, auf einer Parkbank zur Verhütung ein Pessar, diesen den Muttermund verschließenden Ring, einzuführen – und der ihr immer wieder rausflutscht. Verhütung ist damals noch ein ganz peinliches und ganz heißes Thema. Die tabellarischen Jahresübersichten in meinem Taschenkalender sind übersät mit Kreuzchen und Zahlen, den Abständen zwischen dem jeweiligen Beginn der Periode (31, 30, 28, 34 Tage etc.). Und ich erinnere mich bis heute mit Beklemmung an das, was Renate, bei der ich in den ersten Paris-Tagen gewohnt hatte, passiert ist. Sie hatte abgetrieben, bei einer Engelmacherin auf dem berüchtigten Küchentisch – und wäre beinahe daran gestorben, verblutet. In den Tagen danach wohnt sie bei mir. Wir sind beide stumm vor Entsetzen.

In einem Brief an Barbara erwähne ich in dieser Zeit Sartre, der im November den Literatur-Nobelpreis ablehnt, was ein Skandal ist, mir aber imponiert (vielleicht war es jedoch ein wenig arrogant?). In dem Zusammenhang komme ich auf Beauvoir zu sprechen, weiß aber noch nicht einmal ihren Namen richtig, ich schreibe: »Simone de Be ... du weißt schon, wen ich meine, die Gefährtin von Sartre.« Zu dem Zeitpunkt liegt Beauvoirs »Das andere Geschlecht«, das feministische Schlüsselwerk des 20. Jahrhunderts, seit 15 Jahren vor und der Löwenanteil ihres Werkes ist längst erschienen: ihre Essays, Romane, Memoiren. Im Jahr 1964 veröffentlicht sie »Ein sanfter Tod«, ihren Essay über den Tod ihrer Mutter, eines ihrer ergreifendsten Bücher.

Und sie wohnt sozusagen bei mir um die Ecke, Rue Schoelcher, gleich neben dem Friedhof Montparnasse. Wir müssen oft durch dieselben Straßen gegangen sein: über den Boulevard Montparnasse, durch die Rue Delambre und den Boulevard Edgard Quinet entlang. Mein Stammcafé, das *Select*, befindet sich quasi direkt neben dem Haus, wo sie aufgewachsen ist, und gegenüber von ihrem Stammrestaurant, der *Coupole*. Dennoch: Ich weiß fast nichts von ihr. In den Zeitungen, die ich lese – neben der französischen Presse *Die Zeit* und *Der Spiegel* –, scheint sie kaum vorzukommen. Oder übersehe ich sie?

Aus London dringt in diesem Herbst die Kunde vom Minirock. Mich wird er erst ein Jahr später erreichen. Auch Twiggy, das erste magersüchtige Model, taucht auf. Als ich Anfang der 1980er-Jahre in EMMA begann, den Diätterror und die Magersucht als Problem Nr. 1 der Mädchen und Frauen zu analysieren, da hätte ich geschworen, dass wir, als wir jung waren, solche Probleme nicht kannten. Umso überraschter bin ich heute, in meinen Briefen an Barbara immer wieder Passagen über die Kilos, die ich angeblich zu viel habe, zu lesen. Nach einem Besuch von Freundinnen zum Beispiel, die zurückfahren und tratschen, dementiere ich empört, zugenommen zu haben. Und ein paar Briefe später vermelde ich triumphierend: »Du kannst den Ziegen sagen, dass ich nicht mehr 62, sondern wieder 60 Kilo wiege, wie gewohnt!« So neu scheint das Problem des

Schlankheitswahns für Frauen im 21. Jahrhundert also nicht zu sein.

*

Im Herbst 1964 beziehe ich in Paris meine Traumwohnung: eine Einzimmerwohnung im alten Herzen von Montparnasse, in der Rue du Texel 34. Etwa 25 Quadratmeter, die Wände verziert mit einer leuchtenden Rosentapete und zur Straße hin zwei bodentiefe Pariser Fenster. Zum Verdecken des Spülsteins bastelt Bruno mir einen selbst bemalten Paravent – Malen und Fotografieren sind seine Leidenschaft.

Auf derselben Etage, im Studio neben mir, wohnt Irmgard. Sie ist eine junge Bankangestellte aus Deutschland, die auf Zeit in der Société Générale arbeitet – beneidenswert! Jahrzehnte später treffe ich sie wieder, und sie gesteht: »Als du mir damals gesagt hast, du willst Journalistin werden, da dachte ich: Na ja …« Wir teilen die Toilette auf der halben Treppe, die so verschmutzt ist, dass ich sie nur mit speziellen Gummistiefeln betrete – noch nicht einmal das stört mich.

Das Viertel musste inzwischen gesichtslosen Neubauten weichen. Schade, es war ein besonders charakteristisches altes Pariser Viertel. Unter den Straßen existierten noch die geheimen Gänge aus Revolutionszeiten, und gleich gegenüber war das Café Charbon, das Kohlen-Café; so genannt, weil man dort nicht nur für einen Spottpreis seinen Pastis trinken, sondern auch Kohlen im Kilo kaufen konnte.

Von der Rue du Texel aus habe ich gerade mal zehn Fußminuten bis zur *Alliance Française* – und von da fünf Minuten bis zu der Schule, wo ich einmal am Tag zwei kleine Jungen abhole, um sie, fünf Minuten weiter, bei ihrer Mutter zum Mittagessen abzuliefern. Die Gegenleistung ist mein Rosen-Studio, inklusive Wäscheservice. Ich kann mein Glück kaum fassen! Und es gibt nicht eine in der Alliance, die mich nicht heftig beneiden würde.

Zu verdanken habe ich dieses Bonheur Yvonne Ourvouai. Die

junge Familienmutter hatte sich spontan für mich entschieden, obwohl ich, nach der Anzeige im Jobbüro der *Alliance* – wo die reizende Dame am Guichet mich längst beim Namen nennt –, die sage und schreibe 38. bin, die in diesen Tagen bei ihr in der Avenue du Maine klingelt. Wir werden Freundinnen und sind es bis heute. Jean François, ihr Ältester, nannte in den 1980er-Jahren seine Tochter Alice – und Patrick, mein Liebling, fragte 2010 an, ob seine Tochter ein Praktikum bei EMMA machen könne. Manchmal machten die jungen deutschen Mädchen in Paris eben auch gute Erfahrungen.

Doch war das eher selten. Im Frühling 1965 geht mir das Geraune in der deutschen Boulevardpresse über die »An Paris verlorenen Töchter«, die in der *Alliance Française* von Verführern angeblich nur so belagert werden und ein wildes Dolce-Vita-Leben führen, so auf die Nerven, dass ich meinen allerersten Artikel schreibe (siehe Seite 377). Der *Generalanzeiger* in Wuppertal veröffentlicht den Text – und ich bin ziemlich stolz. Denn meinen Plan, Journalistin zu werden, verfolge ich unverdrossen. Und ich werde dazu nicht nur von Bruno, sondern auch von Monsieur Alexandre und Maître Muller kräftig ermutigt.

Anfang Januar 1965 reiche ich bei der Münchner Journalistenschule meine Bewerbung ein. Unter den Prüfungsthemen wähle ich: eine Reportage über das Standesamt meiner Heimatstadt, also Wuppertal; einen politischen Kommentar zu der Frage »Müssen wir uns zwischen Washington und Paris entscheiden?« (Ich plädiere für Washington) sowie eine Filmrezension. Ich wähle »Liebende Paare«, den ersten Spielfilm von Mai Zetterling. Die Schwedin ist die wohl radikalste und kreativste europäische Filmemacherin dieser Jahre, auch wenn sie heute nicht mehr so bekannt ist wie ihr Landsmann Ingmar Bergman. Es vergehen aufregende Wochen – und ich werde doch tatsächlich zur mündlichen Prüfung eingeladen. Unter vielen, vielen Hundert bin ich nun eine von 18. Genau zwölf sollen angenommen werden. Und ich? Ich falle durch! Was an meinen noch zu großen Wissenslücken gelegen haben mag; zum Beispiel wusste ich nicht, was eine »Oligarchie« ist. Vermutlich lag es aber auch und vor allem an der kühlen Arroganz, die ich damals demonstrierte, sobald ich unsicher war. Ich spüre noch heute den scharfen Blick, den der Juryvorsitzende Proebst, Chefredakteur der *Süddeutschen Zeitung*, mir während der Befragung zuwarf. Hätte ich ein paar Tränchen zerdrücken sollen?

Als Ende Juni die Absage kommt, bin ich maßlos enttäuscht. Doch ich lasse mich nicht entmutigen. Denn ich weiß jetzt, dass ich wirklich eine Begabung zum Schreiben habe. Im Herbst starte ich eine Offensive im Kampf um ein Volontariat bei einer deutschen Tageszeitung.

Doch erst einmal geht das Leben in Paris weiter. Im politischen Wohnzimmer der Stadt, der *Mutualité*, findet der erste Vietnam-Kongress statt. Bruno und ich sind dabei. »L'Indochine« war ja lange eine französische Kolonie gewesen, bevor Amerika begann, die Region zu bombardieren. Ihre Basis ist das westlich orientierte Südvietnam, ihr Gegner das kommunistische Nordvietnam. Auch die Bundesrepublik sagt den USA in aller Form ihre Unterstützung im Vietnamkrieg zu. Wir, die politisch wache Jugend, sind empört!

Zum Abschluss des Sommers 1965 geraten Bruno und ich in unsere erste Demo und werden prompt verhaftet. Eigentlich wollten wir an diesem lauen Juni-Abend nur einen Bummel in Saint Germain machen. Doch Ecke Rue de Rennes/Boulevard Raspail finden wir uns plötzlich mitten in einem Schülerprotest. Die traditionellen Umzüge zu den Abiturfeiern geraten in diesem Jahr nicht zufällig aus den Fugen. Ich werde von der prügelnden Polizei gestoßen, Bruno, ganz Kavalier, mischt sich ein – und wird umgehend in den Polizeiwagen geschleift. Ich hinterher. Mitten in der Nacht werde ich aus dem Polizeigewahrsam entlassen, Bruno erst am nächsten Tag. Den Medien scheint das relativ harte Durchgreifen der Polizei durchaus angemessen, nur die kommunistische *Humanité* protestiert und berichtet: »Ein 24-jähriger Jurastudent mit seiner ausländischen Freundin wurde 24 Stunden lang festgehalten.« Das waren wir.

Ende Juni fahre ich nach Wuppertal und verkaufe in diversen Läden einen Monat lang als »Propagandistin« den Pansch-Wein »Goldener Oktober«. Ich will damit meine erste große Reise finanzieren, die wir planen. Mit einem uralten 2 CV (in Deutschland »Ente« genannt), den Bruno einem bretonischen Bauern für 1000 Francs abgeschwatzt hatte, fahren wir dann quer durch Europa: von Wuppertal nach Salzburg, durch Kärnten, den einspurigen Wurzenpass rauf (hinter uns Fäuste schüttelnde Lastwagenfahrer), bis nach Jugoslawien, in das verwinkelte kroatische Fischerstädtchen Rovinj. Dort, auf der istrischen Halbinsel, wohnen wir zwei Wochen lang für 4,20 DM am Tag bei einem Expartisanen und seiner Familie. Mit ihr befreunden wir uns, bis hin zu der in der Scheune auf dem Land für uns frische Pasta schnitzelnden Großmutter. Von da aus geht es sehr vergnügt retour über das romantische Venedig, Genua, die Côte d'Azur und Aix-en-Provence zurück bis Paris. Innerhalb weniger Wochen hatten wir viel von Europa gesehen. – Übrigens: Das blaue Leinenkleid mit den extravaganten Ärmeln, das ich auf dem Foto auf dem Marcusplatz anhabe, stammt von der damals in Paris sehr angesagten Designerin Dorothée Bis.

*

Am 19. September 1965 darf ich zum ersten Mal wählen. Ich tue das mit Eifer und schicke meinen Wahlbrief per Express ab. Meine Stimme darf auf keinen Fall fehlen! Inzwischen habe ich gelernt, dass Deutschland nicht das einzige Land mit dunkler Vergangenheit und dräuenden Schatten in der Gegenwart ist. Bei meinen französischen Freunden sind die traumatischen Folgen des Algerienkrieges permanentes Thema. In den Medien verfolge ich den Versuch, in den USA die Aufhebung der Rassentrennung nun auch faktisch durchzusetzen, und wie die Konflikte eskalieren. Aus Moskau schockiert mich die Nachricht über den Schauprozess gegen den russisch-jüdischen Schriftsteller (und späteren Nobelpreisträger) Joseph Brodsky, angeklagt des »Parasitentums« und angeblicher Fluchtabsichten. Die Originaldokumente des Prozesses werden im Westen veröffentlicht. »Es wird Zeit, dass ich meine Ansichten über Russland revidiere«, schreibe ich an meine Mutter. Die waren bis dahin offensichtlich zu blauäugig gewesen.

Für Deutschland sympathisiere ich jetzt nicht mehr mit den Linksaußen-Parteien, sondern plädiere pragmatisch für das »kleinere Übel«, für die SPD. Sie wird diese Wahlen noch einmal verlieren, aber ab Dezember 1966 zusammen mit der CDU/CSU in einer Großen Koalition an die Macht kommen.

In der Alliance Française bin ich inzwischen im V. Degré, dem Abschlusskurs, in dem es um französische Literatur und (Kultur) Geschichte geht. Französisch spreche ich längst fließend, wenn auch nicht immer perfekt, weil ausgerechnet Bruno mich zunehmend weniger korrigiert. Er findet meine inzwischen raren Fehler »so niedlich«.

Im Herbst 1965 beginne ich, mich um ein Volontariat in Deutschland zu bemühen, die ersten Arbeitsproben, meine Texte für die Journalistenschule, habe ich ja schon. Die *Frankfurter Rundschau*: Absage. Der *Kölner Stadtanzeiger*: Absage. Der Berliner *Tagesspiegel*: Absage – doch in dem Fall so einfühlsam, dass es mich nicht entmutigt, sondern ermutigt. Der Chefredakteur persönlich schreibt mir, die Volontärsstellen seien zu seinem Bedauern für Jahre ausgebucht; ich aber habe eindeutig so viel Talent, dass er mich darin bestärken wolle, unbedingt weiterzusuchen. Das habe ich mir gemerkt. Und wenn ich heute eine Absage an jemanden Vielversprechendes schreiben muss, dann versuche ich, es in diesem Geiste zu tun.

Endlich, kurz vor Weihnachten, kommt ein Brief vom Chefredakteur der *Düsseldorfer Nachrichten*, Dr. Eich: Ja, kommen Sie vorbei, wir wollen Sie kennenlernen. Ich bin aufgeregt. Brunos Gefühle sind gemischt, er macht sich verständlicherweise auch Sorgen, was aus uns wird. Und ich entdecke heute in einem Brief von 1965 an Barbara den Satz: »Ich liebe Paris – aber ich möchte nicht, dass meine Kinder mal nur Französisch sprechen.« Und an Bruno schreibe ich in dieser Zeit (auf Französisch, versteht sich): »Ich habe zu viele Interessen, zu viel Ehrgeiz, um mich auf – wie man zu sagen pflegt – weibliche Art zu engagieren. Dennoch: Ich liebe dich, Bruno.«

Auch ich bin in diesen Jahren also in dem klassischen und bis heute unvermindert andauernden Frauenkonflikt: in der Zerrissenheit zwischen der Leidenschaft für die Liebe und der Leidenschaft für den Beruf. Ich entscheide mich für den Beruf – und erwarte, dass jemand, der mich liebt, das versteht.

Am 10. Januar bekomme ich die Zusage der *Düsseldorfer Nachrichten*: Ich kann mein zweijähriges Volontariat am 1. Februar beginnen. Nun geht alles sehr, sehr schnell. Als Volontärin werde ich im ersten Jahr 150 Mark verdienen (und im zweiten die schwindelerregende Summe von 180 Mark). Ich werde also bei meiner Mutter in Wuppertal wohnen müssen, was nur 30 Kilometer von Düsseldorf entfernt ist. Am 29. Januar 1966 sitze ich mit Bruno und meinen wenigen Habseligkeiten in der schwankenden Ente mit Kurs auf Deutschland. Au revoir, Paris.

Mit Bruno in Venedig, 1965

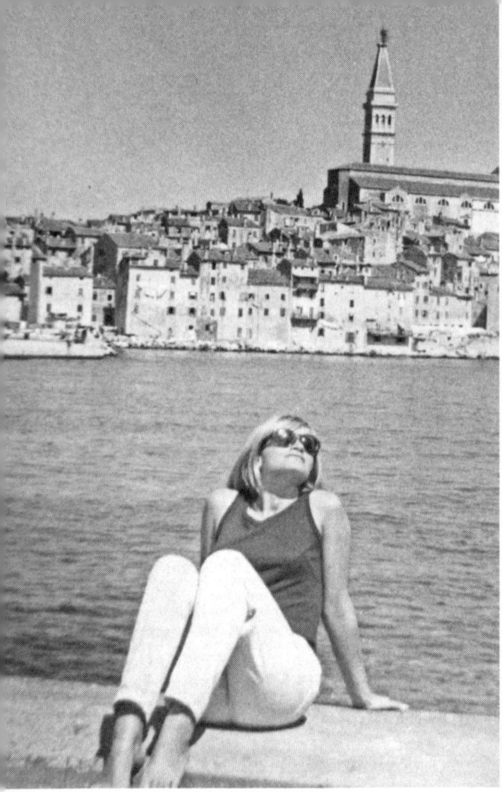

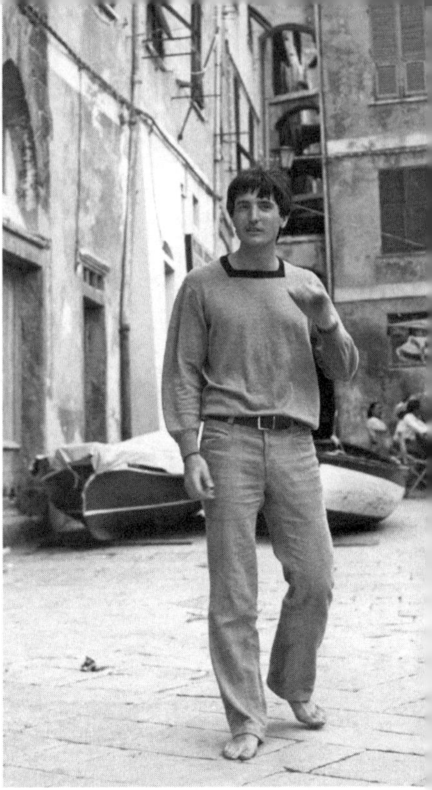

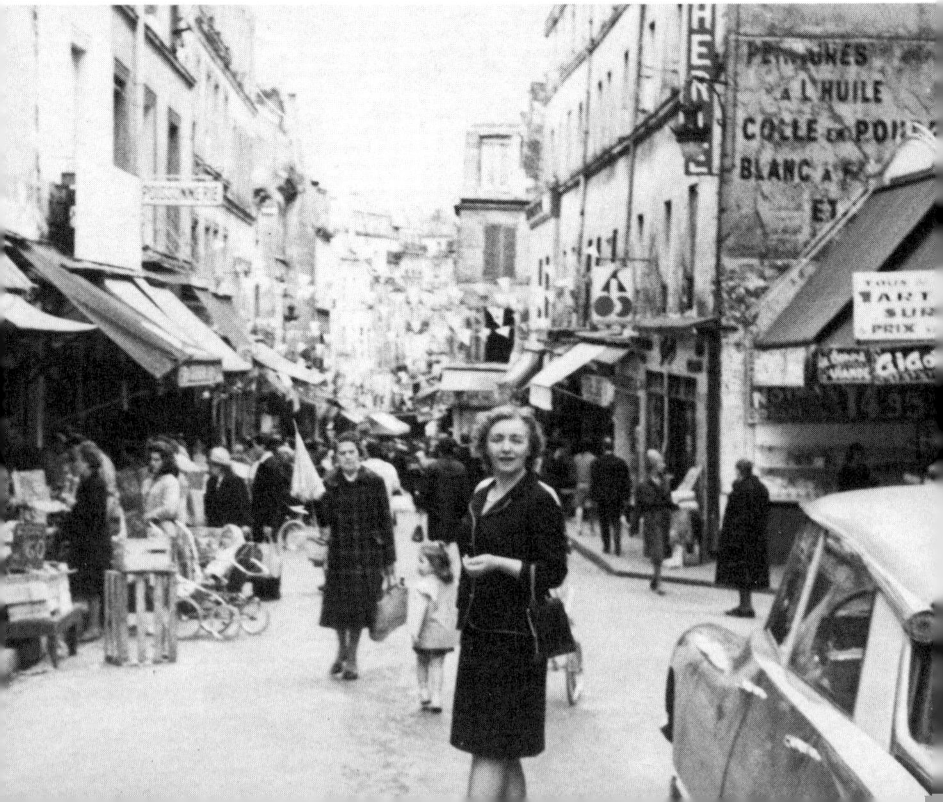
POISSONNERIE
A L'HUILE
BLANC A

1
In Rovinj, 1965
2
Bruno in Rovinj, 1965
3
Yvonne Ourvouais
Kinder: Patrick,
Jean Francois und
Caroline
4
Rue Mouffetard
Mutti zu Besuch
5
Kurs in der
Alliance Francaise

1966/1968
Der Start in meinen
Traumberuf
Und 1000 Briefe
in drei Jahren

Februar 1966. Pünktlich um zehn Uhr betrete ich die Neusser Lokalredaktion der *Düsseldorfer Nachrichten*. Neuss ist nur wenige Kilometer von der Landeshauptstadt entfernt und die wiederum eine halbe Zugstunde von Wuppertal. Ich wohne in diesen zwei Jahren Volontariat wieder bei meiner Mutter in Elberfeld, wo ich noch immer mein Zimmer habe. Meine Mutter steuert zu meinem Volontärssalär 100 Mark im Monat dazu. Sie hat gerade mal Geld. Das ist wenig, aber mehr, als ich in Paris hatte. Und ich habe das Talent, einfach immer mit dem auszukommen, was ich habe. Schulden habe ich noch nie in meinem Leben gemacht – da stand schon das warnende Beispiel meiner Mutter vor, die jeden Einkauf beim Krämer nebenan peinlicherweise anschreiben ließ und nicht bezahlte.

Meine Rückkehr nach Wuppertal hat außerdem den Vorteil, dass ich in der Nähe meines inzwischen recht erschöpften Großvaters bin und meiner weiterhin strapaziösen Großmutter. Für die beiden wird das Wohnen in dem Häuschen am Waldrand mit zunehmendem Alter beschwerlich. Auch sind sie arme Rentner. Was ihn nicht hindert, mir immer wieder mal 10 Mark zuzustecken, heimlich. Er war einfach davon ausgegangen, dass er »nicht älter als 50« wird, und hatte nie vorgesorgt. In der Tat war er lebenslang ein jung wirkender Typ und konnte sich das Alter vermutlich einfach nicht vorstellen. Die schwierige Lage der beiden betrübt mich. Ich verbringe die Sonntage, wenn eben möglich, bei Mama und Papa und streife mit unserem ebenfalls älter werdenden Hund Flocki durch den mir so vertrauten Wald.

Jetzt also Neuss – ein nüchterner Einstieg in meinen Traumberuf. In der Redaktion hocken zwei Herren mittleren Alters. Der eine ein geborener Neusser, trinkfest und mit allen Schützenvereinen auf Du und Du; der andere Berliner, Akademiker und Kriegsversehrter mit nur sieben Fingern. Erst heute fällt mir auf: Ich habe ihn nie gefragt, wo und wie er seine drei Finger verloren hat.

Vor diesen Herren stehe ich nun also. Die beiden gucken sich an, gucken mich an, gucken wieder sich an. »Tja, Fräulein Schwarzer … tja … Tja, dann gehen Sie doch mal in den Kaufhäusern der

Stadt recherchieren, was in diesem Jahr so die Kostümtrends im Karneval sind.«

Das lasse ich mir nicht zweimal sagen. Ich sause los, durchwühle die Regale, befrage Verkäuferinnen und Kunden, fahre nach Hause, setze mich an meine hellblaue Reiseschreibmaschine, Typ »Baby Brother«, und tippe los. Am nächsten Morgen um Punkt zehn Uhr lege ich meine Reportage auf den Tisch. Die beiden gucken sich an, gucken mich an, gucken sich an. »Was ist das?« – »Mein Text über die Karnevaltrends«, antworte ich stolz. Erst viel, viel später begreife ich, dass sie gehofft hatten, mich für eine Woche los zu sein …

Mein erster »richtiger« Artikel erscheint am 4. Februar 1966 in der Lokalausgabe (Rasanter Titel: »My Fair Lady in Begleitung von James Bond zum Neusser Karneval«). Er ist der Erste von Hunderten, die ich in diesen zweieinhalb Jahren als Volontärin und Jungredakteurin für die *Düsseldorfer Nachrichten* bzw. *Westdeutsche Zeitung*, wie die niederrheinische Ausgabe heißt, verfasse. Mein Lokalchef lässt mich wissen, der Chefredakteur habe ihn angerufen, noch vor meinem Antritt. »Ich will Ihnen keine Anweisung geben«, habe er gesagt. »Aber ich möchte, dass Fräulein Schwarzer vor allem schreibt.« Das ist ganz in meinem Sinne.

Ich schreibe von nun an quasi täglich einen Artikel, manchmal sogar zwei oder gar drei. Es macht mir so einen Spaß!

Wenn ich die fast vollständige Sammlung heute so durchblättere, stelle ich fest: Ich habe von Anfang an meinen Stil. Aber den gilt es jetzt natürlich zu verbessern und zu professionalisieren. Dazu bin ich wild entschlossen. Ich will lernen! Lernen! Lernen! Doch schnell finde ich heraus, dass in dem ganzen Laden eigentlich nur zwei Redakteure richtig gut schreiben können: der eine ist im Lokalen in Düsseldorf und ein melancholischer Alkoholiker; der andere ist der toughe Redaktionsleiter der *Westdeutschen Zeitung* in Mönchengladbach.

Also setze ich mein ganzes Bestreben darein, erst nach Mönchengladbach und dann in die Zentralredaktion nach Düsseldorf zu kommen.

In Neuss lassen die Kollegen mich die klassischen Lokaltermine für Anfänger machen: Eröffnungen, saisonale Themen, Friseur-Wettbewerbe (eine wahre Manie in den 1960ern) und die ersten Gerichtstermine: Diebstähle, Überfälle, eine Kindesentführung. Auch im Rückblick finde ich: Mein Einstieg hätte nicht besser sein können. Denn je überschaubarer das Thema, umso größer die Freiheit, die Form zu üben. Dass sich so manches Mal journalistische Berichterstattung und Werbung für Anzeigengeber überschneiden, durchschaue ich am Anfang noch nicht. Dennoch würde ich bis heute jedem, der Journalist werden will, zu einem Start im Lokalen raten, bei Print, Funk, Fernsehen. Denn da trifft man schließlich die Menschen, über die man schreibt, am nächsten Tag wieder und hat Rede und Antwort zu stehen.

In Mönchengladbach trete ich am 1. Juli 1966 an. Der Redaktionsleiter, Herr Heuser, weiß meinen Eifer und meine Leidenschaft zu schätzen. Er lässt mich an der ganz langen Leine. Weiterhin Termine, nun meist Kultur, doch überwiegend frei gewählte Themen: Glossen und Reportagen, Kuriosa, Sozialkritisches, Gerichtsberichterstattung und auffallend zunehmend gegen Ende des Jahres – Frauenthemen. Die hießen damals allerdings noch nicht so.

Fehlende Kindergartenplätze (also auch schon etwas länger Thema), die Idee eines Hauses für Mutter & Kind (bei 2000 unehelichen Kindern allein in dieser Stadt und reichlich minderjährigen Müttern) oder auch: Warum Hausfrauen nicht länger als »grüne Witwen« bezeichnet werden wollen. Oder was sie sich zu Weihnachten wünschen. Im März 1967 schreibe ich dann über die erste Frauenquote der Bundesregierung. Und ich mache eine Straßenumfrage: »Sollen ledige Frauen über 30 noch mit ›Fräulein‹ angeredet werden?« Die Antwort der Frauen lautet: Nein!

In der Mönchengladbacher Redaktion bin ich inzwischen Mädchen für alles. Und ich gelte als Geheimwaffe für Karnevalstermine (siehe Seite 385). Nach ein paar Monaten gehe ich sogar ins Bordell. Am helllichten Tag. Prostituierte sollen nämlich plötzlich Steuern zahlen – und ich finde das durchaus zweifelhaft.

Schließlich haben sie noch keineswegs die vollen Bürgerinnenrechte. Die Kinder konnten Prostituierten zum Beispiel weggenommen werden wegen »unsittlichen Lebenswandels« – warum also sollten sie die vollen Pflichten haben?

Via Bordellbesitzer – hauptberuflich Tankstellenbetreiber – melde ich mich in dem Haus in der Künkelstraße an. Ich durchschreite entschlossen den Kontakthof ohne Blick nach links oder rechts und werde auch schon mit Kaffee und Kuchen in der Bordellküche erwartet. Da sitze ich dann ein, zwei Stunden mit den Frauen, die zwischendurch ihrem Job nachgehen. Und ich registriere ganz nebenher verwundert, dass so manche nach zehn, 15 Minuten wieder da ist …

Mein Text erscheint in der Samstagsausgabe (siehe Seite 379) und am Montag ruft mich eine der Frauen aus der Künkelstraße an: »Fräulein Schwarzer, wollen wir nicht zusammen eine Zeitschrift für Prostituierte machen?« Ich bin noch nicht so weit. Doch: Emanzipation liegt in der Luft.

An Bruno schreibe ich zufrieden, ich hätte jetzt erreicht, dass bei Pressekonferenzen nicht mehr nur »Guten Tag, meine Herren …«, sondern endlich »Guten Tag, meine Damen und Herren …« gesagt würde. Wobei ich in der Regel die einzige Dame bin. Bruno findet das gut. Er ist in Sachen Gleichberechtigung vom ersten Tag an auf meiner Seite. Zumindest theoretisch. Ich erzähle ihm auch von meinem Porträt über Miss Germany, die, finde ich, »gar nicht so dumm ist, ja eigentlich überhaupt nicht dumm!«. Und ich äußere ironisch die Hoffnung, bald auch einen »Mister Germany« porträtieren zu können. Und: Ich bitte Bruno, mir »ein Buch« von Simone de Beauvoir mitzubringen.

Der Name fällt in unserer Korrespondenz 1966 zum ersten Mal. Ich werde »Das andere Geschlecht« erst 1967 lesen. Mein erstes explizit feministisches Buch ist, wie für so viele, 1966 Betty Friedans »Weiblichkeitswahn«. Im amerikanischen Original erschien das Buch 1963 (auf Deutsch 1965) und wurde einer der Auslöser für die Women's Liberation. »Der Weiblichkeitswahn hat es geschafft, Millionen Frauen lebendig zu begraben«, schrieb Friedan. Und sie belegte das unter anderem mit den Originalaussagen von Hausfrauen, die durch die Bank kreuzunglücklich waren. So manche dieser Amerikanerinnen hatte im und nach dem Krieg im Beruf »ihren Mann« gestanden – und war dann von den Veteranen zurück in die Küche und ins Kinderzimmer geschickt worden. Friedan kritisierte allerdings auch in aller Schärfe die »Bequemlichkeit« dieser Frauen selbst. Sie befand, dass sie vor den Herausforderungen des Lebens in das Hausfrauendasein »geflüchtet« seien.

Im Jahr 1966 schreibe ich zwischen Februar und Dezember genau 143 Briefe an Bruno (und er nicht weniger an mich). Bedenkt man, dass wir in Ferien und bei Besuchen etwa zwei Monate zusammen sind, bleiben neun Monate, sprich 275 Tage für 143 Briefe, alleine von mir. Also mindestens alle zwei Tage einer, manchmal sogar täglich. Macht in drei Jahren zusammen rund 1000 Briefe. So versuchen wir, die Entfernung von 500 Kilometern nicht in eine Entfremdung zwischen uns umschlagen zu lassen. Es gelingt uns, auch wenn es nicht immer leicht ist.

Unsere Briefe sind echte Liebesbriefe. Doch trotz der grand amour neige ich nicht zum Kitsch. Auch wenn mir manchmal noch die Worte fehlen. Denn schließlich schreibe ich diese Briefe auf Französisch, Bruno spricht nur wenige Worte Deutsch (und das wird so bleiben). Doch nach meinem ersten Leben in Paris spreche ich noch nicht so fließend wie einige Jahre später.

Viel ist in unserer Korrespondenz auch von unserem deutsch-französischen Alltag und der Welt die Rede. Er ist jetzt im Endstadium seines Studiums, und ich bin im Aufbruch in den so hart errungenen Beruf. Unsere Lebensrealitäten sind also recht unterschiedlich. Er ist noch immer der vergötterte einzige Sohn und Bruder in einem Vier-Frauen-Haushalt plus Vater, erhält Taschengeld und wohnt vier Stockwerke über seiner Familie in einer Garçonnière unterm Dach, mitten in Saint Germain. Ich bin seit meinem 16. Lebensjahr selbstständig, auch wenn ich vorübergehend noch bei meiner Mutter wohne.

Und da ist noch etwas: Meine so frankophile Familie toleriert, ja begrüßt die Verbindung mit ihm (nachdem sich die erste Eifersucht meines Großvaters gelegt hatte). Seine Familie jedoch bekämpft die »Mesalliance« mit mir; jetzt, wo es ernst zu werden droht, noch mehr als zuvor. Auch Bruno macht das zu schaffen. Manchmal hört er sich am häuslichen Telefon regelrecht bedrückt an. Und wenn er zu Besuch kommt, steht er noch spürbar unter Druck. Die Familie bekämpft mich mit allen Mitteln. Wollen wir zum Beispiel eine bescheidene Kurzreise über Ostern machen, locken sie ihn mit zwei Wochen Familienurlaub an der Côte d'Azur … Und irgendwann gesteht er mir, seine Mutter habe zu ihm gesagt: »Du musst endlich lernen zu unterscheiden: zwischen einem Mädchen, das man als Geliebte hat, und einem Mädchen, das man heiratet.« Doch er hält zu mir. Wenn oft auch unter Qualen und durchaus zerrissen.

Manchmal erwähne ich in meinen Briefen an Bruno meine Melancholie. »Wie in meinen schwärzesten Tagen in Paris«, schreibe ich. Es ist diese Seite, die nur Menschen kennen, die mir sehr nahe sind. Bis heute lebe ich (im Gegensatz zum lärmenden öffentlichen Bild von mir) mit diesen Phasen von Traurigkeit und oft zurückgezogen auf dem Land, gerne auch tagelang alleine. Diese Melancholien sind mir zwar eine Last, gleichzeitig aber auch ein Bedürfnis. Es ist, als wäre ich dann näher bei mir.

Wie vom ersten Tag an bleibt die Politik ein leidenschaftliches Thema zwischen uns. Am 30. November 1966 beschließen SPD und CDU/CSU die große Koalition. Erhard tritt zurück und Kiesinger wird CDU-Kanzler (der Kiesinger, den das nun in Paris mit einem Juden verheiratete deutsche Ex-au-Pair-Mädchen Beate Klarsfeld später öffentlich ohrfeigen wird: stellvertretend für alle alten Nazis, die in der jungen Bundesrepublik wieder an der Macht sind). Ich halte die Große Koalition für einen großen Fehler, spreche von einem »Verrat der SPD« und prophezeie »in drei Jahren einen Kanzler namens Strauß«. Ich sollte nicht recht behalten. Ab 1969 heißt der Kanzler Willy Brandt. Und 1972 sind es laut Wahlanalysen die neuen »emanzipierten Frauen«, die der SPD erstmals in den Sattel helfen.

Doch noch ist die Zeit des politischen Blockdenkens. In meiner Generation war man in dieser Zeit entweder rechts oder links, dazwischen gab es nichts (die Liberalen wurden phasenweise zum halblinken Lager gezählt). Eine Wechselwählerschaft war undenkbar, ja galt als charakterlos. Wahlen waren weniger eine demokratische Entscheidung von Fall zu Fall, sondern eher eine Traditions-, ja Glaubensfrage. (So ist es bei so manchem ja bis heute.) Da wirkte die Polarisierung der Nazizeit noch nach. In meiner Familie war man selbstverständlich links. Und ich war jahrzehntelang SPD-Wählerin, allerdings immer eine kritische. Die Art, wie die SPD sich von Anbeginn an auf die Logik des »kleineren Übels« verließ (Stil: Wir sind nicht so schlimm wie die anderen), diese Alternativlosigkeit, die nervte mich und nervt mich noch.

Mit Interesse und einer gewissen Sympathie verfolgen Bruno und ich die Kulturrevolution im Mao-China. Ich hatte sogar *China heute* abonniert, ein großformatiges buntes Propagandablatt. Der Maokult – der mich in den kommenden Jahren noch arg quälen sollte – scheint mir allerdings von Anfang an lächerlich. Die Sprüche aus der kleinen roten »Mao-Bibel« haben mehr mit Glauben als mit Wissen zu tun. Doch die Kulturrevolution – Intellektuelle in die Produktion! – scheint uns aus der Ferne eine gute Sache. Erst Jahre später erfahren wir von dem Terror, den diese »Umerziehung des Volkes« für so viele Menschen bedeutet hat.

Im Sommer heiratet in Saint Tropez der deutsche Playboy Gunter Sachs das französische Sexsymbol Brigitte Bardot. Auch ich finde es irgendwie schick, dass er sie mit Hunderten von roten Rosen erobert hat, die er vom Hubschrauber aus über ihr Haus am Meer, La Madrague, regnen ließ. Und aus London erreicht uns der Minirock bzw. das Minikleid. Auch meine Kleider werden sprunghaft kürzer.

Meine Abende sind meist ausgefüllt mit Ausstellungen, Vorträgen und Veranstaltungen: Literatur, Medienrecht, Politik, Richtung »Heine und Marx«. Die Dinge kommen in Bewegung. Selbst das Theater, das bürgerlichste aller Medien, fängt an, Rabatz zu machen. Besonders beeindruckt mich die »Publikumsbeschimpfung« von dem damals 23-jährigen Peter Handke (dessen »Wunschloses Unglück«, die Geschichte seiner Mutter, ich später so lieben werde, dass ich ihm schreibe). Die »Publikumsbeschimpfung« wird am 3. Oktober in Mönchengladbach aufgeführt. Die Kritik über das Stück, das als riesiger Skandal empfunden wird, war schon erschienen. Meine Aufgabe ist es nun, über die Reaktionen des Publikums zu berichten. Das ist wunderbarerweise erwartungsgemäß schockiert. Was dem anwesenden Handke, Regisseur Peymann und den SchauspielerInnen, unübersehbar Vergnügen bereitet. Mir auch.

Mein Wissensdurst und mein Bildungshunger sind unstillbar in dieser Zeit. Zur Literatur kommt jetzt die Malerei hinzu. Ich schreibe an Bruno über eine Ausstellung: »Und dann die neuen Amerikaner. Ziemlich verrückt. Aber sehr beeindruckend.« Es wird sich um Rauschenberg und Pollock gehandelt haben. Dennoch finde ich immer auch die Zeit, tanzen zu gehen, zu Karneval am liebsten in der Düsseldorfer Kunstakademie, wo wir, meine Freundinnen und ich, uns meist reinschmuggeln, weil wir knapp bei Kasse sind. Und ich erinnere immer wieder Bruno, den notorischen Nichttänzer, daran, dass er tanzen lernen sollte. Meine alte Mädchen-Clique ist in alle Winde zerstreut. Und mein neuer Freundeskreis besteht überwiegend aus Jazzmusikern und Malern sowie deren Freundinnen. Nur eine sticht eigenständig hervor. Sie heißt Helena und ist eine witzige, blonde Finnin.

Meiner Mutter, die in diesen Jahren als »Propagandistin« für den »Goldenen Oktober« jobbt und oft auf Reisen ist, gefällt das alles sehr. Sie ist ja eigentlich nie richtig erwachsen geworden und fühlt sich nun pudelwohl in der Rolle einer Schwester, die sich mit mir die Wohnung teilt. Wir gehen öfter zusammen ins Kino oder ins Theater, und wenn meine neuen Freunde bis nach Mitternacht bei mir rumhocken und diskutieren, ist sie gerne dabei. Uneingeschränkte Freude herrscht bei Mutter und Großmutter über den »charmanten« Schwiegersohn. Er ist ganz einfach die Verkörperung des Männerideals der Schwarzer-Frauen. Und dass er auch noch kochen kann, finden wir schlicht wunderbar.

Im Oktober besuchen Bruno und ich meine alte Freundin Barbara und deren Mann Jorge in dessen Heimatstadt Cascais bei Lissabon. 5000 Kilometer hin und zurück mit Brunos betagter Ente ... Wir fahren über das Baskenland und übernachten in der spanischen Grenzstadt San Sebastian. Abends im Bistro geraten wir in politische Gespräche. Es ist die Zeit der faschistischen Franco-Diktatur (die erst 1975 enden wird). Die Männer an der Theke, meist Fischer, nehmen kein Blatt vor den Mund. Sie beklagen sich bitter über das Regime und den politischen Terror.

Am nächsten Morgen wachen wir von eigenartig stampfenden, klirrenden Geräuschen auf. Im Morgengrauen ziehen berittene Sondereinheiten durch die Stadt, die, ganz in Schwarz und mit glänzenden Helmen, unheimlich und einschüchternd wirken. Wir sind erleichtert, als wir Franco-Spanien den Rücken kehren und im Norden die Grenze zu Portugal überqueren.

Doch wir kommen vom Regen in die Traufe. Auch in Portugal herrscht noch ein faschistischer Diktator, Salazar (wegen dessen Regime Barbaras Mann zuvor wie viele andere das Land verlassen hatte). Die schon qua Mentalität spröden Portugiesen sind also noch verschlossener als gewöhnlich. Und arm. Bitterarm. Als wir unterwegs in einem Olivenhain ein Picknick machen, nähert sich scheu wie ein wildes Tier ein magerer kleiner Junge, der barfuß, mit schwarzem Gesicht und in zerrissener Kleidung aussieht wie eine Gestalt aus einem Dickens-Roman. Wir winken und machen ihm Zeichen, sich zu uns zu setzen. Doch er läuft weg. Wir lassen Essen unter dem Baum.

Geblieben ist mir von dieser Reise die Liebe zum melancholischen Fado, den ich in Lissabon kennenlerne. Auch dort sind die Menschen damals so arm, dass sie oft kein Geld für Fensterscheiben haben und selbst in Lissabons Innenstadt graue Lappen in den Fensterhöhlen wehen.

Doch das nahe Cascais, wo Barbara und ihr Mann nun für zwei Jahre im Verbund mit dessen bürgerlicher Familie leben, war immer ein mondäner Badeort und ist es auch jetzt. Aber die Ehe ist unglücklich. Barbara ist so gar nicht der Typ für die Rolle einer Ehefrau und Mutter. Sie verschließt sich auch mir gegenüber. Und ich bin vielleicht zu abgelenkt durch Bruno. Unsere bereits angeknackste Freundschaft liegt weiter brach.

*

Zurück in Wuppertal beschließe ich, das Abitur nachzumachen. Ich will noch studieren, am liebsten ab Herbst 1968. Via Fernschule, anders geht es nicht. Täglich zwei Stunden lernen, monatliche Korrekturen der Hausaufgaben und alle drei Monate mündlicher Unterricht. Das alles für 50 Mark im Monat (woher ich die genommen habe, weiß ich bis heute nicht). Ich werfe mich mit Elan in die Studien, vor allem die naturwissenschaftlichen Fächer und der Kunstunterricht machen mir Spaß. Deutsch und Geschichte sowieso. In meinen Briefen an Bruno tauchen nun manchmal mathematische Formeln oder griechische Buchstaben auf. Und während er »die politischen Systeme des 20. Jahrhunderts« studiert, bin ich bei der Zerstörung Karthagos. »Uns trennen nur zwei Jahrtausende«, schreibe ich.

In der Redaktion arbeite ich weiter mit Verve. Spät abends, zwischen 21 und 23 Uhr, lerne ich; das heißt, wenn ich keinen Abendtermin habe. Und gegen Mitternacht schreibe ich Bruno. Ich fange offensichtlich gerade an, mir das Arbeitspensum anzugewöhnen, das für mich bis heute so typisch ist. In meinen Briefen schreibe ich jedoch immer öfter Sätze wie: »Morgen mehr, ich bin so müde.« Oder auch: »Ich bin total erschöpft.«

Ich begegne Stephan alle paar Jahre. Und jedes Mal sagt er hochvergnügt zu mir: »Weißt du noch, Schwarzer, wie du immer in die

Zentralredaktion wolltest ...?!« Er war mit mir im Volontärskurs,
vom 30. März bis 21. April 1967.

Ich hatte hart darum gerungen, diesen Kurs besuchen zu dürfen. Denn ich hatte das dringende Bedürfnis, mehr zu lernen.
Doch die *Düsseldorfer Nachrichten* schickten schon seit Jahren
keinen Volontär mehr in den von dem publizistischen Altvater
Prof. Emil Dovifat geleiteten Kurs. Vermutlich um zu sparen.
Und meine sieben Mitvolontäre, allesamt Männer, schienen auch
nicht heiß darauf zu sein. Aber ich. Ich hörte also nicht auf zu
quengeln. Bis ich hingeschickt wurde.

Praktischerweise findet der Kurs in einem Vorort von Düsseldorf statt. Wir sind 21 Männer und neun Frauen. In diesen drei
Wochen wird mir klar, wie schwer mir das Leben in der Gruppe
fällt und wie stark mein Bedürfnis nach Alleinsein ist. Ich büxe
immer wieder aus, gehe stundenlang allein in den nahe gelegenen
Wäldern spazieren.

Doch ich lerne nicht nur einiges, sondern werde auch sehr
ermutigt, denn: in quasi allen Disziplinen schreibe ich die besten
Noten. Vermutlich half das, dass bald darauf mein zweiter Her-
zenswunsch in Erfüllung ging: Ich komme endlich in die von mir
so begehrte »Zentralredaktion«. Doch da lande ich erst mal wieder im Lokalen, diesmal im Ressort »Düsseldorf Land«. Bald folgen zwar das Feuilleton und die Politik – das Ziel meiner Sehnsucht, aber nur für jeweils einen Monat. Und ich muss auch kurz
in die Frauenredaktion. Was so ungefähr das Letzte ist, was ich
für wünschenswert halte. Die Frauenseite ... die interessiert mich
nun einfach gar nicht! Ein tiefes Desinteresse für klassische Frauenzeitschriften habe ich bis heute.

In der Landredaktion sitze ich nun zwar in der Düsseldorfer
Zentrale mitten auf der Königsallee, aber in einem muffigen Büro
zum Hof, gemeinsam mit dem Leiter (der fast immer in Urlaub
ist) und einem Mitvolontär. Wir zwei redigieren die von pensio-
nierten Lehrern und Hobby-Journalisten geschickten Berichte
aus dem Landkreis, mit Themen wie: Ratssitzungen, Kindergar-
teneröffnungen, Goldhochzeiten etc. Diesen Texten verdanken

Volontär Adalbert und ich allerdings sehr viele, sehr heitere Stunden. Es wimmelt nur so von Stilblüten, sodass wir irgendwann ernsthaft erwägen, daraus eine satirische Zeitung zu machen. Schade eigentlich, dass wir es dann doch nicht getan haben.

In der Politikredaktion ist mein Höhepunkt ein Notdienst an einem Feiertag. Wäre da etwas passiert, wäre ich allein verantwortlich gewesen für das »Extrablatt«, das dann noch am gleichen Tag erschienen wäre. Leider hat die Weltgeschichte mir diesen Gefallen am 17. Juni 1967 nicht getan. Und im Ressort Düsseldorf-Land habe ich meine Aufgabe anscheinend zu gut gemacht. Die fordern mich händeringend zurück und hätten mich auch gerne als Redakteurin nach dem Volontariat. Ich stelle mir meine Zukunft allerdings anders vor.

Sehr großen Spaß macht mir meine neue Aufgabe als Schlussredakteurin. Ich stehe dann spätabends in der hauseigenen Druckerei, damals noch im Kellergeschoss des Hauptsitzes der *Düsseldorfer Nachrichten* an der Königsallee, und muss bei Bedarf direkt aus dem Bleisatz kürzen. Ja, Bleisatz. In den ersten Jahrzehnten meines Berufes wurden die Zeitungen noch in Blei gesetzt, Buchstabe für Buchstabe. Und die Schriftsetzer waren ein stolzer Berufsstand, traditionell links und dafür auch in der Nazizeit berüchtigt. Was man vom Stand der Journalisten nicht unbedingt sagen konnte, schon gar nicht von den Journalisten der konservativen und meinungsscheuen »Generalanzeigerpresse«, zu der wir gehören.

Entsprechend herablassend ist die Haltung der Setzer gegenüber den »Schreiberlingen«. Muss ich zum Beispiel einen politischen Leitartikel kürzen, sagen die Männer mit den schwarz verschmierten Händen trocken zu mir: »Nehmen Sie doch einfach den Anfang raus. Ist doch sowieso egal.« Und es prasselt natürlich die üblichen Drucker-Scherze, vor allem mit einer 24-jährigen Volontärin im Mini. »Fräulein Schwarzer, können Sie mal eben kommen? Wir haben da Probleme mit der Druckmaschine. Da sind Wasserflöhe drin.« Wasserflöhe? Das Fräulein Schwarzer krabbelt eilfertig die Metallleiter hoch, um ganz persönlich das

Problem zu lösen. Resultat: Die Jungs stehen unter dem Metall-steg und gucken feixend hoch …

Dennoch: Gerade die Arbeit mit diesen so handfesten Setzern und Druckern hat mir immer großen Spaß gemacht. Auch später, als ich selber Verlegerin wurde und EMMA drucken ließ, habe ich es mir in den ersten Jahren selten nehmen lassen, beim Druck dabei zu sein. Da wurde allerdings schon maschinell gesetzt, nicht mehr von Hand in Blei.

Abends bin ich jetzt wieder oft im Kino. Beruflich oder aus Leidenschaft. Ich bin beeindruckt von Polanskis »Wenn Katel-bach kommt« und Fassbinders »Stadtstreicher« (der so urdeut-sche Fassbinder wird übrigens in Deutschland noch lange igno-riert werden und erst Anfang der 1970er-Jahre via Frankreich seinen Durchbruch haben); von Kluges sensiblen Frauenpor-träts und der so beklemmenden Atmosphäre in Antonionis »Blow up«. Und über einen Film mit Laurent Terzieff (einem der Franco-Polen bzw. -Russen, für die ich so ein Faible habe) und Brigitte Bardot schreibe ich an Bruno: »Die arme Brigitte Bardot muss sich albern bewegen und dazu Nullsätze sagen, wie üblich. Aber dennoch ist sie so, dass man sie am liebsten in den Arm nehmen möchte. Was Terzieff dann auch den ganzen Film über tut.«

In der Redaktion werde ich die Spezialistin für Spättermine, die noch am selben Abend geschrieben werden müssen. Meist blei-ben mir nur zehn, 20 Minuten dafür. Mir macht das Spaß, und ich bringe meinen Text dann direkt runter in den Satz. Manchmal gibt es Ärger am nächsten Tag. Zum Beispiel wegen eines ironischen Textes über eine Lesung von Armin Mohler, der als Schweizer in der Nazizeit freiwillig der SS beitrat und auch in den 1960er-Jahren noch ein bekannter rechtsradikaler Intellektueller war. Oder wegen eines kritischen Berichts über den Auftritt von Pater Leppich, ein christlich-fundamentalistischer Agitator, auch »das Maschinengewehr Gottes« genannt. Dann hagelt es Proteste und Abo-Abbestellungen – und ich muss beim Chefredakteur Eich oder gar beim Verleger Girardet antanzen.

Ich begreife also früh, wie gut die Rechten vernetzt sind und wie wirkungsvoll organisierte Leserbriefe oder gar Abo-Kündigungen sein können. Und mir wird klar: In dieser Zeitung habe ich keine Zukunft. An Bruno schreibe ich: »Die *Düsseldorfer Nachrichten* sind wirklich fade. Sie haben kein Profil und keine Ideen, sind weder heiß noch kalt.« Schlimmer noch: »In dieser Zeitung sind alle korrupt. Manchmal habe ich den Verdacht, sie machen das Blatt nur, um die weißen Flächen zwischen den Anzeigen auszufüllen. Das ekelt mich an. Da bleibe ich nicht.«

Ich fange an, mich anderwärts zu bewerben, und bekomme zunächst nur Absagen: vom *Stern* (»Haben eher zu viele als zu wenig Leute«), von der *Zeit* (»Nehmen nur Akademiker«) und – zunächst – auch vom *Spiegel*. Aber immerhin: Der *Kölner Stadt-Anzeiger* will mich, »sobald eine Stelle frei wird«, und das Fernsehen bietet mir einen Job in Kiel an – doch das scheint mir nun wirklich ein bisschen sehr weit weg.

Auch unsere gemeinsame Zukunft, Brunos und meine, ist weiterhin unklar. Die örtliche Trennung belastet uns nun doch beide zunehmend. Und auch die Ungewissheit. Bruno wird nach dem Studium, oder gar währenddessen, noch seinen Militärdienst ableisten müssen. Aber wann und wo? Wir schreiben uns weiterhin quasi täglich, verbringen Urlaub und Festtage miteinander und sehen uns mindestens einmal im Monat. Mal kommt er, mal fahre ich nach Paris. Ich sehe mich noch, als sei es gestern gewesen, auf Gleis 9 im Kölner Hauptbahnhof stehen. Mein Freitags-Zug kommt immer gegen 23 Uhr am Gare du Nord an. Und Bruno steht schon auf dem Quai. Auch Paris fehlt mir.

Inzwischen lernt Bruno, wie abgemacht, Deutsch im Goethe-Institut. Und er lernt auf meinen so dringlichen Wunsch hin auch tanzen. Auf seine Nachfrage, welche Tänze er denn nun lernen sollte, antworte ich (zu meiner nachträglichen eigenen Überraschung): »Samba, Rumba, Tango, Blues und die Modetänze. Und Bostella, der ist ganz einfach: Du brauchst nur zu hüpfen.« – Er wird übrigens nie wirklich tanzen.

In einem Brief vom 1. Mai entdecke ich ein für mich historisches Datum. Ich schreibe: »Bruno, du musst unbedingt ›Das andere Geschlecht‹ von Simone de Beauvoir lesen! Ich habe gestern damit angefangen und schon viele Entdeckungen gemacht. Ich bin ganz und gar ihrer Meinung!« Ich lese dieses bedeutendste feministische Werk des 20. Jahrhunderts auf Deutsch in einer, wie ich später realisiere, sehr schlechten Übersetzung (die Jahrzehnte später auf meine Anregung hin überarbeitet werden wird).

Doch noch ist der Feminismus in Deutschland kein Thema. Es wird noch Jahre dauern. Aber die Studentenrevolte macht von sich reden. Am 2. Juni 1967 kommt es zum Eklat: In Berlin wird der Student Benno Ohnesorg von einem Polizisten erschossen. Er hatte, wie Hunderte andere auch, gegen den Staatsbesuch des Schahs von Persien demonstriert, zusammen mit Exil-Iranern, die vor dem autoritären Regime des Schahs geflüchtet waren. Die Demonstranten waren von sogenannten »Jubel-Persern«, der Leibgarde des Schahs, und der Berliner Polizei verjagt und verprügelt worden.

Der Polizist Karl-Heinz Kurras verfolgt einen der Flüchtenden bis in einen Hinterhof – und schießt scharf. Benno Ohnesorg verblutet auf dem Pflaster (dass dieser Kurras keineswegs, wie unterstellt, ein »Rechter« war, sondern ganz im Gegenteil ein Zuträger der DDR-Stasi, das wurde erst Jahrzehnte später bekannt). Der Tod von Benno Ohnesorg wird zum Auslöser der Eskalation der APO, der Außerparlamentarischen Opposition. Die ist allerdings in Deutschland, im Gegensatz zu Frankreich, eine reine Studentenbewegung. – Ich verfolge das Ganze dennoch mit heißem Herzen.

Der in linken Kreisen so melodramatisch zelebrierte Kult um den Tod von Che Guevara im Oktober lässt mich allerdings eher kalt. Ich bin von Anfang an misstrauisch gegenüber diesen Macho- und Märtyrer-Kulten. Mir scheint das Polit-Kitsch. Aber der Militärputsch der Junta im April in Griechenland empört mich (und es wird mich ganz besonders freuen, als nach dem Ende der Diktatur 1980 »Der kleine Unterschied« das erste feministische Buch ist, das in Griechenland erscheinen wird). Nicht minder bewegt mich im Juni der Sechs-Tage-Krieg in Israel. Ich bedauere »die armen Israelis, denen niemand hilft«, und frage mich: »Wann werden sie endlich Ruhe haben, die Juden?«

Meine Mutter und Großmutter aber sind auf der Seite der Palästinenser und finden mich »reaktionär«. Und als junge Juden in Österreich Geld für die Palästinenser sammeln, sagt meine Großmutter triumphierend: »Siehst du, es gibt auch andere Juden!« Ich wiederum klage bei Bruno über dieses »Schwarz/Weiß-Denken«, das ich »zum Wahnsinnigwerden« finde. »Die beiden wissen mal wieder alles besser«, spotte ich. »Sie hören das Gras auf dem Roten Platz in Moskau wachsen.«

Ich befinde mich also in einer für diese Zeit recht ungewöhnlichen Umkehrsituation: Bei mir sind die Alten gerne radikaler als ich Junge. Zumindest in diesen Fragen. Zu einem »politischen Aufbegehren« gegen die Eltern gibt es in meiner Familie also wenig Anlass – im Gegensatz zu der überwältigenden Mehrheit meiner Generation, deren zentrales Motiv für das Aufbegehren der Protest gegen ihre Nazieltern ist. Dieser Unterschied, diese selbstverständliche Tradition des kritischen Denkens und Protestierens in meiner Familie prägt mich bis heute.

Und die sexuelle Revolution? Die »Kommune 1«, die am 1. Januar 1967 in Berlin – u.a. von Langhans und Kunzelmann – gegründet wird, ist mit ihrer Propagierung der »freien Liebe« für mich vor allem ein Medienphänomen, noch. Um die Antibabypille verschrieben zu bekommen, muss ich von Düsseldorf nach Essen fahren. Da gibt es, wird geraunt, eine Frauenärztin, die die Pille auch unverheirateten Frauen verschreibt. Deutsche Frauenärzte geben sie nur nach langem Bitten und ausschließlich an verheiratete Frauen. Anderenfalls, so fürchten die Gynäkologen (Gynäkologinnen gibt es noch kaum), könnten »die Sitten verkommen«.

Weniger um Sexualmoral und eher um Sexualverbrechen und Frauenmorde geht es bei den Gerichtsterminen, die ich jetzt als Reporterin wahrnehme. In der Zeit, in der ich für das Abhören des Polizeifunks zuständig bin, bin ich einmal sogar die Erste an der Leiche – und sehr stolz darauf. Ich berichte am nächsten Tag unter dem elegischen Titel »Grauen am Frühlingsmorgen« darüber und schreibe Sätze wie: »Auf der rechten Seite des Flusses das Schloss und gelassen ziehende Golfspieler. Links sattgrüne Wiesen und spielende Kinder. Die Idylle trügt. Sie birgt das Grauen: In dem sonnenüberfluteten Fluss liegt eine Mädchenleiche, liegt die tote Eleonore.« – Im Rückblick finde ich es beschämend, über dieses menschliche Drama so effektheischend berichtet zu haben. Wenige Tage später stellte sich übrigens heraus: Die 15-Jährige war von ihrem 17-jährigen Freund schwanger – und er hatte sie erwürgt, um das zu vertuschen.

Bei meinen Gerichtsterminen geht es auch um ermordete Frauen. Und ich bringe ein aus meiner heutigen Sicht sehr weitgehendes Mitgefühl für Mörder auf. In dem Fall zum Beispiel, wo ein Sudanese seine deutsche Ehefrau mit der Schere ersticht, als sie nicht zu ihm zurückkehren will. Der Auslöser sei gewesen, behauptet er vor Gericht, dass sie zu ihm, dem Muslim, gesagt habe: »Hau ab mit deinem Gott.« Nicht nur die Richter glauben ihm und verurteilen ihn zu nur drei Jahren Gefängnis. Auch ich nehme es dem »sensiblen, feinsinnigen« Täter ab. Und ich schließe mit dem Satz, dass er an seiner rechten Hand noch immer den Ehering trägt (siehe Seite 382). Mit meinem heutigen Bewusstseinsstand hätte ich über diesen Prozess wohl anders geschrieben.

Ein Fall, der damals überregional viel Aufsehen erregt, ist der Serienmörder Bartsch. Der junge Metzger hatte in meiner Region auf sadistische Art und Weise vier kleine Jungen ermordet, ein fünfter war entkommen und führte zur Entdeckung des »Lustmörders«. Der Kopf-ab!-Ruf machte sich breit. Und ich ging, obwohl ich nicht darüber zu berichten hatte, in den Gerichtssaal in Wuppertal, um mir das Ganze aus der Nähe anzusehen.

Ich sehe ihn noch vor mir, den 21-jährigen Jürgen Bartsch: schüchtern, mit einem Gesicht wie Milch und Blut. Das war auch für mich schwer zusammenzubringen: dieser sanfte junge Mann und die bestialischen Morde. Der Fall Bartsch wurde zur Wende in der bundesdeutschen Gerichtsberichterstattung. Führend dabei war Uwe Nettelbeck in der *Zeit*, und auch der unermüdliche Täterversteher Gerhard Mauz vom *Spiegel*, der Vorgänger von Gisela Friedrichsen, war schon mit von der Partie.

Der durchaus berechtigte Tenor dieser neuen Art von Gerichtsberichterstattung lautete: Auch Mörder sind Menschen. Und wir müssen uns fragen, warum diese Menschen zu Mördern wurden. Bei Bartsch war es dann die »hartherzige Stiefmutter« (»Reinlichkeitszwang« etc.). Wer sonst.

Bartsch wird Ende 1967 zu »lebenslänglich« verurteilt. Neun Jahre später wird er auf eigenen Wunsch kastriert – und stirbt auf dem Operationstisch aufgrund eines Narkosefehlers. Es ist nicht ohne Tragik, dass er und offensichtlich auch seine Berater glaubten, die fatale Sucht, der sogenannte Trieb, stecke im Geschlechtsteil – und nicht im Kopf.

Doch so berechtigt ich damals wie heute die Frage nach dem Warum einer Tat finde, so bedrückt bin ich doch inzwischen, wenn ich sehe, wohin dieses Täterverständnis geführt hat: nämlich zu einer reinen Psychologisierung von Verbrechen und zum totalen Vergessen der Opfer. Damals konnte ich nicht ahnen, dass ich mir 40 Jahre später aus der genau entgegengesetzten Perspektive, nämlich der des Opfers, die Frage stellen würde: Kann es sein, dass das deutsche Strafrecht, geschaffen nach 1945 vor allem von Söhnen der Exnazis, in Reaktion auf die Willkür-Justiz des Dritten Reichs überwiegend angeklagtenorientiert ist – aber das auf Kosten der Opfer?

Im Frühling 1967 beschließe ich schweren Herzens, das Fernabitur zu stoppen. Es ist neben meiner Arbeit einfach nicht zu bewältigen, an jedem Abend noch zwei Stunden zu lernen. Ich bin permanent erschöpft. Doch Deutsch, Geschichte und Kunst mache ich weiter. Auch bei meiner Absicht, demnächst noch zu studieren, bleibt es. Ich will versuchen, es via »Begabtenabitur« zu regeln. Für eine andere Lösung habe ich nicht das Geld.

Im Herbst 1967 nehme ich Fahrunterricht, auf einem VW.
Und nach zehn Fahrstunden bestehe ich die Prüfung. Zur Fassungslosigkeit meines Fahrlehrers, mit dem ich eigentlich überwiegend über seine Campingurlaube in Südfrankreich geredet
hatte. Er lästert, die Fahrkünste seien es nicht gewesen. Vielleicht
hatten mir ja tatsächlich Jugend und Haarfarbe plus Rocklänge
beim Bestehen geholfen ... Am 9. Dezember bekomme ich jedenfalls meinen Führerschein.

25. Dezember. Stolz sitze ich zum ersten Mal am Steuer von
Brunos Ente und durchquere das weihnachtlich menschenleere
Wuppertal. Da rollt der Wagen mit der mir unvertrauten Knüppelschaltung (die er mir nicht erklärt hatte) auf einer regennassen
Kreuzung beim Schalten leicht nach hinten statt nach vorne –
und berührt die Stoßstange des Wagens hinter mir. Meine Mutter
auf dem Beifahrersitz haucht: »Das kann dich den Führerschein
kosten.« Und Bruno auf dem Rücksitz schweigt vornehm, aber
blass.

Es werden sieben Jahre vergehen, bis ich mich wieder an ein
Steuer traue (»Man kann nicht alles können, Schatz«). Und auch
den von mir gekauften nagelneuen roten Renault 4 wird ausschließlich Bruno fahren. Ich hingegen kann bis heute alle Metro-
und Buslinien in Paris auswendig.

*

1968. Die Proteste gegen den Vietnam-Krieg eskalieren weltweit.
Am 16. März massakriert eine US-Einheit ein ganzes Dorf, My Lai.
507 Tote: Alte, Frauen, Kinder (das Massaker wird erst im Dezember 1969 öffentlich werden). Insgesamt hat der vom Westen unterstützte Krieg Südvietnams gegen das kommunistische Nordvietnam und den Vietkong inzwischen anderthalb Millionen tote
ZivilistInnen gekostet, von den toten und traumatisierten Soldaten ganz zu schweigen. Weite Teile des einst so fruchtbaren Landes sind verwüstet. – Ein Jahr später werden die Amerikaner sich
zurückziehen.

Zu dem vom *Sozialistischen Deutschen Studentenbund* (SDS) organisierten Vietnamkongress in Berlin kommen 3.000 Menschen. In der ganzen westlichen Welt gehen die Menschen auf die Straße. Und auch im Osten bewegt sich etwas. Anfang des Jahres kommt in der Tschechoslowakei der Reformer Alexander Dubček an die Macht. Der Prager Frühling bricht aus – und wird wenige Monate später von sowjetrussischen Panzern überrollt.

Am 4. April wird in Memphis Martin Luther King ermordet, dessen Rede mir bis heute unvergesslich ist: »I have a dream ...« Der Tod des schwarzen Pfarrers und Bürgerrechtlers gibt den militanten Black Panther Auftrieb. Eine Woche später, am 11. April, fällt in Berlin der Schuss auf den Studentenführer Rudi Dutschke (der Jahre danach an den Spätfolgen des Attentats sterben wird). Das Attentat wird zum Auslöser der 68er Proteste. Als Erste gehen die StudentInnen in Berlin und Paris auf die Barrikaden.

Und auch ich werde im braven Düsseldorf gegen Notstandsgesetze und Vietnam protestieren. Ich werde in den Prager Frühling fahren. Und ich werde bei der ersten »Manif« (Manifestation) in Paris mit Cohn-Bendit dabei sein. Aber zu Beginn des Jahres habe ich zunächst einmal ein anderes Problem: Brunos Militärdienst.

Am 2. Januar 1968 wird Bruno eingezogen. Er hatte einiges versucht, da rauszukommen. Vergeblich. Kriegsdienstverweigerung ist zu der Zeit in Frankreich fast unmöglich – und wenn ja, dann geht der Ersatzdienst über drei Jahre.

Sie schicken den Pariser Studenten in die tiefste Provinz, nach Epinal in den Vogesen. Die Kaserne ist aus dem 18. Jahrhundert, und in dem eiskalten Schlafraum stehen Betten für 24 Mann. Die müssen ihre Unterwäsche über offenem Feuer im eigenen Helm waschen. Der Drill beginnt morgens um 5.30 Uhr und endet beim Ins-Bett-Fallen. Seine Kameraden sind überwiegend 18-jährige Bauernsöhne aus der Gegend. Kulturrevolution auf Französisch, sozusagen.

Bruno ist todunglücklich. Und mir treiben seine Briefe die

Tränen in die Augen. Als ich meinem Großvater davon erzähle, sagt der: »Das ist ja schlimmer als bei den Preußen!« Und in der Tat: Die Grande Nation scheint nach dem Trauma der Niederlage im Zweiten Weltkrieg finster entschlossen, sich auf dem Feld nie mehr von den Boches besiegen zu lassen.

Für Bruno soll das also jetzt 16 Monate lang so gehen. Ausgang? Der erste nach zwei Monaten. Er schreibt jetzt oft tagelang nicht, und wenn, dann eigenartig knapp und kühl. Als er nach drei Wochen zum ersten Mal anruft, sagt er: »Ich habe versucht, dich zu vergessen. Es ist sonst hier einfach nicht auszuhalten.«

Ich bin alarmiert. Ein paar Tage später sitze ich im Zug nach Straßburg. Bruno steht auf dem Bahnsteig. In Uniform, blass und mit kurz geschorenem Haar. Als ich ihn umarmen will, wehrt er ab: »Wir dürfen in Uniform keine Frau anfassen.« Uns bleiben nur wenige Stunden. Zu wenige, um uns zu erreichen.

Von zu Hause bombardiere ich ihn weiter mit tröstenden Briefen und rate ihm, Tagebuch zu schreiben, »damit es nicht nur verlorene Zeit ist« (was er leider nicht tun wird). Mein Humor bzw. Sarkasmus verlässt mich dennoch nicht. Einen Brief unterschreibe ich mit: »Vive la patrie! Deine Soldatenbraut.«

Von Paris aus versucht seine Familie, ihn loszueisen. Es scheint zu gelingen. Denn nach zwei Monaten kommt Bruno in die 2. Kompanie des I. Bataillons, stationiert in Fort Neuf im Pariser Vorort Vincennes (in dem ich später studieren werde). Ich erfahre es erst Tage später – da ist er schon im Militärhospital, Abteilung Augen. Dass er phasenweise schlecht sieht, darüber hatte er schon länger geklagt. Sind das die ersten Vorzeichen seiner späteren Krankheit?

Auch im Fort Neuf wird Bruno nicht lange bleiben. Ende März kommt er in die psychiatrische Abteilung des Pariser Militärhospitals Val de Grace, mitten im Quartier Latin – dank einer Simulation, die nicht ungefährlich ist. Denn so was kann schiefgehen. Aber er schafft es. Am 11. April 1968 wird er als »dienstuntauglich« entlassen.

Ich hole ihn in den mittelalterlichen Gemäuern der guten alten

Irrenanstalt ab. Es ist gruselig. Er hockt in einem Zimmer mit zwei weiteren Soldaten. Der eine, ein Bauernsohn, blökt ohne Unterlass wie ein Schaf. Der zweite dreht der Welt den Rücken zu und starrt Tag und Nacht stumm gegen die Wand. Und Bruno? Der scheint es erschreckenderweise gar nicht so eilig zu haben, da rauszukommen.

Wir verbringen Ostern im sechsten Stock eines kleinen Hotels im Herzen von Saint Germain. Er tastet sich ins Leben zurück. Doch so viel ich auch frage: Bruno hat nie mehr über die Zeit beim Militär geredet.

Jahrzehnte später lese ich, dass der von mir so geschätzte Yves Saint Laurent zur gleichen Zeit beim Militär und ebenfalls in der Psychiatrie von Val de Grace war. Auch ihn hatte der Militärdienst traumatisiert. Er ist schikaniert worden, und sicherlich nicht nur von Vorgesetzten. Und ihn, den Homosexuellen, hatten sie im Val de Grace auch noch einer »Behandlung« mit Elektroschocks unterzogen, damit er »normal« wird. Ich bin im Nachhinein furchtbar erschrocken und habe mich natürlich gefragt, ob so etwas etwa auch dem so wenig »männlichen« und antimilitaristischen Bruno passiert sein könnte … Doch er schweigt. Bis heute.

*

Als ich Ostern in Paris bin, um Brunos Entlassung vom Militär zu feiern, da fällt am 11. April 1968 in Berlin der Schuss auf Dutschke. Die Nachricht macht wie ein Lauffeuer die Runde, ebenso das Gerücht, dass am nächsten Morgen vor der deutschen Botschaft protestiert werden soll. Die ist damals noch in der Avenue Matignon, Bruno und ich sind pünktlich zur Stelle.

Wir sind ein Häufchen von etwa hundert Menschen. Doch einer fällt auf. Er trabt wie ein Schäferhund um unsere Truppe herum und treibt uns weiter: »Tous à la Fontaine Saint Michel!« Er ist klein, untersetzt und rothaarig und wird ein paar Wochen später auf den Barrikaden des Mai '68 als Dany le rouge eine rasante revolutionäre Karriere machen: Daniel Cohn-Bendit,

Kind deutscher Juden im französischen Exil. Als er sich gar nicht mehr anders zu helfen weiß, wird General de Gaulle den in Paris geborenen und im Odenwald-Internat zur Schule gegangenen »deutschen Juden« nach Deutschland ausweisen. Denn der hat die deutsche Staatsangehörigkeit und sein Bruder die französische, die Kinder konnten wählen. Die Reaktion der Protestbewegung lautet: »Nous sommes tous des juifs allemands!« (Wir sind alle deutsche Juden.)

Eine Woche später fahre ich mit Freunden nach Prag. Darunter der Fotograf Volker Krämer. Er hat seit Jahren Kontakte dort, und wir wollen uns nun den »Prager Frühling« aus der Nähe ansehen. Vier Tage lang Altstadt und Hradschin, viel dunkles Bier und Diskussionen bis in die tiefe Nacht. Die Stimmung ist euphorisch. Niemand ahnt, dass vier Monate später sowjetische Panzer den Aufbruch der tschechischen »Brüder« platt walzen werden.

Die Fotos, die uns über die dramatische Konfrontation zwischen flehendem Volk und rollenden Panzern bis heute vor Augen stehen, hat Volker Krämer gemacht (und im *Stern* veröffentlicht). Ich bin lange mit ihm befreundet geblieben, habe bei seinen Schwiegereltern in Cambridge logiert und seinen Sohn auf dem Schoß gehalten. Doch dann haben wir uns aus den Augen verloren. Und ich habe ihn erst wiederentdeckt, als er schon tot war: 1999 sinnlos erschossen bei einer Reportage im Kosovo, wo der so freundliche Volker Krämer zusammen mit einem Kollegen in einen Hinterhalt geraten war. Dabei ging es eigentlich um nichts. Die Mörder wollten nur das Auto der Journalisten.

Bei meiner Zeitung pendle ich jetzt zwischen Düsseldorf und Mönchengladbach. Und es wird immer klarer, dass ich da fehl am Platz bin. Ich kündige im April zu Ende Juli, ohne etwas Neues zu haben.

Im Januar habe ich einen Termin bei einem Nazitreffen, gegen das Linke protestieren. Beide Seiten brüllen und prügeln. Den rechten Parolen halten die Linken die Parole »Nazis raus!« entgegen. Auch nicht gerade erhellend. Und wenig nachvollziehbar für die Mehrheit der rechten Mitläufer, finde ich.

Beim Abführen der Linken gibt einer der Neonazis einem der Protestierer noch einen Fußtritt in den Hintern. Ungehindert. Als ich am nächsten Tag in der Redaktion darüber berichte, sagt der Ressortleiter Politik zu mir: »Ich bitte Sie, Fräulein Schwarzer, schreiben Sie so zurückhaltend wie möglich. Nein, kein Wort über den Fußtritt! Ich sage Ihnen das nur in Ihrem persönlichen Interesse.«

Im Mai findet in dem traditionell unpolitischen Düsseldorf eine Demonstration gegen die geplanten Notstandsgesetze statt. Auch der Vietnam-Protest ist Thema. Die Veranstalter halten sich an die Absprachen mit der Polizei, nur bei der Schlusskundgebung wird spontan zum Megafon gegriffen, unter anderem von mir. Zum ersten Mal. Ich rufe, erfolglos, zu einer Kundgebung vor dem französischen Konsulat auf, denn mein Herz schlägt für die Demonstranten auf den Barrikaden vom Mai ’68. Einzige Reaktion: Ein Mann ruft »Hey, Bonnie«. Ich hatte nämlich ein Kostüm à la Bonnie an, nach dem Film über das amerikanische Gangsterpaar aus den 1920er-Jahren, »Bonnie & Clyde«, der gerade Furore machte: schwarzer, wadenlanger Rock mit Schlitz, halblange schwarze Jacke mit weißer Bluse plus Baskenmütze. – Die Lehre, die ich aus dem Zuruf ziehe: Als Frau nie allzu modisch gewandet Politik machen. Das macht lächerlich.

Als ich am nächsten Tag die *Düsseldorfer Nachrichten* aufschlage, lese ich etwas von »geifernden Bärtigen«, die »die Menge aufgepeitscht« hätten. Eigenartig, keiner der Redner hatte einen Bart, und von einer aufgepeitschten Menge auf der Kö konnte schon gar nicht die Rede sein. Ich stelle den Autor, einen Mitvolontär, zur Rede. Der druckst verlegen rum. Er hatte den fantasievollen Bericht noch nicht einmal auf Geheiß geschrieben – sondern im vorauseilenden Gehorsam. So begreife ich früh, dass das größte Problem der Journalisten nicht die äußere Zensur ist, sondern die innere. Der eilfertige Kollege machte später die erhoffte Karriere, wenn auch nur begrenzt. Aber mir reicht es nun endgültig.

Einer der wenigen Artikel, die für mich noch Sinn machen, ist mein Bericht über eine der ersten Gruppen von *amnesty international*, die gerade gegründet worden war. Die Reaktionen sind stark – die Leser und Leserinnen sind ja oft fortschrittlicher als ihre Blätter. Die regionale Sektion von a.i. verzeichnet einen schlagartigen Anstieg von Mitgliedern.

*

Auch ich bin in Revolte. Innerlich. An Bruno schreibe ich im Februar 1968: »Ich sterbe vor Hunger auf alles. Absolut alles!« Und: »Unsere Pläne sind viel zu bürgerlich. Ich bin unzufrieden mit mir. Ich will einen großen Schritt machen. Will alles ändern. Etwas Neues. Mich befreien!«

Im März, da ist Bruno noch beim Militär und gleichzeitig offensichtlich stärker denn je dem Druck seiner Familie ausgesetzt, entdecke ich in meinen Briefen an ihn folgende aufschlussreichen Sätze: »Ich kann nicht zwei Leben leben: eines für meinen Beruf und meine Interessen – und eines kochend und nette Konversation machend. Das würde mich zerreißen.«

In Pisa, 1967
(Kleid: Marimekko)

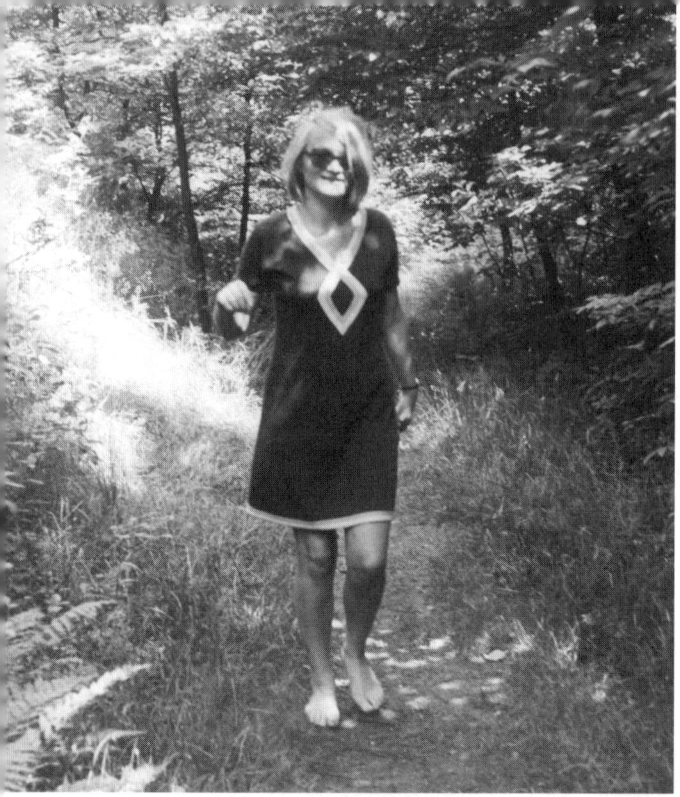

1
In »meinem« Wald
in Wuppertal
2
Mit Bruno im
Fotomat, 1966
3 + 4
Ich, posierend für
meine Artikel über
Taxis und Mütter
4
Bruno auf der Kö,
1967
5
Ich auf der Kö,
1967

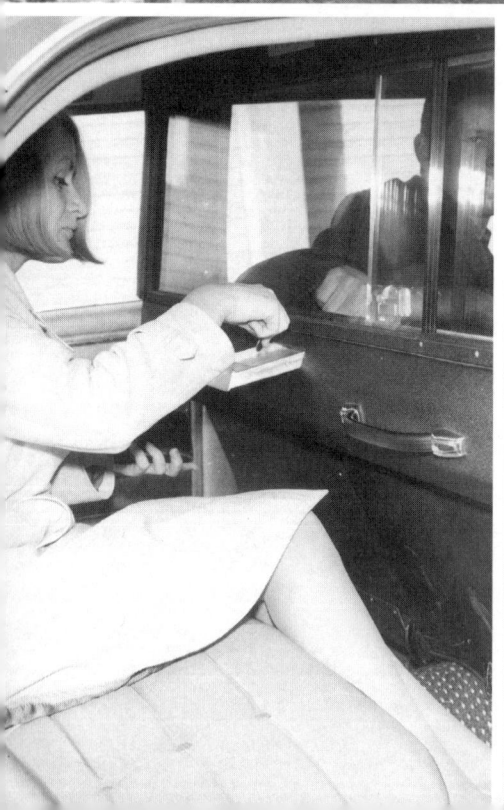

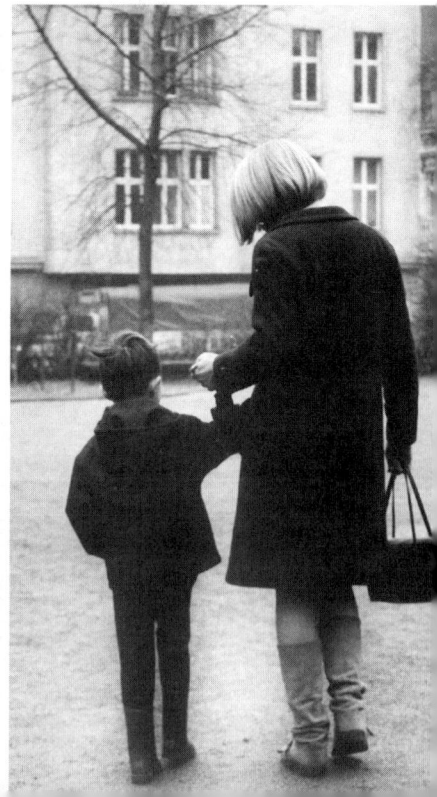

1968
Der Aufbruch
Und das Gastspiel bei der Frauenzeitschrift

»Der Motor meines ganzen Handelns ist die Gerechtigkeit. Gerechtigkeit in meinem persönlichen Leben; in dem Land, in dem ich lebe; in der Welt. Ein Leben, in dem ich nicht alles in meiner Macht Stehende getan hätte, um dieses Ideal zu verwirklichen, wäre für mich ein verpasstes Leben.«

Diese leidenschaftlichen Worte schreibe ich am 4. Mai 1968 an Bruno. Auslöser ist ein Telefonat über die aktuellen Unruhen in Paris, bei denen die Polizei die Protestierenden zusammengeschlagen und verhaftet hatte. Bruno, gerade dem Militär entkommen und wieder in sein Jurastudium vertieft, bereitet seine Promotion vor und reagiert reserviert. Das seien überhaupt »nur die Studenten der Geisteswissenschaften«, die da auf die Straße gingen. Aber er könne ja »mal gucken gehen«.

Ich bin aufrichtig empört. »Bisher hast du mich mit deinen ›vernünftigen‹ Argumenten beruhigen können«, schreibe ich. »Aber jetzt frage ich mich, ob sich hinter dieser Vernunft nicht Gleichgültigkeit verbirgt. Das würde ich nicht ertragen! Ich könnte das niemals akzeptieren. Denn es genügt nicht, dass du mir ›meine Freiheit lässt‹. In Bezug auf diese fundamentalen Überzeugungen muss ich mich einig wissen mit dir. Ich will keine rosarote Brille. Um zu lieben, brauche ich das nicht. Ich liebe dich, so wie du bist. Aber ich weiß, dass ich auf Dauer niemals jemanden respektieren und lieben könnte, der gleichgültig ist. Und auch mich kann auf Dauer niemand lieben, der gleichgültig ist …«

Ich verstehe die Entwicklung so: »Diese Welle der Wut, die die französischen Studenten erfasst hat, wird im Grunde dieselben Motive haben wie die der Jugend in Rom, Berlin, Prag, Warschau oder Madrid. Sie sind zutiefst unzufrieden mit den etablierten Regimen und deren Selbstgerechtigkeit. Sie protestieren gegen eine politische Fatalität, dagegen, dass Autorität blind akzeptiert wird.« Und ich fahre fort: »Nein, davon würde ich mich niemals distanzieren können. Daneben stehen. Im Gegenteil. Selbst wenn sie Ziele verfolgen würden, die ich nicht akzeptiere, selbst dann würde ich es nicht zulassen, dass man sie unterdrückt.« Und ich betone: »Ich meine es ernst.« Den Fünf-Seiten-Brief schicke ich per Eilboten ab.

Bruno wird sehr bald selbst ein Sympathisant der 68er-Bewegung werden, auch aus eigenem Antrieb. Aber es besteht kein Zweifel: Er tendiert eher dazu, sich bedeckt zu halten. Und ich? Ich bin jetzt 25 Jahre alt und scheine entschlossener denn je, mein Leben in die Hand zu nehmen – und mich einzumischen in der Welt.

Mein Start in mein neues Leben verläuft allerdings nicht ganz so wie erhofft. Am 8. Juli ist mein letzter Tag bei den *Düsseldorfer Nachrichten*, adieu. Noch habe ich keinen neuen Job. Mitte September werde ich weder beim *Spiegel* noch beim *Stern*, sondern – bei *Film und Frau* im Hamburger Jahreszeiten-Verlag anfangen. Das war so eine edle Hochglanz-Frauenzeitschrift, also nicht unbedingt das, wovon ich träumte. Doch ich bin immerhin als Reporterin für das Ressort Film und Fernsehen angestellt. Und davon verstehe ich etwas. Wir werden sehen.

Doch zuvor machen Bruno und ich Urlaub in Italien. Mit der alten grauen Ente über den Brenner, nach Florenz und Pisa bis hin zu den Cinque Terre, diesem Gebirgszug unterhalb von Genua, an dessen Meeresseite fünf kleine Fischerdörfer nisten. Eigentlich kann man diese Dörfer damals nur per Schiff und Zug erreichen, aber mit unserer Ente schaffen wir es, den Mauleselpfad über die Berge bis ans Meer zu hoppeln.

Da ist die Begeisterung groß, vor allem die der Kinder. Immer, wenn wir in diesen zwei Wochen mal einen Blick auf das am Dorfrand geparkte Auto werfen, erwischen wir die Gören, wie sie auf dem Auto rumhüpfen, ja regelrecht schaukeln (die legendäre Federung des 2 CV ist wie dafür gemacht).

Das Fischerdorf ist so malerisch wie heute, aber es gibt damals nur Italiener dort: Einheimische und ein paar Sommergäste aus Mailand oder Rom, überwiegend Frauen mit Kindern, die von ihren bürgerlichen Ehemännern dort im Sommer geparkt werden. Am Wochenende schauen die Männer dann auf einen Sprung vorbei. Das sind oft aufschlussreiche Szenen. Am Gesicht der Signora lässt sich die Anzahl seiner Mätressen ablesen …

Wir lieben es, Menschen zu beobachten und gewagte Fantasien über sie zu entwickeln. Und wir sind ganz und gar überzeugt, dass wir immer richtigliegen! Dass zum Beispiel der Mann am Nebentisch ein Geschäft in Rom hat, ein Verhältnis mit seiner Sekretärin und mit seiner Frau schon seit Jahren nicht mehr schläft. Oder dass die Frau da hinten schon im letzten Sommer ein Verhältnis mit dem hübschen Kellner angefangen hat – und ihr Mann, der arme Trottel, mal wieder nichts merkt. Oder dass dieses charaktervolle Ehepaar da drüben sich bestimmt beim Kampf in der Résistance in den Abruzzen kennengelernt hat!

Das Kapitel Frauen und Männer ist in Vernazza eine Studie wert. Angekommen in der kleinen Pension, die wir vor Ort auftun, müssen wir eine sehr enge, sehr steile Stiege hoch in den dritten Stock. Die Betreiberin, eine alte Witwe in Schwarz, reißt dem überraschten Bruno den Koffer aus der Hand und stapft vor ihm hoch. Daraufhin werfe ich ihm meinen Koffer in die Arme. Die Alte stockt, wirft mir einen bitterbösen Blick zu – und zerrt Bruno nun auch noch den zweiten Koffer aus der Hand. Der bel ragazzo ist anscheinend zu schön zum Tragen. Wir lassen sie schleppen.

Die italienischen Ausgaben von Bruno sitzen den lieben langen Tag auf dem Marktplatz, feilen sich die Nägel, kämmen sich die Haare und gucken den Mädchen hinterher. Arbeiten sehen wir in Vernazza eigentlich nur die Frauen. Die Fischer nachts sehen wir ja nicht. Diese Geschlechtertrennung setzt sich fort bei der Vorbereitung der beiden großen Feste des Jahres: dem Festa de l'Unità, der Zeitung der kommunistischen Partei, und dem Pfarrfest. Letzteres bereiten ausschließlich Frauen vor – das Fest der Kommunistischen Partei aber ist Männersache. Uns stört das nicht. Wir feiern zweimal. Und genießen Italien sehr. Im Vorjahr waren wir in einem dänischen Holzhäuschen auf Jütland gewesen. Auch ganz nett. Aber der mediterrane Kulturraum ist doch eher unsere Sache, stellen wir fest.

Mitgebracht aus Vernazza – wo ich die besten Spaghetti al Pesto der Welt gegessen habe! – habe ich einen Tipp: zwischen Nudeln und Pesto ein paar Brocken weich gekochter Kartoffeln legen und dann alles zusammenmischen. Das nimmt dem Pesto die Schwere. Und schmeckt köstlich.

Der italienische Trip wappnet mich, die Rheinländerin, ein wenig für meinen Umzug in den hohen, kühlen Norden.

*

Mitte September ziehe ich mit Sack und Pack und einer »Mitfahrgelegenheit« (nur 26 Mark!, juble ich) nach Hamburg. Zunächst in eine Pension in der Nähe des Verlages an der Außenalster, eine Woche später in ein kleines Appartement unter dem Dach eines Einfamilienhauses in Lokstedt. In meinen ersten Hamburg-Tagen regnet es. Erwartungsgemäß. In der Redaktion arbeiten überwiegend Frauen. Sie betrachten die Neue »mit gelangweilter Neugierde« (berichte ich Bruno).

Zunächst gibt es kaum etwas zu tun für mich. Das bin ich gar nicht gewohnt. Mir wird erklärt, die Zeitschrift würde gerade umgestellt und die Ausgabe im alten Format sei schon voll, das neue Format jedoch noch nicht in Arbeit. Ich warte ab. Und stürze mich erst einmal in das Leben in der Stadt.

An einem Abend höre ich »Fidelio« in der Oper, am nächsten »The Mothers of Invention« im *Top Ten* und am übernächsten gehe ich zum Happening in die Kunstakademie. So ganz ist der 68er-Aufbruch offensichtlich auch an Hamburg nicht vorbeigegangen. Aber die Hamburger … Die sind mir in ihrer Zugeknöpftheit doch arg fremd. Ich bin recht einsam in Hamburg.

Meist streife ich allein durch die Stadt. Mein Lieblingsort wird die im Spätherbst leicht melancholische Vereinskneipe eines Ruderklubs am Ende der Außenalster. Da ist Hamburg wirklich schön. Und noch einen Ort entdecke ich auf der Flucht vor den Hamburgern: die Kneipe *Fick* im Hafen. Aber davon erzähle ich Bruno lieber nichts. Es könnte ihn beunruhigen, dass ich da ganze Abende im Gespräch mit Prostituierten verbringe.

Eigenartig: Schon lange, bevor ich die öffentliche Feministin wurde, hatten Prostituierte, in Deutschland wie Frankreich, die

Neigung, mir aus dem Stand ihr Leben zu erzählen. Mit Obdachlosen geht es mir nicht anders. Und bis heute begrüßt mich jeder Penner in Köln wie seinesgleichen und hat auch gerne schon mal ein Anliegen: »Alice, du hast doch Beziehungen. Kannst du nicht mal …«

In meiner Hamburger Redaktion wird formell gesiezt. Klar. Hauptgesprächsthema sind Mode und Diäten. Das ödet mich an, aber geht auch an mir nicht spurlos vorüber. In meinem kleinen weißen Taschenkalender »für die Dame« (dessen launige Texte übrigens die spätere Feministin Susanne von Paczensky schreibt) finde ich unter dem 1. Oktober eine Notiz zu meinen Maßen: Ich wiege 65 Kilo, habe einen Brustumfang von 94 und einen Hüftumfang von 98 Zentimetern. Bei einer Größe von 1,70 Meter sind das Traummaße, würde ich heute sagen.

Doch einen Monat später steht in meinem Damenkalender ein »Diätplan« mit detaillierten Rezepten für Artischocken, Blumenkohl, Gurken etc. und dem Hinweis: Viel Wasser trinken! (Übrigens: Die Diättipps von vor 40 Jahren sind absolut identisch mit den »Wunderdiäten« von heute.) Eine Woche darauf notiere ich ein Mittel gegen Cellulitis. Bruno grüße ich mit »deine immer noch dicke Alice« und verspreche, immerhin nicht ganz ohne Selbstironie, »twiggylike« zu werden. Gleichzeitig berichte ich von Magenkrämpfen und dass ich mich andauernd übergebe …

Es ist also kein Zufall, dass der Diätwahn sehr früh mein Thema werden wird. Bereits 1984 wird EMMA einen Sonderband über die »Hungersucht« herausgeben, und ich werde schreiben: »Während Männer Raum einnehmen, machen Frauen sich dünne.«

In meiner Frauenredaktion geht es in diesem eigentlich aufregenden Herbst 1968 zu wie immer. Am 20. Oktober schreibe ich an Bruno: »Die Arbeit ist nichts für mich. Diese Konzeption eines vie en rose ist stupide und verantwortungslos. Ich bin schließlich nicht Journalistin geworden, um Märchen zu erzählen.«

Wenige Tage darauf fliege ich zu einer Reportage über Dreharbeiten zu den »Drei Musketieren« nach Sarlat in der Dordogne. Das macht mir Spaß, und vor allem genieße ich das Essen in dieser

Region, die die beste Küche Frankreichs haben soll. Auf dem Rückflug kann ich gar einen Zwischenstopp in Paris machen. Dennoch: Diese Arbeit macht für mich keinen Sinn. Inzwischen mache ich sogar Quarkmasken am Wochenende, gegen Falten. Mit 25!

Also fange ich wieder an, mich zu bewerben. Und ich schreibe ein zweites Mal an *pardon*, das Monatsmagazin, das journalistische Berichterstattung mit provokanten Polit-Aktionen und Satire mischt und neben *konkret* jetzt als eines der beiden Sprachrohre der 68er-Bewegung gilt. Hans Nikel schreibt zurück. Der Gründer, Verleger und Chefredakteur von *pardon* will mich kennenlernen. Ich sause nach Frankfurt – und kriege die Stelle! Ab Januar 1969 werde ich als Reporterin bei *pardon* arbeiten, als Nachfolgerin von Günter Wallraff, der vor mir dort die Rollenreportage erprobt hatte.

Zwei Tage später kündige ich meine Stelle bei *Film und Frau*. Und an Bruno schreibe ich: »Ihre Art, über Frauen zu reden, ist schlicht kriminell. Das ist sicher: Eines Tages werde ich über die Frauenzeitschriften in Deutschland schreiben.« – Da scheine ich noch die Illusion zu haben, dass diese Art von Frauenverdummung durch Frauenzeitschriften eine deutsche Spezialität sei.

Einer der wenigen medialen Lichtblicke beim Thema Frauen ist in dieser Zeit die präfeministische, schöne Leona Siebenschön. Helga Petermann schreibt unter diesem Pseudonym in der Zeit eine Serie über den »Teufelskreis der Ehe«. Die LeserInnen sind außer sich, die Pro-und-Kontra-Debatten ziehen sich über Monate. Für Bruno schneide ich ihr Foto aus und frage: »Was meinst du, welchen Beruf die Frau hat?« Er tippt auf Schauspielerin. Und ich antworte triumphierend: »Nein, Journalistin!« Übrigens: Siebenschön ist verheiratet (mit einem *Spiegel*-Redakteur) und hat drei Kinder. – Leider ist sie schon 2001 mit nur 68 Jahren gestorben.

In Pöseldorf gehe ich in die neu eröffnete Boutique von Yves Saint Laurent, der nicht nur in meinen Augen der mit Abstand kreativste Modeschöpfer dieser Jahrzehnte ist, sondern auch eine wirklich emanzipierte Mode macht. Ganz besonders angetan hat es mir ein lässiger Redingote in einer Art schwarzem Kautschuk, den finde ich »ravissant«, kann ihn aber nicht bezahlen. – Ein Jahr später werde ich mir diesen Mantel in dem Laden von YSL am Jardin du Luxembourg kaufen, im Ausverkauf.

Am 18. Dezember ist mein letzter Arbeitstag. Bruno holt mich mit der Ente ab, und wir fahren direkt nach Frankfurt, zum Renovieren meiner kleinen Wohnung. Sie liegt im 3. Stock eines Neubaus in der Jahnstraße, mitten in der Stadt und nur fünf Fußminuten von *pardon* entfernt. Ich verspreche mir viel, sehr viel von meiner neuen Stelle. Bin ich endlich angekommen?

In Dänemark, 1968

1
Dänemark, 1968
2 + 3
Bruno, nach der
Entlassung vom
Militär, 1968
4
Bei Barbara & Kind
in München
5
An der Seine
6
Am Grab von Heine

1969
Die Revolution
bei *pardon*
Und der feministische
Vorfrühling

Der Wechsel hätte extremer nicht sein können: von der bürgerlichen Hochglanzpresse in Hamburg zum alternativen Protestblatt in Frankfurt. Von *Film und Frau* zu *pardon*.

Das Team bei *pardon* ist nett: fünf Redakteure, drei Redaktionsassistentinnen sowie ein Verleger und Chefredakteur in Personalunion. Ich bin bei der 1962 gegründeten *pardon* die erste Frau mit dem Status einer Redakteurin bzw. Reporterin. Fast alle begegnen mir offen, und die meisten sind witziger als ihr Blatt. Gearbeitet wird mit Leidenschaft, in der Regel bis 21 Uhr – und dafür pünktlich morgens um zehn Uhr angefangen. An meinem ersten Abend geht es gleich bis zwei Uhr nachts. Wir bereiten eine Aktion vor.

Denn das ist die Spezialität von *pardon*: Neben Satire und inszenierten Reportagen pflegt das Magazin provokante Protestaktionen. Die erste, bei der ich dabei bin, finde ich allerdings eher beklemmend. Am 4. Januar fährt die gesamte Redaktion nach Dachau, in das ehemalige Konzentrationslager, das heute eine Gedenkstätte ist. Mit Protestschildern wie »Jedem das Seine« und einer satirischen Ansprache von Hans Nikel wollen wir gegen die von der Großen Koalition geplante »Vorbeugehaft« demonstrieren und die Parallelen eines solchen Gesetzes zur Justiz der Nazizeit aufzeigen. Mir kommt das Ganze etwas forciert und leicht geschmacklos vor.

Doch ich sage nichts. Ich bin eingeschüchtert. War ich vorher unterfordert, so bin ich jetzt eher überfordert. Es wird viel von mir erwartet – gleichzeitig ist mir nur zu klar, dass ich noch viel lernen muss. Mein erster Auftrag ist eine Reportage über die Emanzipation der Frauen im SDS.

Selbstverständlich hatte ich aus der Ferne mit großer Sympathie die Revolte der SDS-Frauen auf dem Frankfurter Kongress am 13. September 1968 verfolgt: Da hatte Sigrid Rüger in ihr Einkaufsnetz gegriffen und eine Tomate auf den Obergenossen Krahl geworfen. Und Helke Sander hatte ihre berühmte Rede gehalten: »Genossen, eure Veranstaltungen sind unerträglich.« Sie waren es einfach leid. Im *Spiegel* hatte Hermann Schreiber darüber berichtet und mit der neckischen Pointe geschlossen, wie eine der Protestlerinnen auf dem Kongress den Kopf aus der Tür der Damentoilette steckt und fragt: »Hat jemand von euch ein Tampon?« Moral von der Geschicht: Emanzipation hin, Emanzipation her – ewig blutet das Weib ...

Ein paar Monate später, auf dem SDS-Kongress in Hannover, gingen die Frauen dann einen Schritt weiter. Der Frankfurter *Weiberrat* präsentierte eine Satire, das legendäre Flugblatt: »Befreit die sozialistischen Eminenzen von ihren bürgerlichen Schwänzen.« Und dazu waren in Jägermanier ausgestopfte, an die Wand gehängte »Schwänze« von prominenten Genossen krakelig gezeichnet.

Doch wo waren sie jetzt, wenige Monate später, diese Frauen? Ich mache mich auf die Suche und bekomme einen Tipp: Die SDS-Frauen treffen sich am Tag X in Raum Y der Uni. Ich bin pünktlich zur Stelle, sehe aber keine einzige Frau. Nur Männer, eine Arbeitsgruppe des SDS. Auf meine Frage nach den Frauen: Schulterzucken. Ich suche weiter und finde endlich eine. Immerhin. Sie bringt mir ein paar alte Flugblätter vom letzten Jahr mit. Was die Frauen denn jetzt machen und ob ich nicht mal zu so einem Treffen kommen könne? »Nein, unsere Gruppe existiert seit vier Monaten nicht mehr«, antwortet sie matt. Ich erfahre, dass alle Frauen nach und nach auch die gemischten AGs verlassen haben. Sie scheinen resigniert zu haben. An Bruno schreibe ich alles akribisch und kommentiere: »Vielleicht liegt das ja daran, dass wir in einer Welt der Männer leben. Nach ihren Regeln. Und die sind nicht die unseren.«

Meine weitere Suche nach dem legendären »Komitee zur Befreiung der Frau« führt mich in eine WG in der Bockenheimer Landstraße. Dort wohnte eine der Exaktivistinnen, und ich sehe auf dem Tisch unter Bergen von Marx & Mandel Beauvoirs »Anderes Geschlecht« hervorlugen. Eine Frauengruppe? Existiert nicht mehr. Es soll jedoch, so heißt es, eine »Weiberkommune« in München geben und in Berlin sollen zwei Genossinnen mit Kindern in eine Wohnung gezogen sein. Das gilt schon als Kommune. Auch sollen sich etliche in den 1968 von Genossinnen initiierten »Kin-

derläden« engagiert haben. In Frankfurt ist jetzt die »Kapital-
Schulung 2« angesagt, das heißt, das gemeinsame Lesen und Interpretieren von Karl Marx' Schrift »Das Kapital«.

Nun weiß ich auch nicht mehr weiter und beschließe, mich den
Frauen »an der Basis« zuzuwenden. In der Redaktion schlage ich
einen Bericht über die anscheinend gettoartigen »Heime für Mutter und Kind« vor (im Volksmund auch schon mal »Hurenhäuser«
genannt). Der Bericht über die ledigen Mütter, die auch als Erwachsene wie Unmündige gegängelt und geächtet werden, wird
meine erste *pardon*-Reportage. Was gar nicht so einfach ist. Denn
eine Reportage für *pardon* darf nicht einfach eine Reportage sein,
also das Resultat von Recherchen und Beobachtungen; sie muss
immer interaktiv, ein inszenierter Skandal sein. Was mir fremd ist.
Als Journalistin beobachte ich lieber, statt zu intervenieren.

Ich beginne zu ahnen, dass die Arbeit bei *pardon* nicht leicht
sein wird für mich. Und ich habe die ersten schlaflosen Nächte.
Hinzu kommt mein Fremdsein, sowohl in diesem Frankfurter Mi-
lieu als auch in dieser Männerredaktion. Die Titel werden immer
von allen gemeinsam diskutiert, und wenn die Dias projiziert werden, ist ein beliebtes Kriterium, ob man denn auch genug von der
Brustwarze des jeweiligen Covergirls sieht. Sicher, es geht bei *pardon* lange nicht so frauenverachtend zu wie bei *konkret*, wo Klaus
Rainer Röhl gerade den heute weitverbreiteten Mix von Politik &
nackten Frauen bzw. Mädchen erfindet. Aber es irritiert mich dennoch. Doch mir fehlen die Worte. Ich bleibe stumm. Und die drei
Redaktionsassistentinnen ebenso.

Dabei sind es wirklich sympathische KollegInnen, die auch viel
zusammen machen. Wir feiern Feste, gehen ins Kino (von Godard
bis Walt Disney) oder in den Republikanischen Club und aufs
Frankfurter Wäldchen-Fest. Nicht dabei ist der »geschäftsführende Redakteur«, ein Spießer mit Opa-Krawatten und zu kurzen
Socken; mit ihm hat Nikel offensichtlich die praktische Arbeitsteilung, dass er, der Chefredakteur, gleichbleibend charmant ist und
sein Stellvertreter uns zwiebelt. Einmal gibt dieser Chef vom
Dienst mir ein Manuskript ohne vorherigen Kommentar erst nach

vier Wochen Warten zurück. Er kann mich einfach nicht leiden – und ich ihn auch nicht. Das ist bis heute mein Schicksal, ich muss gar nichts dafür tun: Die Spießer riechen mich auf hundert Meter und hassen mich unausweichlich.

In der Stadt sehe ich eines Tages auf dem Bürgersteig gegenüber Cohn-Bendit. »Wie ein begossener Pudel schlich er da lang«, schreibe ich an Bruno. Der ausgewiesene Polit-Star aus Paris muss in Frankfurt ganz kleine Brötchen backen. Denn der SDS verdammt nur eines noch mehr als das »Establishment«: den »Personenkult«. Zumindest theoretisch.

Im TAT gleich nebenan gehe ich viel ins Theater. Auch da ist Aufbruch angesagt. Und ich bin total begeistert von den amerikanischen Kollektivtruppen à la *Living Theatre* oder *La MaMa*. Wenig später in Paris werde ich Ariane Mnouchkines *Théâtre du Soleil* entdecken und das unvergessliche argentinische TSE.

Im März erscheint im *Stern* eine Reisereportage über den in Deutschland neu auf den Markt drängenden Club Méditerranée. Sie handelt von dem Club im marokkanischen Agadir, hat den Titel »Das Dorf der freien Liebe« und suggeriert: »In jeder Nacht passiert in jeder Hütte das Gleiche.« Kurzum: Da scheint sie wirklich stattzufinden, die Sünde! Wir wollen uns das genauer ansehen. Nikel beschließt: Schwarzer und Gernhardt sollen sich da mal zwei Wochen lang umsehen – und eine *pardon*-Reportage über das Verhältnis der *Stern*-Reportage zur Realität schreiben. Robert Gernhardt ist einer der Gründer von *pardon*, arbeitet aber seit Jahren als freier Mitarbeiter, vor allem als Zeichner unter dem Pseudonym Lützel Jeman (und ist u. a. der Kreateur des saukomischen »Schnuffi«). Am 15. März soll es losgehen.

So ganz kalt lässt die geplante »Rollenreportage« in dem sündigen Dorf unsere Beziehungen nicht. Almut Gernhardt, mit der ich mich später befreunden werde, kommt in die Redaktion, um mich aus der Nähe zu begutachten. Und Bruno spielt von Paris aus verrückt. Ich versuche sehr wortreich, ihn zu beruhigen (»gar nicht mein Typ«, »ganz andere Sorgen« etc.). Doch es gelingt mir nicht.

Obwohl ich vor Agadir einen Tag Zwischenstation in Paris mache, bombardiert er mich noch im Club mit so vielen »besorgten« Briefen, dass ich langsam genervt bin. Er geht sogar so weit zu schreiben: »Diese Reise ist für mich, als würdest du mir mitteilen, dass du einen anderen heiratest.« Von der Seite kannte ich ihn bisher gar nicht. Schließlich antworte ich: »Es ist einfach lächerlich, dass du dir solche Gedanken machst. Und es ist traurig, dass du dir um meinen Körper offensichtlich mehr Sorgen machst als um meine Seele. Hast du denn keine anderen Sorgen?«

Lächerlich ist es nicht zuletzt auch darum, weil es im Club alles andere als sündig zugeht (siehe Seite 387). Die Sünde hatte nämlich, wie so oft, mal wieder nur in der Fantasie der Journalisten stattgefunden. Robert Gernhardt und ich, wir genießen dennoch die zwei Wochen im sonnigen Agadir am blauen Meer. Und Robert schafft es im Club sogar, sarkastisch zu sein, ohne ein Wort Französisch zu sprechen. Indem er zum Beispiel die Titelseite der Zeitung – die den autoritären König zeigt (den Vater des heutigen Reformers), wie er im offenen Wagen das Land durchquert und das Volk ihm zujubelt – mit den Worten kommentiert: »Des sous, des sous …« Ein paar Pfennige, ein paar Pfennige! So schallt es uns nämlich vom bitterarmen Volk entgegen, sobald wir unser Luxusgetto verlassen.

Und einmal rette ich Robert sogar das Leben. Das hat der leider früh Verstorbene zumindest lebenslang behauptet. Als er eines Tages nicht zur Verabredung erscheint, gehe ich zu seiner Hütte – und da liegt ein leichenblasser, zitternder, schweißbedeckter Robert auf dem Bett. Er hatte sich beim Trip nach Agadir als neugieriger Mensch Drogen andrehen lassen und irgendwie zu viel davon genommen. Der rasch gerufene Arzt hat die Sache dann in den Griff gekriegt.

Und was wir damals auch nicht geschrieben haben: Dass Robert, mit dem ich mich im Club selbstverständlich geduzt hatte, beim Rückflug zu mir sagte: »Es ist besser, Alice, wir siezen uns in Frankfurt wieder. Was soll sonst Almut denken.« So viel zu den Sitten der wilden 68er.

Ebenfalls leicht runtergespielt habe ich in meiner Reportage meine Begegnung mit Udo Jürgens. Vermutlich wegen Bruno. Die Wahrheit war nämlich, dass Udo mir schon auf dem Hinflug schöne Augen gemacht hatte, immer wieder den Flugzeuggang rauf und runter stolziert war und mir vielsagende Blicke zugeworfen hatte. Beim Aussteigen hat er mich dann gleich angebaggert: wohin ich denn nun fahren würde. »In den Club«, flötete ich, schon ganz Reporterin auf der Rolle. Im wahren Leben allerdings waren schon damals balzende Schönlinge nicht mein Fall.

Eine Woche später taucht Udo Jürgens tatsächlich im Club auf und stöbert mich am Strand auf. Ich bin außer mir vor Freude. Was für ein belebendes Element für meine Reportage! Aber wo in Gottes Namen bleibt nur Robert mit seinem Fotoapparat?! Ich brauche Beweise! Also halte ich Udo hin, hüpfe mit ihm in den Wellen und habe reichlich Hände wegzuschieben von meinem Bikini. Endlich taucht Robert auf. Ich mache Zeichen – und mein rasender Reporter legt los. Ihm verdanken wir diese wunderschönen Fotos von Udo Jürgens und mir beim Beinahe-Kuss in der Hollywoodschaukel und mit der Gabel in der Hand … (siehe Seite 183).

Als in *pardon* die Anti-*Stern*-Reportage und Wahrheit über den Club erscheint, hören wir aus Hamburg: Henri Nannen tobt! »Wenn so was noch einmal passiert …« Wir sind zufrieden.

*

Zurück in Frankfurt fädle ich gleich eine Rollenreportage in einer Fabrik ein. Ich habe mir VDO, den »zweitgrößten Tachometer-Hersteller der Welt« in Frankfurt-Bockenheim, ausgesucht, mit 6.000 ArbeiterInnen. Die Besitzerin ist eine Frau, Liselott Linsenhoff. Ich sehe sie manchmal im Fernsehen, sie ist eine berühmte Dressurreiterin und wird im August Europameisterin werden (Ich bedauere noch heute, dass ich das nicht in meine Reportage eingebaut habe).

Mich interessieren die Arbeitsbedingungen sowie die Entlohnung der Arbeiterinnen, die das Geld für die Herrenreiterin erwirtschaften. Damals gab es noch die sogenannten »Leichtlohngruppen« (die unteren vier Lohngruppen) und der Lohnunterschied zwischen Frauen und Männern betrug 31 Prozent (heute 23 Prozent). Doch die Minderbezahlung der Frauen war kein öffentliches Thema, auch für die Gewerkschaften nicht. Im Gegenteil: Die Entwicklung war rückläufig, und die patriarchal strukturierten Gewerkschaften befürworteten sogar das später eingeführte Nachtarbeits-Verbot für Frauen, angeblich zu derem Guten. Dabei war das schon im 19. Jahrhundert nur Vorwand zur Diskriminierung und Minderbezahlung von Frauen gewesen. An Bruno schreibe ich: »Die Unterbezahlung der Frauen ist ein Skandal! Das muss Thema werden.«

Zwei Wochen lang stanze ich täglich über 2.000 Löcher: an einer Maschine und auf einem Stuhl, die nach Männermaßen ausgerichtet sind und wo mir schon nach einer Stunde der Rücken wehtut; in einem infernalen Krach; und mit Toiletten, in denen es noch nicht mal Seife und Handtuch gibt. Kommentar des Betriebsrates: »Wo käme der Chef denn hin, wenn er für 6.000 Leute die Seife bezahlen würde!«. Ich bin tief schockiert von der hemmungslosen Ausbeutung der Menschen und der völligen Abwesenheit jeglichen kritischen Bewusstseins der Betroffenen (siehe Seite 403). Die Arbeiterinnen selbst finden es sogar richtig, dass sie für dieselbe Arbeit weniger Geld kriegen als ein Mann (»Der muss ja schließlich die Familie ernähren«). – Und ich habe da noch ein Problem: Der Vorarbeiter ist hinter mir her. Wenn ich mich nicht bald mit dem verabrede, kriege ich Ärger …

Meine Reportage erscheint Ende April – und auf dem DGB-Kongress vom 19. Mai wird ein »Programm für Arbeitnehmerinnen« verabschiedet. Vielleicht hatte ja mein Text in der zu der Zeit von den Gewerkschaften sehr genau gelesenen *pardon* tatsächlich dazu beigetragen.

Wenn ich es in diesen Wochen trotz meiner Erschöpfung noch schaffe, gehe ich nach der Frühschicht (von sechs bis 14.30 Uhr) in die einen Steinwurf entfernte Uni-Bibliothek und lese Bücher wie »Die Arbeiterinnen- und Frauenfrage der Gegenwart« von Clara Zetkin (1889). Und ich stelle fest: Vor 100 Jahren gab es schon ge nau dieselben Probleme. Gegen die hatten bereits damals sowohl die Sozialistinnen wie die Frauenrechtlerinnen gekämpft – doch das scheint alles wieder vergessen zu sein. Einmal schaffe ich es abends noch in den Club Voltaire – und ich beginne zu ahnen, wie exotisch das arbeitende Volk diese theoretisierenden Studenten finden muss …

Bruno macht sich schon wieder Sorgen. Diesmal um meine Hände. Wie die denn wohl aussähen bei *der* Arbeit? Und überhaupt, was das denn schon wieder für eine Schnapsidee ist, Schatz, so eine »scheußliche Arbeit« zu machen. Ich antworte: »Mach dir keine Sorgen um meine Arbeit an der Stanzmaschine und meine Hände. Sonst müsstest du dir auch Sorgen machen, wenn ich spüle.« Und ich füge hinzu: »Beunruhigen sollte dich eher das Los der Frauen, die nicht zwei Wochen, sondern 20 Jahre an so einer Stanzmaschine sitzen und die keine andere Wahl haben.«

Klassenkampf liegt in der Luft. Und Geschlechterkampf sowieso.

*

Dennoch: Wir leiden beide sehr unter der Trennung. Und da ist auch die Befürchtung, dass unser immer weiter auseinanderdriftendes Leben – er studiert noch, ich bin voll im Beruf – uns zunehmend voneinander entfernen könnte. Bis heute war mein Selbstbild, dass ich dieses Problem – Liebe versus Beruf – immer sehr souverän und rational gehandelt habe. Doch wenn ich jetzt meine Briefe aus diesen Jahren lese, sehe ich, dass das eine Täuschung ist. Im Gegenteil. Ich bin bereit, große Kompromisse einzugehen. »Eines muss ich vernachlässigen: dich oder *pardon*«, schreibe ich. Und ich ziehe den Schluss: »Ich möchte keine Karriere machen, die unsere Beziehung belastet.«

Bruno, dem begeisterten Leser von *Hara-Kiri* (dem französischen Pendant zu *pardon*), passt plötzlich die ganze Richtung bei *pardon* nicht, die doch im Vergleich zu *Hara-Kiri* erheblich harmloser ist. Er unterstellt *pardon*, nicht ganz zu unrecht, eine »libertinäre Atmosphäre mit Sex und Pornografie«. Gleichzeitig sieht er für sich keine Möglichkeit, jetzt nach Deutschland zu ziehen. Also beschließen wir bereits Ende Februar, nur zwei Monate nach meinem Antritt in Frankfurt, dass ich im Sommer nach Paris ziehen werde. Erneut beginne ich mit der Suche nach einer Stelle und Kontakten, sage aber bei *pardon* noch nichts. Schon im März treffe ich in Paris den Leiter des ARD-Studios, Ernst Weisenfeld, der ab Herbst mein bester Auftraggeber werden wird.

Bei *pardon* gebe ich weiterhin mein Bestes, arbeite Tag und Nacht: Ich treffe US-Deserteure aus Vietnam, esse auf revanchistischen Vertriebenentreffen Streuselkuchen und gehe mit der Heilsarmee in Frankfurt auf den Strich. Gleichzeitig suche ich Arbeit in Paris, hole mir bei den großen deutschen Zeitschriften Körbe (weil sie die Korrespondenten prinzipiell nur vom Mutterhaus aus ins Ausland schicken) und knüpfe Kontakte für freie Mitarbeit.

Der Druck auf mich ist groß, von allen Seiten. Und ich kaufe mir jetzt am Kiosk vor dem Haus Tafeln Schokolade, die ich, angekommen im dritten Stock, schon aufgegessen habe. Das ist ungewöhnlich für mich.

Im April verliert de Gaulle das Referendum, Pompidou wird sein Nachfolger. An der Frankfurter Uni liefern sich die Studenten Schlägereien mit »den Bullen«. In Vietnam ziehen sich die Amerikaner zurück, die Weltmacht hat die Schlacht gegen die Guerillakämpfer vom Vietkong verloren. Und in Deutschland wird die SPD im September erstmals auf 43 Prozent kommen (CDU/CSU 46). Laut Wahlanalyse verdanken die Sozialdemokraten das der nun wählenden Frauenmehrheit. Willy Brandt wird Kanzler. Doch gedankt wird es den Frauen nicht: Von 518 Abgeordneten sind nur 34 weiblich, also knappe sieben Prozent.

Anfang Juni kündige ich bei *pardon* und sage, dass ich in Paris als Korrespondentin arbeiten – und heiraten werde. Was ein bisschen ein Vorwand ist, gleichzeitig aber ernst gemeint. Am nächsten Tag bringen die Kollegen Wein mit und stoßen mit mir auf meine Zukunft an. Einer der Zeichner skizziert mich als Wölfin mit zwei Babys an den vielen Zitzen (nach der Legende von Romulus und

Remus, den Gründern Roms). Das kränkt mich. Aber ich sage nichts. Doch immerhin: Nikel findet es gut, dass ich auch von Paris aus für *pardon* schreiben will. An Themen mangelt es nicht.

Meine letzte große Recherche für *pardon* ist das Solidaritäts-»Knast-Camp« der APO für Reinhard Wetter im fränkischen Ebrach. Der Student sitzt dort für acht Monate ein, weil er in München aufmüpfige Flugblätter verteilt hatte und schwarzgefahren war. Und die »Münchner Genossen« hatten bei *pardon* angefragt: »Könnt ihr uns nicht publizistisch unterstützen?« Wir können. Ich werde hingeschickt.

Ich treffe einen Tag vor den Genossen ein. Die hatten inzwischen im benachbarten Bamberg das Landratsamt »gestürmt« und Chaos verursacht. Was Ministerpräsident Franz Josef Strauß zu dem Spruch verleitete, dass sie sich »wie Tiere benehmen«. Und die Lokalpresse titelt: »Ratten ließen grüßen«. Entsprechend ist die Stimmung in Ebrach.

Ich miete mich in einer Pension ein. Und beim Abendessen in der Kneipe sitzen die vom Landesvater Strauß und von den Boulevardmedien aufgewiegelten, angereisten Holzhacker direkt am Nebentisch. Es sind drei, vier Dutzend, aus der ganzen Region. Und sie wollen es »diesen Ratten« mal zeigen. Die Sache hört sich ernst an. Am nächsten Tag gehe ich der bunten Truppe, zusammen mit dem Fotografen, entgegen, um die aus den Metropolen angerückten APO-Aktivisten zu warnen. In der ersten Reihe: der so kreative und witzige Fritz Teufel von der »Spaßguerilla«. Aber aus dem »Berlin-Block« schallt es mir entgegen: »Ey, ihr Scheißtypen von der Presse. Spuckt erst mal Kohle aus – oder verschwindet. Aber dalli.« So war das Verhältnis damals zwischen den »wahren Revolutionären« und ihren medialen Sympathisanten.

Angekommen im Ort bläst sich die Protest-Guerilla so richtig auf und scheint das Kräfteverhältnis zwischen sich und den Gegendemonstranten nicht ganz realistisch einzuschätzen. Bei den Zusammenstößen gerate ich prompt zwischen die Fronten, ein Polizist in Uniform und ein Ziviler spielen Pingpong mit mir, und dem Fotografen wird die Kamera aus der Hand geschlagen.

Die Nacht verbringt das »Knast-Camp« im benachbarten Wald, wo die etwa hundert angereisten Langhaarigen rund um die Uhr von den »Bullen« – nein, nicht etwa verprügelt, sondern beschützt werden. Es hätte sonst wohl Tote gegeben. Denn hinter jedem Baum lauert in dieser Nacht ein Holzhackerbub, entschlossen, es den »APO-Ratten« mal so richtig zu besorgen.

Diese deprimierende Ähnlichkeit zwischen linkem und rechtem Protest werde ich später in Paris und Berlin noch öfter erleben. Und auch die heikle Lage einer Journalistin zwischen den Fronten.

Meine Erfahrungen in Ebrach verarbeitet *pardon*-Redakteur Peter Knorr (der später zusammen mit Gernhardt die Texte für Otto schreiben wird) nach meinem Abgang nach Paris zu einem Bericht, Tenor: »Eine politisch unreflektierte Solidaritätskampagne«. Ebendieser nette Knorr hatte wenige Tage zuvor auf meinem letzten *pardon*-Fest einen ganz bemerkenswerten Satz zu mir gesagt. Es ist schon spät, und er hat auch reichlich getrunken. Da beugt er sich zu mir und sagt: »Du bist ja eigentlich ganz nett. Nur schade, dass du frigide bist.« – Mir verschlägt es die Sprache. Ich muss mir diesen Ruf wohl erworben haben, weil ich mit keinem von den *pardon*-Jungs im Bett war.

Beim französischen Konsulat kümmere ich mich inzwischen um die Heiratspapiere und habe die frohe Nachricht für Bruno, dass auch er als Mann, ganz wie ich, ab dem 1.1.1970 bei Eheschließung die doppelte Staatsangehörigkeit beantragen kann: »Dank der Emanzipation der Frauen«, kommentiere ich.

Und ich schlage auch gleich vor: »Ich möchte auf jeden Fall meinen Namen behalten! Wir könnten doch beim Straßburger Gerichtshof für Menschenrechte eine Klage einreichen. Für das Recht von Frauen auf ihren eigenen Namen. Was meinst du?« – Bruno, der Völkerrechtler, findet das interessant.

Auf seine Sorgen – noch keine Stelle, noch keine Wohnung – erwidere ich: »Ich lese gerade die Briefe von Rosa Luxemburg aus dem Gefängnis an die Frau von Liebknecht. Sie sind so gelassen und zärtlich … Du weißt ja, Luxemburg wurde zwei Jahre später ermordet. – Also, dagegen sind unsere Probleme doch wirklich nicht der Rede wert.« Ich scheine in einer wahrhaft heroischen Stimmung zu sein. Es ist eine Zeit des vielfachen Aufbruchs: mein Beruf, '68, die Frauen …

Dennoch, jetzt wird es ernst. Also notiere ich für Bruno am 22. Juni ein paar grundsätzliche Worte, wie ich mir ein Zusammenleben vorstelle. »Ich liebe dich und habe volles Vertrauen zu dir. »Denn du wirst sicherlich nie versuchen, mich zu reglementieren.« Obwohl er doch genau das in den vergangenen Monaten versucht hatte. Und ich fahre fort: »Wir werden uns so respektieren, wie wir sind, nicht wahr? Im Guten wie im Bösen. Und was schlecht ist, werden wir zu ändern versuchen. Aber wir werden niemals versuchen, den anderen zu besitzen. Man muss sich in Freiheit lieben. Sonst ist es der Anfang vom Ende.« – So denke ich noch heute, würde es aber vermutlich etwas weniger heroisch formulieren.

Am 21. Juli betritt Neil Armstrong als erster Mensch den Mond und spricht: »Ein kleiner Schritt für einen Menschen, ein großer für die Menschheit.« – Und ich? Ich packe meine Koffer für Paris. Mal wieder.

Mit Robert Gernhardt im
Club Méditerranée, 1969

1
Im *pardon*-Team.
Hinter mir
Gerhard Kromschröd
re. Peter Knorr,
1969
2
Mit Bruno, 1969
3
Mit Gernhardt
auf dem Kamel
4
Mit Udo Jürgens
im Club Med
(in *pardon*)

1969/1974
Korrespondentin in Paris
Und Pionierin der Frauenbewegung

Als ich jüngst mal wieder die Nase in diesen Hinterhof in der Rue du dessous des Berges 115 gesteckt habe (was »hinter der Uferböschung« heißt), ganz dicht an der Seine – da, wo sie nicht mehr ganz so romantisch ist und heute die von Mitterand initiierte »Bibliothèque Nationale« steht –, da habe ich mich doch ein wenig gewundert. Gewundert darüber, wie wohlgemut und entschlossen wir dort 1969 gestartet sind.

Wir logierten am Ende eines Hofes mit zweistöckigen Backsteingebäuden in einer ausgebauten Garage. Einzige Lichtquelle war die verglaste Vorderfront, vor die abends eine eiserne, scheppernde Rolllade gezogen wurde. Mein Arbeitstisch war der rot angestrichene Schülerschreibtisch von Bruno. Doch komisch, ich erinnere mich vor allem an den Rosenstock, den wir rot blühend auf dem Blumenmarkt auf der Ile de la Cité erstanden hatten und um den uns alle im Hinterhof beneideten.

Ein Jahr später dann der Umzug in die Rue d'Alesia 141, in mein geliebtes Montparnasse-Viertel. Die drei gleich großen Zimmer im zweiten Stock teilen wir gleich auf: er ein Zimmer mit Schreibtisch und Bett für zwei, ich ein Zimmer mit Schreibtisch und Bett für zwei, in der Mitte der Gemeinschaftsraum mit Eckbank sowie zwei Böcken mit einer riesigen Tischplatte, an der ebenso gut zwei wie 20 sitzen können (und sitzen werden).

Der nächste Markt ist gleich um die Ecke, mein Stammcafé, das *Select*, eine Viertelstunde zu Fuß, die nächste Metrostation fünf Minuten zu Fuß und der Bus hält direkt vor unserer Tür. Den nehmen übrigens nicht nur wir, den nimmt auch der Hund unserer Concièrge. Fifi ist eine etwa 60 Zentimeter lange, 40 Zentimeter hohe schwarz-weiße Promenadenmischung und sitzt in der Regel auf der breiten Fensterbank der Parterrewohnung, auf die auch Madame sich so gerne aufstützt. Doch wenn Fifi sich langweilt, fährt er Bus. Er steigt, wie alle, vorne beim Fahrer ein, fährt zwei Stationen bis zur nächsten Kreuzung und steigt dort um in den Bus Richtung Denfert-Rochereau, wo er nach drei Stationen an dem kleinen Park aussteigt. Zurück benutzt Fifi dieselben Buslinien. Alles ohne Ticket. Wir staunen. Madame findet das selbstverständlich.

Doch was ist eigentlich mit unserer Heirat? Zunächst sind die Papiere nicht vollständig, also wird die hehre Absicht verschoben. Dann gerät das Ganze in Vergessenheit. Heiraten scheint uns inzwischen ganz und gar überflüssig. Es ist einfach nicht die Zeit für so was. Aber wir schließen einen Pakt: Ich bleibe fünf Jahre in Frankreich, dann kommt Bruno mit mir fünf Jahre nach Deutschland, danach werden wir sehen ...

Bruno findet erst einen Job und dann auch irgendwann eine Stelle bei der Stadtverwaltung von Paris. Die gefällt ihm allerdings nicht so richtig, er findet die Arbeit »sehr bürokratisch«. Seine beiden Doktorarbeiten bricht er ab. Es ist ihm einfach zu viel neben einer vollen Stelle, und das Staatsexamen hat er ja. Und ich? Ich stürze mich mit Verve in die Stadt und in die Arbeit.

Die späten 1960er-, frühen 1970er-Jahre sind eine besonders spannende und kreative Phase in Frankreich. Alles ist im Aufbruch. Der 68er-Protest hat nicht nur die StudentInnen ergriffen, sondern auch Arbeiter, Angestellte, Hausfrauen. Das Infragestellen des maroden Systems hat alles erschüttert, und durch die Risse schimmert die Verheißung einer neuen Welt.

Genau das interessiert mich und genau das liegt in dieser Zeit in der Berichterstattung der etablierten Korrespondenten brach. Die beschäftigen sich vorrangig mit der Politik im Élysée-Palast oder mit Modenschauen. Ich kann also endlich meine politischen Überzeugungen und meinen Beruf in Einklang bringen! Ich gehe in die Nissenhütten der Wellblechstädte im »roten Gürtel« von Paris, wo die Ärmsten der Armen beginnen, sich zur Wehr zu setzen (und wo ich bei einer portugiesischen Familie den besten Stockfisch meines Lebens esse). Ich verfolge die Arbeitskämpfe in den Fabriken und Bergwerken. Ich interviewe die Black Panther auf Paris-Trip und Jean-Paul Sartre an der Seite der agitierenden Maoisten.

Doch ich spreche auch mit dem Modeschöpfer Courrèges, der »die Frauen von ihrem jahrtausendealten Panzer befreien« will und sie in flachen Stiefeln und uniformartigen, kniekurzen weißen Kleidern ins All zu schicken scheint. Ich berichte über die zweifelhaften Machenschaften von Alain Delon, dessen zwei jugoslawische Leibwächter kurz hintereinander zu Tode gekommen waren und von dessen Mitschuld die Polizei überzeugt schien, ihn aber nicht zu fassen kriegt. Ich frage mich, woher sie eigentlich kommen, die damals bei den demonstrierenden Studenten so verhassten »Bullen«, und das Ergebnis meiner Recherche lautet: aus der Provinz und ärmsten Verhältnissen. Und ich analysiere die Gründe, aus denen ein vom Land in die Stadt gezogenes junges Paar Kindstötung für eine Art verlängerter Abtreibung hält und warum man in ihrem Vorgarten die Skelette von vier Neugeborenen findet.

Oder ich porträtiere den Dompteur Pablo, der im Pariser Winterzirkus großes Aufsehen erregt mit einer Löwen-Nummer, die nicht auf Angst, sondern auf Liebe basiert. Für Pablo lasse ich beinahe mein Leben. Und das kommt so: In der Manege tritt der Dompteur mit *La Belle*, seiner Löwin, aneinander gefesselt auf, Höhepunkt: Er teilt sich mit der Schönen ein Steak, das sie ihm behutsam von den Lippen zupft. Ich frage mich, wie das möglich ist, und besuche die beiden zu Hause. Der Mann und die Löwin leben bei Paris zusammen in einem bescheidenen Einfamilienhaus an der Marne, der kleine Garten ist hoch umzäunt.

Pablo und ich, wir sind uns spontan sympathisch, und er erzählt mir einen Nachmittag lang von seinem Leben vor und mit *La Belle*. Schon sein Vater war Dompteur, und als Zigeuner hatte er, noch fast ein Kind, nur knapp das KZ überlebt. Nach Jahren des Rückzugs vom Zirkus schenkt sein Exzirkusdirektor ihm die sechs Monate alte *Belle*, eine Enkelin des so dekorativ brüllenden Metro-Goldwyn-Mayer-Löwen. Pablo verlässt sein kleinbürgerliches Leben inklusive Ehefrau und zieht mit La Belle in das Häuschen, wo die inzwischen ausgewachsene Löwin in Garten und Haus frei lebt, ja, er sogar die riesige Matratze auf dem Boden mit ihr teilt (ganz wie die Katzenfreunde mit ihrer Hauskatze).

Es ist ein schöner Sommertag. Und während Pablo mir das alles erzählt, sitzen wir auf der erhöhten Terrasse. Etwa zehn Meter entfernt hockt *La Belle*, die Schöne, in dem für sie eher ungewohnten Käfig und schaut zu uns rüber. Nach rund zwei Stunden fragt Pablo: »Soll ich sie mal rauslassen?« Und ich, die ich mit Tieren aufgewachsen bin und jedem Bernhardiner ins Maul fasse, antworte großspurig: »Na klar!«

Pablo öffnet den Käfig – und *La Belle* kommt sehr langsamen Schrittes raus. Ohne den Blick auch nur eine Sekunde von mir zu wenden, schreitet sie auf mich zu … Da begreife ich, dass sie eifersüchtig ist. Ich springe mit einem Satz ins Haus und knalle die Türe hinter mir zu. Pablo sieht das später genau so und sagt: »Pardon, das hatte ich nicht bedacht. Aber gut, dass du gleich verstanden hast.« Ja, gut, dass ich gleich verstanden habe.

Meine Artikel, die ich weiterhin auf meiner hellblauen Reiseschreibmaschine, Modell Baby Brother, hämmere, verkaufe ich möglichst mehrfach. Ich muss ja leben. Sie werden in *pardon* und nun auch in *konkret* veröffentlicht oder in der *Frankfurter Rundschau* und im *Kölner Stadt-Anzeiger*, manchmal auch im *Stern* oder *Spiegel;* und bei Relevanz sehr bald ebenso in liberalen und linken Blättern in Österreich und Holland. Doch am meisten arbeite ich in diesen Jahren für das WDR/ARD-Studio in der Rue du Colisée, einer Nebenstraße der Champs-Élysées. Das wird geleitet von dem schon erwähnten Ernst Weisenfeld, einem politisch eher liberalen Herrn, der jedoch offen für meine »linken« Themen ist.

Funk und Fernsehen sind neu für mich und machen mir Spaß. Vor allem das Medium Funk, das so direkt und lebendig ist. Es ist Learning by Doing. Doch als ich zum ersten Mal meine Stimme über den Äther höre, bin ich entsetzt. So hell und piepsig hatte ich mir meine Tonlage nicht vorgestellt … Also drücke ich von nun an bewusst die Stimme ein paar Stufen runter – und da ist sie geblieben.

Auch kleinere TV-Beiträge mache ich nun, für Polit- wie Kulturmagazine. Dabei scheint mir jedoch der Aufwand in keinem Verhältnis zum Resultat zu stehen, die langen Drehtage lohnen sich publizistisch kaum für die Fünf-Minuten-Sendungen. Hinzu kommt, dass das Fernsehen in der Zeit noch eine echte Men's

World ist. Bei den Dreharbeiten lässt das Männerteam beim Flippern in den Pausen seine Autorin gerne ganz links liegen.

Eine meiner ersten Recherchen führt mich im Herbst 1969 zu *Hara-Kiri*, dem bereits erwähnten Pariser Pendant von *pardon*. Die Franzosen sind weitaus anarchischer und unangepasster als ihre Frankfurter Kollegen und seit den 68ern eine wahre Institution in Paris. Dabei verstehen sie sich selbst so gar nicht als 68er. Die demonstrierenden Studenten sind den Jungs von *Hara-Kiri*, die überwiegend aus (sub)proletarischen Verhältnissen kommen, viel zu »bürgerlich«. Bei ihnen herrscht Anarchie pur. Dennoch liegt die ansonsten zersplitterte Linke den Herren des schwarzen Humors geschlossen zu Füßen, und die so undogmatische, schnoddrige *Hara-Kiri* (Untertitel: »bête et méchant«: dumm und böse) gibt in der Szene den Ton an. Je öfter das Blatt zensiert oder gar verboten wird, umso größer werden Auflagen und Nimbus.

Ich belasse es nicht bei meinem Bericht über *Hara-Kiri* in *pardon*, sondern freunde mich an mit den Kollegen. Von nun an bin ich so manches Mal bei den Abendessen am Mittwoch nach Redaktionsschluss dabei. Und in der exklusiven Männerrunde entdecke ich bald auch eine Frau: die in Paris lebende Deutsche Sonja Hopf, die einzige Frau, die je als Zeichner*in* bei der Bande mitgemacht hat. Sie wird meine beste Freundin werden (und Jahre später das Layout für die erste EMMA entwerfen).

Ganz besonders ans Herz wächst mir, neben Chefredakteur Cavanna, Jean-Marc Reiser, der so humane wie sarkastische und kreativste Zeichner von *Hara-Kiri*. Er hatte, wie die meisten, ein sehr schweres Leben. Was dazu beiträgt, dass *Hara-Kiri* zwar scharfsichtig und hart drauf ist, aber gleichzeitig ein sensibles Sensorium für falsche oder gar zynische und arrogante Töne hat. Die Bande von *Hara-Kiri* hat zwar eine große Klappe, aber auch ein großes Herz.

Gerade die Bücher von Reiser, finde ich, müssten doch auch in Deutschland erscheinen! Am 24. März 1970 steigen wir, *Hara-Kiri*-Verleger Georges Bernier und ich, ins Flugzeug nach Hamburg. Der Chefredakteur von *konkret*, Klaus Rainer Röhl, war der

Einzige, der Interesse bekundet hatte. Bernier, ein gestandener Mann und Exfremdenlegionär in Indochina, hatte mich regelrecht angefleht, mitzukommen. Er scheute es tatsächlich, allein nach Deutschland zu fahren. Zu der Zeit war die französische Anspannung mit Deutschland eben noch sehr präsent.

In Hamburg gelandet, laufen wir in der *konkret*-Redaktion auf, unweit vom Jungfernstieg. Man lässt uns ein wenig warten – und dann betritt Röhl den Raum: in Reitstiefeln und Pelzmantel. Reiser hätte seine helle Freude gehabt an diesem Zuhälter-Auftritt und darüber sicherlich eine seiner bösesten Karikaturen gefertigt. Allerdings ist der Mann schon real eine wahre Karikatur. Das Gespräch ist kurz, beide Seiten begreifen rasch, dass sie wenig miteinander zu tun haben. Es wird noch elf Jahre dauern, bis das erste Buch von Reiser auf Deutsch erscheint, in der Schweiz.

Wieder in Paris, genieße ich weiterhin die Mittwochabende mit der Bande. Unvergesslich der Auftritt der glühenden Maoistin, die zu *Hara-Kiri* kommt, um die Redaktion von ihrer guten Sache zu überzeugen. Sie ist, zur Freude der Mecs (Macker), wie wir Frauen die *Hara-Kiri*-Truppe nennen, sehr attraktiv mit ihren langen Beinen und ihrer roten Mähne – und sie ist sehr gläubig. Vor unseren Nasen schwenkt sie die kleine rote Mao-Bibel und erzählt wundersame Anekdoten aus dem Reich der Mitte, in dem die Sonne nie untergeht und ein Fischerboot einen amerikanischen Kreuzer zur Umkehr bekehrt, nur durch das Schwenken der famosen Mao-Bibel. Wir lachen uns noch Stunden später kaputt über diese Geschichte.

Es sind verrückte Zeiten. Und ich schwanke zwischen journalistischem Engagement für die Sache der Entrechteten einerseits – und Kopfschütteln über die Gläubigkeit der neuen politischen Sekten andererseits. Bruno teilt mit mir den ironischen Abstand zum politischen Dogmatismus.

In Sachen Arbeitskämpfe bin ich inzwischen Spezialistin, vom Autohersteller *Renault* bis zum Uhrenproduzenten *Lips*. Politik wie Wirtschaft sind ernsthaft beunruhigt. Denn die spontanen

Streiks, bei denen die traditionellen Gewerkschaften außen vor sind, die Linken jedoch ordentlich mitmischen, nehmen immer militantere Formen an. Und die nach dem maoistischen Modell in den Fabriken jobbenden »Arbeiter-Intellektuellen« von der *Gauche Proletarienne* (Proletarische Linke), die den Hörsaal mit der Werkshalle vertauscht haben, schüren das Feuer.

Wilde Streiks sind an der Tagesordnung. Und jetzt gehen die ausgebeuteten und schikanierten Arbeiter und Arbeiterinnen sogar so weit, die Fabriken zu »besetzen« und ihre Chefs auf Zeit zu »sekestrieren«; das heißt, sie in der Fabrik so lange festzuhalten, bis ihre Forderungen erfüllt sind.

La Grande Nation ist alarmiert. Droht ein zweiter Barrikaden-Mai – aber diesmal nicht nur im Quartier Latin und an den Unis, sondern auch in den Vorstädten und Fabriken? Als die Proteste im Mai 1970 erneut eskalieren, schlägt die inzwischen hochgerüstete Polizei hart zu. Die mit dem Schlachtruf »CRS SS« von Demonstranten gerne provozierten paramilitärischen Sondereinheiten CRS knüppeln die Protestierenden über die Boulevards und verhaften Hunderte.

Der harte Kern landet vor dem Cour de Cassation, dem Sondergerichtshof; allen voran der böse Bube vom Dienst, Alain Geismar, Student und Maoisten-Führer. Der erklärt allen Ernstes vor Gericht: »750 Millionen Chinesen beweisen, dass man mit Begeisterung in Freiheit leben kann.« (Wie sehr er sich da irrte, sollte sich erst später herausstellen.) Und der brillante Maitre Leclerc verteidigt Geismar. Er tut das im Land der siegreichen Revolution in der J'accuse!-Attitüde: Ich klage an! Der Anwalt funktioniert den politischen Prozess um in ein politisches Tribunal. Ich berichte.

Doch anscheinend werden meine Berichte nicht nur von interessierten LeserInnen und HörerInnen zur Kenntnis genommen, sondern auch von den Geheimdiensten. Im Sommer 1970 schreibt mir ein Herr Pietschmann aus Dresden. Er sei Journalist und hätte demnächst in Paris zu tun. Ob er mich nicht mal treffen könne. Warum nicht. Nach meiner Antwort meldet er sich erneut. Er könne nicht nach Paris kommen, ob man sich nicht in Straßburg treffen könne. Ich schreibe höflich, aber bestimmt, ich plante zurzeit keine Reise nach Straßburg. Nun kommt der dritte Brief: Es solle auch mein Schaden nicht sein … Was ich bereits geahnt hatte, wird zur Gewissheit: Die Stasi will mich anheuern. Sie hat anscheinend etwas missverstanden. Doch sollte das nicht meine letzte Erfahrung mit einem Geheimdienst bleiben …

Im Herbst 1970 bekomme ich einen Interviewtermin zu der Frage der »revolutionären Gewalt« mit dem neben Herbert Marcuse angesagtesten Vordenker der westlichen Linken: mit Jean-Paul Sartre. Ich war ihm zwei-, dreimal begegnet. Beim Streik vor den Toren von Renault, wo der kleine Mann auf eine rostige Tonne geklettert war, um sich Gehör zu verschaffen; und auch beim Pariser Sondergerichtshof, wo der »Weggefährte« der Maoisten als Zeuge aussagte. So spontan, wie ich Sartre um ein Interview gebeten hatte, so spontan hatte er zugesagt.

Da sitze ich jetzt also in seiner auffallend karg eingerichteten Ein-Zimmer-Wohnung am Boulevard Raspail und spreche mit dem Philosophen über die Legitimität der »revolutionären Gewalt« und die »Zukunft der Revolution«. Er hat mir 30 Minuten gewährt. Nach etwa 20 Minuten dreht sich ein Schlüssel im Schloss – und wer betritt die Wohnung? Simone de Beauvoir! Sie wirft einen flüchtigen Blick auf mich und sagt in eisigem Ton: »Sartre, Sie haben doch nicht etwa vergessen, dass wir gleich eine Pressekonferenz haben?!« Sodann setzt sie sich an seinen Schreibtisch und liest, mit dem Rücken zu uns.

Simone de Beauvoir. Die Autorin vom »Anderen Geschlecht«, diesem Werk, das ich bis heute für die umfassendste Analyse des Feminismus halte. In Person. Das wiegt ja noch unendlich schwerer als Sartre! Und ich? Eine 28-jährige Blondine, die in einem sehr hochgerutschten sommerlichen Minikleid mit bloßen Beinen vor Sartre sitzt (Kleid: Dorothée Bis). Was soll sie nur denken? Klar, was sie denkt! Da hat der alte Trottel sich mal wieder von einem Mädchen zu einem Treffen beschwatzen lassen. – Ich leide Höllenqualen, führe aber das Interview zu Ende, Punkt für Punkt.

Als wir uns schließlich zu dritt in den kleinen Aufzug quetschen, wage ich den hilflosen Versuch, mit Beauvoir Konversation zu machen. Vergebens. Sie lässt mich kühl abblitzen und schweigt. – Damals konnte ich nicht ahnen, dass ich zwei Jahre später mit ihr befreundet sein würde. Und mit ihm nicht minder.

Der Spiegel möchte unbedingt mein Interview mit Sartre bringen. Zu meiner Freude. Aber Sartres Sekretär Puig ist strikt dagegen. Sartre hat gerade Knatsch mit dem *Spiegel*. Zu meinem Kummer. Also landet die Erstveröffentlichung mal wieder in *pardon*. Doch zahlreiche politische Magazine drucken weltweit nach. Ich erweitere meine Kontakte.

Eine andere, mir bis heute unvergessliche Szene muss sich in diesen Wochen abgespielt haben. Ich ziehe mein geliebtes Minikleid aus London an – blau, lange Ärmel, hochgeknöpft, glatt fallend, aber nur bis zum halben Oberschenkel, dazu Sandalen – und verlasse das Haus für einen Termin. Doch ich komme nur bis zur nächsten Ecke der Rue d'Alesia. Da ist eine Baustelle ... und schon geht das Gejohle der Bauarbeiter los. Ich drehe auf dem Absatz um, stapfe die zwei Etagen wieder hoch und ziehe mich um – und das Kleid nie mehr an. Zumindest in Paris nicht.

Irgendwann in diesen Monaten habe ich eine historisch wahrhaft denkwürdige Begegnung. Aus der spanischen Anarchisten-Community, die zahlreich ist im Exil in Paris, höre ich das Gerücht, die Mutter des Mörders von Trotzki lebe wieder in Paris. Caridad Mercader galt als die eigentliche Anstifterin der Ermordung des Stalin-Gegners. Die spanische Kommunistin war im Moskauer Exil Agentin des sowjetischen Geheimdienstes NKWD geworden. Und Stalin persönlich hatte den Auftrag zur Ermordung seines Rivalen gegeben, der in Mexiko-Stadt im Exil lebte.

Ihr Sohn Ramon hatte es geschafft, sich über eine Geliebte im Hause Trotzki einzuschleichen. Dort führte er am 20. August 1940 die tödlichen Hiebe mit dem Eispickel aus – währenddessen wartete seine Mutter im Auto mit laufendem Motor vor dem Haus. Beide, Mutter und Sohn, wurden später in Moskau als

»Helden der Sowjetunion« gefeiert. Doch Caridad Mercader blieb die Kluft zwischen ihren kommunistischen Idealen und dem Terror-Regime Stalins auf Dauer nicht verborgen. Als sie erkannte, wofür sie gemordet hatte, fiel sie in stumme Resignation – und irgendwann in den 1950/60er-Jahren zog sie zurück nach Paris, wo sie schon auf der Flucht vor Franco gelebt hatte.

Den Tipp, wo Caridad Mercader lebt, erhalte ich von Jorge Semprun, der ja auch selber über den Fall geschrieben hat. Ich rufe sie nicht vorher an, sondern klingle direkt an der Tür der Parterrewohnung unweit vom Arc du Triomphe. Sie öffnet einen Spalt, lässt die Kette vor der Tür, zögert lange – und lässt mich schließlich rein.

Vor mir steht in ihrer kleinen, mit Möbeln und Fotos vollgepfropften Wohnung, eine Frau um die 80 mit schlohweißem Haar und einem imposanten Kopf wie in Granit geschlagen. Sie bietet mir einen Kaffee an und beginnt zögernd eine Konversation. Ich sage ihr, dass ich eine deutsche Journalistin bin und gerne mit ihr über ihr Leben reden würde. Sie reagiert reserviert. Doch dann, zu meiner unendlichen Überraschung, schlägt sie mir vor, in der nächsten Woche wiederzukommen. Ist sie einsam? Will sie reden?

Und ich? Ich bin nie mehr hingegangen. Warum? Die Geschichte wäre schließlich eine Sensation gewesen. Aber ich bin einfach zu erschüttert von diesem so leidenschaftlich geführten und so tragisch verfehlten Leben. Sicher, ich sehe, was diese Frau zu verantworten, wie viel Schuld sie auf sich geladen hat – aber ich will sie nicht verurteilen. Ich will dieses Lebensdrama nicht journalistisch ausbeuten. Caridad Mercader tut mir leid.

*

Am 1. Juni 1970 stirbt mein Großvater. Zwei Wochen zuvor war er aus dem Krankenhaus entlassen worden, wo ich wochenlang quasi täglich angerufen hatte. Aber niemand hatte mir etwas von seinem tödlichen Lungenkrebs gesagt. Das Telefon schrillt mitten in der

Nacht und meine Mutter sagt: »Du musst sofort kommen. Papa stirbt.«

Ich nehme in Orly das erste Flugzeug nach Düsseldorf – und bis heute kann ich nicht die Sonne über den Wolken aufgehen sehen, ohne in dieses bange Gefühl zurückgestoßen zu werden.

Angekommen in Wuppertal finde ich ihn im Bett vor. Er ist nicht mehr bei Bewusstsein. Ich lege mich zu ihm. Aber dann kann ich es doch nicht akzeptieren. Ich lasse ihn noch einmal ins Krankenhaus bringen, auf ein Wunder hoffend. Ganz wie damals, acht Jahre zuvor. Doch es gibt kein Wunder mehr. Nach einem Tag und einer langen Nacht stirbt er. Ich erstarre vor Schmerz.

Fast auf den Tag genau zwei Monate später, am 2. August, stirbt auch meine Großmutter. Eigentlich war sie gar nicht ernsthaft krank gewesen, eine Grippe und dann eine Embolie. Sie ist wohl gestorben, weil sie ohne ihn nicht leben konnte. Doch ich habe keine Tränen mehr. Ich hatte immer gehofft, dass sie vor ihm gehen würde – damit er noch ein paar ruhige Jahre hat. Aber wäre das wirklich in seinem Sinne gewesen?

Nach beider Tod finde ich in unserem roten Familien-Samtkasten die letzten Postkarten an seine »Liebe Grete«, geschickt aus dem Krankenhaus (wo sie ihn selbstverständlich nicht besucht hatte, weil sie ja Krankenhäuser hasste). Da klagt er nicht etwa, sondern macht sich Sorgen um seine Frau, von der er nur zu gut weiß, dass sie alleine nicht zurechtkommt. Und er verspricht: »Ich bin bald wieder zu Hause.«

Bruno steht mir bei in diesen schweren Stunden. Und mir werden die Ähnlichkeiten zwischen ihm und meinem Großvater bewusst.

*

In meinem kleinen französischen Taschenkalender mit dem schwarzen Plastikumschlag von 1970 gibt es zwei Stichworte: »Linke« und »Frauen«. Unter dem Stichwort »Frauen« stehen folgende Namen: Anne Zelensky (Tochter russischer Emigranten und Spanischprofessorin – sie wird eine gute Freundin werden), Julie Dassin (Tochter des griechischen Regisseurs und Sängerin – mit ihr werde ich viel unternehmen), Antoinette (Marseiller Fischhändlertochter und Pariser Laienanalytikerin – sie wird eine Art feministische Sekte gründen, die bis heute die Gemüter meiner feministischen Freundinnen in Paris erregt), Rachel Mizrahi (Israelin – sie wird 1982 einen Roman über das zum Militärstaat erstarrte Israel schreiben, in dem schon alles steht, was bis heute das Problem ist), Christine Delphy (Soziologin – sie wird eine Zeit lang eine politische Weggefährtin sein), Monique Bourough (Stripteasetänzerin im Crazy Horse – sie wird mir 1973 für mein Buch über Frauenarbeit eine Kollegin vermitteln), Christiane Rochefort (Schriftstellerin – sie hat neben Romanen und Drehbüchern ein Manifest zur »Befreiung der Kinder« verfasst), Margaret Stephenson (Amerikanerin – sie gründet wenig später den PHAR, die französische Homosexuellenbewegung) sowie Monique Wittig (Schriftstellerin – sie wird die international bedeutendste Theoretikerin der »Konstruktion von Weiblichkeit« werden und damit u. a. Judith Butler stark inspirieren. Und sie wird tonangebend beim Lesbianismus, der Theorie der weiblichen Homosexualität als politische Strategie). Wenig später kommen noch hinzu: Delphine Seyrig (Schauspielerin – mit ihr werde ich bis zu ihrem frühen Tod befreundet bleiben) und Annie Cohen (algerische Jüdin, Geologin und heute Schriftstellerin – sie wird eine Freundin werden).

All diese Namen stehen nebst Telefonnummern zwar auf den ersten Januar-Blättern meines Taschenkalenders, aber ich muss sie im September notiert haben. Denn erst dann sind wir uns begegnet – und erst dann ging es so richtig los mit dem MLF, dem Mouvement de Libération des Femmes (der Bewegung zur Befreiung der Frauen)! Doch schon diese Liste zeigt, wie international und farbig die frühe Pariser Frauenbewegung war.

Es muss im Frühling 1970 gewesen sein. Ich erinnere mich genau: Die Sonne scheint, aber es ist noch kalt. Ich stehe zwischen zwei Vorlesungen mit einer Kommilitonin auf dem Gelände der Fakultät, gleich neben dem Springbrunnen. Und ich sage zu ihr: »Wir müssten hier eigentlich auch so was haben, so eine Frauenbewegung. So was wie die *Dollen Minnas* in Holland oder der *Women's Lib* in Amerika!« Sie nickt.

Als ich wenig später von einer Reise nach Deutschland zurückkomme, ist es passiert! »Une bande de filles«, eine Mädchenbande, sei am 5. Mai mit Transparenten über das Gelände gezogen und hätte skandiert: »Nous sommes toutes des hysteriques!« (Wir sind alle hysterisch.) »Nous sommes toutes des mal baisées!« (Wir sind alle frigide.) Und: »A bas le pouvoir des mecs!» (Nieder mit der Macht der Macker.)

Die Reaktionen sind aufschlussreich. In der Mensa grölen Hunderte von Studenten Sprüche wie: »Und wer soll kochen?!« oder »Ausziehen!« und »Le pouvoir est au bout du phallus!« (Die Macht ist in der Spitze des Phallus – eine Anspielung auf den Mao-Slogan: Die Macht ist im Lauf der Gewehre.)

Wir sind in Vincennes am Rand von Paris, wo ich seit Herbst 1969 studiere. Endlich. Soziologie und Psychologie. Das geht, weil die »rote Fakultät« kein Abitur verlangt. Doch es geht nur Teilzeit, weil ich einen Beruf habe, der mich stark in Anspruch nimmt. Also nehme ich das Studium locker, aber das tun wir alle in dieser Zeit. In den Vorlesungen wird permanent diskutiert, davon bleibt auch der in Vincennes lehrende Michel Foucault nicht verschont. Bei ihm belege ich »Sexualität und Macht« (und werde ihn später in seiner kargen Ikea-Küche zur Anti-Psychiatrie interviewen).

Revolution steht auf der Agenda. Nur für uns Frauen, da hat sich wieder mal nicht viel geändert. Wohl auch darum sympathisiere ich zwar mit den revolutionären Gruppen, halte aber journalistische Distanz. Ich als Frau gehöre irgendwie nicht dazu. Das spüre ich.

Das muss noch vor dem Start der Frauenbewegung in Paris für mich klar gewesen sein: Diesmal berichte ich nicht nur – diesmal bin ich dabei! Der Wunsch nach Gerechtigkeit für alle Menschen ist für jemanden wie mich in dieser Zeit allgegenwärtig. Und ebenso klar ist inzwischen, dass es diese Gerechtigkeit für Frauen nicht gibt. Auch wenn es mir ganz persönlich relativ gut geht, ich einen verständnisvollen Lebensgefährten und einen aufregenden Beruf habe – ich bleibe dennoch eine Frau. Eine Frau, die in der Metro angetatscht wird; eine Frau, die im Dunkeln nicht zu Fuß nach Hause gehen kann, sondern ein Taxi nehmen muss; eine Frau, die sich in den Redaktionen gönnerhafte Blicke und Bemerkungen bieten lassen muss.

Wo aber sind sie, die aufmüpfigen Frauen? Ich suche, doch ich kriege sie nicht zu fassen. Da, in der Mai-Ausgabe des Anarchoblattes *L'Idiot international*, entdecke ich einen vierseitigen Artikel mit dem Titel: »Kampf für die Befreiung der Frau«. Hervorgehoben sind Zitate von Friedrich Engels, dem Black Panther Bobby Seale und der Presseagentur *La chine nouvelle*. Diese linken Autoritäten finden auch, dass mit den Frauen noch einiges im Argen liegt. Und die Autorinnen sind ihnen dankbar dafür. Sie schreiben an die Adresse der Frauen: »Denjenigen, die sagen: ›Ich kämpfe als Revolutionärin und nicht als Frau‹, denen antworten wir: Keine Frau steht über den anderen Frauen. Es betrifft uns alle.« Und sie schließen mit den Worten: »Alle Macht dem Volk!« Gezeichnet ist der Text mit vier Namen, darunter zweimal Wittig.

Diese allerersten neuen Feministinnen sind also noch ganz im linken Duktus gefangen, ihre Diktion ist durchgängig rechtfertigend gegenüber der Linken. Noch existiert sie nicht, die unabhängige Frauenbewegung. Doch: Das sind die Vorboten! Ich schreibe umgehend einen Brief an die vier Frauen, via *L'Idiot international* – und erhalte nie eine Antwort.

Ein paar Wochen später legt Bruno mir zufrieden lächelnd *partisans* auf den Tisch, eine Art französisches Kursbuch. Er hatte die Ausgabe in der linken Buchhandlung *Maspero* entdeckt. Auf dem Cover prangt das Frauenzeichen – der von den Amerikanerinnen eingeführte Venusspiegel –, darüber steht »Libération des femmes« und darunter »Année zero« (Das Jahr null). Ich bin elektrisiert.

Der erste Teil des Buches enthält Schlüsseltexte der amerikanischen *Women's Liberation* wie: die Definition der Frauen als Kaste (aufbauend auf der Analyse von Beauvoir), die Begründung der

Parole »Das Private ist politisch«, die Funktion des Abtreibungsverbotes – und den »Mythos vom vaginalen Orgasmus« (von Anne
Koedt). Im zweiten Teil folgen erste Texte von Französinnen, darunter »Der Mythos von der weiblichen Frigidität« (Rochefort) und
»Der Hauptfeind«, eine ökonomische Analyse der Hausarbeit von
Christine Delphy (diesen Text werde ich drei Jahre später in mein
zweites Buch, das über Frauenarbeit, aufnehmen).

Da sind sie also. Endlich! Die Feministinnen. Und das mit
Wucht. Der Stamm der Analysen der Neuen Frauenbewegung ist
hier, in der Stunde null, bereits da: die Konstruktion von Weiblichkeit, die nicht Natur ist, sondern Kultur; der strukturelle Sexismus,
der kein individuelles Problem ist, sondern ein gesellschaftliches;
die im Patriarchat für Frauen repressive Funktion von Liebe und
Sexualität; die Gratisarbeit der Frauen in Haushalt und Erziehung
sowie der Skandal des Abtreibungsverbotes. – Erneut schreibe ich
an den Verlag. Erneut erhalte ich keine Antwort.

Ende August komme ich mit Bruno aus dem Urlaub zurück –
und kann es nicht glauben. Schon wieder habe ich sie verpasst!
Diesmal waren es neun Frauen, darunter wieder diese Wittigs. Am
26. August 1970, dem Tag des vom *Women's Lib* ausgerufenen
Streiks der Amerikanerinnen, hatten sie unter dem Arc de Triomphe am »Grab des unbekannten Soldaten« einen Kranz niederge-
legt: »Für die unbekannte Frau des unbekannten Soldaten.« Sie
waren kurz verhaftet worden, doch rasch wieder freigelassen. Die
Medien berichteten. Aber – wo sind sie?

Da endlich löst sich das Rätsel. Es ist meine Freundin Sonja, die
Malerin, die eines schönen Septembertages zu mir sagt: »Alice, ich
glaube, ich habe die Frauen getroffen, die du suchst. Ich war gestern mit so einer Bande beim Bretonen. Sie haben den ganzen
Abend nur über den klitoralen Orgasmus geredet.« Beim Bretonen
im alten Montparnasse-Viertel, der mit seiner köstlichen Fischsup-
pe und den riesigen Taschenkrebsen unser aller Stammlokal war.
Ich bin erfreut, doch irritiert zugleich. Über den klitoralen Orgasmus hatte ich doch noch nie gesprochen, oder?

Ein paar Tage später nimmt Sonja mich mit zu einem Treffen. Es ist bei Cathy, in der Rue Vingetorix, gleich um die Ecke vom Bretonen. Wir erklimmen im Halbdunkeln eine knarrende, krumme Holztreppe – und da sind sie doch tatsächlich: ein rundes Dutzend Frauen, die sehr viel rauchen und sehr viel reden. Die Gastgeberin, Typ Buddha, sitzt mit verschränkten Beinen auf dem Tisch und qualmt Pfeife. Zwei andere tragen verwegene Hüte im Amazonenstil. Ob das wohl die Schwestern Wittig, Monique und Jil, sind? Ich frage die beiden Frauen am Ende des Abends – und ernte sehr mitleidige Blicke. Nein, Schwestern sind diese beiden nicht, und nur die eine ist eine Wittig. Aber was sind sie dann?

Ich war an diesem Abend zum ersten Mal einem Frauenpaar begegnet, das das von der »Bande à Wittig« proklamierte Ideal der Gleichheit, der Schwesterlichkeit, verkörperte – im Gegensatz zur Erotisierung des »Unterschieds« in der Heterosexualität. Ich verstehe noch längst nicht alles, aber ich beginne zu ahnen.

Und dann geht es los! Dieser Herbst, Winter, Frühling 1970/71 ist wie ein Rausch. Treffen in der »kleinen Gruppe« mit Anne, Monique und Christine; Vollversammlungen, Feste, Bouffes (im Restaurant oder wir kochen zusammen). Erst sind wir ein, zwei Dutzend; dann ein-, zwei-, dreihundert und bald ist das ganze Land infiziert. Nicht wir selber, nein, die Medien geben uns den Namen: *Le Mouvement de Libération des Femmes*. Der MLF ist geboren.

Ich rase jetzt quasi jeden dritten Abend los. Bruno trägt es mit Fassung. Er versteht mein Interesse. Am Anfang habe ich es meist nicht weit. Viele Treffen sind bei Monique Wittig, die bei mir gleich um die Ecke im 13. Arrondissement wohnt, zwischen reichlich indischen Tüchern und einer echten Hängematte.

Wir reden und reden, wir schreiben Flugblätter, singen Lieder, planen Aktionen. Wir fordern: Gleicher Lohn! Das Recht auf Abtreibung! Das Recht auf unseren eigenen Körper! Wir sind »gegen das Kapital und gegen das Patriarchat«. Und wir drohen mit einem »Streik im Bett«. Als eine Journalistin uns fragt, wie unsere Gruppe denn so funktioniere, da antwortet eine von uns: »Wir sind keine Organisation – wir sind ein Phänomen.«

Treffender lässt es sich nicht sagen. Noch gibt es keine Differenzen und auch keinen Schwesternstreit. Zusammen sind wir nicht nur stark, sondern auch übermütig. Hierarchieprobleme kennen wir zu der Zeit nicht beim MLF. Wir sind alle starke Persönlichkeiten und haben Spaß am Elan und der Kreativität der anderen. Doch es existierte ein eigenartiges Namensverbot: Die Aktivistinnen, die an die Öffentlichkeit gingen oder Texte schrieben, nannten jahrelang nur ihren Vornamen. Grund: Alles sollte Ausdruck eines Kollektivs der Frauen sein. Dadurch blieb der MLF lange gesichtslos.

Die radikale Linke steht unter Schock. Sie ist von diesem Phänomen, das auf Demos singt und tanzt, völlig überrascht. Nicht zuletzt, weil immer öfter auch ihre eigenen Frauen dabei sind. Die etablierte Linke, die Parti Communiste – die zu der Zeit noch von jedem dritten Franzosen gewählt wird –, lässt verlauten, wir seien »Kleinbürgerinnen auf Irrwegen« und der Kampf gegen das Abtreibungsverbot »der reine Reformismus«.

Das klang bei den Kommunisten in den 1920er-Jahren schon mal ganz anders: Da waren sie an der Seite der »Proletarierinnen«, die verzweifelt für das Recht auf Abtreibung kämpften, um nicht länger auf den Küchentischen der Engelmacherinnen verbluten zu müssen. Rosa Luxemburg allerdings war schon damals gegen das Recht auf Abtreibung, Argument: Das dezimiere die Proletarier.

Füreinander sind wir »les filles«, die Mädchen, das ist unser Sprachgebrauch. Und unser Selbstverständnis. Mädchen zwischen 18 und 60. Inzwischen haben sich auch in der Provinz MLF-Gruppen gebildet. Doch nach der Begeisterung des ersten Aufbruchs dividieren sich in Paris bald les tendances heraus, die unterschiedlichen politischen Strömungen.

Es gibt frauenbewegte Linke, für die die Sache der Frauen wichtig, aber dem Klassenkampf unterzuordnen ist; sie kommen mal aus eigener Überzeugung in den MLF, mal, weil ihre Genossen sie schicken, um die Frauen wieder auf Klassenkampflinie zu trimmen. Es gibt Reformistinnen, die es wie gewohnt »nicht so übertreiben« wollen. Es gibt Antoinettes Sekte, *Psych et Po* (Psychoanalyse und Politik), deren Ideologie ein Mix aus Lacan & Marx ist mit einem Schuss Antoinette. Und es gibt die *Feministes Revolutionnaires*, zu denen ich gehöre. Wir verstehen uns als strikte Anti-Biologistinnen, halten also nichts von einer »Natur der Frau« und sind für den freien Menschen. Wir gehen davon aus, dass die Unterdrückung der Frauen sich quer durch alle Klassen und Rassen zieht.

Ab Oktober 1970 treffen wir uns jeden zweiten Mittwochabend in der Mensa der Beaux Arts, am Ende vom Hof, im ersten Stock. Inzwischen sind wir ein paar Hundert, und bei unseren Versammlungen herrscht Anarchie pur. »Meldungen zur Geschäftsordnung«, wie ich sie später schaudernd in Deutschland kennenlernen werde, existieren bei uns nicht. Wer was zu sagen hat, sagt es laut und lauter. Und wenn das nicht genügt, steigt man auf den Tisch und versucht, die Vorrednerin zu übertönen. »Ecoutez, les filles!«

Am Ende strömen wir raus auf die Rue des Saints-Pères, Richtung Boulevard Saint Germain, wo uns die Garçons in den Brasserien, in die wir einfallen, schon fürchten gelernt haben. Kommt uns in der engen, schummrigen Straße ein Mann entgegen, kneifen wir ihm auch schon mal gut gelaunt in den Hintern. Unsere Euphorie ist groß. Die Welt steht uns offen.

Da lassen die Vereinnahmungsversuche nicht lange auf sich warten. Als Erstes reagiert die Werbung. Und es ist niemand Geringeres als Jean Luc Godard, der für die Strumpfhosenmarke DIM einen Werbefilm macht, der stark vom MLF inspiriert ist. Die Models marschieren mit großen Schritten, untergehakt in einer langen Reihe gen Horizont. Er muss uns gesehen haben, Godard, wie wir über den Boulevard Saint Germain stürmten.

Und auch die Frauenpresse reagiert prompt auf das Phänomen Frauenbewegung. Im November 1970 beruft *Elle* (die französische *Brigitte*) die »Etats généraux de la Femme« ein, anspielend auf die Stände-Versammlungen der Französischen Revolution. Der MLF lässt sich nicht lumpen. Wir sprengen die Veranstaltung auf den Champs Élysées mit Transparenten und Flugblättern und greifen nach den für *Elle* vorgesehenen Mikrofonen. Es ist die erste öffentliche Aktion, die ich mit vorbereite und bei der ich mit mache. Gerade die Frauenzeitungen habe ich schließlich schon länger auf dem Kieker.

Der Veranstaltung war eine Leserinnen-Umfrage von *Elle* vorausgegangen, Schlagzeile: »Was wollen die Frauen?« Wir vom MLF reagieren mit einem »Pressecommuniqué«, in dem wir die Motive der Umfrage analysieren. Sie sind nichts als Marktstudien für Werbung und Verkauf des Blattes. Wir benennen den Zynismus, dass da genau diese Art von Frauenzeitschrift, die die Frauen zu »Frauen« dressiert, nun so tut, als wollten sie die Frauen befreien. Der MLF postuliert: »*Die* Frau existiert nicht. Sie ist eine Kreation des Patriarchats mit dem Ziel, die Frauen platt zu machen!« Und wir sparen auch nicht mit Spott über den *Elle*-Fragebogen. Unsere eigenen, satirischen Fragen lauten:

Eine Frau, die keine echte Frau ist, ist wie:
– ein Schwarzer, der kein echter Boy ist
– ein Jude, der nicht wirklich dreckig ist
– ein Vietnamese, der nicht ganz tot ist
Oder:
Eine Feministin ist:
– schizophren
– hysterisch
– paranoid
– homosexuell
– oder einfach bösartig

Die Medien kommen nicht umhin zu berichten. Der MLF ist schlicht spektakulär. Zu unseren Treffen in den Beaux Arts drängen immer mehr Frauen. Wir fangen an, von einer eigenen Zeitung zu reden. Noch im Dezember 1970 erscheint die erste Nummer bzw. die halb vom MLF gestaltete Ausgabe des *L'Idiot Internatio-nal*. Im Jahr darauf erscheint *Le torchon brule* (frei übersetzt: Der Haussegen hängt schief) als eigenständige Zeitschrift. Es ist ein DIN-A3-formatiges Blatt mit Texten, Fotos, Zeichnungen und Gedichten. Die Zeitschrift wird zwei, drei Jahre lang erscheinen. Zum Muttertag 1971 machen wir eine Extra-Beilage: »Ruh dich gut aus heute, Mama, denn morgen geht alles weiter wie gehabt.«

In der ersten Ausgabe von *Le torchon brule* steht ein programmatisches Gedicht:

Ich möchte keine Frau sein
Ich möchte sein.
Im Klassenkampf
Mit den garçons manqués
Und den artigen kleinen Mädchen
Und den Wachspuppen
Und den Weibchen und Kindfrauen
Den Amazonen und Guerilleras
Den empörten Müttern und den femmes fatales
Den Musen und den Modellen
In dieser verstaubten Galerie
Weigere ich mich, dich zu erkennen
Dich
Ich möchte mit Dir sein
Wie heißt es in dem Lied?
Lasst mich dieses unbekannte Bild sehen
Von mir selbst: Wie ich dir gleiche!

Das feministische Ideal der Gleichheit und Schwesterlichkeit ist lanciert.

Eines Abends übersetzt eine von uns in einer meiner zahlreichen Arbeitsgruppen, nämlich der über Hausarbeit, ein Flugblatt aus Amerika. Darin werden die zehn klassischen Antworten aufgezählt, die Männer so geben, wenn sie sich vor der Hausarbeit drücken wollen: »Stör mich nicht – Mach ich nachher – Sei doch nicht immer so pingelig« etc. Ich bin platt. Das sind doch genau die Sätze, die ich in der Rue d'Alesia 141 zu hören kriege. Dabei dachte ich immer, Bruno sei eine Ausnahme …

Beim Frühstück lege ich ihm das Corpus Delicti vor die Nase. Und ich schlage vor: Wir machen ab jetzt alternierend je eine »Frauenwoche« und eine »Männerwoche«. In der Frauenwoche hat man die Verantwortung, darf aber an den anderen delegieren. In der Männerwoche ist es umgekehrt. – Bruno fällt kein schlagendes Argument dagegen ein. Wir starten.

Ich habe es mit diesem netten Mann nicht leicht. Denn niemals, niemals würde dieser Mann Sätze sagen wie: »Das mache ich nicht, das ist Frauensache.« Oder: »Das kann ich nicht, das ist doch nichts für Männer.« Im Gegenteil. Ich hasse Bügeln. Er bügelt. Ich hasse Nähen. Er näht. Aber … es gibt doch zu vieles, was er »nicht kann« bzw. was sehr lange dauert bzw. was er vergisst. Den Einkauf machen wir meistens zusammen, das ist in Frankreich auf den Wochenmärkten und in den kleinen Geschäften ja eher ein Vergnügen, und wir kochen auch gemeinsam. Kochen lerne ich überhaupt erst von Bruno, der es wiederum bei seiner Mutter abgeguckt hat. Einmal kommt Bruno vom Waschsalon zurück und sagt: »Tut mir leid, Alice – aber ich kann da nicht mehr hingehen.« Warum? »Da sind nur Frauen. Ich war der einzige Mann.« Das verstehe ich. Also ist der Waschsalon wieder meine Sache (nicht zuletzt am Waschsalon sehen wir, wie viel sich seither geändert hat).

Und da gibt es noch etwas. Das Kind. Die zukünftige Tochter, die wir beide irgendwie für selbstverständlich halten. Ich habe sogar schon einen Namen (einen von den alttestamentarischen, die heute wieder so in Mode sind) und Pläne: zweisprachig aufziehen, auf die Odenwaldschule schicken etc., etc. (Das arme verplante Kind …) Aber dann sehe ich, wie unendlich schwer es selbst die Mütter unter meinen feministischen Freundinnen haben, wo die Männer wirklich gute Väter sind. Zum Beispiel Claude. Beide arbeiten als WissenschaftlerInnen an der Uni, und er kümmert sich eigentlich mehr um das Kind als sie. Alles scheint gut. Doch dann wird er depressiv – und eines Tages bringt er sich um. Und sie steht mit dem Kind alleine da. Verzweifelt.

Von den Frauen »an der Basis« ganz zu schweigen, mit denen

der MLF jetzt im Gespräch ist, vor den Kindergärten, in den Quartiers und Fabriken. Die sind weitgehend allein für die Kinder verantwortlich und schuften sich krumm.

Also unterziehe ich meinen »Kinderwunsch« (ein Wort, das damals noch nicht existiert) noch mal einer ganz genauen Prüfung – und stelle fest: So dringlich ist der gar nicht. Und da Bruno ebenfalls nicht darauf drängt – vermutlich aus Scheu vor der Verantwortung –, streichen wir auch diesen Plan. Ich bin seither oft im Leben danach gefragt worden und sage darum ganz klar: Ich habe es nie bereut. Auch ohne eigenes Kind habe ich in meinem Leben bis heute sehr viel mit Kindern zu tun. Und vor allem: Ich hätte ganz sicher die EMMA nicht machen können, wenn ich Mutter gewesen wäre.

Am Nachmittag des 28. Mai 1971 treffen wir uns bei Anne. Sie wohnt unweit der letzten Barrikade der revolutionären Kommune von 1871. Diese letzte Barrikade war von Frauen gehalten worden. Das wollen wir feiern, und zwar mit einer Aktion vor Ort. Wir sind rund zwei Dutzend Frauen, darunter Monique Wittig.

Es ist, nach dem Mini, die Zeit der Maximode. Ich trage ein knöchellanges, schmales schwarzes Strickkleid aus Italien, auf das ich besonders stolz bin und zu dem ich mir wie eine Stola einen Klavierschoner vom Trödel umgeworfen habe, aus hellem Garn geknüpft und mit Bommeln am Ende. Und da, während wir noch die Transparente malen, fällt aus Moniques Mund der Satz: »Wir sind alle in Hosen. Nur Alice trägt mal wieder ein Kleid.« Schweigen.

Uns allen ist klar, was da noch mitschwingt. Also antworte ich Monique nach kurzem Zögern entschieden: »Hör gut zu: Ich bin in dieser verdammten Bewegung, damit du deine Hosen tragen kannst – und ich mein Kleid. Haben wir uns verstanden?!« Wir haben. Denn gemeint ist natürlich auch: damit du frei mit Frauen leben kannst – und ich mit einem Mann.

Denn das ist die Ironie der Geschichte: In Frankreich gehöre ich in diesen Jahren zu der von den militanten Lesben scheel angesehenen »Heterofraktion« (ohne mich selber so einzuordnen) – und auch in Deutschland werde ich wenig später innerhalb der Frauenbewegung am schärfsten von den Polit-Lesben kritisiert werden. Denn ich bin – nicht zuletzt aufgrund meiner eigenen Lebenserfahrungen – nicht bereit, Homosexualität als Lösung der Frauenfrage zu propagieren und Beziehungen mit Männern zu dämonisieren. Wider den Zeitgeist plädiere ich für eine freie Sexualität, jenseits aller Festlegungen. Das wird auch einer der Kerngedanken in dem 1975 erschienenen »Kleinen Unterschied« sein und mir innerhalb der Frauenbewegung höhnische Graffiti auf meinem Autolack eintragen – und außerhalb einen fulminanten Ruf als »Lesbe«.

Ich habe bis heute zu alldem geschwiegen, weil ich mich nicht von der Frauenbewegung distanzieren wollte, schon gar nicht von den Lesben; und, weil ich mich vor den – meist heterosexuellen – GegnerInnen der Bewegung nicht rechtfertigen wollte. Denn die wollen die angebliche oder tatsächliche Homosexualität von Feministinnen nur benutzen zur Diffamierung (Stil: Das sind keine normalen Frauen. Die hassen Männer etc.). Aber jetzt ist es Zeit für meine Wahrheit.

Wie hat Robin Morgan mal so ironisch gesagt? »Sie haben uns schon als Lesben bezeichnet, als wir selbst noch gar nicht wussten, dass wir es sind.« Auch für die Frauen im MLF, die wie alle Frauen mehrheitlich mit Männern zusammenleben, stimmen die Kategorien »Hetero oder Homo« längst nicht mehr. Mindestens theoretisch ist uns allen inzwischen klar: Menschen sind von Natur bisexuell bzw. »polymorph pervers« (Freud), Sexualität ist ein kulturelles Konstrukt, die herrschende »Zwangsheterosexualität« (Ferenczi) nutzt dem Patriarchat – und auch Frauen können Frauen liebenswert finden, will sagen: der Liebe wert. Und praktisch? Da haben wir permanent diese offensive, strahlende Amazonen-Fraktion vor Augen. Die nannten sich zunächst »Les petites Marguerites« (nach einem Film der tschechischen Regisseurin Věra Chytilová – eine Antwort auf Godards »Pierrot le fou«) und bezeichnen sich jetzt stolz und provokant als »Les gouines rouges« (die roten Lesben).

So kann es nicht länger ausbleiben, dass auch einige von uns sich eines Tages ganz einfach verlieben – in eine Frau. Darunter ich. In eine Freundin, ausgerechnet. Und sie sich in mich. Doch da gibt es ein paar kleine Probleme: Sie hat gerade geheiratet. Und ich lebe mit Bruno zusammen. Also lassen wir es. Nicht ohne Bedauern.

Gleich im Herbst 1970 gehen einige aus meiner Gruppe in die Rue Schoelcher 12bis und klingeln bei Simone de Beauvoir. Es ist die Zeit, in der Sartre als Compagnon de route, als Weggefährte der Maoisten, von sich reden macht. Und wir finden: Simone de Beauvoir, deren Jahrhundert-Essay »Das andere Geschlecht« uns allen die Augen geöffnet hat und ohne deren Schlüsselwerk der Neue Feminismus nicht mit solchen Siebenmeilenstiefeln hätte voranschreiten können, sie gehört an unsere Seite! Sie sieht das genauso. Wir jungen Feministinnen rennen offene Türen bei ihr ein.

Sehr bald schon werden die Treffen und Essen mit der damals 61-Jährigen für uns selbstverständlich. Wir sind in der Mehrheit zwischen 30 und 40. Und im Angedenken an de Gaulles berühmten Satz »Einen Voltaire verhaftet man nicht« (als Sartre bei einer Aktion mit den Maoisten festgehalten wurde), schieben wir von nun an Beauvoir bei heiklen Aktionen als reales oder mediales »Schutzschild« vor. Dabei gibt es nichts, was sie nicht mitmacht. In unserer Runde ist sie immer eine der Radikalsten. Doch in ihrem Auftritt bleibt sie wohlerzogen, eben ganz die »Tochter aus gutem Hause«. Schon die Art, wie sie ihre Handtasche auf den Knien umklammert hält …

Dass die Autorin vom »Anderen Geschlecht« innerhalb der inzwischen diversen Strömungen des MLF ausgerechnet an unserer Seite ist, ist kein Zufall. Denn wir »revolutionären Feministinnen« sind ganz wie sie deklarierte Antibiologistinnen, Universalistinnen. Wir stehen also direkt in der Denktradition von Beauvoir: Wir werden nicht als Frau geboren, wir werden dazu gemacht (doing gender, wie das heute in der amerikanisch geprägten Genderforschung heißt). Innerhalb unserer Gruppe kristallisieren sich bald zwei, drei Frauen heraus, mit denen Beauvoir eine besondere persönliche Sympathie verbindet. Eine davon bin ich.

Die erste Aktion, die wir gemeinsam anzetteln, ist die Selbstbezichtigung der 343 Frauen: »Ich habe abgetrieben – und fordere das Recht dazu für jede Frau«. Die Idee kommt von einem Mann, dem engagierten linken Journalisten Jean Moreau, der bei dem linksliberalen *Nouvel Observateur* arbeitet. Im MLF wird das Pro und Contra heftig diskutiert. Die linken Feministinnen lehnen den Vorschlag schließlich als »reformistisch« ab, wir *Feministes Revolutionnaires* ergreifen die Initiative. Denn wir sind an einer politischen Bewegung mit *allen* Frauen interessiert, unabhängig von deren Bildung und Bewusstseinsstand. Und die Angst vor einer ungewollten Schwangerschaft bzw. das Trauma einer illegalen Abtreibung betrifft schließlich alle Frauen.

Am 5. April 1971 erscheint unser Appell im *Nouvel Observateur*. Es ist ein politisches Manifest und kein persönliches Geständnis. Simone de Beauvoir ist selbstverständlich dabei, auch wenn sie, wie etliche der Unterzeichnerinnen, nie abgetrieben hat. Doch es hätte eben passieren können. Ebenfalls mit von der Partie sind u. a.: Catherine Deneuve und Jeanne Moreau, Marguerite Duras und Françoise Sagan. Ich nicht. Ich habe die Aktion zwar mit organisiert, kann mir jedoch nicht erlauben zu unterzeichnen. Denn als Ausländerin mit befristeter Aufenthaltsgenehmigung kann ich bei Gesetzesverstoß ausgewiesen werden. Das grenzenlose Europa ist noch weit.

Zu der Zeit ist es in Frankreich wie überall. Millionen Frauen treiben ab. Doch sie tun es heimlich, in Schande und nicht selten auch in Lebensgefahr. Uns reicht es mit der Doppelmoral! Und mit der Angst. Und mit den Schuldgefühlen.

Die Veröffentlichung des Manifestes der 343 schlägt ein wie eine Bombe. Spätestens jetzt ist der MLF kein »Phänomen« mehr, sondern existiert in den Köpfen von Millionen. Nur zwei Monate später werde ich die Idee nach Deutschland exportieren – mit überwältigenden Folgen, auch für mein ganz persönliches Leben.

In Paris haben wir jetzt alle Hände voll zu tun mit den Reaktionen. Und mit der Propagierung einer sanften Abtreibung, der

Absaugmethode, die damals noch weitgehend unbekannt ist (und heute die übliche Methode). Stattdessen schabt man den Frauen die Gebärmutter aus, was langwieriger, schmerzhafter und gefährlicher ist. Ein paar Ärzte, allen voran René Frydman, unterstützten uns.

Ich werde in den kommenden Jahren noch mehrmals mit dem so mutigen und engagierten Arzt zusammenarbeiten. Und während ich das gerade, 40 Jahre später, aufschreibe, macht dieser Frydman im Februar 2011 wieder Schlagzeilen. Inzwischen hat der Gynäkologie-Professor mit der Anwendung der Präimplantations-Diagnostik (PID) ein Verfahren entwickelt, das erblich vorbelasteten Eltern nicht nur ein gesundes Kind garantiert, sondern bei dem er aus der Nabelschnur auch Stammzellen zur Heilung zuvor krank geborener Geschwister gewinnt. In zwei Fällen hat der Gynäkologe dieses Verfahren schon erfolgreich in die Praxis umgesetzt.

Als Arzt vertritt Frydman heute also exakt dieselben Positionen wie damals. Befruchtete Eizellen und Embryos sind für ihn kein »werdendes Leben«, sondern ein »potenzielles Leben«. Von einem »Kind« spricht er ab der 22. Woche. Eine willkürliche Grenzziehung? Keineswegs, denn »ab der 22. Woche ist der Fötus eigenständig lebensfähig«, zumindest unabhängig vom Körper der Mutter. Auch ich kämpfe im Jahr 2011 für das Recht auf die Präimplantations-Diagnostik (PID). Was kein Zufall ist, sondern die logische Konsequenz meines bisherigen Engagements für das Recht auf eine selbstbestimmte Mutterschaft.

1972 gehen wir noch einen Schritt weiter und praktizieren die verbotenen Abtreibungen selber. Provozierend kündigen wir diese geplanten Abtreibungen nach der schonenden Absaugmethode öffentlich an. In den ersten Monaten führen wir die Eingriffe in Wohnungen von Prominenten durch, aus Angst vor Verhaftungen – und damit es dann wirklich zum Eklat käme.

Mein Einsatz ist an dem Tag, an dem Simone de Beauvoir ihre Wohnung zur Verfügung stellt, ihr ebenerdiges Atelier mit Blick auf den Friedhof Montparnasse. Sie hat sich diese Wohnung 1954

vom Prix Goncourt gekauft, jeder Zentimeter in den Räumen ist
von ihr geprägt. Unter das Bücherbord an ihrem winzigen Schreibtisch hat sie mit Reißzwecken Fotos von den ihr liebsten Menschen
gepinnt: von Sartre bis Sylvie le Bon. Auf den Tischchen stehen
neben einer Skulptur von Giacometti (ein Freund) Reisesouvenirs,
die nur emotionalen Wert haben, wie die Trachtenpuppe aus Mexi-
ko, ein Teddybär oder ein Gipsabdruck von Sartres Händen. Diese
Wohnung ist schon zu Lebzeiten ein wahres Beauvoir-Museum –
sie wurde jedoch leider, leider von ihrer Erbin Sylvie Jahre nach
Beauvoirs Tod aufgelöst und verkauft.

An diesem Tag im Jahr 1971 treffen Frydman und ich uns mit
der Hilfe suchenden Frau im Café um die Ecke. Sie kommt aus der
Provinz, kann einfach kein drittes Kind bewältigen und ist verzweifelt. Für den Abbruch gehen wir in Beauvoirs Schlafzimmer
oben auf der Galerie. Es ist ein kleiner Raum mit einem schmalen
Bett, bedeckt von einer mexikanischen Folklore-Decke. Der Eingriff geht rasch und komplikationslos vonstatten. Ich halte der
Frau währenddessen die Hand. Eine knappe Stunde später ist sie
schon wieder auf dem Nachhauseweg – und ich rufe Beauvoir bei
Sartre an: Simone, Sie können zurückkommen.

Sieben Monate später, am 20. November 1971, gehen wir am
selben Tag wie Frauen auf der ganzen westlichen Welt auf die Straße. Tausende marschieren in Paris bei dem »Internationalen Frau-
enmarsch für die Abschaffung der Gesetze gegen Abtreibung«
vom Place de la Republique zur Bastille. Simone de Beauvoir und
ihre Gefährtin Sylvie le Bon marschieren mit.

Nur wenige Monate später ist auch das französische Parlament
gezwungen, sich dem Problem zu stellen. In dem ehrwürdigen
Gebäude an der Seine, gegenüber vom Place de la Concorde, wird
heftig diskutiert. Und wir? Wir sitzen auf der Galerie. Ich habe
den Part, das Signal zur Aktion zu geben. Als die Debatte auf dem
Hohepunkt ist, werfen wir unsere Flugblätter in hohem Bogen
runter. Sie segeln Sekunden über den Köpfen der Parlamentarier,
bis sie in deren Hände gelangen. Wir werden prompt von den Par-
lamentsdienern rauskomplimentiert. Aber uns passiert nichts.

Unser Kampf gegen das Abtreibungsverbot ist längst zu populär, um ihn noch stoppen zu können.

1974 führt Frankreich die Fristenlösung ein, das Recht von Frauen auf Abtreibung in den ersten drei Monaten. Zu der Zeit sind in dem katholischen Land die Gaullisten an der Macht. Federführend ist Simone Veil, die konservative Familienministerin und KZ-Überlebende. Als das mehrheitliche Ja im Parlament bekannt gegeben wird, schlägt die beherrschte Ministerin die Hände vors Gesicht. Bis heute wird gerätselt: Hat sie geweint?

*

Doch noch ist es nicht so weit. Und wir machen nicht nur Politik, sondern haben auch Spaß. Les bouffes avec Simone finden oft, aber niemals bei ihr statt. Sie hasst es, zu kochen. Und ein Blick in den Kühlschrank zeigt in der Tat nur den geliebten Whisky plus maximal eine kalte Pastete. Meist sind die Essen bei mir. Ich habe den größten Tisch und koche gerne. Dabei geht es immer hoch her, vor Mitternacht trennen wir uns selten.

Manchmal gibt es auch »gemischte Essen« mit unseren Lebensgefährten. Oder wir verreisen zusammen. Zum Beispiel Bruno und ich mit Annie und Gerard. Annies Freund ist Franzose, kommt vom Land, und er ist der Erste in seiner Familie, der studiert hat. Er hat das hutzelige Bauernhaus seiner Großeltern in der Ardèche geerbt. Dort verbringen wir ein Wochenende. Im Winter. Es ist klapperkalt. Nach dem Abendessen sitzen wir noch zu viert beim Rotwein vom Bauern nebenan. Da bricht Annie eine Kontroverse vom Zaun und attackiert Gerard als Mann im Namen des Feminismus. Ich soll ihr beipflichten. Ich kann aber nicht. Denn Annie hat unrecht, Gerard ist einfach ein wirklich netter Mann.

Annie aber mag nicht aufhören. Sie hat gehascht, was für die Nordafrikanerin zu ihren Lebensgewohnheiten gehört. Und auch ich muss an dem Joint ziehen. Was ich nur zögernd tue, denn erstens fange ich schon bei einer normalen Zigarette sofort an zu husten, zweitens bin ich schon damals strikt anti Droge. Ich halte

Drogen weniger für bewusstseinserweiternd als mehr für be-
wusstseinsvernebelnd. Und ich glaube nicht an die Trennung von
»weicher« und »harter« Droge, die damals propagiert wird.
Doch ich will den Abend nicht verderben und ziehe hustend
an dem Joint. Mit dem Resultat, dass ich schlagartig müde werde
und – Diskussion Männer und Frauen hin oder her – umgehend
die wacklige Leiter raufklettere ins Bett. Ich kann eben selbst im
Namen des Feminismus meinen Gerechtigkeitssinn nicht abschalten. Und während ich unter mir die temperamentvolle Annie weiter attackieren höre, liege ich unter einem gewaltigen Plumeau und
sehe plötzlich einen dicken goldenen Heiligenschein über meinem
Kopf schweben …

Annie, die brillant redet und schreibt und hochanalytisch ist,
kann sich nicht damit abfinden, dass ihre deutsche Freundin Alice
so gar nichts von Drogen, Astrologen und Wahrsagerinnen hält.
Einmal schickt sie mir Beki ins Haus, als Geburtstagsgeschenk.
Die sephardische Jüdin macht durchaus Eindruck als Wahrsage-
rin. Sie nimmt meine Hand und sieht mir tief in die Augen. Ich
spüre, wie sie mich umkreist.

Und was liest sie in meinen Handlinien? Nicht nur ein langes Leben und so einiges, was man sich als psychologisch erfahrener Mensch
eh denken kann, sondern auch eine Überraschung. »Du wirst mal
sehr berühmt«, sagt sie. Ich zucke mit den Schultern. Berühmt. So
ein Quatsch. Warum sollte man denn als Journalistin berühmt werden? (Damals gab es noch keine TV-Moderatorinnen). Und dann
fährt Beki kopfschüttelnd fort: »Aber irgendwas ist eigenartig. Du
wirst zwar berühmt, aber es hat einen pädagogischen Einschlag.«

Ich bedanke mich höflich bei Beki und ebenfalls bei Annie –
und vergesse die Wahrsagung schnell. Irgendwann aber, Mitte der
1970er-Jahre, fällt sie mir wieder ein.

Bruno und ich gehen viel ins Kino, auch in den »neuen deutschen
Film«, dem meine französischen Freundinnen zu Füßen liegen.
Zu Recht. Fassbinder. Syberberg. Schlöndorff/Trotta. Kein Trala-
la, nein, tiefe Gefühle. Keine kleinen Verrücktheiten, nein, echter

Wahnsinn. Das Heimweh – ein Wort, das die französische Sprache nicht kennt – klopft wieder sacht an mein im Grunde doch sehr deutsches Herz.

Und wir sehen die neuen Theatertruppen, von der russischstämmigen Ariane Mnouchkine bis zum argentinischen TSE. Bei Mnouchkine stürmen wir, das Publikum, über knarzende Bretterstege von einem Raum zum anderen, als »Volk« die Bastille. Und im TSE quetschen wir uns in ein winziges Off-Theater in der Rue Mouffetard, um den von uns beiden geliebten Copi – der im *Nouvel Observateur* als Cartoonist die so lakonisch-komische »Sitzende mit Huhn« zeichnet – als grell aufgetakelte Eva Peron zu sehen. Multitalent Copi hatte das Stück auch geschrieben.

Und wir gehen in die Music halls. Bruno schwärmt für Barbara, ich für Yves Montand (den findet er auch gut) und Michel Polnareff. Der tritt im Olympia auf, und wir haben Karten ergattert. Der zarte Polnareff mit der hellen Stimme wirkt sehr androgyn. Und ich bin ziemlich begeistert. In der Pause guckt Bruno mich gedehnt an und sagt: »Irgendwas stimmt doch nicht, Alice. Wenn du von Frauen schwärmst, ist es in Adjektiven wie ›verwegen‹, ›stark‹, ›mutig‹. Wenn du aber von Männer schwärmst, sind die ›süß‹, ›zerbrechlich‹, ›sensibel‹.«

Ich bin beschämt. Hat er mich ertappt? Messe ich Männer und Frauen etwa mit unterschiedlichen Maßstäben? Doch dann weiß ich die Antwort: »Mich interessiert einfach der Rollenbruch: Frauen mit einem Schuss Männlichkeit – und Männer mit einem Schuss Weiblichkeit. Hundertprozentige Frauen bzw. Männer finde ich öde. Ich habe es am liebsten dazwischen.«

Und als ich am nächsten Tag noch mal darüber nachdenke, fällt mir auf: Meine »besten Freundinnen« sind oft auffallend weiblich in ihrer Inszenierung (und das ist bis heute so geblieben); Frauen hingegen, zu denen ich ein eher schwärmerisches Verhältnis habe, eher androgyn.

Wir vom MLF mischen uns inzwischen in die immer heftiger werdenden Arbeitskämpfe von Frauen ein. In Thionville treten die

Verkäuferinnen der *Nouvelles Galeries* in einen wilden Streik: für mehr Geld und würdigere Arbeitsbedingungen. Sie haben das Kaufhaus besetzt. Meine agitationsfreudige Freundin und Ex-Maoistin Annie Cohen mischt mit. Sie pendelt quasi täglich zwischen Paris und Lothringen, spricht mit den Frauen, unterstützt sie.

Einmal sitzen wir zwei bis tief in die Nacht in meiner Wohnung und schreiben ein Flugblatt für die Verkäuferinnen, in dem ihre Forderungen dargelegt werden: Mehr Geld! Kein Lächelzwang mehr! Das Recht, auf die Toilette zu gehen!

An eine andere, ebenfalls durchgetippte Nacht, aber mit einem ganz anderen Text und einer ganz anderen Adressatin erinnere ich mich ebenfalls bestens. Es ist bei der in Frankreich vergötterten Schauspielerin Delphine Seyrig, die von Anfang an aktiv ist im MLF und zu meinem Freundinnenkreis gehört. Wir hocken am späten Abend bei ihr, in ihrem Stadthaus in einem der Renaissance-Höfe am Place des Vosges. Die schöne Delphine ist klug und bewusst, aber sie traut sich nicht zu, den geplanten »Offenen Brief an Brigitte Bardot« alleine zu formulieren.

Auslöser ist, dass Brigitte so ganz en passant Gemeinheiten über den MLF von sich gegeben hatte. Wir finden die Bardot aber dennoch irgendwie gut (und ihr späteres Leben mit ihrem so viel belächelten mutigen Kampf für die Rechte der Tiere gibt uns recht). Uns beeindruckt, dass sie den hysterischen Rummel um das Sexobjekt BB in den 1960er-Jahren überhaupt überlebt hat, trotz mehrerer Selbstmordversuche. Und auch, wie sie nun ihr Leben in die Hand nimmt. Sie ist übrigens in der Zeit die Erste, die sich öffentlich die Freiheit nimmt, deutlich jüngere Lebensgefährten zu haben.

Wir wollen Bardots Anti-MLF-Sprüchen also etwas entgegensetzen – aber sie auch überzeugen! Zu schade, dass ich den Brief nicht mehr habe. Und Delphine ist 1990 viel zu früh gestorben.

An diesem Abend jedenfalls wird es spät. Über uns hören wir die Schritte von Sami Frey, Delphines Lebensgefährten, der früher auch mal der Lebensgefährte von Brigitte gewesen war, was die Sache nicht einfacher macht. Endlich, gegen zwei Uhr nachts, steht der Text. »Wir müssen den Brief bei ihr abgeben. Aber ich kann das nicht tun. Du verstehst, wegen Sami ...«, sagt Delphine. Ich verstehe.

Also mache ich mich am nächsten Tag auf ins 16. Arrondissement und klingele bei Bardot. Es öffnet ein Hausmädchen in Schwarz mit weißer Schürze und Riesenschleife auf dem Hintern. Im Hintergrund huscht Bardot durch die Szene. Ich gebe meinen »Offenen Brief an Brigitte Bardot« ab. Wir haben nie etwas von ihr gehört. Schade eigentlich.

In Troyes besetzen Arbeiterinnen ihre Fabrik. Wir sausen hin. Wieder werden bis in die Nacht Flugblätter getippt. Am liebsten auf meiner Schreibmaschine. Inzwischen hat der MLF auch die ersten Kontakte mit Prostituierten. Drei Jahre später werden auch sie auf die Straße gehen, in Paris und Lyon, gegen Polizeischikanen und für Bürgerinnenrechte. Und dazwischen: les bouffes et des fêtes! Fast immer macht Politik auch Spaß.

Nur einmal vergeht uns das Lachen. Nämlich im Fall Louise. Sie ist Vietnamesin, mit ihren Eltern vor dem Krieg geflüchtet, und engagiert sich in Paris für Afrikaner, die unter den miserabelsten Bedingungen hier jobben bzw. schwarzarbeiten. Louise ist ein wirklich guter Mensch und täglich in deren Wohnheim bei mir um die Ecke. Sie versucht zu helfen, wo sie nur kann. Eines Abends ist sie allein mit einem der Männer – und er vergewaltigt sie.

Die Louise, die da jetzt in meiner Wohnung vor uns sitzt und stockend erzählt, was passiert ist, kann uns kaum noch in die Augen sehen. Wir sind außer uns. Annie schüttelt ihre schwarzen Locken, lässt tausend Armbänder klirren, durchbohrt Louise mit ihrem kajalumrandeten Blick und sagt: »Soll ich ihn töten? Ein Wort genügt, Louise. Ich bringe ihn um!«

Louise erteilt keine Order zum Töten. Jahre später aber wird Annie ein rasendes Pamphlet schreiben mit dem Titel »Kriegszustand«. Sie benennt darin die Gewalt der Männer gegen Frauen und fordert: »Wir sollten nicht länger darüber weinen, sondern uns endlich wehren. Mit Gewalt gegen die, die uns Gewalt antun!« –

Der Text wird in Frankreich über Monate heftig diskutiert. Und ich veröffentliche ihn 1977 in EMMA.

Am 13./14. Mai 1972 veranstaltet der MLF in der *Mutualité*, dem Saal für alle Gelegenheiten im Herzen des Quartier Latin, ein Tribunal zur »Denunzierung der Verbrechen gegen die Frauen«. Alle MLF-Gruppen haben das Event wochen-, ja monatelang vorbereitet. Wir reden über: Unterbezahlung, Hausarbeit, Vergewaltigung in der Ehe, Zwang zur Mutterschaft, Leugnung der weiblichen Sexualität, Diffamierung der Homosexualität, die erstickte Kreativität der Frauen etc., etc.

Die Veranstaltung erregt Aufsehen. An diesem Wochenende kommen Tausende. Über einen Auftritt auf diesem MLF-Tribunal berichten die Medien am Montag alle: dass Monique, unsere Professionelle vom Crazy Horse, am späten Abend auf der Bühne gestrippt hatte. Sie hat es aus Provokation gegen die Doppelmoral der Linken getan. Aber auch, weil sie einfach Spaß daran hatte.

Eines schönen Tages fische ich aus dem Briefkasten eine Vorladung zum Geheimdienst. Was wollen die? Ich fahre zum vorgegebenen Termin zur Ile de la Cité und finde in Raum 36 zwei Herren vor, um sie herum auf dem Boden Stapel von Zeitschriften: von La cause du peuple der Maoisten bis zu Le Torchon brule vom MLF. Es stellt sich heraus, dass die beiden Herren bestens über mein Leben informiert sind. Sie kennen Bruno und den Namen meiner Katze (Smici, nach dem französischen Mindestlohn SMIC). Sie wissen, wo ich essen gehe und welche Termine ich wahrnehme.

Einer von ihnen heißt Piccoli, das habe ich mir gemerkt. Denn Piccoli ist korsisch, und in Frankreich heißt es: Alle Korsen sind entweder Verbrecher oder Polizisten. Na ja, mindestens einen kennen wir ja, der einen anderen Beruf hat: Er ist Schauspieler.

Die beiden Herren sind sehr entspannt. Sie plaudern mit mir übers Leben – und dann sagen sie: »Wir schlagen Ihnen vor, Mademoiselle, dass Sie von nun an zweimal im Monat vorbeikommen und uns ein bisschen erzählen, was Sie so alles sehen und erfahren.

Denn schließlich wollen Sie doch sicherlich eine Verlängerung Ihrer Aufenthaltsgenehmigung? Und die läuft in vier Wochen ab.«

Raus aus dem Laden stürze ich direkt zur gegenüberliegenden Telefonzelle und rufe den linken Staranwalt Maître Leclerc an. Eine halbe Stunde später sitze ich in seiner Kanzlei. Ich bin zur Offensive entschlossen, und er bestärkt mich darin. Wenig später erscheinen Artikel u. a. im *Express* und in *Le Monde* über den »Skandal«, dass der französische Geheimdienst die deutsche Korrespondentin Alice Schwarzer erpressen will. Ich höre nie wieder etwas von den Herren auf der Ile de la Cité.

Aber: Ein Kollege von *Le Monde* sagt zu mir: »Warum empören Sie sich so? Wissen Sie denn nicht, dass 80 Prozent aller Korrespondenten in Paris für den Geheimdienst arbeiten?« Jetzt weiß ich es.

*

Mein erstes Interview mit Simone de Beauvoir mache ich im Januar 1972. Wir beschließen es bei einem unserer Essen, und ich schlage vor: Wir veröffentlichen es im *Nouvel Observateur,* und das Honorar geht in die Kasse zur Anmietung der *Mutualité* für das MLF-Tribunal. Denn die kostet 15.000 Frs, und es fällt uns nicht leicht, das Geld zusammenzukratzen. Auch wenn eine gut gelaunte Catherine Deneuve mir 2.000 Frs in die Hand gedrückt hatte, eine schlecht gelaunte Simone Signoret 500 Frs und eine betrunkene Françoise Sagan ebenfalls 500 Frs.

Der Hauptgrund für das Interview jedoch ist nicht das Geld, sondern die gute Nachricht: Simone de Beauvoir, die neben Virginia Woolf wichtigste feministische Denkerin des 20. Jahrhunderts, ist an der Seite der neuen Feministinnen! Sie kritisiert die immer noch desolate gesellschaftliche Lage der Frauen sowie das Machtverhältnis zwischen den Geschlechtern, sie beklagt den Machismus der Linken – und plädiert für eine autonome Frauenbewegung.

Was uns heute selbstverständlich scheint, gilt damals als Sensation. Vor allem für die internationale Linke. Die war bis dahin davon ausgegangen, dass die Gefährtin Sartres auf den Sozialismus setzt für eine bessere Welt und gleiche Rechte für Frauen. Und dass diese Simone de Beauvoir eine von der Linken unabhängige, autonome Frauenbewegung als kontraproduktiv ablehnt. Doch das Gegenteil ist der Fall.

Das Gespräch wird in der ganzen westlichen Welt veröffentlicht, bis hin nach Amerika und Japan. Und in den Ländern des Ostblocks kursiert es als Raubdruck. Es ist das erste einer Serie von sechs Interviews in elf Jahren, das letzte führen wir 1982, zwei Jahre nach Sartres Tod. Und es sind diese Gespräche, die uns zu politischen Gefährtinnen, ja Freundinnen machen.

Als die Interviews 1983 auch in Frankreich als Buch erscheinen, schreibt Simone de Beauvoir im Vorwort über mich: »Dank unserer feministischen wie persönlichen Freundschaft war sie in der Lage, mir die Fragen zu stellen, die mich interessierten, und ich konnte ihr ganz und gar offen antworten.« Das Buch trage »hoffentlich dazu bei, mich besser zu kennen – und dazu, die Sache besser zu verstehen, der ich so tief verbunden bin«. Und sie fügt hinzu: »Es ist richtig, glaube ich, dass das Denken von den gelebten Erfahrungen geleitet wird.« Auch das verbindet uns: eine Art politisch zu denken, die nicht abstrakt ist, sondern sich von Erfahrungen ableitet und dem Leben stellt.

Ein Jahr später schlage ich Simone vor, ein Filmporträt für das deutsche Fernsehen über sie zu machen. Sie ist einverstanden, denn sie liebt das Medium Film und ist eine leidenschaftliche Kinogängerin (doch nie französische Filme, die findet sie »kitschig«). Für das Thema ist der NDR zuständig, so lande ich dort mit meinem 45-Minuten-Porträt.

Die Dreharbeiten beginnen am 3. September 1973 in Rom, wo Beauvoir und Sartre seit vielen Jahren traditionell den Monat September verbringen. Wie immer wohnen sie in der Albergo Nazionale, zwei Zimmer im obersten Stock mit Dachterrasse, von wo aus man die Sonne hinter dem Petersdom untergehen sieht. Beauvoir schlägt vor, dass ich zwei Tage früher komme und sie mir Rom zeigen. Gute Idee.

Kurz vorher lese ich ein Interview mit Sartre in der neu gegründeten *Libération*. Den Interviewern ist es mit suggestiven Fragen gelungen, Sartre dazu zu bringen, sich vom MLF zu distanzieren und gegen eine autonome Frauenbewegung auszusprechen. Ich bin stocksauer!

Als ich an diesem Abend die Terrasse betrete, sitzen die beiden bei ihrem geliebten Dame-Spiel. Ich grüße kurz und lege dann gleich los: »Ecoutez, Sartre, was für einen Mist haben Sie da nur über den MLF erzählt! Und das als Gefährte von Simone!« – Da hebt Sartre den Kopf, sieht mich mit funkelnden Augen an und sagt: »Finden Sie, Alice ...« Es ist der Beginn unserer Freundschaft.

Die beiden, das begreife ich schnell, lieben nichts mehr, als infrage gestellt zu werden. Unterwürfige Bewunderung und Fixierung als Denkmal, das ödet sie an. Sie wollen sich jeden Tag neu dem Leben stellen. Auch daraus resultiert beider Orientierung auf die Jugend, auf alles Neue, auf die Zukunft.

Wir trinken einen Whisky auf der Terrasse. Und ich registriere zum ersten Mal Beauvoirs kleinen Zinkbecher, in den sie sorgsam den Whisky gießt, bevor er in ihr Glas kommt. Was das soll, frage ich. »Ich messe den Whisky ab«, antwortet Beauvoir. Und Sartre ergänzt feixend: »Elle mesure, mais elle ne compte pas.« (Sie misst, aber sie zählt nicht.)

Später beim Abendessen im *La Carbonara*, Sartres Lieblingsrestaurant, spielt sich eine zweite, für beide sehr typische Szene ab. Als es ans Bezahlen geht, schiebt Beauvoir dem inzwischen halb blinden Sartre das Portemonnaie zu – hat aber ein Auge darauf, wie viel Geld er auf den Teller legt. »Sie brauchen mich nicht zu kontrollieren«, sagt Sartre ärgerlich. »Sie wissen doch genau, dass Sie immer total exzessive Trinkgelder geben«, erwidert Beauvoir. Da brummelt Sartre: »Das hat Genet auch getan.« »Mag sein«, antwortet Beauvoir. »Aber Sie sind nicht schwul.« – Die beiden haben einen chronisch ironischen, doch gleichzeitig liebevollen Umgang miteinander.

An einem der Nachmittage drehen wir auf der Terrasse ein Gespräch mit Beauvoir und dem zu dem Zeitpunkt gesundheitlich schon stark angeschlagenen, aber immer wieder auch ganz präsenten Sartre: über ihre Beziehung und die Rolle der sogenannten »Dritten« in ihrem Leben. Es ist meines Wissens das einzige Interview, das die beiden jemals gemeinsam zu dem Thema gegeben haben. Bei dem Gespräch über den Dächern von Rom räumen beide schlechtgewissig ein, dass ihre Freiheiten »auf Kosten Dritter« gingen.

Und sie sagen, was auch überdeutlich wird, wenn man sie erlebt: »Wir haben eine osmotische Beziehung.« Sartre und Beauvoir haben nie zusammen gewohnt (aber immer nah beieinander), sie siezten sich lebenslang (auf ihren Wunsch hin) und sie hatten sehr bald auch Zweitbeziehungen (zuerst er, später auch sie) – aber sie sind und bleiben sich gegenseitig die wichtigsten Menschen auf der Welt. Emotional wie intellektuell.

Ich bin überzeugt: Sein Werk würde so nicht existieren ohne den permanenten Dialog mit ihr (und ihr strenges Redigieren seiner Texte). Und ihr Werk würde so nicht existieren ohne die Anregungen und Herausforderung durch ihn. Er war es, der irgendwann nach dem Krieg in einer Schaffenskrise zu ihr gesagt hatte: »Warum schreiben Sie nicht ein Buch über die Frauen, Castor (auf Englisch: Biber, ihr Spitzname)? Sie sind doch schließlich selber eine Frau.« Gesagt, getan. Beauvoir schreibt dieses gewaltige, epochale Werk innerhalb von nur einem Jahr sowie noch einiges nebenher. Und das in einer Zeit, in der sie gleichzeitig die leidenschaftlichste Love-Affair ihres Lebens hat, mit dem Amerikaner Nelson Algren.

Doch eines gilt es anzumerken: Der Pakt Sartre-Beauvoir war so freizügig wohl auch deshalb möglich, weil die Sexualität zwischen dem Paar sehr schnell keine Rolle mehr gespielt hat. Beauvoir war eine sehr leidenschaftliche Frau. Aber Sartre war eingestandenermaßen ein miserabler, desinteressierter Liebhaber, ja »frigide«, wie Beauvoir es in einem später veröffentlichten Gespräch mit ihm einmal formuliert hat. Ihn interessierte nur der Akt der Verführung, nicht die Sache an sich. Doch er mochte Frauen wirklich, sie waren sein Stoff. Männer langweilten ihn.

Zurück in Paris drehen wir in Beauvoirs Atelier und am Montparnasse einen Spaziergang mit ihrer Gefährtin Sylvie sowie eine der legendären Bouffe in meiner Wohnung. Das ist die Schlussszene des Films, sie zeigt die mitreißende Stimmung jener Jahre. Nie davor und nie danach hat man die eigentlich schüchterne und bei Fremden spröde Simone de Beauvoir so offen und entspannt gesehen.

1976 werde ich das dritte Interview mit Beauvoir machen. Diesmal geht es um den Backlash, der schon wenige Jahre nach dem Aufbruch der Frauenbewegung einsetzt. Es geht um die seither immer selben Themen: den Mythos von der »neuen Weiblichkeit« und die »neue Mütterlichkeit« (Jetzt, im Jahr 2011, sind wir bei der etwa zehnten Wiederauflage seit Anfang der 1970er-Jahre). Die neue Mystifizierung der alten Rollen grassiert auch innerhalb der Frauenbewegung kräftig, vor allem innerhalb der deutschen.

Das Gespräch erscheint im *Spiegel* und macht ebenfalls weltweit Furore. Denn eine Passage in dem Interview erregt die Frauen so sehr, dass über Jahre eine neue Flut von Briefen in der Rue Schoelcher anbrandet. Es ist Beauvoirs Antwort auf meine Frage: »Es ist immer sehr heikel, Ratschläge zu geben, aber wenn eine Frau Sie fragen würde …« Und Beauvoir antwortet: »Ich glaube, eine Frau sollte sich vor der Falle der Mutterschaft und der Ehe hüten! Selbst wenn sie gern ein Kind hätte, muss sie sich gut überlegen, unter welchen Umständen sie es aufziehen müsste: Mutterschaft ist heute eine wahre Sklaverei. Väter und Gesellschaft lassen die Frauen mit der Verantwortung für die Kinder ziemlich allein. Die Frauen sind es, die aussetzen, wenn ein Kleinkind da ist. Frauen nehmen Urlaub, wenn das Kind die Masern hat. Frauen müssen hetzen, weil es nicht genug Krippen gibt … Und wenn Frauen trotz alledem ein Kind wollen, sollten sie es bekommen, ohne zu heiraten. Denn die Ehe, das ist die größte Falle.«

Wenn eine Frau die Kinder erst mal hat, sitzt sie, ganz wie Beauvoir sagt, in der Falle. So manche Frau kann es sich dann schlicht nicht mehr erlauben zu verstehen. Also unterstellt sie der kinderlosen Beauvoir, die hätte etwas gegen Mütter. Wie absurd! Beauvoir kritisierte lediglich die Umstände, unter denen Frauen damals – wie heute! – Mütter sind. Und die Veränderung dieser Umstände müsste doch im Interesse aller Frauen, vor allem der Mütter selbst, sein! Und in der Tat hat die Ehe Frauen damals noch weitgehend entrechtet und sie auch juristisch abhängig gemacht vom Ehemann. Das ist heute nicht mehr so.

Übrigens: Nur wenige Jahre zuvor waren Beauvoirs Romane »Die Welt der schönen Bilder« und »Eine gebrochene Frau« erschienen. Und es gibt wenige Werke in der Weltliteratur, in denen das sogenannte »normale« Frauenleben so einfühlsam dargestellt wird.

Am 9. Januar 1978 interviewe ich Simone de Beauvoir zum Thema Alter. Denn sie ist schließlich auch die Autorin des Standardwerkes »Das Alter«, das sie mit Mitte 50 geschrieben hatte. Und sie wird an diesem Tag 70. Heute verstehe ich es, aber damals war ich überrascht, dass Beauvoir sich das Thema zunächst so gar nicht persönlich anziehen wollte. Erst jetzt, da ich selber älter werde, begreife ich, dass man immer nur für die anderen alt ist. Selbst hat man Mühe, das Älterwerden zu realisieren.

Ich frage Beauvoir in diesem Gespräch auch, ob es etwas gibt, was sie selbst in ihren Memoirenbänden noch nicht gesagt habe. Sie antwortet: »Ja. Ich hätte gern eine wirklich sehr ehrliche Bilanz meiner eigenen Sexualität gezogen. Und zwar vom feministischen Standpunkt aus. Ich würde Frauen gern sagen, wie ich meine Sexualität gelebt habe, denn das ist nicht nur eine persönliche Frage, sondern auch eine politische. Früher habe ich darüber nicht geschrieben, weil ich die Wichtigkeit dieser Frage und vor allem auch der subjektiven Ehrlichkeit nicht in dem Ausmaß begriffen hatte – das habe ich von den jungen Feministinnen gelernt.«

Und in der Tat. Von Beauvoirs lebenslanger Bisexualität erfahren Nichteingeweihte erst nach ihrem Tod, als ihre letzte Gefährtin und Erbin ihren Briefverkehr mit Sartre veröffentlicht. Ungekürzt. Allerdings hätte Beauvoir sich ganz sicher total ins Aus gebracht, wenn sie auch noch dieses Tabu in den Nachkriegsjahren offen gebrochen hätte. Schließlich wurde sie auch so nach dem Erscheinen des »Anderen Geschlechts« auf offener Straße als »dreckige Lesbe« beschimpft.

Als ich schon wieder in Deutschland bin und in Köln die EMMA mache, besucht Simone mich 1979, zusammen mit Sylvie, für ein paar Tage. Kölner Dom, Schifffahrt auf dem Rhein, das ganze Programm. Und sie lässt es sich auch nicht nehmen, die vier Treppen in die EMMA-Redaktion hochzusteigen. Sie findet es »formidable«, dass ich ein unabhängiges feministisches Magazin auf die Beine gestellt habe.

Auch bei meinen Paris-Besuchen sehen wir uns regelmäßig. Ich hole sie zu Hause ab, wir trinken noch den unvermeidlichen Whisky (sie mit Eis, ganz unfranzösisch, eher amerikanisch) und sodann gehen wir in ein Restaurant ihrer Wahl. Es ist immer sie, die einlädt. Ich ginge gerne in die *Coupole*, wo das Essen zwar mittelmäßig ist, der Platz jedoch spektakulär. Doch Simone führt mich am liebsten in Neuentdeckungen aus. Einmal hat sie eine echte Überraschung: Sie hat zwei Plätze auf einem Dinner-Schiff auf der Seine reserviert. Dank »La Beauvoir« werden wir umgehend an den »Kapitänstisch« an der Spitze des Schiffes komplimentiert. Das nächtliche Paris zieht an uns vorüber. Es ist sehr romantisch.

In diesen Jahren gehe ich meist, unabhängig von den Abenden zu dritt, auch noch mal allein bei Sartre vorbei. Er ist in den Jahren vor seinem Tod kaum noch in der Lage, allein das Haus zu verlassen, und nun fast ganz erblindet. Beauvoir findet, dass Sartre bei mir »immer so aufblüht und sich amüsiert«. Er mag meine Spontaneität und wohl auch meine »deutsche Seite«. Und ich muss dann, wie alle Besucherinnen, auf seinen geliebten elsässischen Melkschemel klettern und die Whiskyflasche aus dem Versteck klauben. Der strenge Castor, wie ihre ganze »petite famille« Simone nennt, darf das »auf keinen Fall erfahren«.

Nach Sartres Beerdigung im April 1980 sitze ich am Abend traurig mit im ersten Stock der Brasserie Zeyer, als einzige »Neue« im Kreis der »petite famille«. Da sind, neben Simone und Sylvie: Bost,

ein Schüler Sartres und Beauvoirs erster Liebhaber; Olga, eine Schülerin Beauvoirs und kurzzeitig beider Liebhaberin (und die Vorlage
für ihren Roman »Sie kam und blieb«), sowie Claude Lanzmann.

Fast auf den Tag genau sechs Jahre später beerdigen wir Simone
de Beauvoir. Nicht nur ich bin tief schockiert. Noch drei Wochen
zuvor war ich mit ihr essen gegangen – und es gab nicht das geringste Anzeichen für den nahen Tod. Auch wenn ihr das Gehen
schwerfiel. Und ausgerechnet bei der Gelegenheit hatte ich sie
erstmals darauf angesprochen, ob nach ihrem Tod (»Wie Sie wissen, Simone, sind alle Menschen sterblich«) mit den weltweiten
Honoraren vom »Anderen Geschlecht« nicht eine internationale
Beauvoir-Stiftung gegründet werden könnte. Und ob ihr Atelier
Rue Schoelcher nicht erhalten werden sollte, als Gedenkstätte. Sie
fand beide Ideen interessant. Doch: »Ich muss mit Sylvie darüber
reden.« Zu spät.

Wir reisen alle an. Ich aus Deutschland, Kate Millett aus Amerika, die Französinnen aus dem ganzen Land. Es ist die letzte
»Manif« (Demonstration) des MLF. Und wir sind nun Töchter
ohne Leitfigur.

*

Doch noch sind wir Anfang der 1970er-Jahre, in der hohen Zeit
des MLF, und Beauvoir ist unsere höchst lebendige Weggefährtin.
Wenn sie Geburtstag hat, bekommt sie einen Blumenstrauß von
mir, auch in späteren Jahren, und den stellt immer Bruno in der
Blumenhandlung Avenue du Maine zusammen. Denn er macht,
findet nicht nur Beauvoir, »die schönsten Blumensträuße der Welt«.
Überhaupt kann Bruno sich über einen Mangel an Sympathien aus
dem Kreis meiner MLF-Freundinnen nicht beklagen. Anne, Annie,
Sonja – alle lieben ihn. Das chronisch schlechte Gewissen, das wir
MLF-Aktivistinnen alle gegenüber unseren Lebensgefährten haben, stimmt meine Freundinnen in Bezug auf Bruno vermutlich
noch milder. Und auch Bruno genießt durchaus das Defilée spannender Frauen in der Rue d'Alesia.

Im Frühling 1973 meldet sich erstmals Brunos Krankheit. Multiple Sklerose. Wir sind verzweifelt. Ich renne von Pontius bis Pilatus. Selbst bei der chinesischen Botschaft werde ich vorstellig: In China sollen neue Heilmethoden gegen MS entdeckt worden sein. Schließlich landen wir bei Prof. Signoret, der großen MS-Kapazität in Frankreich. Er besteht nach der Untersuchung darauf, mit uns beiden zusammen zu reden, und empfiehlt Bruno eine Psychoanalyse. Der folgt seinem Rat nicht. Ist die Wahrheit – vor allem die über seine so extrem possessive Mutter – schmerzlicher für ihn als die Krankheit?

Es ist die Phase der ersten Warnzeichen: Versteifung der Beine und andere körperliche Irritationen. Doch die Krankheit macht noch mal eine Pause – und wird erst über zehn Jahre später richtig ausbrechen. Heute sitzt Bruno im Rollstuhl. Was bedrückend ist, jedoch unsere Freude nicht mindern kann, wenn wir bei meinen Paris-Besuchen in der *Coupole* zusammen essen.

Im September 1973 feiert der MLF den »Jahrmarkt der Frauen«. Ein Tag lang Sketche, Filme, Spiele, Tänze, kurzum la fête à gogo. Ariane Mnouchkine, die auch das Abtreibungs-Manifest mit unterschrieben hatte, hat uns dafür ihr Theatergelände, die Cartoucherie, zur Verfügung gestellt. Und ich erinnere mich, wie ich neben Mnouchkine stehe, der die Lachtränen übers Gesicht laufen und die mich fragt: Wer ist das? Sie deutet auf die Frau da vorne auf der Bühne. Es ist meine Freundin Annie Cohen, wer sonst. Die macht mal wieder ihre Großmutter nach: in Schlappen, den Rock zwischen den Beinen hochgerafft, sodass er aussieht wie eine Pumphose; so lobpreist sie mit einem grotesk jüdisch-arabischen Akzent ihren Sohn, dieses »Licht meiner Augen«.

Auf diesem mitreißenden Fest, das mein letztes im MLF sein wird, gibt es nur einen Wermutstropfen. Irgendwann, am späten Nachmittag, steht plötzlich ein Mann mitten unter uns: betrunken, mit bloßem Oberkörper und mit einer aufgeschlagenen Flasche in der Hand. Breitbeinig. Wir sind Hunderte von Frauen. Wir sind Hunderte vor Schreck und Angst gelähmte Frauen in Anbetracht dieses einen Mannes. Und wir brauchen nach seinem Abgang eine Weile, bis wir weiterfeiern.

Es muss in der Zeit gewesen sein, als Gloria Steinem, die amerikanische Gründerin von *Ms.*, dem allerersten feministischen Publikumsmagazin, in Paris zu Besuch ist. Es gibt ein kleines arrangiertes Treffen, und ich gehe mit Beauvoir hin. Wir sind beeindruckt. Die New Yorkerin tritt mit zwei kräftigen, weiblichen Bodyguards auf, schwarz sind sie auch noch. Und sie erzählt von dem Abenteuer *Ms.* Danach frage ich Gloria, wie sie es denn angestellt habe mit dem Geld für den Start der Zeitschrift, ich sei auch Journalistin … Gloria sagt: »Mach dir keine Illusionen, für ein feministisches Magazin gibt dir niemand Geld.«

*

In Deutschland habe ich inzwischen meine ersten zwei Bücher veröffentlicht, nun wissen auch meine deutschen Kollegen in Paris, dass ich eine Feministin bin. Der liberale Weisenfeld ist pensioniert, ein jüngerer Kollege, der als »links« gilt, leitet nun das Studio in der Rue du Colisée. Eines Tages spricht er mich nach der Aufzeichnung einer Funksendung an. Ob das denn stimme, dass ich im MLF aktiv sei. Ich bejahe. Da antwortet mein linker Kollege: »Aber das haben Sie doch gar nicht nötig!«

Es sind die Wochen, in denen ich Herbert Marcuse treffe. Er hatte mir aus Amerika geschrieben, dass er demnächst für einige Zeit in Paris sei und mich gerne kennenlernen würde. Vermutlich kannte er meine Interviews mit Sartre und Beauvoir und vielleicht auch meine Bücher, im zweiten hatte ich ihn zitiert.

Es ist ein sonniger Herbsttag, und wir treffen uns zum Mittagessen in einem Restaurant auf dem Place des Vosges, wo wir noch draußen sitzen können. Marcuse, den ich gelesen habe und schätze, kommt in Begleitung von Reinhard Lettau. Der jüngere Berliner Schriftsteller lebt zu der Zeit ebenfalls in San Diego.

Wir verbringen zwei hoch vergnügliche Stunden und gegen

Ende fragt Marcuse interessiert: »Und was planst du als Nächstes, Alice?« Da habe ich schon die Idee für mein nächstes Buch im Kopf, allerdings noch keinen Titel für diese Arbeit über die Funktion von Liebe und Sexualität im Leben von Frauen. Also trage ich ihm wortreich meine Thesen vor. Da guckt Marcuse mich an, lehnt sich zurück und sagt: »Aber, Alice, du willst doch nicht etwa den kleinen Unterschied abschaffen?«

Ich stutze. Gucke Lettau an. Der feixt. Ich wechsle das Thema. Aber: Ich habe den Titel für mein Buch, das zwei Jahre später erscheinen wird – »Der kleine Unterschied«.

Mit Bruno in Spanien, 1972

1
Beim Interview
mit Sartre,
1970
2
Mit Freundinnen
vom MLF,
hinter mir
Anne Zelensky.
3
Pablo mit seiner
Löwin La Belle
4
Papa & Mama kurz
vor ihrem Tod

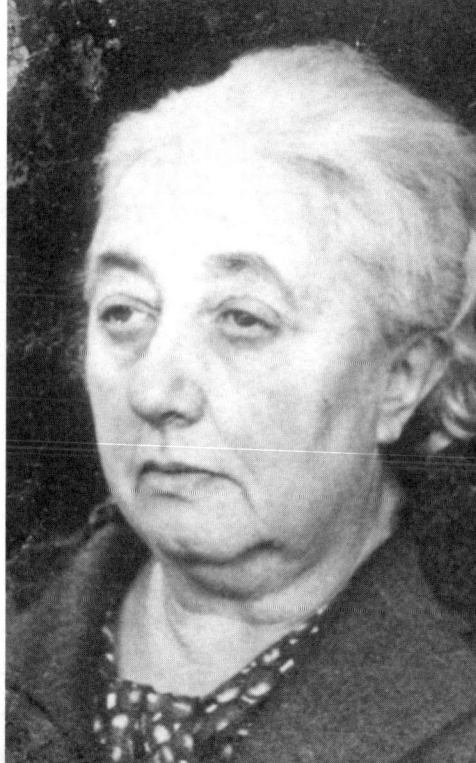

1
Mein erstes
Interview 1972 mit
Simone de Beauvoir
2
Ich in Paris, 1973
3
Dreharbeiten 1973;
Beauvoir-Porträt
4
Eine Bouffe mit
Beauvoir in
unserer Wohnung
Re. von mir:
Annie Cohen

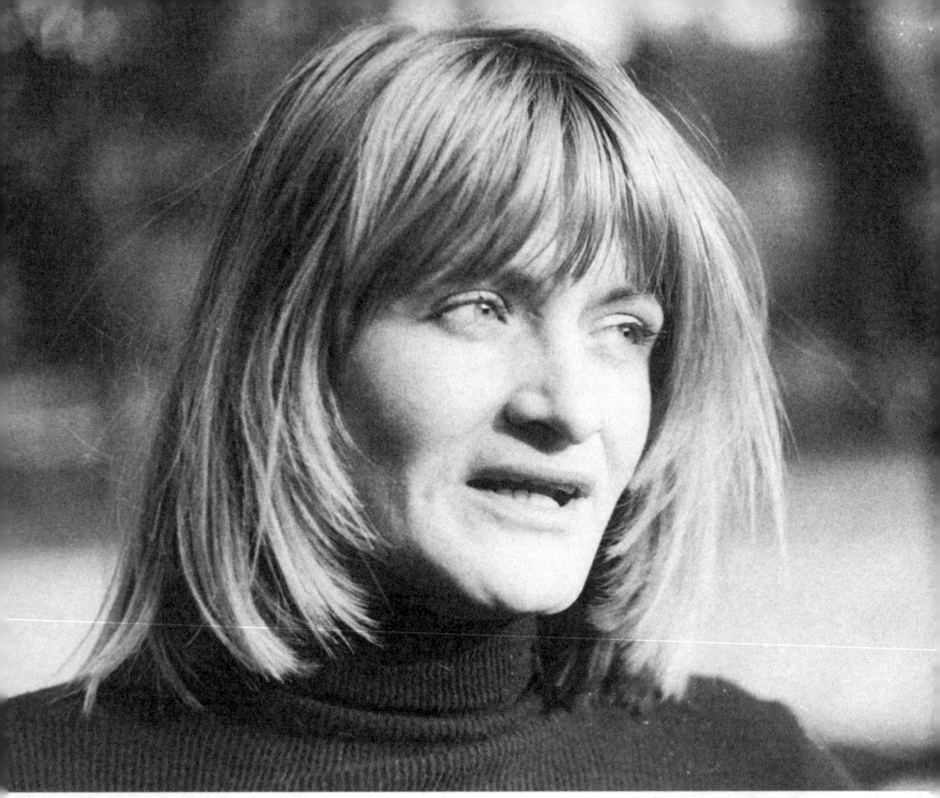

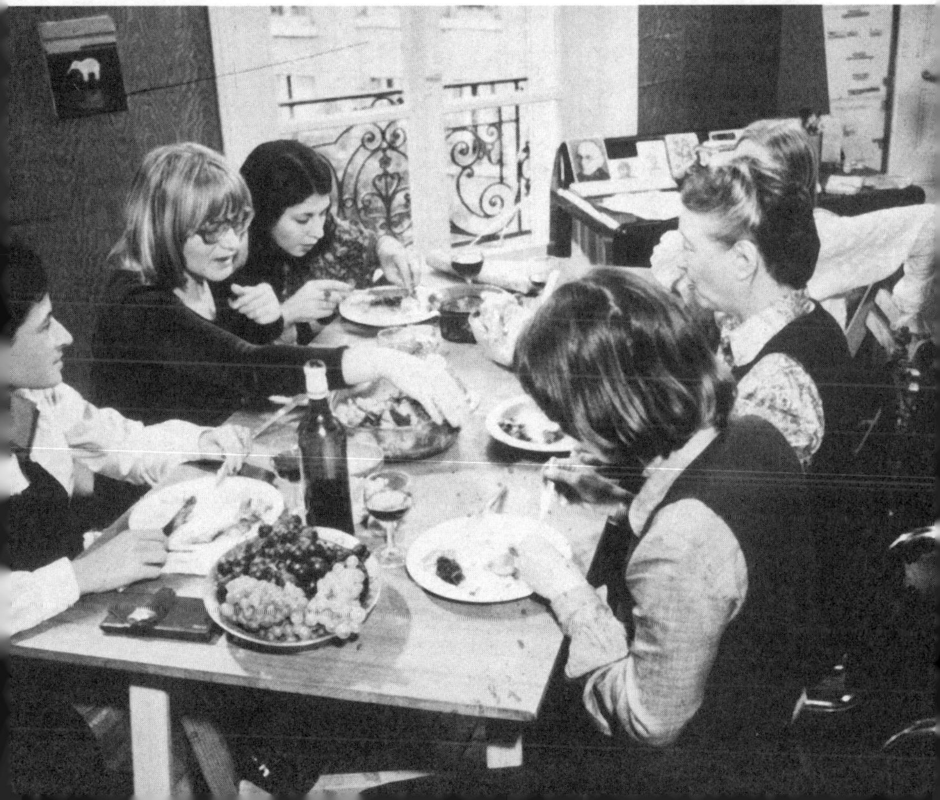

1971/1973
Die *Stern*-Aktion gegen den § 218
Und meine Funktion in Deutschland

Es muss Mitte April 1971 gewesen sein, als das Telefon klingelte. Am anderen Ende der Leitung war Jean Moreau, der Kollege vom *Nouvel Observateur*, der die Idee zur Selbstbezichtigung gehabt hatte. Das Manifest der 343 Französinnen (»Ich habe abgetrieben«) war am 5. April in dem linksliberalen Wochenblatt erschienen und hatte weltweit Aufsehen erregt. Jean sagte: »Alice, eben hat bei uns eine deutsche Zeitschrift namens *Jasmin* oder so ähnlich angerufen. Sie wollen unser Manifest auch in Deutschland machen. Aber ich habe das Gefühl, dass die das nicht wirklich politisch meinen, sondern auf die Sensationsmasche gehen. Kannst du nicht mal überlegen, mit welcher Zeitschrift man das in Deutschland machen könnte?« Es war ein Schicksalsanruf. Aber das war mir in dem Moment nicht klar. Ich überlegte nur kurz. Dann griff ich zum Telefon und rief Winfried Maaß an, Ressortleiter beim *Stern*. Mit ihm hatte ich ab und an beruflich zu tun, und die politische Illustrierte schien mir das passende Forum für diese Aktion. Ich trug also Maaß die Idee vor und sagte: »Wenn ich Ihnen 300 bis 400 Namen bringe, inklusive des Dutzends obligatorischer Prominenter – wäre der *Stern* dann bereit, die Selbstbezichtigung in einem angemessenen Kontext zu präsentieren? Also als kollektive, politische Aktion.« Maaß zögerte nicht lange. Selbstverständlich war er interessiert, eine solche Sensation im *Stern* zu veröffentlichen. Auch wenn er vermutlich nicht so recht daran glaubte, dass es klappen könnte.

Nur wenige Wochen später, am 6. Juni 1971, erschien im *Stern* das Bekenntnis der 374: »Wir haben abgetrieben – und fordern das Recht dazu für jede Frau!« Der Appell schlug ein wie eine Bombe – und wurde zum Auslöser für die neue deutsche Frauenbewegung. Denn im Gegensatz zu Frankreich oder Amerika, ja zu den meisten Ländern der westlichen Welt, gab es damals in Deutschland noch keine Frauenbewegung. Der Tomaten-Aufstand der SDS-Frauen war nur APO-intern gemeint gewesen. Diese Frauen verstanden sich – auch nach ihrem eigenen Verständnis – keineswegs als Feministinnen, sie wollten »nur« mehr Rechte innerhalb der Studentenbewegung. Und außerhalb? Da herrschte noch Friedhofsruhe in Sachen Emanzipation.

Das nervte selbst *Brigitte*. Darin spottete im Frühling 1971 Leona Siebenschön: »Deutsche Frauen verbrennen keine Büstenhalter und Brautkleider, stürmen keine Schönheitskonkurrenzen und emanzipationsfeindlichen Redaktionen, fordern nicht die Abschaffung der Ehe und verfassen keine Manifeste zur Vernichtung der Männer. Es gibt keine Hexen, keine Schwestern der Lilith, wie in Amerika, nicht einmal Dolle Minnas mit Witz wie in Holland, es gibt keine wütenden Pamphlete, keine kämpferische Zeitschrift. Es gibt keine Wut.« – Was stimmte, sich aber sehr bald ändern sollte.

Als ich Ende April 1971 in Deutschland anreise, habe ich die Adressen von den anscheinend einzigen drei Frauengruppen in der Tasche: vom *Weiberrat* in Frankfurt, von den »Roten Frauen« in München und vom »Sozialistischen Frauenbund« in Westberlin. Für die allerdings war Abtreibung bisher kein Thema, sie machten »Kapitalschulungen«; das heißt, sie lasen Marx und Anverwandte und diskutierten in einer Art Schonraum für Frauen, um mit den Genossen eines Tages gleichziehen zu können im Klassenkampf.

In der Öffentlichkeit allerdings war die Reform des § 218, der abtreibende Frauen und Ärzte mit Gefängnis bis zu fünf Jahren bedrohte, durchaus schon im Gespräch. Denn längst entsprach das Abtreibungsverbot nicht mehr dem Rechtsbewusstsein der Menschen, selbst die Justiz mochte den Paragrafen nicht länger anwenden. Zwar trieben Jahr für Jahr Hunderttausende ab, und das oft unter Lebensgefahr, doch landeten davon 1969 nur noch 276 Frauen vor dem Richter. Der verurteilte sie zu Minimalstrafen. Der § 218 war also ein Damoklesschwert mit stumpfer Klinge, aber noch immer einschüchternd.

Als 1969 erstmals die SPD/FDP an die Regierung kam, gehörte die Reform des § 218 zu ihrem Programm. Bonn erwäge eine »eventuelle Freigabe der Abtreibung bis zum dritten Schwangerschaftsmonat«, bezahlt von den Krankenkassen, vermeldete 1970 der *Parlamentarische Pressedienst*. Doch da hatte die Politik ihre Rechnung ohne den Vatikan gemacht. Mit der Parole »Minister

Jahn will Mord legitimieren!« mobilisierte die katholische Kirche ihre Schäfchen. Allein die LeserInnen des katholischen Boulevardblattes *Bildpost* (das bis heute in allen Kirchen und Gemeinden ausliegt) schickten rund 12.000 vorformulierte Proteste an den sozialdemokratischen Justizminister.

Der knickte unter dem Druck der Kirche prompt ein. Anfang 1971 beschwichtigte Jahn, es handele sich um »ein Missverständnis«: »Wir befinden uns noch im Stadium der Beratung, in die Sachverständige wie auch Kirchen mit einbezogen sind.« Nur zwei Monate später konnte die *Neue Bildpost* stolz vermelden: »Schon heute ist klar, dass der entscheidende Widerstand, nicht zuletzt der Kirchen, dazu geführt hat, dass von den Vorschlägen der SPD-Frauenkonferenz, die den Paragrafen 218 völlig gestrichen sehen wollte, ebenso wenig mehr gesprochen wird wie von den Forderungen der Humanistischen Union und der Jungsozialisten, die eine Straffreiheit bei Abtreibung während der ersten drei Monate gefordert haben.«

Die Politik hatte also zurückgesteckt, auf Kosten der Frauen, und die Minderheit der fortschrittlichen ÄrztInnen und JuristInnen resigniert. Und so ist es bis heute. Während die meisten europäischen Länder längst eine Fristenlösung, also das Recht der Frauen auf Abtreibung in den ersten drei Monaten, eingeführt haben – darunter selbst das katholische Italien –, haben deutsche Frauen immer noch kein *Recht* auf eine selbstbestimmte Mutterschaft. Man gewährt ihnen via »Pflichtberatung« bestenfalls die »Gnade«.

Fakt ist: Abtreibung ist im Jahr 2011 noch immer »rechtswidrig«. Den abtreibenden Ärzten drohen bis zu drei Jahren Gefängnis, den Schwangeren bis zu einem Jahr. Voraussetzung für die Straflosigkeit ist, dass die Frau sich mindestens drei Tage vor dem Eingriff beraten lässt. Im § 219 StGB heißt es dazu: »Die Beratung dient dem Schutz des ungeborenen Lebens. Sie hat sich von dem Bemühen leiten zu lassen, die Frau zur Fortsetzung der Schwangerschaft zu ermutigen. (...) Dabei muss der Frau bewusst sein, dass das Ungeborene in jedem Stadium der Schwangerschaft auch ihr gegenüber ein eigenes Recht auf Leben hat.« Dieses »Stadium«

wird in der Debatte um die Präimplantationsdiagnostik (PID) gerade in die Phase *vor* Einpflanzung eines befruchteten Eies gelegt. Das (fundamentalistisch) christliche Verständnis – die Frau ist kein selbstbestimmter Mensch, sondern nur das Gefäß, in dem das Kind heranwächst – ist damit in Deutschland Gesetz geworden. Frauen wird also das Recht, selbst über ihren Körper und ihr Leben zu bestimmen, abgesprochen.

Das Betreiben, diese »Gnade« mehr und mehr einzuschränken, ist 40 Jahre später in vollem Gange: via Scheindebatten wie Spätabtreibung und Präimplantationsdiagnostik (PID). Das Klima in Sachen Abtreibung ist Anfang des 21. Jahrhunderts in Deutschland vom christlichen Fundamentalismus geprägt. Inzwischen sind statt Embryo oder Fötus sogar die Begriffe vom »werdenden Leben« bzw. »Kind im Mutterbauch« in den allgemeinen Sprachgebrauch übergegangen. Das war früher Vatikan-Vokabular.

Als ich im Frühling 1971 nach Deutschland reise, sind das Leid der Frauen und das Unbehagen über den so lebensfernen § 218 gewaltig. Und es ist klar: Jetzt müssen endlich die Betroffenen, die Frauen selbst, ihre Stimme erheben. Ich schlage meine Zelte in Wuppertal auf und klopfe zunächst bei den Gewerkschafterinnen sowie den Politikerinnen aus SPD, FDP und DKP in Bonn an. Vergebens. Sie lassen mich abblitzen, finden die Aktion »unpassend« bis »peinlich«. Deutschland war und ist eben immer noch das Land, in dem schon deshalb keine Revolution gemacht wird, weil das Betreten des Rasens verboten ist (wie Lenin mal gespottet hat). Und eine Frauenbewegung gibt es nicht. Was also tun?

Ich fahre nach Frankfurt und werde beim sogenannten *Weiberrat* vorstellig, der seit dem legendären Tomatenwurf gegen die Genossen anno 1968 zweimal verschieden und zweimal wieder gegründet worden war. An diesem Abend sitzen zwei, drei Dutzend Frauen in dem nüchternen Seminarraum der Uni vor mir. Ich trage die Idee vor, die Genossinnen beraten sich – und die zwei Wortführerinnen der Gruppe, Margit und Hilde, bescheiden mich sodann kategorisch: »Der Weiberrat beteiligt sich nicht an dieser Art reformistischer, kleinbürgerlicher Aktion.«

Ich falle von hoch runter. Damit hatte ich nicht gerechnet. Und da kann es mich auch nur wenig trösten, dass einzelne Frauen mich nach der Versammlung auf dem Flur zur Seite nehmen und flüstern: »Wir würden ja gerne mitmachen. Endlich mal was tun! Aber ...«

Meine nächste Station sind die »Roten Frauen« in München. Auch da zwei, drei Dutzend Frauen in einem Seminarraum der Universität. Ich trage wieder vor. Mona, die Wortführerin, eine rasante Schwarzhaarige im Existenzialistinnen-Look, bescheidet mich umgehend und nicht minder kategorisch: Eine so »kleinbürgerliche« Aktion komme für sie als Sozialistinnen nicht infrage. Ich will mich schon resigniert trollen. Doch da geschieht etwas Überraschendes. Ein Tumult bricht aus. Noch am selben Abend spaltet sich die Gruppe. Und am nächsten Tag gründen die Dissidentinnen in einer Wohngemeinschaft in Schwabing die »Aktion 218«.

Die Münchnerinnen sind die Ersten, die beginnen, Unterschriften zu sammeln für die Selbstbezichtigung. Sie sind spontaneistischer und heterogener als die Frankfurterinnen, sind ebenfalls überwiegend Studentinnen, aber auch Buchhändlerin oder Hausfrau oder Künstlerin. Es sind die Münchnerinnen, denen ich in den kommenden Jahren von Paris aus am engsten verbunden bleiben werde.

Meine dritte Station ist Westberlin. Dort hatte die von der DDR geprägte bzw. abhängige SEW, die »Sozialistische Einheitspartei Westberlins«, inzwischen den Kampf innerhalb der diversen linken Strömungen um die politische Deutungshoheit für sich entschieden. Der ehemalige »Aktionsrat zur Befreiung der Frau« hatte sich umbenannt in »Sozialistischer Frauenbund Westberlin« und war stramm organisiert. So stramm, dass er zwar beschloss mitzumachen bei der Abtreibungsaktion, aber unter seinen Mitgliedern die Unterschriften zunächst selber rekrutierte.

In allen Städten wohne ich bei Bekannten oder Bekannten von Bekannten. Für Hotels habe ich kein Geld. Und so lerne ich die deutsche WG-Kultur kennen, die in Paris bis heute nicht existiert. Dem steht nicht nur der Pariser Individualismus im Wege, sondern das verhindern auch die wegen der hohen Mieten so kleinen Wohnungen in der Kapitale. In Deutschland lerne ich jetzt diese endlosen WG-Frühstücke kennen, die gerne bis elf Uhr gehen und mich leicht nervös machen, weil ich immer viel zu tun habe. Und ich beginne, eine gewisse Aversion zu entwickeln gegen den doch eigentlich recht netten Blumenkohl: Er wird in allen Variationen in allen WGs serviert, am liebsten mit Käse überbacken oder in Begleitung einer Mehlschwitze.

In diesen Mai-Wochen bilden sich noch vor der Veröffentlichung im *Stern* die allerersten Gruppen der »Aktion 218«. Sie entstehen aus den Resten entschlafener Emanzipationsgruppen oder auch aus spontanen Zusammenschlüssen von Frauen, die es einfach leid sind mit der Doppelmoral und Bevormundung. Die ersten Gruppen bilden sich in Köln und Düsseldorf, wo ich in persönlichem Kontakt stehe mit den Frauen. Die Hälfte der Unterschriften der 374 Frauen, die sich als Erste aus der Deckung wagen, wird von diesen Frauengruppen gesammelt. Die andere Hälfte kommt durch Mundpropaganda zusammen. Ich spreche einfach alle Frauen und Männer an, die ich kenne und denen ich den Mut und die Wut zutraue mitzumachen. Die wiederum reichen den Appell weiter: unter Freundinnen, Nachbarinnen, Kommilitoninnen, Kolleginnen.

Sehr rasch zeichnet sich ab, dass ich es schaffen werde. In dem Stadium fange ich an, die Unterschriften von »Prominenten« einzuholen. Letztendlich kommen neun Schauspielerinnen zusammen, darunter Senta Berger, Sabine Sinjen, Vera Tschechowa und Veruschka von Lehndorff, Mannequin (so hießen die Models damals). Diese bekannten Frauen riskieren fast noch mehr als die unbekannten: nämlich ihre gesamte Karriere. Am eindrücklichsten ist mir Romy Schneider in Erinnerung. Die lebt zu der Zeit gerade in Deutschland mit Harry Meyen und ihrem Sohn, aber ist natürlich über die französische Aktion, bei der viele von ihr geschätzte Kolleginnen mitgemacht hatten, auf dem Laufenden. Wir telefonieren miteinander, und bereits am nächsten Tag trifft ihre Unterschrift ein, mit dem Satz am Rand des Blattes: »Da bin ich ganz und gar dafür!!!« Drei Ausrufezeichen. 16 Jahre nach ihrem so frühen Tod werde ich eine Biografie über Romy Schneider schreiben.

Inzwischen habe ich mein Hauptquartier in meinem Mädchenzimmer in Wuppertal aufgeschlagen. Dort sammele ich die Unterschriften im Wohnzimmerschrank meiner Mutter (die auch unterzeichnet). Aber ich gebe sie nicht aus der Hand. Denn nicht nur der Mut, auch das Risiko jeder Einzelnen, die mitmacht, ist gewaltig. Keine weiß: Sprechen nach der Veröffentlichung die Nachbarn noch mit mir? Lässt mein Mann sich scheiden? Verliere ich meine Stelle? Werde ich verhaftet? – Entsprechend groß ist meine Verantwortung – und meine Entschlossenheit, die Aktion sicher bis zum Ende zu führen.

Auch ich selbst unterschreibe, selbstverständlich, obwohl ich nie abgetrieben habe (wenn ich auch die Möglichkeit mehrfach und unter Qualen durchgespielt habe). Doch bei dieser Selbstbezichtigung geht es ja nicht um ein persönliches Geständnis, sondern um eine politische Provokation.

Und während ich weiter Unterschriften sammle, schreibe ich für den *Stern* den Bericht über die Aktion. Dabei verschleiere ich meine Rolle als Initiatorin bewusst. Warum? Nicht weil ich etwas zu verbergen hätte. Nein. Ich will ganz einfach den Eindruck vermeiden, dies sei die Aktion einer Einzelnen. Es sollen endlich die Frauen selbst sein, die ihre Stimme erheben im Kampf gegen das Abtreibungsverbot! Und so kommt es dann auch.

Und wer sind diese Frauen? Sie sind zwischen 18 und 77, sie sind Sekretärin oder Studentin, Hausfrau oder Akademikerin, Single oder Mutter. Sie sind sehr, sehr unterschiedlich, doch eines verbindet sie alle: Sie sind es leid!

Als die Veröffentlichung beschlossen ist, fahre ich noch einmal nach München und Berlin, diesmal mit *Stern*-Fotograf Robert Lebeck. Er sympathisiert uneingeschränkt mit dem Protest der Frauen, und auch seine damalige Frau Heike unterschreibt. Bis heute kreuzen wir gerührte Blicke, wenn wir uns begegnen, in Erinnerung an diese so dramatischen Wochen.

Endlich ist es so weit. An dem Montag, an dem der *Stern* die

Selbstbezichtigung ins Heft hebt, bin ich in Hamburg. Bis weit nach Mitternacht. Und erst, als der Titel steht – ein Kollektiv-Cover und nicht nur ein Foto von Romy Schneider, die Nannen bis zuletzt auf dem Cover haben will und über die er nicht zufällig im selben Heft eine Story bringt –, erst als alles layoutet ist, erst dann rücke ich die 374 Unterschriften raus. Bis zuletzt halte ich die Mappe, in der sie liegen, fest umklammert. Jetzt kann ich loslassen.

Genau 374 deutsche Frauen haben unter Angabe von Namen, Alter, Beruf und (nicht veröffentlichter) Adresse diesen historischen Appell unterzeichnet: »Jährlich treiben in der Bundesrepublik rund eine Million Frauen ab. Hunderte sterben, Zehntausende bleiben krank und steril, weil der Eingriff von Laien vorgenommen wird. Von Fachärzten gemacht, ist die Schwangerschaftsunterbrechung ein einfacher Eingriff. Frauen mit Geld können gefahrlos im In- und Ausland abtreiben. Frauen ohne Geld zwingt der Paragraf 218 auf die Küchentische der Kurpfuscher. Er stempelt sie zu Verbrecherinnen und droht ihnen mit Gefängnis bis zu fünf Jahren. Trotzdem treiben Millionen Frauen ab – unter erniedrigenden und lebensgefährlichen Umständen. Ich gehöre dazu. – Ich habe abgetrieben. Ich bin gegen den Paragrafen 218 und für Wunschkinder. Wir Frauen wollen keine Almosen vom Gesetzgeber und keine Reform auf Raten! Wir fordern die ersatzlose Streichung des Paragrafen 218. Wir fordern umfassende sexuelle Aufklärung für alle und freien Zugang zu Verhütungsmitteln! Wir fordern das Recht auf die von den Krankenkassen getragene Schwangerschaftsunterbrechung!«

Als der *Stern* am 6. Juni 1971 mit der Schlagzeile »Wir haben abgetrieben!« und 28 Gesichtern von 374 auf dem Cover erscheint, ist der Skandal komplett. Am Ende wird nicht nur im März 1972 der offiziell verkündete Beginn der deutschen Frauenbewegung, sondern im Juni 1974 auch die Verabschiedung der Fristenlösung stehen – die allerdings dank einer Verfassungsklage der CSU bald wieder gekippt werden wird.

Als Nannen die zum Skandal passende Pressekonferenz gibt,

sitze ich schon wieder im Zug nach Paris, wo mein Leben auf mich wartet, meine Arbeit, mein MLF. Mission erfüllt.

*

Während in Deutschland die Abtreibungsdebatte tobt und sich die ersten Frauengruppen der »Aktion 218« zusammenfinden, bin ich wieder in der Rue d'Alesia. Morgens hole ich an meinem Lieblingskiosk, Ecke Boulevard Montparnasse/Boulevard Raspail, jetzt immer ein paar Zeitungen mehr. Doch was ich da lese, macht mir zunehmend Bauchschmerzen. Denn nicht nur *Bild* versucht, die Aktion 218 als »Prominentengag« runterzuschreiben, auch die *Süddeutsche Zeitung* spricht von »Exhibitionismus« (»schamlos«) und die *Frankfurter Rundschau* ortet gar »Konsumwahn« (»Pelzmantel statt Kind«) sowie eine »Vernichtung unwerten Lebens« – ganz im Sinne von Kardinal Jaeger, für den die Aktion 218 eine Art »neues Euthanasieprogramm« ist. Nur *Spiegel* und *Zeit* stehen dem Recht auf Abtreibung aufgeschlossen gegenüber.

Innerhalb weniger Wochen verkommt der spektakuläre Protest der Frauen erneut zur Expertendebatte unter Kirchenmännern, Juristen und Bevölkerungsexperten, quer durch alle politischen Lager. Diese Männer wollen »die Diskussion von der Straße runterholen«. Ich bin verzweifelt. 79 Prozent aller Frauen sind im Juni 1971 für die Streichung des § 218, wie eine Wickert-Umfrage belegt (zwei Jahre später werden es 83 Prozent sein!). Aber sie sind nicht organisiert, haben keine Lobby.

Also tue ich das Naheliegendste. Ich versuche, in den Zeitungen und Sendern, für die ich für gewöhnlich arbeite, über die Entwicklung der Abtreibungsdebatte aus meiner Sicht zu berichten. Vergeblich. Konnte ich bisher alle Themen, auch die gesellschaftskritischsten, problemlos unterbringen, so machen jetzt alle Redaktionen dicht. Das Thema ist doch längst durch. – Frauen sind für das Thema viel zu betroffen und emotional. – Es gibt doch noch so viele andere Themen, Frau Schwarzer. – So und ähnlich lauten die Argumente, mit denen man mir in diesem Sommer 1971 Berichte über den § 218 abschlägt.

Als ich bei einer Stippvisite in Frankfurt über diese Zensur klage, da sagt eine Freundin zu mir: »Warum schreibst du nicht ein Buch darüber?« Ein Buch? Klar, antwortet Ulla Rowohlt, die Frau von Harry und erfahrene Verlagsfrau. Und sie empfiehlt mir Günther Busch, den Lektor der *edition suhrkamp*; diese Reihe der legendären, regenbogenfarbenen Taschenbücher, die seit 1963 die Argumente liefern für den gesellschaftskritischen Diskurs.

Ich mache gleich Nägel mit Köpfen, gehe zu Günther Busch in die Lindenstraße und sitze ihm nun gegenüber in seiner winzigen, mit Bücherstapeln verstellten Kammer. Schon beim ersten Gespräch wird klar: In Lektor Busch habe ich einen sehr kompetenten und zugewandten Partner. Umgehend begebe ich mich an die Arbeit. Denn das Buch soll so schnell wie möglich erscheinen, um der Debatte über den § 218 wieder feministische Impulse zu geben.

Ich spreche mit vielen und wähle für das Buch 18 Frauen aus: zwischen München und Hamburg, zwischen 18 und 55, mit Kindern und ohne, Akademikerinnen oder Arbeiterinnen. Diese 18 Frauen haben zusammen 41 Kinder auf die Welt gebracht – und 43 Abtreibungen gemacht. Damit liegen sie so ziemlich genau im Bundesdurchschnitt. 16 von ihnen machen seit ein paar Tagen oder Wochen irgendwie mit bei der »Aktion 218«. Diese Gruppen sind inzwischen im ganzen Land wie die Pilze aus dem Boden geschossen und haben Zehntausende von Solidaritätsadressen gegen den § 218 gesammelt, von Frauen wie Männern.

Es sind diese Gespräche mit den Frauen im Sommer 1971, die mich radikalisieren. Mit einem solchen Ausmaß an Trost- und Sprachlosigkeit hatte ich nicht gerechnet.

Die Verheirateten treffe ich meist zu Hause, wenn der Mann nicht da ist, oft heimlich. Nur einmal sitzt der Ehemann während des Gesprächs nebenan, und wir trinken anschließend zusammen Kaffee. Es ist der nette Mann der damals 55-jährigen Anette M. in Dortmund, die sage und schreibe sechs Kinder und 16 Abtreibungen durchgestanden hat. Denn: »Versagt habe ich mich meinem

Mann nie. Ich wäre gar nicht auf den Gedanken gekommen, aus diesen Gründen in Spannungen zu leben.« Aber: »Für mich war der Geschlechtsakt nie eine Freude. Ich habe immer nur gedacht: Hoffentlich wird es keine Schwangerschaft. ... Ich wusste, dass damals sogar die Todesstrafe auf Abtreibung stand. Aber ich habe es trotzdem getan und würde es sofort wieder tun.«

Fast immer waren die Frauen allein mit den Abtreibungen. Die meisten hatten nicht einmal gewagt, mit der eigenen Mutter oder besten Freundin darüber zu reden; so manches Mal noch nicht einmal mit dem Freund oder Ehemann, weil der ihnen auch noch Vorwürfe machte, wenn sie »wieder mal« schwanger geworden waren. Die sexuelle Unwissenheit ist groß, Verhütungsmittel sind quasi unbekannt, die Pille wird kaum verschrieben – auch auf Bitten nicht. Obskure Ärzte machen den Eingriff gerne »zur Strafe« ohne Narkose – oder vergewaltigen gar die Hilfe suchenden Frauen; Hinterhof-Engelmacherinnen jagen den Schwangeren Seifenlauge oder nicht sterile Schläuche in die Gebärmutter. Die Frauen schlucken Pillen, trinken literweise Rotwein, springen von Schränken. So manche entkommt nur knapp dem Tod.

Anfang der 1970er-Jahre – also als die Mütter der heute jüngeren Frauen selber noch jung waren – ist die ökonomische, soziale und emotionale Abhängigkeit der Frauen von den Männern grenzenlos. Hinzu kommt die »eheliche Pflicht« (»Bevor er zu einer anderen geht ...«). Die Vergewaltigung in der Ehe ist überhaupt erst seit 1997 strafbar! Auch können Ehemänner ihren Frauen die Berufstätigkeit verbieten, so sie der Auffassung sind, dass diese nicht »ihre Haushaltspflichten erfüllt«. Ja, sie können sogar die Stelle ihrer Frau kündigen, ohne sie auch nur zu fragen.

Und vor allem: Das Abtreibungsverbot ist unlösbar verknüpft mit der Sexualität. »Währenddessen denke ich nur daran«, sagt eine zu mir und spricht damit vielen aus dem Herzen. Die Angst vor einer ungewollten Schwangerschaft überschattet die Lust der Frauen bzw. lässt sie gar nicht erst aufkommen. – Meine Idee, ein Buch über die Funktion von Sexualität und Liebe zu schreiben, nahm wohl hier ihren Anfang.

Doch noch bin ich bei dem Buch über das Abtreibungsverbot und seine so fatalen Folgen. Mir wird immer klarer, was ich eigentlich schon ahnte: Bei dem Recht auf Abtreibung geht es überhaupt nicht darum, *ob* Frauen abtreiben – denn das tun sie unter allen Umständen, wenn sie kein Kind wollen –, sondern nur darum, *wie* Frauen abtreiben. Nämlich illegal und in Scham, Schande und Lebensgefahr – oder legal und mit maximalem medizinischen Beistand.

Meine Gespräche mit den Frauen verdichte ich zu Monologen. Und im Anhang veröffentliche ich – neben meiner Analyse der Geschichte des hundert Jahre alten Abtreibungsverbotes und des aktuellen Kampfes von Frauen dagegen – einen Text der Münchnerinnen, die sich inzwischen umbenannt haben in »Sozialistische Arbeitsgruppe zur Befreiung der Frau – Aktion 218«, Titel: »Das Ende der Resignation«.

Das Nachwort zu den Protokollen schreibe ich in einem kurzen Sommerurlaub mit Bruno im holländischen Scheveningen, weiter weg fahren kann ich in diesen bewegten Monaten nicht. In der kleinen holländischen Pension erreicht mich der Anruf aus dem Hause Suhrkamp. Siegfried Unseld schlägt vor, dass Martin Walser ein Vorwort zu meinem Buch schreibt, und der hat auch schon zugesagt, ist das nicht wunderbar?! Ich bin außer mir! Nichts gegen Martin Walser – zumindest damals noch nicht, 26 Jahre vor seiner Rede in der Paulskirche –, aber: ein Mann das Vorwort zu diesem Frauenbuch? Niemals! Meinen so klugen und einfühlsamen Lektor Günther Busch, der von alldem nichts weiß, spüre ich beim Wandern in den Schweizer Bergen auf. Er versteht mich. Die Männerfreunde werden gestoppt. Von da an wird Unseld mich lebenslang »das Flintenweib« nennen.

Noch bevor das Buch erscheint, erreicht mich im Juli der erste Drohbrief aus Deutschland. Er kommt von einer gewissen Marlis D., Soziologin in Berlin, die 1970 eine unveröffentlichte Diplomarbeit über das Abtreibungsverbot geschrieben hatte. Sie unterstellt mir, ich wolle aus ihrer Diplomarbeit abschreiben bzw. ganze Kapitel als die meinen ausgeben. Und sie schreibt wörtlich: »Du scheinst die Arbeitssituation zu verkennen, berühmter wird man heutzutage, wenn man im Kollektiv ein Buch herausgibt, als wenn man sich da individuelle Ambitionen macht. (...) Ich habe im Plenum (Anm. der Autorin: des Frauenbundes Berlin) über deine Methoden berichtet. Du wirst dich auch für zukünftige Arbeiten umstellen müssen, wir kennen zu viele Leute und uns untereinander.« So war damals der Ton.

Ich bin fassungslos. Dennoch antworte ich Marlis D. umgehend und stelle klar: Selbstverständlich hat mein Buch überhaupt nichts mit ihrer Diplomarbeit zu tun; würde ich sie zitieren, hätte ich das wie üblich kenntlich gemacht. Richtig schockiert bin ich auch von dem anmaßenden, drohenden Ton und dieser ganzen Denkweise.

Es wird leider nicht der letzte Vorfall dieser Art sein. An »Offene Briefe«, Boykottaufrufe und verleumderische Kampagnen im Namen der »Frauenbewegung« werde ich mich gewöhnen müssen. Denn vom deutschen Denunziantentum bleiben ebendiese Töchter und Söhne ihrer Eltern auch innerhalb der Linken und der Frauenbewegung nicht verschont. Und ich als exponierte öffentliche Feministin werde in diesen 1970er-Jahren die Zielscheibe Nr. 1 nicht nur für die da draußen sein, sondern auch für die drinnen. Für Frauen wie Marlis D., die selbst ernannt im Namen der »Basis der Frauenbewegung« agieren.

Im Herbst erscheint mein Buch »Frauen gegen den § 218«, 155 Seiten, leuchtend oranger Umschlag. Es ist, abgesehen von dem legendären *Kursbuch 17* von 1969, das erste feministische Buch in Deutschland aus den Reihen der sich gerade formierenden Frauenbewegung. Im *Kursbuch* hatte vor allem der Aufsatz »Die kulturelle Revolution der Frau« von Karin Schrader-Klebert Impulse gegeben. Sie wird später eine gute Freundin werden.

*

Von Paris aus bleibe ich nun in Kontakt mit den deutschen Frauen, allen voran den Münchnerinnen und Kölnerinnen. Und ich lade sie auch immer mal wieder in die Rue d'Alesia ein. Im März 1972 fahre ich nach Frankfurt. Da treffen sich am 11./12. März 450 Frauen aus 40 Frauengruppen beim »1. Bundesfrauenkongreß«. Ich staune, wie schnell das gegangen ist. Es wird ein historisches Treffen werden: die offizielle Geburtsstunde der Neuen Frauenbewegung! Vermutlich ist die deutsche Bewegung die einzige, die in aller Form, qua Proklamation, »gegründet« wurde. Eigentlich ist es ja charakteristisch für eine »Bewegung«, dass sie eben nicht gegründet wird, sondern einfach stattfindet.

Es ist ein relativ bunter Haufen, der da zwei Tage lang in der Jugendherberge am Mainufer heftig debattiert, auch wenn die Parkas und Jeans überwiegen. Es treffen aufeinander: geschulte Genossinnen und aufmüpfige Hausfrauen, engagierte Parteifrauen und versprengte Urfeministinnen. Doch der Stil in Frankfurt unterscheidet sich radikal von dem des MLF in Paris. Alles ist organisiert: Arbeitsgruppen, Plenen, Wortmeldungen, Meldungen zur Geschäftsordnung, Resolutionen, Presseerklärung. Die meisten der Frauen scheinen sich in diesen Strukturen auszukennen. Ich allerdings fremdle ein wenig.

Inzwischen ist auch der Frankfurter »Weiberrat« mit von der Partie. Die einst so ablehnende Margit erklärt nun: »Das ist das erste Mal in der jungen Geschichte, dass Frauen an die Öffentlichkeit damit treten, dass sie für ihre Interessen kämpfen. Wir meinen, dass wir da unbedingt mit dran arbeiten müssen.« In den kommenden Jahren werden sich die Frankfurterinnen spektakulär engagieren, werden fantasievolle Aktionen machen und provokante »Abtreibungsfahrten nach Holland«.

In den Arbeitsgruppen geht es, in dieser Reihenfolge, um: »die Gründe zur Selbstorganisation der Frauen«, »die Situation der erwerbstätigen Frau«, »die Funktion der Familie in der Gesellschaft« und die »Aktion 218«. Am Ende wird eine mehrheitlich verabschiedete offizielle Erklärung über Mikrofon verlesen, deren Kernsatz lautet: »Frauen müssen sich selbst organisieren, weil sie ihre ureigensten Probleme erkennen und lernen müssen, ihre Interessen zu vertreten.« Beifall und nur vereinzelte Buhrufe. Das Startzeichen für die Frauenbewegung ist nun auch offiziell gegeben (siehe Seite 413).

Die Einsicht, dass Frauen als Gruppe zum »Machtfaktor« werden müssen, quer zu allen politischen Lagern, ist jetzt Mehrheitsmeinung: »Noch nie in der Geschichte haben Privilegierte ihre Privilegien freiwillig abgegeben«, tönt es durchs Mikro. Auch privilegierte Genossen nicht. Und: »Die Gruppen, die zunächst größtenteils aus dem Kampf gegen den Abtreibungsparagrafen entstanden, haben erkannt, dass die Unterdrückung der Frauen in einem umfassenden gesellschaftlichen Zusammenhang zu sehen ist.« Zum Abschluss wird das erste Frauenbewegungslied geschmettert: »Frauen gemeinsam sind stark.« Es ist die Stunde des Aufbruchs, die Phase der Euphorie.

Ich nehme teil und stehe gleichzeitig daneben. Nicht nur weil vieles mir fremd ist und bleiben wird. Auch weil ich über die Veranstaltung berichte. Ich nehme die Highlights mit meinem Uher-Gerät auf, das schwer an meiner Schulter baumelt. Mein 60-Minuten-Feature über die »Aktion 218« wird am 8. Mai im WDR ausgestrahlt werden – die Geburt der Frauenbewegung ist so bis heute im O-Ton zu hören (zum Beispiel im Archiv des Kölner FrauenMediaTurms).

Doch nachdem ich die Sendung fast 40 Jahre später noch einmal gehört habe, ist mir klar geworden, dass sie auch Ausdruck meiner eigenen Ignoranz ist. Meiner zeitbedingten Ignoranz. Zu diesem Zeitpunkt bin ich noch überzeugt, dass wir die Ersten sind. Ich weiß fast nichts über unsere Vorläuferinnen, die Historische Frauenbewegung. Die einzigen Namen, die ich kenne, sind die der Sozialistin Clara Zetkin (1857–1933) und der mit den Sozialisten zusammenarbeitenden Frauenrechtlerin Louise Otto-Peters (1819–1895). Sie haben in den Geschichtsbüchern überlebt. Die um 1900 sehr populären radikalen Frauenrechtlerinnen aber – wie Hedwig Dohm oder Anita Augspurg und Lida G. Heymann – kenne ich nicht. Ihr Andenken ist verschüttet. Es werden noch ein paar Jahre vergehen, bis wir jungen Feministinnen diese Pionierinnen wieder ausgraben.

Ganz am Schluss des Kongresses ergreife ich auch selbst das Wort. Ich teile mit, dass Rowohlt auf meine Anregung hin eine

Auswahl der Texte des MLF aus dem *Partisans* veröffentlichen will und interessiert ist, Texte von deutschen Feministinnen dazu zu nehmen. »Alle, die mitmachen wollen, treffen sich in einer halben Stunde in Raum X«, sage ich durchs Mikrofon.

Es kommen ein Dutzend Frauen, und die reisen ein paar Wochen später mit ihren Texten auch bei mir in Paris an. Irgendwie bringen wir sie alle unter, Bruno schläft auf dem Boden, und es ist ein munteres Wochenende. Die Frauen sind nett, aber – die Texte sind ein Desaster. Sie sind schlicht unlesbar, geschrieben in diesem semimarxistischen, lebensfernen Soziologen-Kauderwelsch, das in linken Kreisen in Deutschland damals (und teilweise bis heute) üblich ist.

Ich bin ratlos. Damit hatte ich nicht gerechnet. Die Texte der Französinnen und Amerikanerinnen barsten vor Leben und Leidenschaft. Halbherzig nehme ich die blutleeren deutschen Texte dennoch mit nach Hamburg, zu dem Treffen mit dem Herausgeber der Reihe rororo aktuell, Freimut Duve. Der schaut nur kurz rein – und schiebt mir das Paket dann hohnlachend über den Tisch. »Du willst doch nicht etwa, dass ich so was veröffentliche?!«, sagt er. Ich kann ihm nichts entgegensetzen. Nun erscheinen auch die wirklich starken französischen Texte leider nicht in Deutschland.

Bis heute jubelt Duve, sobald er meiner auf der Buchmesse oder an anderen einschlägigen Orten ersichtig wird: »Vergiss nicht, Alice, dass ich deine Karriere gerettet habe. Die Herausgabe dieser Texte wäre dein Ende gewesen!« Und ich lächle über diesen Scherz noch immer leicht gequält. Denn die Absage hat mich bei den stolzen Verfasserinnen nicht unbedingt beliebter gemacht. In diesen Konflikt – zwischen Engagement und Qualität – werde ich in der Zusammenarbeit mit meinen Schwestern in Zukunft noch öfter geraten.

Nur einen Monat später sitze ich schon wieder im Flugzeug nach Deutschland. Am 16. April 1972 bin ich Gast in Werner Höfers Frühschoppen. Es geht um den § 218, worum sonst. In der Livesendung kommt es zum Eklat. Der Vertreter des Vatikans ist der

Auffassung, bereits die Vereinigung von Ei und Samenzelle sei »schützenswertes werdendes Leben« (diese Position vertraten früher nur der Vatikan und die Konservativen, heute ist es auch der Sprachgebrauch grüner wie sozialdemokratischer PolitikerInnen). Ich mache ihn darauf aufmerksam, dass tote Embryonen bzw. Föten auch in katholischen Krankenhäusern schlicht im Abfalleimer landen – es da also offensichtlich einen gewissen Widerspruch zwischen Ideologie und Praxis gebe. Es geht richtig rund.

Das ist mein zweiter Auftritt im deutschen Fernsehen. Zum ersten war ich allerdings gar nicht eingeladen. Der hatte einige Monate zuvor in einer Livesendung der ARD in München stattgefunden. Thema: § 218. Diskutanten: Kirchenmänner, Juristen, Ärzte, Politiker. Irgendwann reicht es uns Feministinnen im Publikum. Ich greife mir, zusammen mit der ebenfalls recht forschen Karin, das Mikrofon eines der verdatterten Herren und rede Tacheles. Live. (So was wäre in dem perfektionistischen, sterilen Fernsehen von heute vermutlich undenkbar.)

Im Februar 1973 bin ich erneut in München. Anlass ist der »2. Bundesfrauenkongreß«. Diesmal reise ich mit Freundin Annie und dem Gynäkologen Frydman an. Annie und ich, wir berichten den Frauen vom Verkäuferinnen-Streik in Thionville und wie wir die Frauen unterstützen. Frydman trägt Informationen über die damals sogenannte »Karman-Methode« vor, die schonende Absaugung bei Abtreibungen. Diese heute quasi ausschließlich praktizierte Methode ist damals in Deutschland noch ganz unbekannt unter den Ärzten.

Am nächsten Tag geht es erst mittags weiter. Annie Cohen und René Frydman fahren vormittags in die KZ-Gedenkstätte von Dachau, das ja nur 35 Kilometer von München entfernt ist. Und ich? Ich verabrede mich für mittags mit den beiden in einem Brauhaus. Bis heute kann ich nicht verstehen – und mir auch nicht verzeihen! –, dass ich nicht mit Annie und René nach Dachau gegangen bin. Zwei französische Juden kommen, um die deutsche Frauenbewegung zu unterstützen –, und ich begleite sie noch nicht einmal in die KZ-Mahnstätte!

Als ich jüngst bei einem Paris-Besuch Annie fragte, was sie denn eigentlich damals gedacht habe, als ich sie allein nach Dachau fahren ließ – da stellt sich heraus, dass sie es vergessen hat. Was mich nicht trösten kann. Ich habe es nicht vergessen.

Im Sommer und Herbst 1972 recherchiere ich wieder häufig in Deutschland: für mein zweites Buch, »Frauenarbeit – Frauenbefreiung«. Es erscheint im Frühling 1973 (und wird zwölf Jahre später wieder in der *edition suhrkamp* aufgelegt werden unter dem viel passenderen, aber immer noch zeitgemäß spröden Titel »Lohn: Liebe«). Diesmal geht es also um Arbeit, um die meist unterbezahlte Berufsarbeit sowie die gratis geleistete Familienarbeit von Frauen. Auch hier stelle ich wieder ein repräsentatives Sample zusammen (geschult von meiner Arbeit im Marktforschungsinstitut), das die unterschiedlichen Bewusstseins- und Lebenslagen von Frauen spiegelt. So möchte ich eine maximale Identifikation ermöglichen. Und ich verdichte die Gespräche wieder zu Monologen.

Ich spreche mit der Supermarktkassiererin und Friseurin ebenso wie mit einer Filmemacherin, mit einer Prokuristin oder Politikerin ebenso wie mit einer Stripteasetänzerin. Bei aller Unterschiedlichkeit haben sie viel gemeinsam. Die totale Perspektivlosigkeit und Bewusstlosigkeit der nicht qualifizierten Frauen – und das ist die Mehrheit – bedrückt mich. Dabei gehört Polly H. noch zu den Bewussteren. Sie ist eine Deutsche, die im Pariser *Crazy Horse* auftritt, wo sie »die Negerin vom Dienst« ist, wie sie sagt. Sie ist schwarz, ihr Vater war GI in Heidelberg. Meine MLF-Freundin Monique hatte mir den Kontakt mit Polly vermittelt. Von ihr erfahre ich, dass die *Crazy-Horse*-Tänzerinnen die Stechuhr drücken müssen, wie am Fließband.

Den einleitenden Essay zu meinem Frauenarbeitsbuch schreibe ich in Paris. Der Diskussionsstand des MLF ist zu diesem Zeitpunkt recht fortgeschritten. Selbstverständlich haben wir »Sexus und Herrschaft« von Kate Millett und »The dialectic of sex« von Shulamith Firestone gelesen (das erst 1975 auf Deutsch erscheint). Eine der radikalsten Analysen der Frauenarbeit hat Christine Delphy vom MLF geschrieben. Darin zeigt sie die Willkür der Trennung zwischen entlohnter und gratis geleisteter Arbeit auf, nicht zuletzt an der Tätigkeit der »mithelfenden Familienangehörigen«; die leisten, nur weil sie Frauen sind, gratis eine Arbeit, die sonst bezahlt würde.

Wie mein Buch von 1973 belegt, ist vor fast 40 Jahren die Analyse der Frauenarbeit bereits auf dem heutigen Stand. Ganz im Gegensatz zu den Klischees, die heute über die frühe Frauenbewegung kursieren, warne ich schon vor fast 40 Jahren die Frauen davor, voll berufstätig zu sein, ohne ihre Zuständigkeit für die Familienarbeit infrage zu stellen. Und ich rate dringend, die Männer mit ranzuziehen zu Hausarbeit und Kindern (siehe Seite 421). Auch ist bereits damals klar, dass die Wirtschaft ein Interesse an der Doppelbelastung der Frauen hat. »Das ist das neue Frauenleitbild«, schreibe ich 1973: »Frauen *dürfen* nicht nur berufstätig sein, sie *sollen* berufstätig sein.«

Als Beleg zitiere ich Günter Buttler vom deutschen Industrieinstitut, der ganz offen räsoniert: »Es geht um die Möglichkeiten und Voraussetzungen zur Förderung der Frauenerwerbsarbeit, die geeignet sein können, latente Beschäftigungsreserven für das Wirtschaftswachstum zu erschließen, ohne dass dadurch die spezifische Rolle der Frau und ihre Funktion im Rahmen der Familie beeinträchtigt oder gar infrage gestellt werden.« – Und genau so ist es leider gekommen.

Dass das Kriterium für die Unterbezahlung von Frauen nicht die Art der Tätigkeit ist, sondern die Tatsache, dass *Frauen* diese Arbeit machen – und entsprechend ganze »Frauenbranchen« schlechter bezahlen –, analysieren wir Feministinnen bereits Anfang der 1970er-Jahre ebenso wie die »Falle Teilzeitarbeit«. Denn die zementiert die Doppelbelastung und fördert nicht etwa, sondern verhindert die Teilung der Familienarbeit zwischen den Geschlechtern. Doch auch hier ist es leider genau so gekommen. Heute arbeitet knapp jede zweite berufstätige Frau in Deutschland in Teilzeit. Das ist in Ländern, die weder den deutschen Muttermythos noch die »Rabenmutter« kennen, anders.

Im Herbst 1972 findet *Brigitte* via Umfrage heraus, dass einer von drei Männern *berufstätiger* Frauen »nie hilft« im Haushalt, einer »ein bis zwei Aufgaben« übernimmt (Abtrocknen, Mülleimer runterbringen etc.) und nur einer »öfter hilft«. Auch das hat sich bis heute kaum geändert.

Ich musste damals sehr lange recherchieren, bis ich eine erste Schätzung der Anzahl der Gratisarbeitsstunden im Haushalt herausgefunden hatte. Die Gewerkschaften hatten – und haben – sich diese Fragen noch nie gestellt. Erst bei der »Deutschen Gesellschaft für Ernährung« in Frankfurt stieß ich auf die Schätzung von 45–50 Milliarden Hausarbeits-Stunden im Jahr alleine in der Bundesrepublik. Gleichzeitig belief sich die Zahl der entlohnten Arbeitsstunden auf 52 Milliarden. Fast die Hälfte der gesamtgesellschaftlichen Arbeit wurde also gratis von Frauen geleistet. Diese Relationen werden später vielfach bestätigt, auch international.

Auch fällt mir auf, dass ich bereits 1973 alle zentralen Themen anschlage, die mich in den folgenden Jahren beschäftigen werden, darunter die Rolle von Liebe und Sexualität. Ich plädiere für eine Infragestellung der kulturellen Zwangsheterosexualität, die meiner Meinung nach die Basis ist für die Arbeitsteilung zwischen den Geschlechtern. »Eine feministische Revolution darf sich nicht mit der Beseitigung der männlichen Privilegien begnügen (wie die erste Frauenbewegung es tat), sondern muss auf die Aufhebung des Geschlechtsunterschiedes selber zielen«, zitiere ich zustimmend Shulamith Firestone. »Das heißt: Die *genitalen* Unterschiede zwischen den Geschlechtern müssen ihr *soziales* Gewicht verlieren.« Diesen Gedanken werde ich zwei Jahre später im »Kleinen Unterschied« weiterentwickeln.

Später, in den 1990er-Jahren, wird die Idee der Aufhebung der *Bedeutung* des Geschlechtsunterschiedes, also die Dekonstruktion der konstruierten Geschlechtsidentität, dann leider vom akademischen Feminismus politisch pervertiert. Sie wird ad absurdum geführt mit der Behauptung, nicht nur das biologische Geschlecht, Sex, sei hier und heute irrelevant, sondern auch das soziale Geschlecht Gender – beides sei beliebig austauschbar. Die Utopie wird zur Realität erklärt. Dieser lebensferne Diskurs bleibt zwar eine rein akademische Debatte, führt jedoch eine ganze Generation von Akademikerinnen in die Irre und entfremdet sie dem Leben. Doch die Realität, das Leben spricht eine ganz andere Sprache. Da spielt es weiterhin eine entscheidende Rolle, ob ein Mensch biologisch weiblich oder männlich ist, und die soziale Identität bleibt eine Tatsache.

*

Ab 1973 arbeite ich immer mehr zu deutschen Themen, neuerdings auch für *Panorama,* und pendle zwischen Frankreich und Deutschland. Zu der Zeit ist das TV-Magazin ein Hort des journalistischen Widerstandes. Hätte man damals schon »Einschaltquoten« gekannt, hätte *Panorama* zweifellos ganz vorne gelegen. Nachdem Gert von Paczensky sich im Adenauer-Regime mit der Leitung des meinungsfreudigen, regierungskritischen Magazins über Jahre kräftig unbeliebt gemacht hatte (»Der Spitzbart soll doch nach drüben gehen!«), ist jetzt Peter Merseburger das intellektuelle Gesicht von *Panorama.* Bei ihm werde ich vorstellig, mit Erfolg. Einer meiner Kollegen, die wie ich am Sonntag so manches Mal bis nachts im Schneideraum sitzen, um ihren Beitrag für Montag fertig zu machen, ist der spätere *Spiegel*-Chef Stefan Aust. Die Medienwelt kann klein sein.

Im April 1973 treffe ich in Hamburg zum ersten Mal Rudolf Augstein. Ich hole ihn in seinem Büro mit weitem Blick über den Hafen im obersten Stock des *Spiegel*-Towers ab, er lädt mich zum Mittagessen ein. Wir sympathisieren spontan. Seine unprätentiöse, sarkastische, doch gleichzeitig verletzliche Art gefällt mir. Und natürlich ist er das Idol meiner Jugend. Für die *Zeit*-Chefredakteurin Gräfin Dönhoff hatte ich große Sympathien, ihre Existenz machte es für mich als Frau überhaupt erst denkbar, politische Journalistin zu werden. Aber der despektierliche Augstein, der, als ich 19 war, für seine Überzeugung – die Enthüllung der Korruptionsaffären von Franz Josef Strauß – ins Gefängnis gegangen war, der war mein wahres Idol. Ich gehe also mit ihm essen.

Im Herbst 1973 treffen wir uns ein zweites Mal. Diesmal gehen wir in den Austernkeller – und über der ersten geöffneten Auster macht Augstein mir das Angebot: ob ich als Reporterin beim *Spiegel* anfangen will. Mein Traumjob! Die Zeitschrift, die mich zu der Zeit am stärksten interessiert, und die Tätigkeit, die mir am meisten liegt. Auch wäre ich, neben zwei, drei Männern, der erste weibliche *Spiegel*-Reporter. Mit Freude sage ich Ja. Wir stoßen mit Champagner an.

Wenige Tage später ruft Augstein mich an. Er ist leicht verlegen, was so gar nicht zu ihm passt. Es bleibe selbstverständlich bei seinem Wort, sagt er, und er würde sich weiterhin sehr freuen, wenn ich käme. Aber … Aber: »Es gibt Widerstand im Haus.« Eine Mehrheit sei dagegen, dass ich komme. Ich schlucke. Und entscheide mich rasch. Schade, aber dann komme ich nicht. Denn unter diesen Umständen macht das wenig Sinn.

Natürlich bin ich sehr enttäuscht. Was hatte ich mir eigentlich »zuschulden kommen« lassen? Noch nicht einmal den »Kleinen Unterschied«, der erscheint erst zwei Jahre später. Nein, nur zwei Bücher; zwei, drei Fernsehauftritte und ein paar pointierte Artikel in *Spiegel*, *Stern* oder *pardon*. Das hatte offensichtlich schon genügt. Ich bin verbrannt. Verbrannt als Journalistin, weil ich eine Feministin bin.

Im Rückblick muss ich allerdings sagen: Was für ein Glück, dass die Kollegen vom *Spiegel* mich nicht wollten! Denn als privilegierte *Spiegel*-Autorin hätte ich vielleicht nie den Leidensdruck und den Elan gehabt, EMMA zu gründen.

Doch auch ohne Stelle kehre ich im Sommer 1974 nach Deutschland zurück. Fünf Jahre nach meiner Ankunft in Paris, wie abgemacht. Aber – ich gehe ohne Bruno. Während ich immer mehr nach vorne gepresst bin, hat er sich immer mehr zurückgezogen. Er ist den Plan, Deutsch zu lernen, nie ernsthaft angegangen. Und er wäre in Deutschland wohl auch in der Tat recht verloren gewesen. Bruno ist wirklich très parisien. Ich bin trotz alledem auch sehr deutsch. Und ich möchte als Journalistin wieder in das Land, das die Sprache spricht, in der ich schreibe.

Meine Rückkehr nach Deutschland bedeutet also: die Trennung von Bruno. Doch die Kluft zwischen Einsicht und Gefühl ist groß. Und ich habe bis heute ein schweres Herz, wenn ich an diese Monate der Trennung denke.

Da ist es wohl kein Zufall, dass ich mich just in dieser Zeit in Deutschland verliebe. In eine Frau, Ursula. In Art und Silhouette ist sie Bruno gar nicht so unähnlich – doch ich habe sie tanzen sehen, wild und ausgelassen. Wegen ihr werde ich für zwei Jahre nach Berlin ziehen.

Doch eine Lebensbeziehung wie die mit Bruno gehe ich erst elf Jahre später wieder ein. Diesmal mit einer Frau. Mit ihr lebe ich bis heute weitgehend mein Beziehungsideal: Freiheit in Vertrautheit. Wir haben beide einen kreativen Beruf, den wir mit Leidenschaft betreiben; wir verstehen viel vom Metier der jeweils anderen; wir haben unsere eigenen Räume, aber auch gemeinsame Orte – und sie ist: mitfühlend, intelligent, bewusst, humorvoll, lebensfroh. Eigenschaften, die mir auch bei Freundinnen und Freunden zunehmend unentbehrlich sind. Wir sind ein offenes Paar, aber kein öffentliches. Und so wird es bleiben.

Porträt Paris, 1972

1
In Deutschland,
Juni 1971
2
Nouvel Observateur
Titel 11. 4.1971
Stern-Titel 6. 6.1971
3
Mit Bruno in
Amsterdam,
Sommer 1971
4
Bruno mit
deutschen
Feministinnen

le nouvel

OBSERVATEUR

la liste des 343 françaises

qui ont le courage

de signer le manifeste

« ME SUIS FAIT AVORTER »

stern

Wir haben abgetrieben!

374 deutsche Frauen halten den § 218 für überholt und erklären öffentlich: »Wir haben gegen ihn verstoßen«

1974
Die Aktion
»Letzter Versuch«
Und Frauenland
auf Femø

Jüngst war ich mal wieder in Berlin. Und das nicht nur in Wilmersdorf, wo mein heutiges pied à terre ist, oder zum Bummeln in Mitte, nein, ich war auf den Spuren meines Lebens: in Kreuzberg und in Steglitz; am Lausitzer Platz, wo ich über Monate im Hinterhaus zu Besuch war und politisch viel angezettelt habe; und am Breitenbachplatz, wo ich zunächst mit Ursula zu zweit und dann zu dritt in einer Frauen-Wohngemeinschaft logierte.

Und obwohl das doch nun 36 Jahre her ist, stieg gleich wieder die alte Beklommenheit in mir hoch. So ein Gefühl von Fremd- und Einsamsein. Auch an die Wohnung habe ich nur eine eigenartig blasse Erinnerung. Kein Wunder: Die meiste Zeit war ich unterwegs. Ich habe in meinem Leben oft viel gearbeitet, aber in diesen zwei Jahren scheine ich von einer wahren Rage erfasst.

Was mir auch die Flucht vor Berlin erlaubt. Denn hier, in der deutsch-deutschen Frontstadt, erleide ich einen wahren Kulturschock. Die damals noch geteilte Stadt, in der ich bei jedem Spaziergang gegen die Mauer stoße, scheint mir regelrecht erstarrt in einer Art Lagermentalität. Es gibt nur: Freund oder Feind! Schwarz oder weiß! Falsch oder richtig! Und das gilt sowohl für die breite Bevölkerung wie für weite Teile der linken Szene, die Frauenbewegung keineswegs ausgenommen. Es geht bis in die rigide Sprache hinein, die man zu sprechen bzw. zu schreiben hat, weil man sonst nicht dazugehört.

In den späteren Jahren wird sich so manche Feministin – mal gelassen, mal gehässig – dagegen verwahren, dass ich, Alice Schwarzer, die »Gründerin der Frauenbewegung« sei bzw. ihr Sprachrohr. Wie recht diese Frauen haben! Und das nicht nur, weil es bei der nicht traditionell organisierten Frauenbewegung ja gar keine Gründerin geben kann und die Gruppen sich nach dem initialen Impuls der *Stern*-Aktion spontan und allerorten aus eigener Initiative gebildet hatten. Nein, auch weil ich von Anbeginn an untypisch war für die deutsche Frauenbewegung. Ein Import, der immer fremd blieb.

Sicher, ich habe mit Impulsen, Aktionen und Veröffentlichungen zum Aufbruch der Frauen beigetragen. Aber vieles, was in den

Frauenzentren so geredet und getan wurde, war nicht meine Sache (wie zum Beispiel dieses epidemische Stricken und das Ironie-Verbot). Ich verstehe mich von Anfang an als Feministin *und* Autorin, als Teil der Frauenbewegung und gleichzeitig als unabhängige Journalistin. Denn ich bin ja zu der Zeit keineswegs eine Studentin, wie die Mehrheit der aktiven Feministinnen in Deutschland, sondern ich bin eine Journalistin und Buchautorin. Es ist meine Profession, zu veröffentlichen oder im Fernsehen zu agieren. Gleichzeitig bin ich eine politische Aktivistin, und wie sich beides verbinden lässt, das habe ich in Paris gelernt.

Eine kleine, aber charakteristische Episode im Berliner Frauenzentrum in der Hornstraße 2 mag verdeutlichen, was ich meine. Es ist Frühling 1974. Die Abstimmung im Bundestag über die Reform des § 218 steht kurz bevor, und ich bin vielfältig engagiert bei der Mobilisierung im Kampf für die Abschaffung des § 218. Wir diskutieren im Zentrum bevorstehende Aktionen, ich mache spontan einen Vorschlag. Da fährt mir Regula, die Kleine mit den aschblonden Zöpfen, in die Parade: »Halt den Mund, Alice! Du bist noch gar nicht dran. Und überhaupt – immer weißt du alles besser!« Ich halte den Mund und lasse mich auf die Rednerinnenliste setzen. Als ich endlich dran bin, geht es natürlich längst um ein ganz anderes Thema, doch ich sage: »Ich habe eine Frage, Regula. Was ist eigentlich, wenn ich es wirklich besser weiß?« Da erwidert Regula barsch: »Dann sollst du auch den Mund halten!«

An diesem Tag sage ich keinen Ton mehr im Frauenzentrum. Doch die Szene lässt mich nicht los. Ich finde sie komisch und bedrückend zugleich. Soll ich mich wirklich dem Kollektivdruck beugen und Erkenntnisse oder Ideen unterdrücken, nur um auf Gruppenniveau zu sein? Das wäre ja absurd und überhaupt nicht im Sinn der Sache. Außerdem würde ich ersticken. Ich mache also weiter das, was ich für richtig halte, zusammen mit den jeweils passenden Mitstreiterinnen – und übernehme für das, was ich tue, auch die Verantwortung.

Als wir zum Beispiel auf meine Anregung hin zu vier, fünf Frauen das erste öffentliche Frauenfest planen – für den Samstag vor Muttertag, den 11. Mai –, da sind die Wortführerinnen im Frauenzentrum zunächst gegen diese »Rockfete im Rock«. Diese immer selben drei, vier Sprecherinnen im Namen eines ominösen »Kollektivs« sind strikt dagegen. Vermutlich noch nicht einmal, weil sie selber etwas gegen ein Frauenfest haben, sondern weil sie einfach chronische Spaßbremsen sind und »den Frauen an der Basis« unterstellen, dass diese »so ein Fest ohne Männer nicht verstehen würden«. Mir ist diese Art entmündigender Stellvertreterpolitik ganz besonders zuwider.

Auch glaube ich nicht, dass »die Frauen an der Basis« so grundsätzlich anders sind als wir. Ursula sieht das genau so. Wir argumentieren auf unserem Flugblatt zum »Rockfete im Rock«, dass »unser Verhalten freier ist, wenn Männer nicht dabei sind«, darum: »Frauen, kommt an diesem Abend allein. Wenn ER euch wirklich mag, dann hat er Verständnis dafür.« Resultat: Über 2.000 Frauen tanzen bis nachts um vier in der Mensa der Technischen Universität. Die meisten von ihnen hatten noch nie ein Frauenzentrum von innen gesehen. Und die selbst ernannten Stellvertreterinnen der Basis? Die sitzen an der Kasse und scheffeln die Einnahmen fürs Frauenzentrum.

Wir Initiatorinnen hatten die Letrasetbuchstaben für das Plakat gerubbelt, den Saal geschmückt, Schminktöpfe aus dem Theater, Luftballons en gros und Musik organisiert sowie Ina Deter eingeladen. Die kam in High Heels und mit geschminkten Lippen und hatte für diesen Abend ein Lied geschrieben »Ich habe abgetrieben, ich gehöre dazu« . Kurz vor Beginn des Festes rasen wir noch mal schnell nach Hause, zum Umziehen. Und als ich am Ernst-Reuter-Platz aus der U-Bahn steige, da strömen die Frauen vor mir schon in Massen die Treppen hoch: zum Frauenfest! Vor mir trippelt eine in roten Pumps mit einer nicht minder roten Riesenschleife auf dem Hintern. Rockfete im Rock.

Die *Spiegel*-Autorin Sophie von Behr berichtet zwei Wochen später über das Frauenfest. Sie tut das mediumlike spöttisch, aber doch auch leicht verunsichert: »Irgendetwas war ›anders‹, etwas Unbestimmtes, eine der Veranstalterinnen nennt es ›eine liebe

Stimmung‹. Natürlich fehlte etwas – ein Schuss Erotik, die gewohnten Annäherungen, wie auch immer.« Und weiter: »Lesbierinnen waren auch da, müssen aber eine kleine Minderheit gewesen sein: Die meisten Frauen betraten an diesem Abend Neuland. Schafe ohne Hirt und Hund – dieser Gedanke konnte schon aufkommen«, findet die Kollegin und kommt zu dem halbherzigen Schluss: »Auf Dauer laufen Feste ohne Männer sicher nicht. Und doch: Wenn man als normal empfindende Frau morgens um drei durch ausgestorbene Großstadtstraßen nach Hause fährt, ist die Welt noch in Ordnung. Sie ist selbst zu dieser Nachtzeit auf penetrante Weise von Männern bestimmt und gemacht – und daher plötzlich fremd.« Die plötzlich fremdelnde Sophie hatte in der Tat noch als eine der Letzten sehr, sehr ausgelassen getanzt. Mit Frauen.

Mein Privatleben allerdings ist kompliziert in diesem Jahr. Ich bin schmerzlich zerrissen zwischen meinem Leben in Frankreich mit Mann und MLF – und diesem Leben in Deutschland mit Ursula und der Frauenbewegung, zwischen meiner großen Liebe und meiner neuen Verliebtheit. Waren Liebe und Politik bisher getrennt, so sind sie jetzt eins. Doch der Spagat zwischen meinem alten und neuen Leben ist nicht einfach für mich. Also stürze ich mich in die Arbeit.

Als Expertin für die außerparlamentarische Linke in Frankreich interessiert mich nun deren Pendant in Deutschland. 1974 ist das Jahr, in dem die Diktaturen in Portugal und Griechenland zu Ende gehen. Darüber ist auch meine Freude groß. Und es ist das Jahr, in dem der deutsche Bundeskanzler (noch) Willy Brandt heißt (er wird am 2. Mai zurücktreten, wegen der »Affäre Guillaume«, dem DDR-Spitzel an seiner Seite): Der Mann, der vor nicht allzu langer Zeit noch als »Landesverräter« geschmäht wurde, weil er in der Nazizeit ins Exil geflohen war. Und es ist auch das Jahr, in dem der Berliner Gerichtspräsident von Drenkmann ermordet wird. Während die erste Generation der RAF – Meinhof, Baader und Ensslin – in Stammheim auf ihren Prozess wartet, mordet die zweite Generation weiter.

Da ich das so oft gefragt werde: Nein, ich bin Ulrike Meinhof nie begegnet. Ich habe sie als Journalistin geschätzt, doch sie ist älter als ich, und während ich in Düsseldorf volontierte und in Frankfurt debütierte, stieg sie in Hamburg schon bei *konkret* aus, ging nach Berlin und in den Untergrund. Und nein, ich hatte auch noch nie eine Faszination für den sogenannten »bewaffneten Kampf«. Zum einen hielt ich die platte Analyse, die Bundesrepublik der 1970er-Jahre sei ein »imperialistisches Schweinesystem«, das man mit der Waffe in der Hand bekämpfen müsse, schon immer für schlicht grotesk. Zum Zweiten machte mich die brutalisierte Sprache der RAF hellhörig (für sie waren »Bullen« keine Menschen, sondern »Schweine« und Frauen »Fotzen«, auch aus Frauenmund). Und zum Dritten ist es mir einfach nicht gegeben, den politischen Gegner so zu entmenschlichen, dass sich jegliches Verständnis und Mitgefühl erübrigt. Für mich sind eben auch »Bullen« und politische GegnerInnen Menschen.

Was mich allerdings interessierte – und was ich bis heute immer wieder praktiziere –, ist der Regelbruch. Denn Spielregeln sind in der Regel zum Erhalt der bestehenden Ordnung gemacht. Und wenn man die verändern will, muss man gegen diese Regeln verstoßen. Das habe ich immer wieder und oft sogar mit einem gewissen Vergnügen gemacht. Da bin ich eben nicht nur die Fast-68erin, sondern auch die Enkelin meiner Großmutter: Was sie sich so gerne getraut hätte, das tue ich jetzt! Allerdings nicht immer nur gegen »die Herrschenden«, gegen die Männer, sondern, wenn es sein muss, auch gegen die »eigene« Szene, gegen manche Frauen. Denn auch die Frauenszene hat Hierarchien und Spielregeln, wenn auch verdeckt. Die neuen Bestimmerinnen herrschen nicht im eigenen Namen, sondern im Namen der »Basis« oder des »Volkes«.

Im November 1974 lebe ich schon in Berlin, als ich erfahre, dass Sartre Baader im Gefängnis in Stammheim besuchen will. Mir ist gleich klar, dass der Philosoph, der zu der Zeit schon sehr, sehr krank ist, da von seinen linksradikalen Kameraden funktionalisiert wird. Pro RAF. Ich sause nach Paris und mache mit Sartre noch vor seinem Besuch für den *Spiegel* ein Interview, in dem er sein kritisches Verhältnis zur »revolutionären Gewalt« unmissverständlich klarstellt.

In dem am 2. Dezember 1974 im *Spiegel* veröffentlichten Interview erklärt Sartre unter anderem, er hoffe, nach seinem Besuch »die Öffentlichkeit über die schreckliche Situation dieser Leute in der Isolationshaft zu informieren« – was wohl sein Hauptmotiv für den Besuch ist. Gleichzeitig verurteilt der Philosoph den »bewaffneten Kampf«, hält ihn nur »unter gewissen Umständen für angebracht, so zum Beispiel in Algerien und Kuba«. Und Drenkmanns Ermordung bezeichnet er ohne Umschweife als »ein Verbrechen« – was Baader, seinem Anwalt Croissant und Sympathisanten nicht unbedingt gefallen haben wird.

Auf Sartres Bitte hin komme ich am 6. Dezember, vier Tage später, auch nach Stuttgart. Ich begleite ihn, zusammen mit Daniel Cohn-Bendit, der übersetzt. Allerdings fahre ich nicht mit nach Stammheim. Aus Prinzip nicht. Denn ich finde, bei aller Kritik am repressiven Staat, dieses ganze Stammheim-Drama inzwischen nur noch kontraproduktiv neurotisch und eitel. Und Baader, der alles verkörpert, was ich verachte – das Machogehabe, die Gewalt, die Selbstgerechtigkeit –, würde ich schon gar nicht besuchen. Simone de Beauvoir stimmt mir zu. Sie ist über die Reise schlicht entsetzt. Dazu hatten Sartre seine linken Kumpel, seine »petits copains«, gemeinsam mit RAF-Anwalt Croissant und Compagnon beschwatzt.

In Deutschland hat die Mehrheit der Linken inzwischen »den langen Weg durch die Institutionen« angetreten – und das mit Erfolg, wie wir bis heute sehen – und war in linke Parteien wie die SPD und die DKP bzw. ihre Westberliner Variante SEW eingetreten. Der Rest agierte weiter im außerparlamentarischen Raum, und das in zwei scheinbar sehr gegensätzlichen Strömungen: in den hierarchischen, dogmatischen K(ommunismus)-Gruppen oder bei den dezentralisierten, nur punktuell gemeinsam agierenden Spontaneisten, familiär Spontis genannt. Deren Vorbild waren weniger Moskau oder Peking, sondern eher die wilden Streiks bei Fiat oder Renault.

Der Entwicklung dieser »Chaoten«, wie sie in den Medien nun gern etikettiert werden, wollte ich nachspüren. Ich mache ein Funkfeature für die Redaktion von Carola Stern im WDR, mit der ich in den vergangenen Jahren bereits mehrere Sendungen realisiert hatte. Das Feature soll »Die Kinder von Marx und Coca Cola« heißen (woraus schlussendlich der schulmeisterliche Titel wird: »Wer will wie in der Bundesrepublik Revolution machen?«).

In diesem Winter 1974 recherchiere ich in den linken Hochburgen und wundere mich klammheimlich, wie verklemmt diese Typen sind, und zwar sowohl die Chefs wie auch die Basis: in Berlin-Kreuzberg, im Frankfurter Westend oder im Ruhrpott.

Als Erstes spreche ich an einem kalten Januartag den schüchternen jungen Mann an, der mir aufgefallen war, weil er immer mit der Roten Fahne am Eingang der Kreuzberger Markthalle in der Eisenbahnstraße stand und die Türken und Prolls aus dem Viertel so desinteressiert an ihm vorbeilatschen. Er freut sich, dass endlich jemand mit ihm spricht – doch er traut sich kaum, selber etwas zu sagen. Immerhin finde ich raus: Er ist 23, Student der Tiermedizin und »Sympathisant« der sogenannten KPD-AO. Auf meine Frage nach den Entscheidungsstrukturen seiner Partei kommt er arg ins Stottern. »Also … ich sehe mich noch nicht in der Lage, in jeder politischen Frage, die auf mich zukommt, einen wirklich richtigen kommunistischen Standpunkt zu vertreten«, sagt er. Er tut mir richtig leid. Hatten das nicht über Jahrtausende die Kirchen gemacht: die Menschen verunsichert, entmündigt und bevormundet?

Nur scheinbar ganz anders sein Chef, Christian Semler, der Chefredakteur der *Roten Fahne*, den ich in Dortmund aufsuche. Der redet viel, aber auch nur hohle Parolen, Worthülsen: Politbüro, Zentralkomitee, Parteikonferenz, Delegierte, Zellen, proletarische Massen etc., etc. Das Leben von nebenan scheint ganz weit weg und China ganz nah. So nah, dass Semler sogar in chinesischen Längenmaßen spricht. Er sagt tatsächlich in mein Mikrofon: »Der Klassenkampf nach der sozialistischen Revolution ist nur der erste Schritt auf einem 10.000 Li langen Weg …«. Ich hätte glatt auch eine Satire-Sendung daraus machen können.

Kein Zweifel, diese Söhne und Töchter ihrer autoritären Nazi-väter haben sich nach dem alles infrage stellenden Aufbruch von 1968 rasch wieder in nicht minder autoritäre Strukturen geflüchtet, Motto: Der da oben wird es schon richten; ich selber bin nur ein kleines Rad im Getriebe; und: Im Namen der (selbst-)gerechten Sache ist alles erlaubt.

Diese Parallelen zwischen den Nazieltern und ihren linken Kindern wurden in Deutschland erst ab den 1990er-Jahren öffentlich thematisiert. Mir allerdings waren sie schon damals klar. Das lag vermutlich nicht nur an meiner kritischen Familientradition, sondern auch daran, dass ich durch meine Jahre im Ausland danebenstand, den »fremden« Blick hatte. Ich erinnere mich an Gespräche mit Margarete Mitscherlich in den frühen 1980er-Jahren. Sie war nicht minder bedrückt über die »falschen Ideale« vieler '68er und deren »kalte Herzen«.

Auch die Spontis waren letztendlich nicht anders. Die Entsagung und Selbstaufgabe für das große Kollektiv war zwar ihre Sache nicht. Sie lebten JETZT! Aber auch für sie war im Namen der Sache (fast) alles erlaubt. »Macht kaputt, was euch kaputt macht!« lautete die Parole. Sie distanzierten sich zwar vom bewaffneten Kampf, doch »Gewalt gegen Sachen« galt als legitim. Und auch für sie waren »Bullen« keine Menschen und Pflastersteine oder Molotowcocktails keine todernste Sache, sondern ein revolutionärer Spaß.

Ich treffe Klaus und Volker in der Bockenheimer Landstraße, in der Küche eines besetzten Hauses. Klaus, Sohn aus bürgerlichem Haus, geht bei Opel arbeiten, um Arbeiter zu agitieren. Volker ist Hausbesetzer. Beide benennen als persönliche Motive für ihr Engagement bei den Spontis ihre »moralische Empörung gegen den Vietnamkrieg« sowie ihren »Protest gegen Springer«. Aber auch das »unbefriedigende Studium« sowie die Hoffnung auf ein Ende ihrer Einsamkeit spielen eine Rolle. In den vier besetzten Häusern wohnen in der Tat 120 Frauen und Männer.

In beiden Strömungen, in den K-Gruppen wie bei den Spontis, haben Männer das Sagen. Das ist inzwischen bekannt, war aber damals kein Thema. Und beide haben ihre Geschichte – und damit auch ihre Verantwortung – bis heute kaum aufgearbeitet. Die K-Gruppler nicht die Geschichte ihres Kadergehorsams und die Idealisierung menschenverachtender Diktaturen, von der Sowjetunion und China bis Kambodscha und Kuba. Und die Spontis nicht die Geschichte ihres Anything goes. Heutzutage existieren diese Politgruppierungen zwar nicht mehr, doch ihr Geist glimmt weiter. Mangels (selbst-)kritischer Aufarbeitung haben die Jungen von den Alten nicht lernen können. Auch sie haben oft kein Gespür für die falschen Töne oder den Politkitsch. Also verklären so manche Söhne und Töchter die Vergangenheit tapfer weiter – oder kippen im dreiteiligen Anzug mit Seidenkrawatte ins Gegenteil und verdammen alles, was auch nur von Weitem nach 68ern riecht.

Meine 45-Minuten-Sendung über die Revolutionäre im Wartestand wird am 27. Februar 1974 im WDR ausgestrahlt. Und als sie wenig später im Hessischen Rundfunk wiederholt wird, verlangt der Intendant doch tatsächlich, dass direkt im Anschluss an die Sendung eine »ausgewogene Diskussion« gesendet wird. Mein relativ sparsam kommentierter O-Ton der Revoluzzer gilt in dem politisch zunehmend angespannten Klima offensichtlich schon als »zu provokant«.

Denn das ist schon klar: Ich bin zwar kritisch, aber doch eine Sympathisantin. Eine sogenannte »linke Journalistin«, wie das früher hieß. Was sonst. Auch wenn mir bereits zu der Zeit klar ist, dass bei zu vielen Linken eine unerträgliche Kluft klafft zwischen Theorie und Praxis, und das keineswegs nur in Bezug auf die Frauen. Und dass so mancher Liberale oder Konservative es ernster meint mit dem menschlichen bzw. politischen Anstand als so mancher Genosse.

Mitte der 1970er-Jahre finden laut Infratest-Umfrage nur drei von hundert Studenten und Studentinnen, dass »alles so bleiben kann, wie es ist«. Jeder zweite ist für »konsequente Reformen«, jeder zehnte gar für »revolutionäre Veränderungen«. In den Köpfen rumort es – nur: Was tun? Das ist der Moment, in dem – mit einer gewissen Verzögerung im internationalen Vergleich – die Frauenbewegung in Deutschland auf den Plan tritt. Und ich bin dabei. Jetzt in Berlin.

Denn da ist Ursula, wegen der ich im Herbst 1974 in die ummau-
erte Enklave ziehe. Sie sieht aus wie ein androgyner Engel von
Raffael, finde ich. Hochgewachsen, mit wilder schwarzer Locken-
mähne. Und sie tanzt expressiv, auch wenn sie in Wahrheit schüchtern ist. Sie wird eine Gefährtin, mit der ich vieles teile: Wir gehen
tanzen, diskutieren die Abende durch und machen Politik. Unsere
sehr unterschiedlichen Erfahrungen ergänzen sich. Sie ist Psycho-
login und arbeitet als Assistentin an der Universität, wo sie in ihrem Institut gegen den heftigen Widerstand der DDR-loyalen
MarxistInnen – à la Frigga Haug – eines der ersten Frauenseminare
initiiert. Ich komme aus der Praxis und bin gewohnt, nicht nur zu
reden, sondern auch zu handeln. Was ihr gefällt.

Ich lebe zunächst noch in Paris, bin nun aber oft zu Besuch in
Berlin. Gleich Anfang Januar 1974 zetteln wir zusammen mit einer
Handvoll Freundinnen eine Aktion an, die zum entscheidenden
Faktor werden wird für die Verabschiedung der Fristenlösung im
Juni 1974. Denn die ist zunächst keineswegs garantiert, im Gegen-
teil: Es sieht ganz so aus, als würde die Fristenlösung am Nein eines
Teils der SPD-Abgeordneten scheitern. Und das, obwohl zu diesem
Zeitpunkt 87 Prozent der Bevölkerung für die Streichung des § 218
sind!

Von Ursulas Kreuzberger Hinterhofwohnung aus starten wir
die »Aktion letzter Versuch!« Es existiert noch keine E-Mail, kein
Fax, ja noch nicht einmal der Fotokopierer. Alles, was wir schreiben, tippen wir auf Matrizen, die dann umständlich und meist an
der Uni abgezogen werden müssen. Aber das kann uns nicht aufhalten.

Am 5. Januar geht der erste Brief raus, noch mittels Karbon-
durchschläge an genau fünf Adressen in: München, Dortmund,
Köln, Frankfurt und Hamburg. Eine Woche später geht der zweite Rundbrief schon an 24 Adressatinnen und einen Monat später
an 75, plus Deutscher Frauenrat mit allen Frauenverbänden (außer
den christlichen). Ziel ist ein dezentraler Aktionstag, an dem Frau-
en im ganzen Land auf die Straße gehen, um dem Druck der katholischen Kirche kurz vor der 2. und 3. Lesung der 218-Reform

etwas entgegenzusetzen. Ursulas Kreuzberger Wohnung ist eine der beiden Schaltzentralen, gleichzeitig mit der von Barbara Schleich in Köln, eine sehr engagierte Kollegin.

Bei der Aktion steht auch das Berliner Frauenzentrum hinter uns. Alle Informationen der einzelnen Gruppen und Ideen, die bei uns landen, werden gebündelt und wieder an alle verteilt. So schaffen wir es innerhalb von zwei Monaten, dass sechs Wochen vor der 2. und 3. Lesung der 218-Reform am 16. März, dem »Protesttag gegen den § 218«, Tausende Frauen in zig Städten auf die Straße gehen. Sie demonstrieren, kleiden sich ganz in Weiß oder Schwarz, führen Sketche auf, tragen Plakate mit dem »schwangeren« Justizminister Jahn oder machen Tage der offenen Tür in den Frauenzentren: mit Filmen, »Quatschgruppen« und Kindertheater. Im ganzen Land sind die Frauen auf den Beinen. *Der Spiegel* berichtet schon vorab groß über den »Aufstand der Schwestern«.

In den Wochen davor, aber ganz und gar klandestin bereiten Ursula und ich eine zweite, bis zuletzt geheim gehaltene Aktion vor, die in den Tagen vor den Demonstrationen starten soll: eine Selbstbezichtigung von solidarischen Ärzten und Ärztinnen, die bereit sind, schwangeren Frauen in Not medizinisch beizustehen. Und als Drittes plane ich einen Bericht in *Panorama* über eine von diesen Ärzten provokant öffentlich angekündigte Abtreibung nach der sogenannten Karman-Methode, der schon erwähnten schonenden Absaugmethode, die zu der Zeit in Deutschland noch unbekannt ist.

Der Plan geht auf. Wir zünden die Aktion »Letzter Versuch!« in drei Stufen: Am 9. März 1974 geben 14 Ärztinnen und Ärzte in Berlin eine Pressekonferenz und erklären, dass sie den angekündigten Schwangerschaftsabbruch durchgeführt haben und weitere Abtreibungen machen werden, denn: »Jeden Tag werden in der Bundesrepublik 2000 bis 3000 illegale Abtreibungen durchgeführt. Unsere Aktion will Schluss machen mit der Heuchelei. Wir fordern gleiches Recht für alle, die Entwicklung unschädlicher Verhütungsmethoden und kinderfreundliche Lebensbedingungen.«

Am 11. März erscheint *Der Spiegel* mit der Selbstbezichtigung von inzwischen 329 Ärztinnen und Ärzten. Sie erklären: »Wir haben Frauen ohne finanzielle Vorteile zur Abtreibung verholfen und werden dies auch weiterhin tun.« Und am Abend dieses Montags soll mein Beitrag für *Panorama* über die Abtreibung ausgestrahlt werden. Soll. Aber dazu kommt es nicht mehr.

Am 16. März gehen in ganz Westdeutschland und Westberlin Tausende von Frauen auf die Straße: für die Streichung des § 218.

Doch der Reihe nach. Was die ganze Nation über Wochen und Monate in Wallung brachte, hatte ganz bescheiden angefangen. Ursula und ich, wir gingen Klinken putzen, Tag für Tag, Abend für Abend. In Kliniken, wenn die Ärzte ein paar Minuten Pause hatten; in Kneipen oder Wohnungen, wo uns niemand hören konnte. Es dauerte viele, viele Gespräche und etwa zwei, drei Wochen lang, bis der Durchbruch kam: Die erste Ärztin sagte: Ja, ich mache mit! Das war Ingrid Kämmerer. Ihr folgten weitere, und irgendwann trat auch hier der Schneeballeffekt ein: Ein Arzt, eine Ärztin überzeugte den nächsten. Es wurden 329.

Der Mut dieser Ärzte, noch vor der Reform des § 218 und unter dem Trommelfeuer der katholischen Kirche ein öffentliches Bekenntnis zum Recht von Frauen auf medizinischen Beistand bei Abtreibungen zu wagen, ist gar nicht hoch genug einzuschätzen! Er war mindestens so groß wie der der Frauen drei Jahre zuvor, die öffentlich erklärt hatten: »Ich habe abgetrieben«. Denn den Ärzten drohte nicht nur bis zu zehn Jahren Gefängnis, es hätte sie auch ganz schlicht ihre Existenz kosten können. Die Ächtung hat dann viele dennoch getroffen und ein Quasi-Berufsverbot in konfessionellen Krankenhäusern sowieso. Darum bewundere ich diese 329 Ärztinnen und Ärzte bis heute.

Ich selber lebte zu der Zeit noch zwischen Paris und Berlin und hatte dem *Panorama*-Chef Peter Merseburger die Geschichte von Frankreich aus angeboten. Er sagte Ja. Für ihn war das Recht auf Abtreibung selbstverständlich. Was er nicht wusste, war: Ich selber war in die Aktion aktiv eingebunden. Das konnte ich ihm einfach nicht sagen, er hätte meinen Beitrag sonst wegen Befangenheit ablehnen müssen.

Alles läuft gut: der Frauenprotest, die Ärzteaktion, die Vorbereitung für den *Panorama*-Beitrag. Doch als der Tag der angekündigten Abtreibung, der 9. März, naht, stellt sich heraus: Nicht einer der deutschen Ärzte beherrscht die schonende, schmerzfreie Absaugmethode (die heute alle praktizieren). Also frage ich noch einmal René Frydman, mit dem ich in Frankreich zusammengearbeitet hatte und der bereits 1973 mit mir nach München gekommen war, um deutsche ÄrztInnen zu informieren.

Vermutlich kann man sich das in den heutigen Zeiten nur schwer vorstellen, aber: Für einen Arzt wie Frydman ist es damals selbstverständlich, dass er sich ins Flugzeug nach Berlin setzt (und wahrscheinlich auch noch selber das Ticket bezahlt), um die Abtreibung in Deutschland zu machen – nicht ohne gleichzeitig noch einen Kurs zur Absaugmethode für die deutschen Kollegen zu geben. All das aus einem einzigen Grund: aus Überzeugung.

Doch sollte das nicht das letzte Hindernis sein, das es zu überwinden galt. Am Abend vor dem Eingriff springt überraschend die Frau ab, die Tage vorher zugesagt hatte. Sie hat kalte Füße bekommen. Was tun? Für 14 Uhr ist der Eingriff geplant. Ursula und ich, wir sind in heller Panik. Am Morgen des Tages meldet sich im Frauenzentrum eine Unbekannte. Die 34-jährige Hausfrau und Katholikin aus Hildesheim hat bereits drei Kinder, das jüngste ist vier Monate alt. Sie war nach Berlin gefahren, um abzutreiben, und ist so voller Zorn über das bigotte Gesetz, dass sie bereit ist: »Ich mache es!«

Ursula und ich reden lange mit ihr. Weiß sie wirklich, worauf sie sich einlässt? Ja! Sie ist entschlossen. Wir besorgen in rasender Eile eine Perücke und eine Brille – denn man soll sie ja auf keinen Fall erkennen. Und dann gehen wir mit ihr in die Wohnung Nähe Ku'damm, wo alles bereit ist.

Es ist eine dramatische Stunde. Denn in der großen Berliner Wohnung, die einem der Ärzte gehört, findet gleichzeitig die Pressekonferenz der 14 ÄrztInnen statt, die die öffentliche Abtreibung angekündigt hatten – und die Abtreibung selbst. Während in dem Vorderzimmer die turbulente Pressekonferenz läuft, wird in einem entfernten Hinterzimmer der Eingriff gemacht. Und zur gleichen

Zeit durchsuchen Polizeibeamte die Wohnung, denn die angekündigte Abtreibung war von den einschlägigen Abtreibungsgegnern angezeigt worden. Doch die Beamten bleiben im vorderen Trakt der großen Berliner Wohnung. Sie sind an Verhaftungen überhaupt nicht interessiert.

Ich sitze währenddessen neben der Frau und halte ihre Hand während des schmerzfreien Eingriffs ohne Narkose. Es dauert nur fünf Minuten. Sie steht sofort danach auf, bedankt sich und geht, als die Luft wieder rein ist, zu ihren Eltern, die in Berlin leben. Genau so war es auch immer in Paris gelaufen bei den Eingriffen von Frydman und Kollegen.

Das war an einem Donnerstag. Ab Freitag titeln alle Zeitungen mit dem Protest der Ärzte und der illegalen Abtreibung. Doch niemand weiß, wer den Eingriff gemacht hat – und vor allem: an wem er durchgeführt worden war. Gleichzeitig erscheint *Der Spiegel* mit der Titelgeschichte über den Protest der Ärzte und Frauen gegen den § 218. Die Affäre eskaliert, am Montag titelt *Bild*: »Berliner Abtreibung heute im Fernsehen«.

Ich sitze währenddessen im Studio in Hamburg-Lokstedt und schneide meinen Acht-Minuten-Bericht. *Panorama*-Chef Merseburger kommt zusammen mit Intendant Neuffer zur Abnahme, beide sind einverstanden. Und sie holen noch den stellvertretenden Intendanten Schwarzkopf dazu, denn der ist in der CDU. Auch er findet den Bericht »einwandfrei und sendefähig« und schlägt nur eine leichte Kürzung an der Stelle des Eingriffs vor. Danach nimmt Chefredakteur Merseburger meinen Bericht ab. Es ist Montagvormittag – und wir gehen davon aus, dass der Bericht noch am selben Abend gesendet wird.

Doch da haben wir die Rechnung ohne die ARD-Intendanten gemacht. Die schließen sich kurz und um 18 Uhr, zwei Stunden vor der Sendung, kommt die Order: Absetzen! Die in ihrer Mehrheit CDU-nahen Intendanten, aber auch WDR-Intendant von Bismarck, hatten sich darauf geeinigt, ohne den Bericht auch nur gesehen zu haben. Nur zwei Intendanten waren für die Ausstrahlung: Neuffer vom NDR und Bölling von Radio Bremen. Die Intendanten beugen sich damit dem Druck der katholischen Kirche, allen voran Kardinal Döpfner, für den die gefilmte Abtreibung schlicht ein »Verbrechen« ist.

So etwas hatte es noch nie gegeben – und gab es auch danach nicht mehr. Die Absetzung des *Panorama*-Beitrages zwei Stunden vor der Sendung ist der krasseste Fall von Zensur in der Geschichte der öffentlich-rechtlichen Anstalten. Doch der integere, charakterstarke Merseburger ist nicht der Mann, der vor so etwas einknickt. »Wenn der Abtreibungsfilm nicht kommen darf, dann senden wir überhaupt nicht!«, beschließt er. Denn das sei »ein Akt widerlicher Heuchelei, zu dem ich nicht beitragen möchte«.

Gesagt, getan. Am Abend sendet die ARD eine Dreiviertel-Stunde lang, von 20.15 bis 21 Uhr, ein leeres Fernsehstudio. Nun geht es natürlich erst recht hoch. Kein Beitrag der Welt hätte so eindrücklich sein können wie dieser Journalisten-Protest gegen die Zensur.

Am Tag darauf beraumt der NDR eine Pressekonferenz ein, auf der der zensierte Beitrag gezeigt wird. Es kommen über hundert JournalistInnen aus Deutschland und der ganzen Welt. Und wir – Peter Merseburger, Intendant Martin Neuffer und ich –, wir stehen Rede und Antwort. »Alle wunderten sich über den Eingriff der Intendanten«, schreibt am nächsten Tag die *Frankfurter Rundschau*. »Gezeigt wurde eine Abtreibung mit dem Sauginstrument, wobei die Frau ohne Betäubung den Vorgang nahezu schmerzfrei miterlebte und vom Arzt durch Information psychologisch geführt wurde, ähnlich wie es bei der schmerzarmen Geburtsmethode nach Road geschieht. Dezenter kann man den Abbruch einer Schwangerschaft kaum zeigen. (...) Wer sind nun die 14 Ärzte, die in Berlin diese Abtreibung vor den Kameras demonstrierten? Sie sind weder Sensationsdarsteller noch Politrevolutionäre, sondern junge Klinikärzte, die aus Nächstenliebe den Frauen zu einer kostenlosen Abtreibung verhelfen, die sich die teuren ›Freitagabend-reparaturen‹ der niedergelassenen Frauenärzte nicht leisten können und sonst zu Kurpfuschern gehen würden.«

Es ist wohl auch gerade die Harmlosigkeit der Methode, die

Entdramatisierung des Vorgangs durch den Arzt, die den Film so subversiv macht. Die Stimmung pro Recht auf Abtreibung steigt in der Bevölkerung. Auch in der katholischen Bevölkerung. Schließlich haben die Katholikinnen am meisten zu leiden unter dem Abtreibungsverbot. Ihnen wird bis heute vom Vatikan sogar die Verhütung untersagt, was nur zu noch mehr ungewollten Schwangerschaften führt. Wie wir aus den katholischen Ländern wissen, ist Abtreibung keine Frage des Glaubens, sondern eine existenzielle Entscheidung im Leben einer Frau. Frauen, die nicht Mutter werden können oder wollen, treiben ab, egal was sie glauben und egal unter welchen Umständen. Das hatte außer dem Vatikan und seinen Vasallen inzwischen quasi jeder und jede begriffen: dass es nur um das WIE einer Abtreibung geht und nicht um das OB. Ich bin also entschlossener denn je weiterzumachen, damit die Fristenlösung eine Chance und das Elend der Frauen ein Ende hat.

Nun beginnt bei den Medien der Run auf die Frau, die im *Panorama*-Beitrag abgetrieben hatte. Dabei führt kein Weg an mir vorbei, nur ich weiß, wer sie ist. Sie ist noch in Berlin. Ich versuche, sie zu beschützen und zu beraten, ohne sie zu bevormunden. Einige der seriös klingenden Anfragen leite ich an sie weiter. Es stellt sich heraus: Sie will reden! Der Leidensdruck und Zorn dieser Frau sind zu groß. Denn von ihren drei geborenen Kindern leben nur zwei bei ihr – das erste hatte sie mit 20 Jahren zur Adoption freigeben müssen, weil sie sich einfach nicht in der Lage gesehen hatte, schon Mutter zu werden.

Wir entscheiden uns für *Spiegel* und *Stern*, mit gewissen Auflagen: keine Fotos, Abstimmung des Textes etc. Das Treffen mit dem *Stern* findet in der Wohnung einer Hamburger Freundin am feinen Leinpfad statt und die Journalistin bringt, gegen die Absprache, einen Fotografen mit. Nach dem Gespräch versucht sie mit allen Mitteln, die Frau zu beschwatzen, sich fotografieren zu lassen. Ich bin hochalarmiert. Schließlich wären die Folgen eines Bekanntwerdens dieser bisher anonymen Hausfrau für sie selbst unabsehbar. Selbst ihr Ehemann weiß zwar, dass sie nach Berlin gefahren war um abzutreiben, aber er weiß nicht (vielleicht bis heute nicht), dass es seine Frau ist, die da mit der *Panorama*-Sendung durch alle Medien geistert.

Also rede ich mit Engelszungen. Vergebens: Nun will unsere Heldin sich auch noch fotografieren lassen. Ich bin verzweifelt, aber kann nichts mehr tun. Gleichzeitig aber bin ich dafür verantwortlich, dass diese mutige Frau jetzt aus ihrer Anonymität gerissen und nicht nur ihre ganze Heimatstadt über sie reden wird. Das ist mir ganz klar.

Am nächsten Tag ruft mich der *Stern*-Fotograf, Cornelius Meffert, an. Er könne sich das auch nicht erklären, sagt er, »aber aus irgendeinem Grund ist mein Film blank. Es wird also keine Fotos von der Frau geben, Frau Schwarzer«. – Ich lasse mir nicht anmerken, dass ich verstanden habe. Denn er wird ja auch so reichlich Ärger kriegen. Aber ich habe das diesem Kollegen bis heute nicht vergessen.

Ein paar Wochen später, am 5. Juni 1974, verabschiedet der Bundestag mit sehr knapper rot-gelber Mehrheit die Fristenlösung. Kanzler Willy Brandt entzieht sich der Abstimmung, bei der es auf jede einzelne Stimme ankommt, indem er das Plenum verlässt. Er ist gegen die Reform, Begründung: Er sei selber ein uneheliches Kind. Viele Jahre später, 1992, mache ich ein Gespräch mit Rut Brandt für EMMA. Sie sagt mir, dass sie ihrem Mann wenig so übel genommen habe wie das. Denn schließlich habe er sie in sehr jungen Jahren, als sie noch in Norwegen lebten, regelrecht zu einer Abtreibung gezwungen, und das unter dramatischen Umständen. Sie bat mich allerdings, das nicht zu schreiben (da war Willy Brandt noch am Leben, er starb wenig später).

Kaum ist die Fristenlösung verabschiedet, legt die CDU/CSU-Opposition Verfassungsbeschwerde ein. Das Gericht setzt die Reform per einstweilige Verfügung umgehend außer Kraft – bis zur Entscheidung des Bundesverfassungsgerichtes. Ich bin bedrückt, wie kann es sein, dass nach diesem langen demokratischen Protest alles mit einem Federstrich zunichtegemacht wird? Acht Monate später, am 25. Januar 1975, werden die Richter in den roten Roben die Fristenlösung kippen. Sechs Richter berufen sich auf »die Pflicht des Staates, das menschliche Leben zu schützen«. Die einzige Richterin, Wiltraut Rupp-von Brünneck, sowie ein Richter erklären die Fristenlösung in einem »Minderheitenvotum« für verfassungskonform, im Namen der Selbstbestimmung und Menschenwürde.

Heraus kommt, nach längerem Hickhack, zunächst die sogenannte »Indikationslösung«, die nun auch von der SPD als »unsere« Reform gefeiert wird. Dabei gibt diese mehrfach nachverschlimmerte Reform der Reform den Frauen in Deutschland keineswegs das Recht auf eine selbstbestimmte Mutterschaft, sondern gewährt ihnen nur in Ausnahmefällen die »Gnade«. Es bleibt also bei der Entmündigung und Bevormundung. Bei der Wiedervereinigung wird dann die in der DDR geltende Fristenlösung gesamtdeutsch kassiert. Sie war 1972 vom Zentralkomitee eilfertig verabschiedet worden, um dem auch jenseits der Mauer drohenden Frauenprotest vorab die Spitze zu brechen. Im Zuge der Aufregung um die Wiedervereinigung war den Frauen in der Ex-DDR dann die Gefahr, dass die Fristenlösung gekippt wird, leider nicht zu vermitteln gewesen (ich weiß das, ich habe es verzweifelt versucht).

Seither hält der Kampf um das Recht auf eine selbstbestimmte Mutterschaft an, und dieses eh schon sehr relative Recht der Frauen in Deutschland wird Stück für Stück weiter eingeschränkt, zuletzt unter dem Vorwand »Spätabtreibung« und PID (Präimplantationsdiagnostik). Und das weiterhin auf Druck der katholischen Kirche, die inzwischen allerdings reichlich GesinnungsgenossInnen bei den linken Parteien, vor allem bei den Grünen gefunden hat.

In der EMMA-Redaktion gehört mein Satz »Das ist aber jetzt wirklich das allerletzte Mal, dass ich über Abtreibung schreibe!« seit 30 Jahren zu den Redaktionsklassikern. Auch das habe ich in den vergangenen Jahrzehnten bitter lernen müssen: In der Geschichte geht es nicht immer vorwärts. Und der Fortschritt ist keineswegs gesichert, sondern muss täglich neu erkämpft werden.

Im Sommer 1974 sind wir beide, Ursula und ich, rechtschaffen erschöpft: von der Arbeit wie von der Politik. Wir machen uns auf nach Femø, der kleinen dänischen Insel in der Ostsee, rechts von Jütland. Dort organisieren die dänischen »Rotstrümpfe« seit 1971 ein Sommerlager für Frauen (und das bis heute!). Nur Frauen. Frauenland, sozusagen. Wir finden das aufregend.

Angekommen mit der Fähre hoppeln wir in Ursulas weißem Renault 4 über Kiesstraßen und Sandwege – und landen im Süden der Insel auf einem riesigen Zeltplatz; die Anmeldestelle in einem Bauanhänger und ein Dutzend riesiger Armeezelte erwarten uns. Ich bin spontan nicht wirklich angetan. Zelten ist nicht so mein Ding. Aber für die gute Sache … Außerdem sind wir mit meinen französischen Freundinnen, mit Annie und Geneviève, verabredet. Es wird schon werden.

Und in der Tat, es wird. Das Essen der Däninnen ist zwar ungenießbar, und der kulinarische Höhepunkt ist der Tag, an dem die Italienerinnen Spaghetti mit Tomatensoße kochen. Was für ein Glück, dass eine der Mailänderinnen für Annie schwärmt – so haben wir einen privilegierten Zugang zur Tomatensoße. Und was für ein Genuss nach Tagen dänischer Küche! Erstaunlich übrigens, wie ein Volk, das so viel Gemüse, Fisch und Fleisch auf dem Markt hat, so schlecht kochen kann.

Wir schreiben das Jahr 1974. Einerseits sind wir Feministinnen (noch) reichlich euphorisch, andererseits liegen uns die Nerven blank. Denn unser selbstbewusster öffentlicher Auftritt hat Reaktionen provoziert: noch mehr Pöbeleien und Anmache. Nicht zufällig habe ich mich nie davor und nie danach so abweisend gekleidet wie in diesen Jahren. Es war einfach nicht mehr zu ertragen. Umso mehr genießen wir jetzt das »Frauenland«. Männerverbot auf dem ganzen Terrain, inklusive Strand und Dünen. Keine hastigen Schritte zur Vermeidung von »Missverständnissen«, kein: »So allein heute Abend …« Keine Angst vor Gewalt. Ich genieße das ganz besonders. Denn als Blondine bin ich noch ziemlich strapaziert von meinen Pariser Jahren.

Und gleichzeitig: diese Frauen! Unglaublich! Die Skandinavierinnen rauchen gerne Pfeife und klettern an den Seilen der Militärzelte hoch wie Matrosen. Das imponiert mir. Und die Italienerinnen durchstreifen das Terrain in wehenden bunten Röcken und sind und bleiben die Inkarnation klassischer Weiblichkeit – Emanzipation hin, Emanzipation her.

Die Vollversammlungen abends im Gemeinschaftszelt sind Sternstunden der europäischen Kultur. Es ziehen ein: die toughen Skandinavierinnen, die flirrenden Italienerinnen, die espritvollen Französinnen, die skurrilen Holländerinnen ... und nur ganz wenige Deutsche plus zwei Amerikanerinnen in Cowboystiefeln. Die eine ist doch tatsächlich die berüchtigte Autorin von »Lesbian Nation«, Jill Johnston.

Ich fühle mich in diesem Jahr den Französinnen zugehörig, und Ursula ist das nur recht. Wenn Annie Cohen morgens beim Frühstück vor dem Zelt mal wieder mit hochgerafftem Pumphosen-Rock ihre algerische Großmutter und deren Schwärmerei für ihren Sohn (Annies Vater) parodiert (für dieses »Licht meiner Augen«), dann laufen uns die Lachtränen übers Gesicht. Wir können gar nicht genug davon bekommen. Nein, ganz egal ob hetero, homo, bi oder gar nichts – die Männer fehlen uns nicht die Bohne auf Femø. Und die allgegenwärtigen erotischen Spannungen zwischen Frauen kann auch die hartgesottenste Männerfrau irgendwann nicht mehr ignorieren. So manche »probiert es« auf Femø zum ersten Mal – und bleibt dabei oder auch nicht. Und mich stört es noch nicht einmal, dass ich in einem 20-Personen-Zelt im Schlafsack übernachten muss.

Im darauf folgenden Jahr fahre ich gleich wieder nach Femø. Doch diesmal ist alles ganz anders. Ich fahre ohne Ursula, die an ihrer Doktorarbeit pusselt, aber mit zwei deutschen Freundinnen. Die Französinnen sind diesmal nicht mit von der Partie, dafür sehr viele Berlinerinnen aus dem LAZ (dem Lesbischen Aktionszentrum). Innerhalb kürzester Zeit schaffen es die rigiden Deutschen, mit ihrem Dogmatismus jede Art von Übermut und Kreativität plattzumachen. Am dritten Tag schreibe ich an Ursula:

»Nebenan ist Meeting. Es ist 22 Uhr. Ich sitze im Büro-Wagen,

wo es einen ordentlichen Tisch gibt zum Schreiben. Aus dem Meeting bin ich abgehauen, weil es tötend ist. Tötend! Wenn mich eines verrückt macht, ist es tumbe Humorlosigkeit. Generell ist die
Stimmung hier so, dass sich 1. das Problem hie ›homosexuelle
Frauen‹, da ›heterosexuelle Frauen‹ verschärft bzw. die Fronten
sich verhärten (derart, dass unsere Freundin Renate heute Morgen
heulend zusammengeklappt ist, weil sie sich wegen ihres Ehemannes ›nicht mehr dazugehörig‹ fühlt). 2. gibt Rigidität den Ton an.
Und Bürokratismus. Dank der LAZ-Damen.« Und ich schließe:
»Ich will mit solchen Leuten wirklich nichts zu tun haben. Die
stehlen mir meine Zeit. Die machen mich bleischwer. Da möchte
ich am liebsten wegfliegen. – Du fehlst mir. Ich habe ein tiefes Bedürfnis, mit einer verwandten Seele über all das zu lachen.«

Das ist wenige Wochen vor dem Erscheinen des »Kleinen Un-
terschiedes«. Das Lachen wird mir vor allem in Berlin mit diesen
Frauen noch sehr gründlich vergehen. Doch zu dem Zeitpunkt
ahne ich nicht, was mir bevorsteht. Denn eigentlich sind die Zeichen in dieser zweiten Jahreshälfte 1974 auf Frauensolidarität und,
ja, auf Frauenliebe gestellt.

Wie gesagt wohne ich mit Ursula in der sehr geräumigen Wohnung am Breitenbachplatz, in die später noch eine Dritte, Gudula,
dazuziehen wird. Zwischen uns fliegen so manches Mal die Fet-
zen. Nicht nur weil wir sehr unterschiedliche Temperamente haben, sondern vor allem wegen der Hausarbeit. Ursula arbeitet an
der Uni, und ich sause zwischen Journalismus, Lehrauftrag und
Buch hin und her. Doch eine Putzfrau darf nicht angestellt werden,
findet Ursula, denn das wäre »die Ausbeutung einer Frau«. Also
bleibt die gesamte Hausarbeit an uns hängen – bzw. an mir. Denn
ich hatte es zwar geschafft, mit einem Mann zu einer gerechten
Arbeitsteilung im Haus zu kommen – doch nun war ich bei einer
Frau gelandet, die im Traum nicht daran dachte, einen Finger zu
rühren. Manchmal eskalierte es so, dass ich einen Teller an die
Wand schmiss …

Ich revanchiere mich im Auto. »Ich erinnere mich«, sagt Ursula heute, »dass du auf dem Beifahrersitz immer nur gelesen hast. Zeitungen, Manuskripte ... Und wenn es nicht schnell genug ging, hast du unwillig hochgeguckt.« Das stimmt. Erstens war ich es so gewohnt. Zweitens hatte ich immer viel zu lesen – und habe es immer noch.

*

Noch vor Femø liegt Loccum in Niedersachsen, ein Treffen, das anders, doch auf seine Weise ähnlich subversiv ist wie das auf der dänischen Insel. Es festigt nicht nur den Kern der feministischen Szene, sondern schlägt vor allem Brücken in andere Lager. Vom 21. bis 23. Juni lädt die *Evangelische Akademie* zu dem Thema »Emanzipation der Frau« Aktivistinnen aus der autonomen Frauenbewegung zusammen mit Vertreterinnen der im *Deutschen Frauenrat* organisierten traditionellen Frauenverbände ein. Zu meiner Freude ist auch Leona Siebenschön dabei, die ja schon anno 1968 so fulminant über den »Teufelskreis der Ehe« geschrieben hatte und nun über Feminismus und »Was jetzt fällig ist!« spricht. Auch ich bin eine der acht ReferentInnen (darunter zwei Männer) und leite eine Arbeitsgruppe.

An die Referate erinnere ich mich, ehrlich gesagt, kaum, schon gar nicht an meine 20-Minuten-Rede. Aber der Moment, an dem die 120 Teilnehmerinnen sich für eine der drei Arbeitsgruppen entscheiden mussten, der bleibt mir unvergesslich. In den anderen beiden geht es um die »Frau in der Kirche« und »Emanzipation durch Berufstätigkeit«. Doch das scheint hier kaum jemanden zu interessieren. Zu meiner eigenen Überraschung drängelt die Mehrheit der Frauen in meine Arbeitsgruppe mit dem Thema »Sexualität und Herrschaft«. Und da geht es hoch her. Wie auf dem ganzen Treffen.

15 TeilnehmerInnen gehen in meine gemischte Untergruppe, darunter drei Männer; 40 in die reine Frauengruppe. Die »gemischte Gruppe« ist am Ende ohne Ergebnis. Die Hemmung der Frauen, offen in Gegenwart der Männer zu reden – darunter ein

Psychologe und ein Gynäkologe –, ist zu groß. Die Frauengruppe hingegen diskutiert lange und leidenschaftlich. Die Gespräche drehen sich vor allem um zwei Themen: die repressiven Folgen der sogenannten »sexuellen Befreiung« für Frauen sowie die Zwanghaftigkeit einer ausschließlichen Heterosexualität.

Inge Sollwedel wird in der *Frankfurter Rundschau* über die Tagung berichten und unter anderem schreiben: »Auftakt am nächsten Morgen: Alice Schwarzer mit dem etwas global geratenen Thema ›Emanzipation in unserer Gesellschaft‹. Aber was sie daraus macht! Eine blitzgescheite junge Frau erzählt. Erzählt von sich selbst, erzählt von Frauengruppen in USA, in Frankreich, in der Bundesrepublik; von Strategien und Festen, von Aktionen und Theorien, von Arbeit und Solidarität. Sie nennt die Dinge beim Namen, die Unterdrückung wie die Freude, verzichtet auf programmatische Verkündigungen, akzeptiert sich selbst und ihr ganzes Geschlecht. (…) Die Älteren – gestern noch fast feindlich – begreifen: Was sie gefordert, erkämpft und geleistet haben – diese jungen Frauen leben das nun. Der Nachkriegsalbtraum papierner Gleichberechtigung, ohne soziale Wirklichkeit kehrt sich um. (…) Emanzipation, so könnte das sein … Das ist neu für Frauen –, ihr Recht auf Träume zu proklamieren. Träume von einer Welt, in der das Recht des Schwächeren gilt, in der Verstehen herrscht und gegenseitige Abhängigkeit nicht Schwäche, sondern Stärke bedeutet – die Welt der Feministen.«

Als der Leiter der Akademie mich später um mein – nicht existierendes, weil frei gehaltenes – Referat bittet, schreibe ich ihm stattdessen, was Loccum für mich ganz persönlich bedeutet hat: »Ich selbst habe in Loccum viel gelernt. Nämlich dass diese Kluft, die man uns Frauen in spalterischer Absicht immer von außen einreden will – Kluft zwischen Jungen und Alten! Kluft zwischen Hausfrauen und Berufstätigen! Kluft zwischen Müttern und Nichtmüttern! Kluft zwischen Arbeiterinnen und Angestellten! Kluft zwischen ›bürgerlichen Frauen‹ und ›revolutionären Frauen‹ –, dass die so groß und unüberwindbar nicht ist.« Und ich fahre fort: »Sicher, unsere Betroffenheit als Frauen nimmt oft unterschiedliche Formen an, unsere Zielvorstellungen sind nicht immer dieselben. Trotzdem: Wie viel verbindet uns! Wie viel haben wir gemein. Und wenn man uns – wie es in Loccum geschehen ist – einmal Gelegenheit gibt, ein zweites Mal hinzusehen, und die Vorurteile und Fronten bröckeln lässt, dann sehen wir, wie viel wir uns zu sagen haben.«

Das eternelle Thema Spaltung ist also schon da – zumindest die Behauptung, dass es so sei. Doch wie viel wir Frauen gemein haben, das wird in Loccum überdeutlich. Wir damals noch jungen Feministinnen und diese meist älteren Damen aus den Frauenverbänden reden und lachen und schäkern bis in die tiefe Nacht. Bei der Gelegenheit wird so mancher Kontakt geknüpft, der lebenslang hält. Der zwischen mir und Irmgard von Meibom zum Beispiel, der damaligen Vorsitzenden des Frauenrates. Für uns blieb es bis zu ihrem Lebensende 2001 selbstverständlich, zum Telefon zu greifen und gemeinsam Sachen anzuzetteln. Meist hinter verschlossener Tür, aber durchaus auch öffentlich, wenn es sein musste. So war die Fassungslosigkeit groß, als sich der gesamte Frauenrat mit seinen nominell zehn Millionen Mitgliedern 1978 der von EMMA initiierten Klage gegen den *Stern* wegen frauenerniedrigender, sexistischer Titelbilder anschloss. Ohne Loccum hätte es diesen Schulterschluss vermutlich nie gegeben.

Es blieb für mich seither selbstverständlich, die Sache der Frauen in wechselnden Bündnissen voranzutreiben: mit Frauen aller Generationen, aller Lebenslagen, aller Parteien. Das Entscheidende war und ist für mich, dass sie keine »Agentinnen des Patriarchats« sind, wie es früher so trefflich hieß, sondern Frauen, die bereit sind, sich auch über den eigenen Tellerrand hinaus für die Interessen von Frauen einzusetzen.

Diese meine Haltung, grundsätzlich über alle Lager und Grenzen hinweg zu agieren, entspringt nicht nur dem Kerngedanken des Feminismus, sondern auch meiner ganz persönlichen Lebensprägung. Schließlich stehe ich von Anfang an mit meiner Familie dazwischen – und bin gleichzeitig die Vermittlerin zwischen uns und den anderen, zwischen dem Rand und der Mitte. Diese Rolle habe ich bis heute beibehalten und fühle mich wohl darin. Mich interessiert weder das Verharren in einer oft nur demonstrativen Radikalität bzw. Randständigkeit, noch interessiert mich das Eingebundensein in die Mitte der Gesellschaft. Mein Platz ist dazwischen, ist das Pendeln zwischen beidem.

Diese Haltung hat allerdings nur eine Minderheit der Feministinnen, damals wie heute. Die Mehrheit ist in den 1970er-Jahren gerade in der Bundesrepublik ideologisch der linken Szene verpflichtet. Diese Szene ist heute randständig, jedoch in einigen Publikationen und Blogs noch immer wortstark, vor allem im Internet.

Damals distanzierten sich die Feministinnen rituell von »den bürgerlichen Frauen« bzw. »den Sozialdemokratinnen« bzw. »den Reformistinnen«. So wie sich heute umgekehrt manche bürgerliche Frauen, à la CDU-Ministerin Schröder, rituell von »den Feministinnen« distanzieren. Ich hingegen suchte und suche punktuelle Bündnisse mit allen engagierten Frauen unabhängig von ihrer allgemeinpolitischen Orientierung, sowie mit sympathisierenden Männern.

In der Zeit des Aufbruchs sympathisierten die meisten Sozialdemokratinnen mit dem Feminismus; Frauen wie Entwicklungsministerin Marie Schlei oder die späteren ASF-Vorsitzenden Dorothee Vorbeck und Inge Wettig-Danielmeier. Die Entschlossensten unter ihnen gründeten 1972 die »Arbeitsgemeinschaft sozialdemokratischer Frauen« (ASF), die zu Beginn ein regelrechtes Kampfbündnis ist. Doch gibt es auch in der SPD von Anbeginn an Parteisoldatinnen, die sich willig als Antifeministinnen positionieren. Auf der anderen Seite gab es immer schon Frauen bei den Konservativen, die früh mit Feministinnen netzwerkelten; wie die damalige Vorsitzende der CDU-Frauen-Union, Helga Wex, oder die der CSU-Frauen-Union, Ursula Männle. Ganz wie heute sagte also auch damals die parteipolitische Bindung herzlich wenig aus über das frauenpolitische Engagement der Einzelnen.

Im außerparlamentarischen Raum grassiert jetzt die Sisterhood, die Schwesterlichkeit. »Frauen, kommt her, wir tun uns zusammen…«, tönt der Bewegungs-Ohrwurm der Berliner Frauenrock-band, die auf unserer »Rockfete im Rock« ihre Premiere hatte. Frauenzentren allerorten, Aktionen, Publikationen, Projekte. Jetzt strömen auch die »Frauen von nebenan« massenhaft in die Zentren. Dort aber werden sie nicht immer mit offenen Armen empfangen. Die Jeans-Mädels aus den studentischen Peer-Groups finden die »normalen« Frauen in Kostüm und gar Pumps, die berufstätig sind oder Hausfrauen und manchmal im Alter ihrer Mütter, irgendwie unpassend. Oder sie sind auch ganz einfach hilflos.

In Deutschland verharrte die organisierte Frauenbewegung ganz wie die Linke im alternativen Getto, und die Frauenzentren mutieren jetzt zu eigenartigen Zwittern. Sie sind weder geschützte feministi-sche Orte, an denen weitergedacht und – gehandelt wird, noch Plätze allgemeiner Verschwesterung. Und hellsichtig warnt das »Frauen-handbuch Nr. 1« der Berliner Gruppe »Brot und Rosen« schon 1974: »Auseinandersetzungen in der Gesellschaft werden nicht zur Kennt-nis genommen«, sondern nur die eigenen. »Wissen wird als Angriff empfunden. Es gibt den Drang zum Ausgleich. Konflikte werden verdeckt (…) Die Angst, andere Frauen durch eigenes Verhalten zu blockieren, kann so weit gehen, dass man ein Problem geduldig zum hundertsten Mal durchgeht, wenn eine Frau sich erst später in die Diskussion einschaltet. Das ist für die anderen terroristisch und läh-mend. Aber kaum jemals bringt eine den Mut auf und bringt das zur Sprache. Von daher kommt die Uneffektivität, unter der viele Gruppen leiden, obwohl sie zahlenmäßig sehr viel auf die Beine bringen müssten. Wahrscheinlich ist die Geduld eine kollektive un-bewusste Angst vor der Konsequenz der eigenen Überlegungen.«

Es ist diese über Jahrhunderte gewachsene Immanenz von Frauen, in der sie gefangen bleiben. Verschärfend kommt hinzu, dass gewisse politische Kräfte diese lähmenden Strukturen durchaus zu nutzen wissen. Das sind zum einen Frauen aus den linken Gruppen, die von den Genossen systematisch zur Unterwanderung in die aus Prinzip offenen Frauenzentren geschickt werden. Sie lancieren immer und immer wieder Diskussionen über das Dogma, der Frauenkampf sei nur ein »Nebenwiderspruch« und der Klassenkampf der Hauptwiderspruch. Und da sind die Funktionärinnen, diese Verwalterinnen der Frauenbewegung. Sie kommen geschult aus linken Gruppen und sind daran zu erkennen, dass sie sich persönlich raushalten und scheinbar selbstlos im Namen des »Kollektivs« agieren. Diese beiden Sorten von Frauen werden meine quasi natürlichen Feindinnen, ob ich will oder nicht. Im Frauenzentrum wissen wir in Sekundenschnelle, was wir voneinander zu halten haben …

Gleichzeitig aber ist die Grundstimmung positiv, sind die schwelenden Widersprüche noch verdeckt und nimmt die Öffentlichkeit nur den scheinbar gemeinsamen Aufbruch der Frauen wahr. Durchaus zu Recht. Denn wir Feministinnen beginnen alle, andere Frauen ernst zu nehmen. Auf allen Ebenen. Wir sind nicht länger nur vom Interesse bzw. der Anerkennung durch Männer abhängig, sondern beziehen uns aufeinander. Politisch, freundschaftlich, erotisch.

Längst ist in Berlin auch die Minderheit der homosexuellen Frauen – die zu Beginn der 1970er-Jahre noch bei den schwulen Männern organisiert waren und sich selbst entfremdet als »schwule Frauen« bezeichnet hatten – zur Frauenbewegung gestoßen. Sie nennen sich nun »Lesbisches Aktionszentrum« (LAZ) und machen kecke Aktionen wie »Kiss-Ins« auf dem Ku'Damm. So manche dieser »Traditionslesben« – wie sie im Gegensatz zu den frisch Konvertierten, den sogenannten »Bewegungslesben«, genannt werden – haben allerdings die Neigung, ihre jahrhundertelange Missachtung und Unterdrückung nun umzukehren und jetzt in triumphalistischer Weise die Homosexualität als die »richtigere« Sexualität zu proklamieren. Das setzt nicht nur die Frauen mit Männern unter Druck, sondern auch die mit dem neu erwachten Interesse für Frauen, die »Bewegungslesben«.

Dabei sind es vor allem sie, die nun praktizierenden bisexuellen Frauen, die die Männerwelt beunruhigen. So titelt *Der Spiegel* mit der »neuen Zärtlichkeit: Frauen lieben Frauen«, und *Bild* unkt: »Kein Mann kennt eine Frau so gut wie eine Frau.« Verliebt sich die eigene Frau womöglich jetzt in ihre beste Freundin? Zugegeben: Ich hatte zu diesem Klima beigetragen. Unter anderem hatte ich für den *Spiegel*-Ressortleiter Petermann (den Ehemann von Leona Siebenschön) auf Anfrage für die Titelgeschichte ein sehr ausführliches Infopaper über »die neue Zärtlichkeit« unter Frauen geschrieben: von Femø bis Berlin.

In dieses flirrende Klima platzt nun der Prozess gegen Marion Ihns, 35, und Judy Andersen, 25. Die beiden Frauen hatten eine Liebesbeziehung und ließen Marion Ihns' Mann umbringen, weil er ihnen im Wege stand. Doch beleuchtete man die Hintergründe, kam vieles zusammen, was den letztendlich zu lebenslänglich Verurteilten »mildernde Umstände« hätte bescheren müssen. So waren beide schon als Kinder vielfach missbraucht worden, und der Ehemann von Ihns hatte seine Frau über Jahre geschlagen, vergewaltigt, zur Abtreibung gezwungen. Trotz dieser tragischen Umstände wird der Prozess zum voyeuristischen Spektakel und zum warnenden Exempel in Sachen lesbischer Liebe. Im Gerichtssaal in Itzehoe geht es keineswegs nur um das Verbrechen zweier Individuen, sondern vor allem um ein Verbrechen namens Frauenliebe.

Denn Recht ist ja keine absolute Kategorie. Und sogar geschriebenes Gesetz wird – bis hin zum Grundgesetz – je nach Zeitgeist unterschiedlich interpretiert. Vollends gilt das für ergehende Urteile. Da werden manche Prozesse regelrecht zu »Schauprozessen«, an denen die Gesellschaft exemplarisch ihre Haltung zu aktuellen Themen abarbeitet.

So wie man in dem in meiner Familie einst so viel diskutierten Prozess gegen Vera Brühne 1961/62 in Wahrheit über »das Flittchen« in den prüden 1950ern zu Gericht saß, in dem in der EMMA-Redaktion so heftig debattierten Prozess gegen Monika Weimar in den 1980er-Jahren über »die Rabenmutter« oder im Prozess gegen Jörg Kachelmann 2011 über die sexuelle Gewalt in Beziehungen – so ist der Prozess gegen Ihns/Andersen 1974 ein exemplarischer Prozess gegen die lesbische Liebe.

Schon die Schlagzeilen sagen alles: »Liebe und Hass der lesbischen Frauen« (*Bild*), »Abgründe sexueller Verwirrung!« (*Hamburger Abendblatt*), »Wenn Frauen Frauen lieben, schrecken sie vor nichts zurück« (*Express*) etc., etc. »Liebe ist«, witzelt *Bild*, »wenn ihr ein Mann lieber ist als die ganze Frauenbewegung« – und trifft den Zeitgeist damit auf den Punkt.

Die Medien treiben es so toll, dass 140 JournalistInnen, darunter auch ich, eine Beschwerde beim Presserat einreichen wegen »Verteufelung lesbischer Liebe und Herabwürdigung der Frauen allgemein«. Eine Gruppe von Feministinnen protestiert nach 68er-Manier gar im Gerichtssaal. Die Frauen auf den Publikumsbänken enthüllen plötzlich Transparente, auf denen steht: »Die Mordanklage ist Vorwand. Am Pranger steht die lesbische Liebe« und: »Wir fordern Freispruch für Judy Andersen und Marion Ihns!«.

Ich verfolge den Fall aufmerksam. Schließlich schreibe ich für den *Spiegel*, für den ich damals sporadisch arbeite, einen Kommentar – abgelehnt. Der Text erscheint später in *konkret*, gekürzt (siehe Seite 430). Und ich schlage Peter Merseburger ein 45-Minuten-Feature über diesen Prozess vor, der seit Monaten die ganze Nation bewegt. Merseburger ist interessiert. Doch ihm ist klar, dass das Thema ein heißes Eisen ist. Er will es nicht allein entscheiden und ruft seine ganze Redaktion zusammen.

Wir treffen uns in Merseburgers geräumigem Büro mit dem Foto von Juliette Greco an der Wand: etwa ein Dutzend Redakteure und freie Mitarbeiter, darunter zwei Frauen, eine davon bin ich. Ich lege mein Exposé dar, es hat Hand und Fuß. Die Mehrheit neigt rasch dazu, zuzustimmen. Doch da prescht plötzlich die andere Frau vor, Luc Jochimsen (später Chefredakteurin beim Hessischen Rundfunk und heute Bundestagsabgeordnete der Linken). Sie schießt das ganze Thema als »irrelevant« ab. Nun zucken auch die Männer mit den Schultern. Nicht ganz ohne Schadenfreude: Tja, Alice, wenn sogar eine Frau das sagt … Das wird mir noch öfter passieren, dass souveräne Männer bei heißen feministischen Themen aufgeschlossener und gelassener sind als so manche Frau. Aber manchmal eben auch feige.

*

Eines ist klar: Nach dem alles erschütternden Kampf gegen das

Abtreibungsverbot und für das Recht auf Berufstätigkeit und gleichen Lohn ist jetzt die Analyse der Funktion von Liebe & Sexualität angesagt. Seit Ende 1973 plane ich zu dem Thema mein drittes Buch: »Der kleine Unterschied – und seine großen Folgen«. Diesmal möchte ich nicht in der *edition suhrkamp* veröffentlichen, die sich vorwiegend an Intellektuelle richtet, sondern will auch Leserinnen außerhalb dieses Milieus erreichen.

Mein Suhrkamp-Lektor Günther Busch versteht das bestens. Mein Exposé zum »Sexmonopol« (Arbeitstitel) beginne ich mit den Worten: »Ausgehend von der wissenschaftlich unbestreitbaren konstitutionellen Bisexualität des Menschen möchte ich die Folgen der herrschenden prioritären Heterosexualität für die Frauen aufzeigen. Das aus der kulturellen ›Zwangsheterosexualität‹ (Ferenczi) resultierende Sexmonopol von Männern über Frauen ist in seinen Folgen nicht umkehrbar, denn die Sexualbestimmung der Frau bestimmt ihr ganzes Leben.« Und ich fahre fort: »Die Erschütterung der Zwangsheterosexualität und damit des Sexmonopols wäre also eine Erschütterung des Fundaments der Geschlechterrollen.«

In dieser so wenig verbindlichen, entschiedenen Diktion geht es über fünf Seiten. Ich entnehme heute meinem Ton, dass ich mir der Brisanz der Infragestellung herrschender Sexualnormen, der Themen Liebe und Sexualität, noch keineswegs im vollen Ausmaß bewusst bin. Ich schreite in diesen Monaten und Jahren ganz einfach von Erkenntnis zu Erkenntnis und möchte der Welt unumwunden mitteilen, was ich für richtig und wichtig halte – ohne die Folgen zu antizipieren. In gewisser Weise bin ich zu diesem Zeitpunkt feministisch noch sehr naiv.

Bereits anno 1970 hatte ich bei Michel Foucault – dessen These der Verknüpfung von Gewalt und Begehren ich nie geteilt habe – an der Pariser Fakultät Vincennes den Kurs »Sexualität und Macht« belegt und so die Psychoanalyse und die frühen Sexualforscher entdeckt: von Sándor Ferenczi (1873–1933) bis Sigmund Freud (1856–1939), von Robert J. Stoller (1925–1991) bis Alfred Kinsey (1894–1956). Um 1971 erschien in Amerika und Frankreich

Kate Milletts brillante Analyse »Sexus und Herrschaft«, es folgte 1973 Shulamith Firestones visionäres Buch »Frauenbefreiung und sexuelle Revolution«. Die mutige Firestone schrieb: »Ein feministisches Buch, das sich nicht mit der Liebe auseinandersetzt, wäre ein politischer Fehlschlag. Denn die Liebe ist der Schlüssel zur Unterdrückung der Frauen heute. Ich weiß, dass dies eine erschreckende Frage beinhaltet: Wollen wir die Liebe abschaffen?«

Erschreckend fanden wohl auch die angefragten Lektoren mein Exposé zum »Kleinen Unterschied«. Freimut Duve von Rowohlt: Absage! Erika Stegmann von Kiepenheuer & Witsch: Absage! Erich Rößler von Bertelsmann: Absage! In dem Fall sogar mit Begründung: »In Bezug auf Ihr Thema sehe ich überall nur allgemeine Erschöpfung – und vor allem bei den Leuten, die Sie ansprechen möchten«, belehrt Rößler mich. »Ihre Suhrkamp-Auflagen wären *heute* bei uns nicht mehr zu erreichen.« Heute unterstrichen. Dass ich mit dem »Kleinen Unterschied« nicht nur die etwa 20.000-Auflage von Suhrkamp erreichen würde, sondern, alles in allem, das Hundertfache – das wage auch ich zu dem Zeitpunkt noch nicht einmal zu träumen.

Schließlich lande ich beim Fischer Verlag und treffe dort auf Willi Köhler, meinen alten Kollegen aus *pardon*-Zeiten. Er ist sofort interessiert. Und Günther Busch? Der bietet mir doch tatsächlich ganz und gar uneigennützig das Gegenlesen meines Vertrages an sowie eine unbeschränkte Beratung (und er ermutigt mich übrigens sehr, eine eigene Zeitung zu machen – ein Gedanke, der mich ja seit 1973 umtreibt).

Ich muss sagen: In all den 40 Jahren, in denen ich Bücher mache, hatte ich fast immer Glück mit meinen Lektoren und Verlagen! Was keineswegs selbstverständlich ist. Meine (durchweg männlichen) Lektoren waren mir empathische und kundige Begleiter, literarisch wie politisch. Seit fast 20 Jahren nun ist Helge Malchow, der Lektor und Verleger auch dieser Autobiografie, an meiner Seite. Er steht seit meiner Fallstudie über die »Tödliche Liebe« von Petra Kelly und Gert Bastian mit mir alle Stürme durch (die in der Regel nach Erscheinen ausbrechen) und verliert dabei nie den Überblick. Was sehr beruhigend für mich ist.

Ab Herbst 1974 recherchiere ich die »Fälle« für den »Kleinen Unterschied«. In den diversen Städten wohne ich fast immer bei neuen oder alten Freundinnen und Freunden. In Frankfurt wird das Domizil von Ulla und Harry Rowohlt mein Hauptquartier, und Harry schenkt mir zum Geburtstag das kupferne Namensschild eines irischen Pferdes: »Alice«. Es hat bis heute einen Ehrenplatz in meinem Kuriositäten-Kabinett. Und bei Robert und Almut Gernhardt, ebenfalls Frankfurt, bin ich die allererste Käuferin eines der sogenannten »naiven« Bilder der wenig später bekannt werdenden Malerin. Ihr »Weißer Elefant« begleitet mich seither durch alle Domizile.

Fast alle dieser Freunde und Freundinnen sind mir mit dem verstärkten Eintauchen in den Feminismus irgendwie verloren gegangen. Leider. Habe ich sie vernachlässigt, in all dem Wirbel? Gut möglich. Doch ich werde auch den Verdacht nicht los, dass das bis heute nicht so recht zusammengeht: ein konsequenter Feminismus und die traditionelle Männer/Frauen-Welt. Entweder bekommen die Frauen Berührungsängste oder sie sympathisieren zu heftig – was wiederum die Männer nervös macht.

Auch hier gerate ich also zwischen die Welten.

Am 29. Oktober 1974 trete ich bei den Soziologen an der Universität Münster an. Die Uni hatte mir auf Wunsch des Studentenplenums den Lehrauftrag noch in Paris im Herbst 1973 angetragen. Ich werde von nun an drei Semester lang alle drei Wochen nach Münster reisen und einige Blockseminare an Wochenenden geben: im Wintersemester 1975/76 sowie in den Sommersemestern 1975 und 1976. Doch obwohl mir das Lehren, Impulse geben und Fördern von Talenten Spaß macht, werde ich alle späteren Lehrangebote absagen. Absagen müssen. Neben EMMA ist jahrzehntelang einfach für nichts anderes mehr Raum.

In Münster treffe ich an diesem Herbsttag in meinem Seminar auf über 200 Studentinnen und Studenten. Die Männer sind in der

Minderheit, ein rundes Dutzend. Mein Thema lautet: »Frauenbewegung und Sexualität«. Die Studierenden können zwischen zwei Hauptgruppen wählen: einer »gemischten« Gruppe und einer Frauengruppe. Sodann bilden wir die Arbeitsgruppen, die da lauten: 1. Physiologische Gegebenheiten der weiblichen Sexualität. 2. Relativität der Geschlechterrollen – kulturelle Weiblichkeit und Männlichkeit. 3. Stellenwert der Sexualitätsfrage innerhalb der Emanzipationskonzepte gesellschaftlich relevanter Kräfte (Medien, Kirche, Parteien, Linke, Frauenbewegung etc.).

Das Interesse ist groß, und die Diskussionen sind leidenschaftlich. Es wird ein gewaltiger Packen von Protokollen und Arbeitspapern produziert (die heute alle im *FrauenMediaTurm* archiviert sind). Und es kristallisieren sich im Laufe der Zeit eine Handvoll Studentinnen heraus, die sich auch später feministisch engagieren und veröffentlichen werden.

Doch gleich am ersten Tag erkenne ich ein Problem, das mir auch in der Folge zu schaffen machen wird. Im Zug von Münster nach Hamburg, wo ich beim NDR zu tun habe, schreibe ich am nächsten Tag an Ursula, die mehr Uni-Erfahrungen hat als ich: »Es ist, finde ich, gut gelaufen. Doch die gemischte Gruppe (etwa 100 Frauen und 15 Männer) war lebhafter. Das lag aber vielleicht auch an mir, da ich bei den Frauen – mit denen der Kurs diesmal ausnahmsweise im Frauenzentrum stattfand – befangener war. Das ist ja auch eine komische Situation: Ich bin halb Feministin, halb Referentin; dann auch noch zugereiste ›Autorität‹ – und doch auch Schwester. Alles ein bisschen viel.«

Diese Grenzenlosigkeit in jeder Beziehung – Gleichheit behaupten, ohne diese einzulösen, zu viel erwarten etc. – ist in diesen Jahren nicht nur mein Problem. Denn die Grenzen verschwimmen überall oder werden einfach negiert: Grenzen zwischen Freundschaft und Liebe, zwischen Lehrenden und Lernenden, zwischen Erfahrenen und Naiven etc. Der zusätzliche feministische Anspruch, dass »alle Frauen gleich« seien, erweist sich als zwar sympathisch, aber nivellierend. Denn da nicht alle gleich stark sein können, sollen nun alle gleich schwach sein. Genau dieser Punkt wird mir später auch bei EMMA noch sehr zu schaffen machen. Denn er verhindert Kritik – und damit Qualität. Und er blockiert starke Frauen.

Es ist Ursulas Idee. »Warum machen wir nicht einen feministischen Taschenkalender?« Schließlich benutzen wir beide so einen etwa DIN-A6-großen Kalender mit Plastikumschlag, Ursula den »Psychologenkalender« und ich, nachdem mich lange der niedliche weiße »Kalender für die Dame« begleitet hatte, nun einen Allerweltstimer. Die sind übrigens heute für mich eine wichtige Informationsquelle für diese Erinnerungen – und es ist wohl kein Zufall, dass sie mir ausgerechnet in den besonders bewegten Jahren 1971 und 1975 fehlen. Da war einfach so viel los, dass ich noch nicht mal mehr auf das Aufbewahren meiner Unterlagen geachtet habe.

Ursula hat recht. Ein feministischer Kalender, das wär's! Ich als professionelle Autorin denke natürlich sofort an einen Verlag für diesen Kalender. Doch Ursula, die zuvor mit Freundinnen, wie damals üblich, Raubdrucke veröffentlicht hatte – zum Beispiel »Der klitorale Orgasmus« von Anne Koedt und »Frauenstaat – Männerstaat« von Mathilde Vaerting –, findet: Wir verlegen den Kalender selber! Auch recht. Wir machen uns also auf die Suche nach einer Druckerei und einem Vertrieb und finden alles in der alternativlinken Berliner Szene.

Sodann überlegen wir, mit wem wir so einen Kalender machen könnten, und sprechen drei weitere Frauen an: die Soziologin Renate Bookhagen, mit der ich mich befreundet hatte, sowie die Journalistinnen Hilke Schläger und Sabine Zurmühl (eine der späteren Courage-Macherinnen).

Im Spätherbst 1974 erscheint er: der »Frauenkalender 75«. Gleich der erste Tag beginnt mit einem programmatischen Zitat: »Im Dunkeln sind wir alle gleich – und glaub mir, Schwester, wir sind im Dunkeln« (Robin Morgan, amerikanische Feministin). Das wird charakteristisch für den »Frauenkalender«: zu fast jedem Tag ein Zitat, eine Information, eine Idee; Fotos und Sonderseiten zu brisanten Themen sowie – meist frisch entdeckten – historischen Frauenrechtlerinnen.

Die ersten Auflagen des Frauenkalenders sind rasch vergriffen. Er wird zu einem regelrechten Kultbüchlein, wird in den kommenden Jahren sechsstellige Auflagen erreichen und bis zum Jahr 2000 erscheinen. Da vom ersten Kalender an im Anhang die Adressen aller autonomen Frauenzentren und -gruppen im deutschsprachigen Raum veröffentlicht werden, zusammen mit den zentralen Adressen der etablierten Frauenverbände, ist der Frauenkalender über Jahrzehnte auch *das* Organ zur Vernetzung von Feministinnen.

In diesem Herbst 1974 bereiten wir den allerersten Frauenkalender vor. Mit Renate, die schon zur »proletarischen Frauenbewegung« geforscht hatte, gehe ich in Berlin in das Archiv des *Akademikerinnen-Verbandes*. Dort empfängt uns eine reizende, uns ziemlich alt scheinende Dame, Genre »Arsen und Spitzenhäubchen«. Sie freut sich unübersehbar sehr über unser Interesse. Wir sind höflich, doch in Wahrheit auch arrogant: Wir halten den ganzen staubigen Laden für gestrig und gehen davon aus, dass *wir* es sind, die gerade das Rad erfinden.

Beim Stöbern in den Archivschränken entdeckt Renate plötzlich etwas. »Komm mal her, Alice«, ruft sie. Sie zeigt mir ein Buch mit dem Foto einer sehr schönen Frau und fragt: »Hast du die schon mal gesehen?« Nein. Wie heißt sie? H-e-d-w-i-g D-o-h-m. Den Namen hatten wir noch nie gehört. Aber uns beeindruckt, wie klug und schön die Frau auf dem Cover des Buches aussieht, das sie offensichtlich selbst geschrieben hat. Wir begeben uns auf die Spur der schönen Unbekannten. Doch es wird noch Jahre dauern, bis wir das ganze Ausmaß des Desasters begreifen: Hedwig Dohm (1831–1919) war vom Ende des 19. Jahrhunderts bis zu ihrem Tod die bekannteste, brillanteste und streitbarste Feministin in Deutschland; sie hat Dutzende von Büchern und Artikel veröffentlicht – und eine mindestens ebenso große Anzahl von Schriften ist über und gegen sie erschienen. Und wir »neuen Feministinnen«? Wir kennen nur ein halbes Jahrhundert später noch nicht einmal mehr ihren Namen!

Die Entdeckung unserer Vorgängerinnen wird von nun an eine Spezialität des *Frauenkalenders*, später fortgesetzt von EMMA (»Unsere Schwestern von gestern«) und heute längst selbstverständlich für Historikerinnen und Frauenarchive. Aber damals ... damals waren uns nur die frauenbewegten Sozialistinnen bekannt, von der mit den Sozialisten kooperierenden Frauenrechtlerin Louise Otto-Peters (1819–1895) bis zu der die Frauenrechtlerinnen kritisierenden Sozialistin Clara Zetkin (1857–1933), oder kompromissbereiten Reformistinnen wie Helene Lange (1848–1930). Die zu ihrer Zeit jedoch sehr populären und heftig debattierten »Radikalen« (radikal von: an die Wurzeln gehend) waren völlig in Vergessenheit geraten. Ihre Spuren schienen vernichtet, nicht nur, aber vor allem von den Nazis. Die 1933 noch lebenden – Stöcker, Augspurg, Heymann – standen ganz oben auf den Listen der Nazis und sind alle im Exil gestorben.

Erst wir neuen Feministinnen gruben diese Pionierinnen mühsam wieder aus: Hedwig Dohm, Anita Augspurg, Lida Gustava Heymann, Minna Cauer, Helene Stöcker und wie sie alle hießen, diese so mutigen, kämpferischen Frauen, die oft schon viel weiter gegangen waren als wir bis zu diesem Zeitpunkt. Statt – wieder einmal – bei null anzufangen, hätten wir viel Zeit sparen und uns auf ihre Schultern stellen können.

Im linken Sprachgebrauch werden die Radikalen, wie sie sich selber nannten, heute als »bürgerliche Frauenbewegung« bezeichnet, im Gegensatz zur »sozialistischen Frauenbewegung«. Letztere zeichneten sich allerdings dadurch aus, dass sie eigentlich gar keine Frauenrechtlerinnen waren, sondern nur Frauenbewegte *innerhalb* der sozialistischen und kommunistischen Partei. Und die sogenannt »Bürgerlichen« heißen nicht etwa so, weil sie bürgerlicher Herkunft gewesen wären – wie auch Marx und Engels – oder bürgerlich begrenzte Ziele gehabt hätten. Im Gegenteil, jemand wie die reiche Erbin Heymann eröffnete schon im 19. Jahrhundert Mittagstische für die damals verachteten Schauspielerinnen und Prostituierten. Nein, sie werden einfach so genannt, weil sie nicht Teil der organisierten Linken waren. Höchste Zeit also, auch für

die historischen Frauenrechtlerinnen den irreführenden Begriff
»Bürgerliche« abzuschaffen und »Autonome« einzuführen!

Die Arbeit am *Frauenkalender* gibt also auch uns selber von
Anfang an viele Impulse. Theoretisch wie praktisch. Für mich ist
es nicht das erste Mal, selber in der Grafik zu stehen und zu layou-
ten, das hatte ich schon als Volontärin getan, aber es ist das erste
Mal, dass ich selbst verlege. Was nicht nur Stress, sondern auch
Spaß macht.

Doch treten bereits in der ersten Kalendergruppe Spannungen
auf. Hilke und Sabine sind mehr an den frauenbewegten Sozialistinnen interessiert, wir anderen drei an den Autonomen. Also steigen Hilke und Sabine nach dem ersten Kalender aus und nehmen
ihren Anteil am Gewinn mit. Zu uns dreien stößt im darauf folgenden Jahr noch Gudula Lorez (beide, Renate und Gudula, sind leider früh gestorben). Später machen Ursula und ich in wechselnden
Besetzungen weiter.

Doch geht sehr bald der scheinbar unvermeidliche Ärger los.
Unser Entschluss, 1976 den Vertrieb (!) zu wechseln – weil der
stockend und vielleicht bald gar nicht mehr zahlende alternative
Vertrieb namens »Maulwurf«, der auch das Inkasso machte, zu unsicher wurde –, dieser Entschluss beschert uns doch tatsächlich
einen bundesweit initiierten »Boykottaufruf« der linken Frauen in
der Frauenbewegung. Der Wechsel zum Vertrieb des Fischer-Ver-
lages (der dafür genau so bezahlt wird wie zuvor der alternative
Vertrieb) wird uns als »Kommerzialisierung eines Produktes der
Frauenbewegung« angekreidet.

Die Konflikte im Namen »der« Frauenbewegung gegen den
Frauenkalender eskalieren schließlich so, dass es handgreiflich
wird. Ursulas Auto wird innen mit Buttersäure überschüttet (das
riecht zum Erbrechen und geht nie mehr raus). Und als wir wegen
der Rechtefrage von Exmitherausgeberinnen (erfolglos) verklagt
werden und deshalb auch wir einen Anwalt einschalten müssen,
bekommt der Anwalt eine Ladung Buttersäure geschickt, nach
Hause; seine Frau öffnet das Paket … Neulich habe ich den Anwalt, Paul Hertin, zufällig in der Fasanenstraße in Berlin getroffen.

Er machte noch immer, 33 Jahre später, einen ganz bedrückten Eindruck, wenn er sich an den Terror erinnert. Aber so war das damals.

Als im Jahr 1975 die Gruppe »2. Juni« einen erfolgreichen Bankraub landet – und bei der Gelegenheit, in der Tradition der »Spaßguerilla«, Negerküsse an die Passanten verteilte, was ich damals komisch finde –, klingelt es wenig später am Breitenbachplatz 17. Ich bin allein zu Hause. Vor mir steht W., von der ich wusste, dass sie mit einer der zentralen Aktivistinnen des »2. Juni« eng befreundet war. Sie schiebt sich rein und fängt an zu raunen. Resümee: Ich solle das Geld von dem Bankraub auf mein Konto nehmen, das würde doch nicht so auffallen, weil ich ja gerade viel verdient hätte mit dem »Kleinen Unterschied«.

Ich erwidere freundlich, aber bestimmt, ich würde im Traum nicht daran denken, denn ich sei zwar politisch engagiert, aber wolle mit diesen illegalen Aktionen nichts zu tun haben. Da baut sich die kleine, stämmige W. vor mir auf und sagt: »Wehe, du quatschst! Dann kannst du was erleben!« Ich fange an zu lachen und schmeiße sie raus.

Nein, ich bin nicht zur Polizei gegangen. War das richtig? Eines war auf jeden Fall falsch: dieses gequälte Schweigen der SympathisantInnen und sogar der NichtsympathisantInnen. Vielleicht hätten wir reden müssen, reden über den Druck sowohl der alternativen wie erst recht der Terror-Szene.

In Taormina im
Herbst 1975

1
Mit *Panorama*-Chef
Peter Merseburger
2
Die 1974 für *Panorama*
gefilmte Abtreibung
3
Mit Ursula auf der
Frauen-Sommeruni
in Berlin
4
Die Kalendergruppe
Renate, Ursula,
ich und Gudula

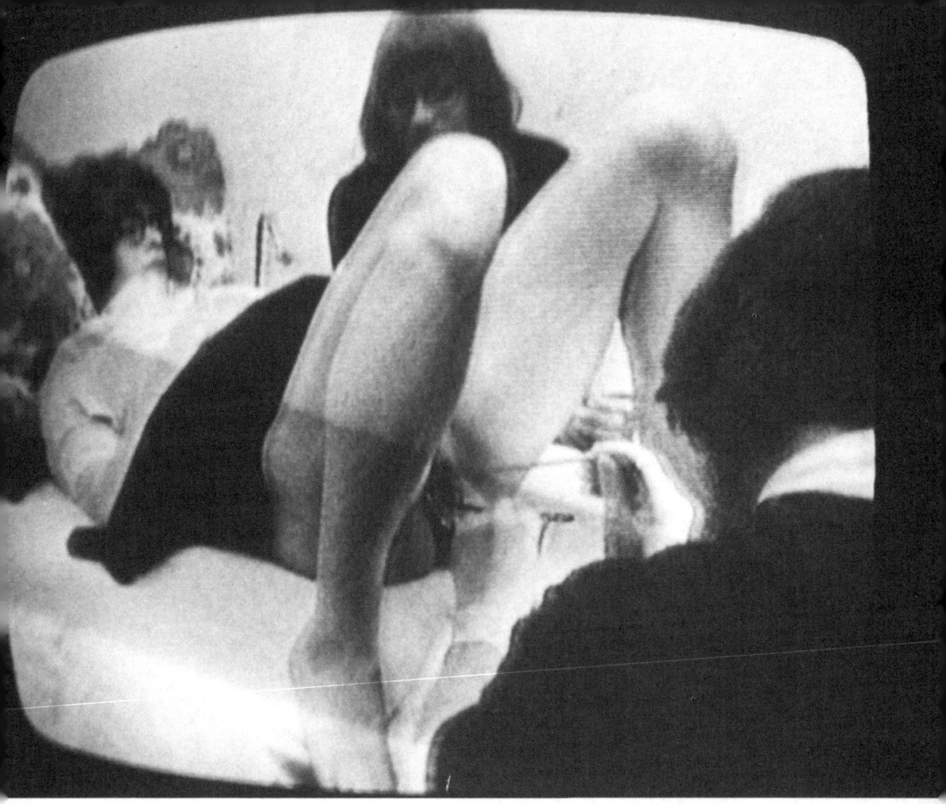

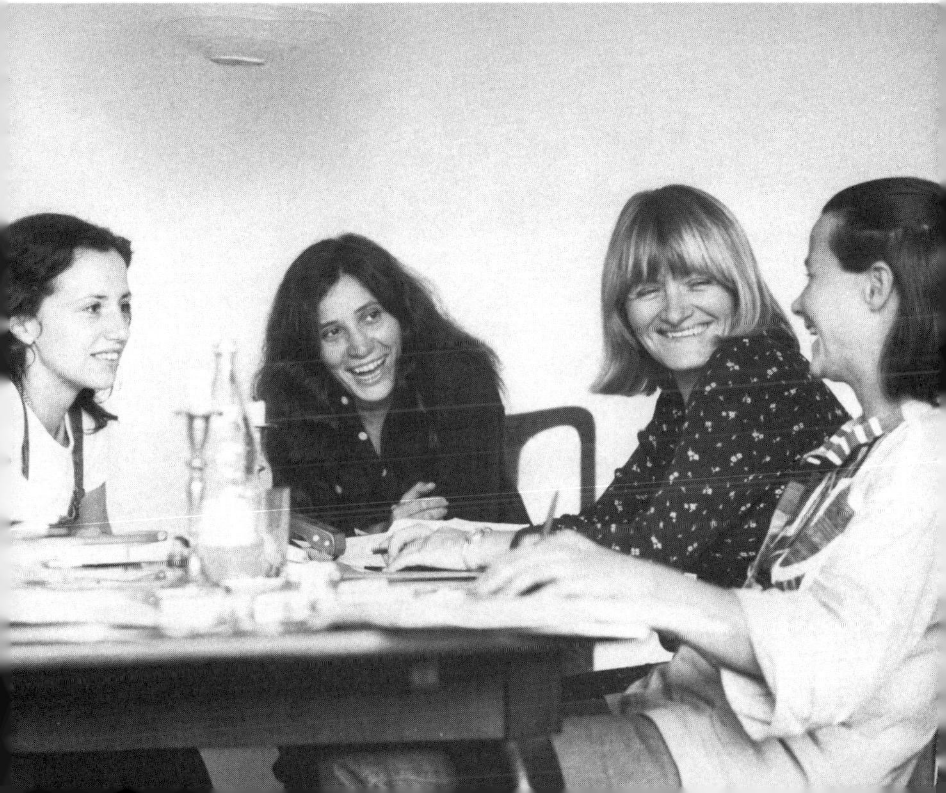

1
Mit Meibom vom
Frauenrat und
Ministerin Schlei
2
Beim Frühstück
auf Femø, 1974
3
Vor dem Musikzelt
auf Femø, 1974
4
Beim Frauenfilm-
Festival Berlin,
1973

1975
Der »Kleine Unterschied«
Und seine sehr
großen Folgen

Wenn ich manche Fotos aus der Mitte der 1970er-Jahre betrachte, bin ich erschrocken. Ich sehe oft traurig aus, ja manchmal regelrecht abweisend, was untypisch ist für mich. Menschen, die mich von heute kennen, erklären sich das damit, dass ich damals öffentlich so hart angefeindet wurde. Bei Schlagzeilen wie »Die Hexe mit dem stechenden Blick« und Sprüchen à la »Männerhasserin« und »Schwanz-ab-Schwarzer« sei es ja kein Wunder, dass ich zugemacht hätte. Das stimmt. Allerdings hat es neben all den Aggressionen immer auch sehr viel Zuneigung gegeben, von Anfang an. Sonst hätte ich das vermutlich gar nicht überlebt.

Januar 1975. Noch bin ich keine »öffentliche Person« (wie heute von manchen Autoren fälschlicherweise angenommen), sondern nur die Verfasserin zweier Bücher in einer Intellektuellen-Reihe und etlicher Artikel sowie die nicht öffentliche Initiatorin einiger Aktionen, aber eben nicht die »Star-Feministin«. Die werde ich erst am 6. Februar 1975, und zwar mit einem Schlag. An diesem Tag wird mein am 14. Januar im WDR aufgezeichnetes Streitgespräch mit Esther Vilar im Nachmittagsprogramm der ARD ausgestrahlt, an Weiberfastnacht. Der WDR hält das anscheinend für witzig. Allerdings wird das Datum überhaupt nur im karnevalsseligen Rheinland vermerkt. Noch nicht einmal mir ist das von Berlin aus aufgefallen.

Trotz dieser ungünstigen Sendezeit beherrscht das TV-Duell über Tage, ja Wochen die Schlagzeilen. Waschkörbe von Briefen, ja ganze Petitionen, die um das Transkript des Rededuells bitten und eine Wiederholung fordern, gehen beim Sender ein. Vergeblich. Die ARD wird diese Sendung, die bis heute als eine der spektakulärsten der Fernsehgeschichte gilt, nie mehr im bundesweiten oder gar Abendprogramm senden.

Mit Frauen lege ich mich selten an, schon gar nicht öffentlich. In den vergangenen 40 Jahren habe ich das im Fernsehen nur zweimal getan, das zweite Mal 2001 mit Verona Feldbusch. Das wird ähnlich hohe Wellen schlagen. Diese Gegnerin kämpfte nun zeitgemäß eher mit den »Waffen einer Frau«, genauer: durch körperliche Entblößung, statt verbal, wie Vilar noch anno 1975. Es scheint mir durchaus bemerkenswert, dass über die Tatsache, dass ich meine berühmtesten öffentlichen Fights nicht mit Männern, sondern mit Frauen ausgetragen habe, noch nie ein Wort verloren wurde. Schon gar nicht von all jenen, die mir so gerne blinde Frauensolidarität – gepaart mit blindem Männerhass – unterstellen.

Doch wie kam es überhaupt zu der Konfrontation mit Esther Vilar? Von ihrem Buch, »Der dressierte Mann«, hatte ich bereits 1973 in Paris gehört; *Die Zeit* hatte mich um eine Besprechung gebeten. Mir aber schien die Schrift zu läppisch. Vilar war punktgenau als »feminine Antwort« auf die Frauenbewegung erschienen und durch eine Talkshow bekannt geworden. Ihre Thesen und Methoden allerdings waren arg plump. Sie redete ganz einfach den emanzipationsgestressten Männern nach dem Maul und lieferte griffige Parolen für die Stammtische. Stil: Die Frauen sind eh an allem schuld, wer erzieht schließlich die Kinder! Die Männer sind die eigentlich Ausgebeuteten! Die Frauen machen sich einen faulen Lenz auf Kosten der Männer, liegen den ganzen lieben langen Tag auf dem Sofa und futtern Pralinen! Zum genaueren Verständnis hier zwei Originalzitate aus Vilars Buch:

»Die Frauen können wählen, und das ist es, was sie den Männern so unendlich überlegen macht. Jede von ihnen hat die Wahl zwischen der Lebensform eines Mannes und der eines dummen, parasitären Luxusgeschöpfes – so gut wie jede wählt für sich die zweite Möglichkeit. Der Mann hat diese Wahl nicht (…). Wie ist es nur möglich, dass die Männer nicht bemerken, dass an den Frauen außer zwei Brüsten und ein paar Lochkarten mit dummen, stereotypen Redensarten nichts, aber auch wirklich nichts ist?« Und in diesem zynischen Ton geht es munter weiter. Über Sexualität zum Beispiel schreibt Vilar: »Von sexueller Ausbeutung kann keine Rede sein, die durchschnittliche Koitus-Frequenz liegt zum Beispiel in den USA laut Kinsey bei 2-mal wöchentlich. Selbst für eine frigide Frau – und bei anderen könnte es sich ja nicht um Ausbeutung handeln – ist das keine sonderlich große Strapaze.«

Vilar schreibt das zu einer Zeit, in der eine Ehefrau ihren Mann noch quasi um Erlaubnis bitten muss, wenn sie berufstätig sein will; und die »eheliche Pflicht« ist Gesetz (die Vergewaltigung in der Ehe wird erst 1997 strafbar!). Sexuelle Gewalt ist noch kein Thema und weibliches Begehren tabu. Sicher, es handelt sich um eine gezielte Provokation, präzise auf den Zeitgeist zugeschnitten. Aber hätte Esther Vilar solche Töne über eine andere Gruppe von Menschen verbreitet – über Schwarze zum Beispiel oder Juden –, ihr Buch wäre rasch auf dem Index gelandet. Und hätte ein Mann das geschrieben, wäre es vermutlich gar nicht erst gedruckt worden.

Doch ein weiblicher Autor, der macht eine solche Hetzschrift über Frauen pikant. Tja, wenn selbst eine Frau so über Frauen schreibt, dann muss doch was dran sein, oder? So zumindest läuft zu meiner eigenen Überraschung die öffentliche Debatte in Deutschland. Die Thesen vom »dressierten Mann« werden für nicht wenige Männer zum willkommenen Anlass, sich über die zu der Zeit noch ziemlich recht- und ratlosen Frauen auch noch lustig zu machen, über Feministinnen sowieso … Und viele Frauen fühlen sich verständlicherweise einfach nur gedemütigt von diesem Pamphlet.

Das ist der Grund, warum ich die Einladung der Frauenredaktion des WDR zu einem Streitgespräch mit Esther Vilar annehme. Ich bin entschlossen, die Sache ernst zu nehmen, so wie viele Frauen das tun. Und ich beschließe vorab, dieses Gespräch nicht als Journalistin zu führen – also objektiv und cool mit Fakten und Argumenten hantierend –, sondern als Frau: betroffen. Ich breche in diesem Gespräch also sehr bewusst die journalistischen Spielregeln. Und genau das ist, glaube ich, das Geheimnis der Brisanz und des Erfolgs der Sendung: mein Ernst in dieser Begegnung, mit dem sich Millionen Frauen identifizieren.

Die mir an diesem 14. Januar 1975 im beigen Schalensessel scheinbar gelassen gegenübersitzende, ein paar Jahre ältere Esther Vilar bleibt 45 Minuten lang stoisch ruhig, trotz meiner Attacken. Nur einmal scheint sie fast aus der Reserve zu kippen, nämlich als ich sage: »Sie sind nicht nur eine Sexistin, Sie sind auch eine Faschistin.« Ich spiele damit auf die Parallelen Sexismus/Rassismus an. Im Nachhinein frage ich mich übrigens, ob Vilar vor der Sendung eine gute Portion Tranquilizer geschluckt hatte – ganz so wirkte sie.

Das dramaturgische Konzept der Sendung war gut: kein Moderator, sondern Begegnung und Aufeinanderprallen pur. »So entstand eine Fernsehsendung, deren Informationsgehalt Dutzende abgewiegelter Magazinbeiträge ersetzte, deren Show-Wert das gängige Moderato der Talkshows blamierte, deren schonungslose Direktheit noch in der Aufzeichnung high-live war«, schrieb Hellmuth Karasek im *Spiegel*. Doch nicht alle Journalisten sehen es so. In der *FAZ* klagt eine Journalist*in* über die »sehr langweilige, eintönige Sendung«, und im *Münchner Merkur* konstatiert ebenfalls eine Frau einen »Hauch von Tragik« über dem »eher komischen Duell«, das nichts als ein »unergiebiges Viperngezisch« gewesen sei. Kolleginnen müssen sich anscheinend betonter von meinem kämpferischen Auftritt distanzieren als Kollegen.

Bild allerdings titelt, ganz die Hand am Puls des Volkes, mit der »Fernsehschlacht des Jahres« und kürt mich bei der Gelegenheit zum »Blaustrumpf«, ja mehr noch: zur Hexe. »Alice mit hohen Stiefeln, schwarzem Rock und unter dem Pony den stechenden Blick durch die große Brille. So hat früher im Märchen die böse Hexe ausgesehen.« Im Gegensatz zu Esther, dem »Streichelkätzchen«. Kleine Pointe am Rande: Der *Bild*-Reporter, ein gewisser Herr Schmidt, hatte die Sendung gar nicht gesehen, er hatte nur danach freundlich mit mir telefoniert.

Von nun an wird das Hexen-Szenario x-fach mit mir durchgespielt werden. Bis heute. Was daran liegt, dass ich seit dieser Sendung in Deutschland als die Verkörperung eines kämpferischen Feminismus gelte. »Die Frauen sind für Alice – die Männer für Esther«, schreibt *Hörzu* und trifft damit (fast) den Nagel auf den Kopf. Mein Duell mit Vilar ist der erste öffentlich ausgetragene Geschlechterkampf – unter Frauen.

Dabei ist die Mehrheit der Frauen auf meiner Seite. »Liebe Frau Schwarzer«, schreibt zum Beispiel Martha Meuffels aus München. »Sie haben der Vilar all das gesagt, was ich ihr schon lange mitteilen wollte. Nur hätte ich nicht so ruhig und gefasst bleiben können wie Sie. Ich möchte Ihnen danken.« Und Frau K. aus Geislingen lässt mich wissen: »Ich schreibe wahrscheinlich für viele Frauen, die infolge des ewigen Kindergeschreis, Spülens, Kochens, Putzens usw. nicht dazu kommen. Ich komme auch nur jetzt zu den paar Zeilen, weil mein Mann (kein Unmensch, aber eben ein Mann) sich die Zeitung am Kiosk holt.« Knapp jeder dritte Brief kommt von einem Mann. Etwa die Hälfte dieser Männer stimmt mir zu. Auch sie sind empört über die Klischees, die Frauen und Männer zu Wesen von unterschiedlichen Sternen stempeln und sie aufeinander hetzen.

✳

Am 30. April 1975 wird in Paris das Ende des Vietnamkrieges, der uns im fernen Europa so lange so tief bewegt hatte, offiziell besiegelt. David hat Goliath besiegt, der Vietcong hat barfuß die gestiefelten amerikanischen GIs vertrieben. Doch die Auswirkungen dieses Krieges einer Weltmacht gegen ein kleines Volk – der in Wahrheit exemplarisch stand für den Machtkampf zwischen den beiden Systemen: Kapitalismus versus Kommunismus –, die wirken weiter. Am 21. Mai wird in Stuttgart-Stammheim der Prozess gegen die RAF eröffnet. Die Angeklagten – Ulrike Meinhof, Gudrun Ensslin und Andreas Baader – berufen sich zur Legitimation ihres »bewaffneten Kampfes« gegen die »Imperialisten-Schweine« nicht zuletzt auf den Vietnamkrieg.

Ich bin in diesem Frühling an der »Geschlechterfront«. Ich führe die letzten Gespräche für den »Kleinen Unterschied« und schreibe in Berlin. Meine These ist: Menschen sind von Natur aus bisexuell, die vorherrschende Heterosexualität ein kulturelles Diktat (und die ausschließliche Homosexualität nur die Reaktion darauf, die andere Seite der Medaille). Doch diese »Zwangsheterosexualität« ist kein Zufall (der Begriff stammt von Sandor Ferenczi, Psychoanalytiker und Zeitgenosse von Freud). Sie sichert Männern das Liebesmonopol über Frauen. Und Frauen haben gelernt, sich in der Liebe selbst aufzugeben, nur noch für ihn und die Kinder da zu sein und »im Namen der Liebe« gratis zu arbeiten. Doch will ich diese Thesen am lebendigen Stoff des Lebens überprüfen.

Für die »Protokolle« verdichte ich meine Gespräche mit den Frauen zu Monologen, nur punktuell durch Fragen oder Beschreibungen unterbrochen. Zur Auswahl der Fälle entwerfe ich ein Raster, von dessen Kombination ich mir eine maximale Identifikation für die Leserinnen erhoffe. Ich beabsichtige die größtmögliche Repräsentativität – einzige Abweichung: Es sind atypisch viele Frauen mit erwachendem Bewusstsein darunter. Die ausgewählten Frauen sind jung oder alt, verheiratet oder ledig; sie leben heterosexuell, homosexuell oder dazwischen; sie sind Hausfrauen oder Intellektuelle, Studentinnen oder Prostituierte. Und sie wohnen im tiefsten Bayern oder in Westberlin, im Rheinland oder im hohen Norden. Ich hoffe, dass Frauen in ganz Deutschland etwas mit dem Buch anfangen können.

Da ahne ich noch nicht, dass »Der kleine Unterschied« in neun Sprachen übersetzt und von Frauen von Brasilien bis Japan verschlungen werden wird. Als ich 1977 wegen einer Reportage für den *Stern* nach Japan fahre, begleitet mich die Übersetzerin vom »Kleinen Unterschied«. Und im Frauenzentrum in den Gassen von Tokio, wohin sie mich schleppt, strahlen die Frauen mich an: Sie haben den »Kleinen Unterschied« gelesen und sich darin wiedergefunden. Und als ich 1980 zum Erscheinen des Buches auf Griechisch in Athen bin, da sagt mir eine der Soziologinnen beim Abendessen: »Weißt du eigentlich, Alice, dass die Fischersfrauen auf Zypern, mit denen ich eine Gruppe gegründet habe, sich einmal in der Woche treffen, um über den ›Kleinen Unterschied‹ zu diskutieren? Ihr Code lautet: ›Ich bin Fall 2‹ oder ›Ich bin Fall 13‹ etc.« Insgesamt sind es 16 Fälle im »Kleinen Unterschied«.

Das ganze Ausmaß realisiere ich selbst erst nach Erscheinen des Buches: Die Themen Liebe, Sexualität und Gewalt sowie das Tabu der weiblichen Lust sind universell für Frauen, unabhängig von Klasse oder Rasse. In diesem Bereich haben Frauen weltweit mehr gemeinsam, als ihnen lieb sein kann.

Doch zunächst einmal bin ich noch bei der Recherche und spreche mit den Frauen. Ich treffe sie zu Hause oder in Cafés, sie sind selbstbewusst oder angsterfüllt. Manchmal kommen am Ende auch ihre Männer dazu. Fast alle Frauen erzählen mir Dinge, über die sie oft zum ersten Mal in ihrem Leben sprechen und die so manches Mal nicht einmal ihre eigenen Männer oder besten Freundinnen wissen. Sie reden über ihre Hoffnungen und Träume, aber auch über ihren Schmerz: über Missbrauch und Abtreibungen, über die Abwesenheit der Männer und ihre Aggressionen gegen die eigenen Kinder. Ihre emotionale und soziale Abhängigkeit von ihren Männern ist groß, meist auch die ökonomische.

Alle Namen und (damaligen) Adressen liegen mir bis heute vor, zu Einzelnen habe ich Kontakt gehalten, die meisten jedoch aus den Augen verloren. Ich weiß, dass einige sich später aus hoffnungslosen Beziehungen gelöst haben. Andere jedoch haben sich innerhalb der Beziehung emanzipiert – zum Gewinn beider, der Frau wie des Mannes.

Wie im Fall der damals 42-jährigen Berlinerin und Mutter von vier Kindern, Christa Winterfeldt, die ich über das Müttergenesungswerk aufgespürt hatte. Da war sie wegen des damals sogenannten »Hausfrauensyndroms« (das heute wohl »Burn-out« heißen würde) in Kur gewesen. Im »Kleinen Unterschied« heißt sie »Irmgard S.«. Ihr Pseudonym habe ich zwei Jahre später mit ihrem Einverständnis in EMMA gelüftet. Da war aus der frustrierten Hausfrau die professionelle »Hausmutter« des ersten Frauenhauses für geschlagene Frauen in Berlin geworden.

Als Christa Winterfeldt im Sommer 1975 eines der ersten Exemplare vom »Kleinen Unterschied« erhält, ruft sie mich gleich am nächsten Morgen an: »Frau Schwarzer, mein Mann spielt verrückt! Der hört gar nicht mehr auf zu lesen. Ich hab das Buch noch nicht in der Hand gehabt. Gestern hat er bis tief in der Nacht darin geschmökert und mich dann nachts noch aufgeweckt, um mit mir zu diskutieren! Am Frühstückstisch wollte er schon wieder diskutieren. Ich glaube, er hat ein schlechtes Gewissen ...«

Drei Jahre später lernt die inzwischen 44-Jährige Auto fahren. Denn: »Neulich war Winfried im Krankenhaus, da hat es mich richtig geärgert, dass ich mit dem Auto so abhängig bin von ihm.« Und stolz fügt sie hinzu, dass ihr Mann neuerdings sogar dran denken könne, seine stressige Stelle zu wechseln. Schließlich: »Notfalls kann ich ja die Familie alleine ernähren.«

Bei einer anderen Frau aus dem »Kleinen Unterschied« ist es leider nicht so positiv gelaufen. Zunächst nicht für sie, dann nicht für mich. Sie war eine der beiden Frauen unter den 16, mit denen ich befreundet war. Mit großer Offenheit und sehr bewusst sprach die klassisch attraktive Frau damals mit mir über ihre Frigidität mit Männern, die das noch nicht einmal merkten, und wie sie nur einmal in ihrem Leben mit einem schüchternen jüngeren Mann einen Orgasmus gehabt habe.

Ausgerechnet diese Freundin wird sich später sogar öffentlich gegen mich wenden – und den Mann, der ihr schon bei unserem Gespräch so unendlich fremd gewesen war, drei Jahre später heiraten (um sich wenig später wieder scheiden zu lassen). Inzwischen denke ich, sie hat es mir letztendlich übel genommen, mir eine Wahrheit gesagt zu haben, die sie selber wohl lebenslang nicht wahrhaben wollte. Und auch ich finde im Rückblick: Es war ein Fehler von mir, über so ein heikles Thema zur Veröffentlichung mit einer Freundin zu sprechen. Das würde ich heute nicht mehr tun.

Im März kontaktiere ich alle mir bekannten Frauengruppen in Deutschland, denn ich möchte, ganz wie im vorhergehenden Buch, im Anhang alle Adressen der Frauenbewegung veröffentlichen. »Liebe Frauen«, schreibe ich, »ich mache im Fischer Verlag ein Buch, das sich unter dem spezifischen Aspekt der Folgen der herrschenden sexuellen Normen für ein Frauenleben mit der Frauenfrage beschäftigt. (…) Und ich werde im Anhang eine möglichst vollständige Liste der existierenden autonomen Frauengruppen veröffentlichen.« Es werden dann genau 94 Adressen aus 42 Städten, plus Schweiz und Österreich.

Fünf Monate später, am 19. August, schreibe ich ein zweites Mal an alle Frauengruppen mit der Bitte, meinen Brief »im Plenum zu verlesen«. Ich kündige den »Kleinen Unterschied« an, skizziere den Inhalt und informiere, dass das Buch für Feministinnen über eine Frauenbewegungsadresse für 10 DM (statt 14,95) zu beziehen sei. Und ich rechtfertige mich regelrecht dafür, dass der »Kleine

Unterschied« in einem »kommerziellen Verlag« statt im »Eigen-
verlag« erscheint, erkläre die größere Reichweite und Möglichkeiten durch einen etablierten Verlag und füge hinzu: »Außerdem bin
ich eine professionelle Schreiberin. Das heißt, das ist mein Job, von
dem ich lebe. Ich kann mir also nicht in jedem Fall erlauben, gratis
im Rahmen der Bewegung zu arbeiten.«

Das klingt heute vielleicht ein wenig angestrengt oder gar absurd. Doch damals war es bereits die Reaktion auf die bewegungs-
interne Kritik darüber, dass Alice Schwarzer sich erlaubt, noch ein
Buch zu veröffentlichen.

*

Im Mai gebe ich das Manuskript vom »Kleinen Unterschied« ab,
kurz bevor ich ein zweites Mal nach Femø fahre. Selbstverständlich hat Ursula, mit der ich alle meine Thesen diskutiere, den Text
vorher gelesen und scharfsinnig kritisiert. Sie arbeitet schließlich
selber zu ganz ähnlichen Themen und sitzt gerade an ihrer Doktorarbeit (die später ein Klassiker in der Psychologie werden wird).

Mit Bruno hatte ich ebenfalls immer über alles gesprochen, was
mich bewegte, auch politisch. Doch zu meinen Texten konnte er
nichts sagen, er las schließlich kein Deutsch. Ebenso wenig meine
französischen Freundinnen. Die wussten zwar, dass ich Journalistin bin, aber was ich da eigentlich schreibe, konnte niemand beur-
teilen. Ich war mit dem Schreiben also jahrelang recht alleine. Seit
dieser Erfahrung höre ich bis heute nicht auf, es als Privileg zu
empfinden, dass ich wichtige Texte *vor* Druck von zwei, drei Menschen meines Vertrauens lesen lassen kann. Menschen, die mich so
kritisch wie möglich an meinen eigenen Ansprüchen und Möglichkeiten messen.

Ich habe da gewisse Techniken entwickelt. Wenn mir zum Beispiel zwei Personen unabhängig voneinander dieselbe Kritik vortra-
gen, ist klar: Der Text muss geändert werden. Überhaupt diskutiere
ich bei Textkritik nie, sondern versuche nur, genau zu verstehen, wieso ich mich offensichtlich nicht präzise genug ausgedrückt habe.

Im August erscheint »Der kleine Unterschied« (siehe Seite 436). Mit einer Startauflage von 20.000 Exemplaren ist das Buch keineswegs als Bestseller geplant. Innerhalb der ersten zwei Wochen wird die dritte Auflage gedruckt werden. Das Buch wird aus dem Stand zum Bestseller, ja Longseller. Bis heute, 36 Jahre später, wird es immer wieder nachgedruckt – und erhalte ich weiterhin anrührende Briefe dazu, von Frauen wie Männern.

Noch bevor »Der kleine Unterschied« auf dem Markt ist, erscheinen die ersten Artikel, Rezensionen und Porträts. Noch sind sie relativ differenziert, doch ohne das Emanzen-Klischee geht es schon jetzt nicht mehr. Winfried Maaß, mit dem ich 1971 die Selbstbezichtigung der 374 gestemmt hatte, schreibt für den *Stern* ein Porträt über mich mit dem Titel: »Der Männerschreck. Oder: Wer hat Angst vor Alice Schwarzer?« Der Text ist durchaus einfühlsam und wohlwollend, doch er beginnt mit den Zeilen: »Sie gebraucht weder Lippenstift noch Büstenhalter; schmucklos sind ihre Kleider, weit geschnitten, wadenlang, hängig.« (Auch dieses Kleid aus goldbraunem Leinen ist von Dorothée Bis und damals in Paris der letzte Schrei.) Und für die Münchner *Abendzeitung* bin ich »hässlich wie die Nachteule, mit dem Sex einer Straßenlaterne«.

Zwei Monate später sitze ich dem Schweizer Journalisten Dieter Bachmann (dem späteren Chefredakteur von *du*) gegenüber – und der wundert sich in der *Weltwoche*, »wie falsch Vorurteile sein können und wie schnell die zustande kommen«. Er trifft »eine Alice Schwarzer, die gar nicht dem Feindbild entspricht. Eine Frau, 33, so blond-blauäugig-tapfer, hellwach und charmant, in einem dunkelblauen Kleid mit weißen Blümchen und einem feinen Halskettchen. Hie und da weht ein leichtes Parfum über die Scaloppine al vino bianco …«

So kann man es auch sehen. Will man aber nicht. Übrigens: Das braune Samtkostüm, das ich auf der Lesereise dann so oft getragen habe, ist von Yves Saint Laurent. Das musste sein …

Im Leserbriefteil des *Spiegels* darf nun einer von vielen Männern schreiben: »Mir ist der Arsch der O lieber als der Kopf der

A.« (Er spielt damit auf den pornografischen Roman »Die Geschichte der O.« an.) Und im Annoncenteil der *Zeit* erscheint die erste Heiratsanzeige mit dem Satz: »Sie darf nicht aussehen wie Alice Schwarzer.« Die Botschaft ist klar. Und das Zerrbild der »Männerhasserin«, die nur keinen mitgekriegt hat, festgeschrieben. Zumindest in den deutschen Medien. Und das bis heute.

Für die *Süddeutsche Zeitung* zum Beispiel bin ich schon 1975 eine »frustrierte Tucke« (und werde es bleiben). »Hier hat eine frustrierte Tucke andere frustrierte Tucken schamlos exploriert, um einen Bestseller zu schreiben«, spottet SZ-Autor Richard Kaufmann. Von nun an wird es in Deutschland nur noch in wenigen glücklichen Ausnahmen um die tatsächlichen Inhalte und Formen meiner Texte oder Auftritte gehen, sondern vor allem um Projektionen auf meine Person.

Noch nehme ich es gelassen, halte es für ein Missverständnis. Ich treffe mich immer wieder mit Journalisten, rede mit ihnen, versuche, mich und mein Anliegen zu vermitteln. Am Anfang auf fast naive Art. Und bis heute fällt es mir schwer, endlich zu begreifen: Voreingenommenheit kann blind machen. Ideologie sticht Realität. Und Klischees sind kein Missverständnis, sondern Strategie.

Noch ärger ist, wenn all diese Journalistinnen und Journalisten, mit denen ich immer wieder rede, zwar durchaus verstehen – dann aber etwas ganz anderes schreiben, als sie privat meinen. Und das in der Regel sogar, ohne dazu aufgefordert worden zu sein. Ganz einfach in vorauseilendem Gehorsam. Das nennt sich dann »kritischer Journalismus«.

Fällt der mal anders aus als geordert, wird so ein Text einfach nicht gedruckt. Wie im Fall von Holger Fuß, einer der Teilnehmer der »Männerredaktion« in EMMA anno 1988. (Da waren aufgrund meiner Wette bei Gottschalk sechs Kollegen eine Woche lang bei EMMA, um die Hälfte des Heftes als »Männer-Ausgabe« zu produzieren.) *Der Spiegel* hatte bei dem brillanten jungen Autor einen Verriss bestellt. Als der Text von Fuß dann doch zu einem sehr genau beobachteten, ja amüsierten Porträt geriet, lehnte das Magazin ihn ab. Das Schwarzer-Porträt von Fuß landet in *Tempo*.

Wäre ich, als das mit mir losging, damals nicht schon Anfang 30 gewesen und eine Frau mit der gelassenen Lebenserfahrung, begehrt zu sein – diese Flut von Hohn und Spott hätte mich unter sich begraben können. Denn ob eine Frau von Männern begehrt wird oder nicht, das ist bis heute Kriterium Nr. 1 für den Wert des »anderen Geschlechts«. Schließlich macht er, das eine Geschlecht, das Gesetz. Das ist alles andere als neu. Schon den historischen Suffragetten und Frauenrechtlerinnen hatte man selten die Ehre angetan, sie in der *Sache* zu kritisieren. Nein, auch diese – übrigens auffallend oft besonders gut aussehenden! – Pionierinnen und todesmutigen Menschenrechtlerinnen sind uns von der herrschenden Geschichtsschreibung nur als Zerrbilder überliefert. Als ältliche Tanten mit komischen Hüten, frustrierte Jungfern bzw. alte Matronen und Mannweiber; sie mussten von uns neuen Feministinnen erst mühsam wieder freigelegt werden.

Es funktioniert immer wieder: Die herabwürdigende Kritik an Frauen, die sich für Frauen einsetzen – statt um jeden Preis nach dem Beifall der Männer zu heischen –, ist einschüchternd. Nicht nur für die betroffenen Frauen selbst, die exemplarisch mundtot gemacht werden sollen, sondern für alle Frauen: Seht her, das machen wir mit einer, die das wagt! Genau davor haben so viele Frauen Angst. Bis heute. Verständlicherweise.

*

Für die Sendung vom 23. August 1975 hatte das TV-Magazin »Titel, Thesen, Temperamente« sich etwas ganz Besonderes einfallen lassen: Die schon damals renommierte Psychoanalytikerin Margarete Mitscherlich – und Ehefrau von Alexander – soll mit dieser Alice Schwarzer über den »Kleinen Unterschied« sprechen. Davon verspricht man sich zweifellos Zoff. Denn schließlich kritisiere ich in dem Buch nicht nur wenig zimperlich »Die Rolle der Psychoanalyse beim Drill zur Weiblichkeit«, sondern auch Mitscherlichs als besonders progressiv geltenden Lehranalytiker Michael Balint in London. Ich allerdings gehe gelassen von reichlich Übereinstimmung aus. Schließlich hatte ich schon Texte von Margarete Mitscherlich gelesen und schätze sie als bewusste, unerschrockene Frau.

Das Gespräch ist in der Wohnung von Mitscherlichs anberaumt, damals im 18. Stock eines Hochhauses in Frankfurt-Höchst, wo außer dem Analytikerpaar nur Krankenschwestern leben. Die Wahl des überraschenden Standortes war wohl Alexander Mitscherlichs Analyse der »Unwirtlichkeit der Städte« und seiner Entschlossenheit zur teilnehmenden Beobachtung zu schulden.

Bei meiner Ankunft holt Alexander Mitscherlich mich unten ab. Er ist ein stattlicher Mann, fast zwei Meter groß. Und wie wir im Aufzug hochfahren, plaudert er gönnerhaft zu mir runter: »Es würde Ihnen hier sicherlich gefallen, Frau Schwarzer.« Ich murmle höflich: »Ach ja, warum denn?« Er erwidert: »Weil hier nur Frauen wohnen«, und lächelt maliziös. Ich lächle besänftigend zurück.

Oben angekommen, treffe ich auf das Fernsehteam und Margarete Mitscherlich. Unsere Zuneigung ist spontan. Zur unübersehbaren Enttäuschung des Interviewers stürzt die Psychoanalytikerin sich nicht etwa auf die in ihrem Bereich wildernde Feministin und weist diese in ihre Schranken, sondern sie lacht amüsiert und stimmt vielem ganz einfach zu. »Statt mit Frau Schwarzer zu diskutieren, war sie mit ihr ein Herz und eine Seele«, berichtet Ingeborg Münzing verblüfft in der Münchner *Abendzeitung*. Schwer verärgert hingegen ist Ruprecht Skasa-Weiß von der *Stuttgarter Zeitung*. Er findet »die Thesen von Frau Schwarzer in ihrer eifernden Verallgemeinerung grobschlächtig bis zur Idiotie« und hatte wohl auf einen angemessenen Verriss durch die psychoanalytische Autorität gehofft, stattdessen: »Trüb war's. Lachhaft. Peinlich. Wirr. Keine Auseinandersetzung, sondern eitel Affirmation. Frau Mitscherlich, die Analytikerin, hat sehr sonderbar versagt.«

Womit jetzt auch klargestellt wäre, was von einer zu halten ist, die mir nicht widerspricht, sondern es wagt, mir zuzustimmen. Das wirft nicht etwa die Frage auf: Warum sehen diese beiden so unterschiedlichen Frauen das ähnlich oder gar gleich? Sondern nur die Antwort: Auch die! Was anderen Frauen verständlicherweise

Angst macht. Also schweigen sie in der Regel, auch bei heimlicher Zustimmung. Was mich zusätzlich isoliert.

Nach der Sendung laden Mitscherlichs mich noch zum Tee ein. Jetzt schlägt seine große Stunde. »Lass nur, ich mach schon den Tee ...« Es folgt ein stummes Umherirren in der kleinen, spartanischen Küche und sodann eine Kaskade von Fragen: »Margarete, wo ist denn der Tee?« – »Margarete, wo steht denn der Zucker?« – »Margarete, gieß ich das Wasser kochend auf oder warte ich noch ein wenig?« Wir feixen.

Sodann setzt Alexander sich zu uns und holt groß aus. »Also, Frau Schwarzer, Sie sollten mal bedenken, dass es auch Männer gibt, die benachteiligt sind!« – »Ach ja, Herr Mitscherlich? In welchen Punkten denn?« – »In Dänemark zum Beispiel dürfen Männer nicht Hebammen werden!« – Da ist kein Halten mehr. Margarete und ich, wir prusten los! Es ist der Beginn einer langen, bewegten Freundschaft, die bis heute andauert.

*

Eine zweite Flut von Briefen rollt im Herbst auf mich zu (da ahne ich noch nicht, dass das immer so weitergehen wird). Waren es nach dem Vilar-Disput rund 600, so sind es schon wenige Wochen nach Veröffentlichung vom »Kleinen Unterschied« erneut Hunderte von Briefen, die bei mir eintrudeln, an mich weitergeleitet von meinem Verlag. Viele Frauen schreiben mir so vertrauensvoll wie einer Freundin. Das Elend, aber auch die Entschlossenheit, die mir aus diesen Briefen entgegenschlagen, berührt mich tief. Am ärgsten scheint es für die Frauen auszusehen, die sich nach zehn, 20 Jahren scheiden lassen: Sie geraten nicht selten in die Fänge einer wahren Männer-Mafia von Anwälten, Richtern und Ehemännern.

»Es ist das bundesweite Hauab!, das die Männer erschüttert«, spottet der so demonstrativ wie subversiv in Talkshows strickende »Männerautor« Volker Pilgrim über die Reaktionen des deutschen Mannes auf »den Schwarzer-Effekt«. Wieder ist etwa jeder dritte Brief von einem Mann, wieder die Hälfte kritisch bis aggressiv –

die andere Hälfte jedoch zustimmend bis herzlich. Da ist der 50-Jährige, der mir schreibt, er habe durch das Buch »im Nachhinein das Scheitern meiner Ehe begriffen«. Oder der Jungverheiratete, dem »die Lektüre die Augen geöffnet hat: Es hat uns geholfen, über gemeinsame Probleme zu reden«. Und der junge Berliner, der aufatmet: »Du brichst in Deinem Buch eine Lanze für schüchterne Männer, Alice. Das erleichtert mich so! Denn ich war noch nie der Django-Typ …«

Kein Zweifel, seit dem Erscheinen vom »Kleinen Unterschied« liege ich in den deutschen Ehebetten dazwischen. An meiner Person wird exemplarisch abgehandelt, wer hier nun recht bzw. unrecht hat: Sie oder Er? Wie in der Ehe der Bayerin, die mich eines Nachmittags in Berlin anruft und schüchtern fragt: »Frau Schwarzer, darf ich Ihnen einen Rat geben?« – »Ja, natürlich. Welchen denn?« – »Sie sind doch morgen Abend im Fernsehen. Könnten Sie da nicht mal eine weiße Bluse anziehen?« – »Warum denn?« – »Tja, also … Mein Mann geht immer aus dem Zimmer, wenn Sie im Fernsehen sind. Er sagt: Wie die schon aussieht! Wenn Sie also jetzt mal eine weiße Bluse anziehen täten … dann würde er vielleicht auch mal zuhören.«

Ich versuche, meiner besorgen Anruferin zu erklären, dass a) weiße Blusen einfach nicht mein Stil seien und es b) vermutlich auch nicht daran läge, wie ich aussehe, wenn ihr Mann mir nicht zuhören will, sondern an dem, was ich *sage*. Sie scheint nicht sehr überzeugt.

All diese Frauen, die in meinen Texten und Reden das lesen und hören, was sie immer schon mal sagen wollten oder bisher noch nicht einmal zu denken gewagt hatten – all diese Frauen wollen nun, dass ich für sie die Stimme erhebe. Diese Erwartungen und Hoffnungen, die ich geweckt habe, bestätigen, was ich denke und schreibe; doch sie sind für einen einzelnen Menschen schlicht überwältigend. Denn ich bin ja nicht Teil einer Partei, Organisation oder Institution. Ich bin noch nicht einmal in der – relativ – privilegierten Situation, in der ich heute bin: Wo seit über 20 Jahren die kluge, umsichtige Margitta Hösel verantwortlich ist für mein Büro (und selbst sie ist von der anhaltenden Flut von Anfragen und Erwartungen manchmal überfordert). Nein, ich sitze 1975 ziemlich allein an meinem wackeligen selbst gezimmerten Schreibtisch im dritten Stock des Breitenbachplatz Nr. 12. Und ich müsste mich tausendfach klonen, um allen gerecht zu werden. Ich fürchte, ich habe damals viele enttäuscht, weil ich einfach nicht allen antworten bzw. helfen konnte.

Auf der Buchmesse im Oktober geht es dann entsprechend turbulent weiter. Doch ich erinnere mich eigentlich nur an zwei Dinge: erstens an meine Skrupel, unter den gedehnten Blicken meiner feministischen Freundinnen so plötzlich aus der Frauenbewegung herausgehoben und wie ein »Star« behandelt zu werden. Das scheint mir politisch nicht korrekt (ein Begriff, den es da noch nicht gibt). Ich verbiete es mir also regelrecht, mich über den Erfolg meines Buches einfach von Herzen zu freuen.

Doch dann ist da dieser fulminante Abend im »Literatur-Zirkus« im Römer. Der charmante Reinhart Hoffmeister macht die Moderation und beginnt mit der nicht sehr originellen, aber nun üblichen Frage: »Hassen Sie Männer?« Inzwischen hatte ich gelernt, auf solche Fragen offensiv und spielerisch bis sarkastisch zu antworten. Das gefällt dem Publikum, das sich zu weit über tausend Menschen bis nach draußen auf den Platz drängelt. Die Stimmung ist so unleugbar vergnügt, dass die *Frankfurter Rundschau* nicht umhinkann, ihren Bericht über den Abend mit den Worten zu schließen: »Das Publikum raste für Alice. Frauen in den Sechzigern gaben in lauten Zwischenrufen ihre (Frauen-)Erfahrungen preis, Männer kletterten auf die Bänke und skandierten A-lice Schwar-zer! – als diese schon längst wieder hinter dem Zirkusvorhang verschwunden war.«

Ja, so war das.

Nach der Buchmesse gehe ich auf Lesereise. Die Neugierde und Aufregung der Menschen schlägt hohe Wellen. Alle Säle sind überfüllt, meist müssen Hunderte wieder nach Hause geschickt werden, und das in Groß- und Universitätsstädten ebenso wie in der Provinz. Es macht mir Spaß. Dass ich manchmal auch Angst habe vor diesen auf mich einstürzenden Erwartungen, entdecke ich rückblickend auf den Fotos, die für das *Zeit-Magazin* gemacht wurden. Ich hatte das vergessen. *Zeit*-Autor Schultz-Gerstein ist bei dieser Lesereise mit von der Partie. Und obwohl er mir bei unserem ersten Gespräch in Berlin eher voreingenommen begegnet, lässt er sich letztendlich ein auf das, was er nun erlebt (siehe Seite 446).

Diese Lesereise zum »Kleinen Unterschied« hat mich fürs Leben trainiert. Seither kann mich, glaube ich, nichts mehr aus der Fassung bringen. Alles, was einem so passieren kann bei öffentlichen Auftritten, ist mir auf dieser Reise durch die Republik passiert, im Guten wie im Bösen. Der Ablauf meiner Auftritte ist in der Regel so: Zunächst trage ich eine halbe Stunde lang meine Thesen aus dem »Kleinen Unterschied« vor, sodann gehe ich, ohne Moderator, ins direkte Gespräch mit dem Publikum. Nach der Veranstaltung treffe ich mich meist noch in einem Lokal um die Ecke mit allen interessierten Zuhörerinnen und Feministinnen vor Ort. Allein in einer Stadt wie Darmstadt tragen sich an so einem Abend 200 Frauen in die Liste des Frauenzentrums ein. Und wo es noch kein Zentrum gibt, wird an diesem Abend eine örtliche Frauengruppe gegründet. Denn ich verstehe meine Auftritte als Impulsgeber. Was mich wirklich interessiert, ist das, was danach geschieht: in den Köpfen der Frauen wie auf der Ebene ihrer Vernetzung.

Nach meinem Vortrag ergreifen meist zuerst die Männer das Wort. Dann kommen langsam die Frauen. Aber wie. Nicht nur für die Putzfrau Renate M. in Offenbach ist »Der kleine Unterschied« das erste Buch ihres Lebens, das sie überhaupt gelesen hat – und wenn eine es verstanden hat, dann sie. Auch die etwa 40-Jährige in der gestärkten weißen Bluse, mit den braunen Löckchen – von der ich eine Woche später, als sie mir schreibt, erfahre, dass sie Erika Bruns heißt – lässt sich nicht länger einschüchtern. »Ich bin«, sagt sie in dem überfüllten Bürgersaal mit rund 600 Menschen in Büdingen, »seit 20 Jahren Hausfrau und habe drei Kinder großgezogen. Mein Mann verdient ganz gut, aber ich habe nie eigenes Geld gehabt. Ich schäme mich nicht zu sagen, dass ich seit einigen Monaten putzen gehe. Dafür krieg ich Geld. Zu Hause mach ich das umsonst. Von meinem ersten Geld hab ich mir eine Stereoanlage gekauft – das ist das Einzige, was ich besitze. Und die Kinder.«

Folgt der pikierte Kommentar einer Genossin aus Frankfurt. Die Studentin hatte schon zuvor versucht, den anwesenden Frauen klarzumachen, dass nicht der Mann, sondern der Hauptwiderspruch sie unterdrücke. Diesmal rügt sie »die Konsumhaltung« der Frau und belehrt: »Eine Stereoanlage ist nun wirklich nicht das richtige Bewusstsein.«

Daraufhin steht die Frau mitten im Saal ein zweites Mal auf und erwidert: »Ob das das richtige Bewusstsein ist, weiß ich nicht. Aber vom nächsten Geld, da kauf ich mir ein Auto, das hat Räder und trägt mich raus.« – Nun haben alle im Saal verstanden, vielleicht sogar die Genossin aus Frankfurt.

Klar versucht so mancher Mann, mich bei diesen Veranstaltungen vorzuführen. Ich habe mir für solche Situationen einen ganz einfachen Trick zu eigen gemacht, den ich bis heute nur allen Frauen empfehlen kann: die Methode Bumerang. Die schmierigen Andeutungen gewisser Fieslinge muss man nur zurückwerfen und ans grelle Licht der Öffentlichkeit zerren! In meinem Fall heißt das auf solchen Veranstaltungen, vernehmlich und mit strahlendem Lächeln ins Mikrofon zu sagen: »Habe ich den Herrn da hinten in der letzten Reihe – ja, Sie! – richtig verstanden? Sie meinen also, so wie ich aussehe, habe ich eh keinen mitgekriegt. Und außerdem sei ich sowieso keine normale Frau. Mich müsste man nur mal so richtig ...« Spätestens an der Stelle pflegt der Rest meiner Worte im Gelächter des ganzen Saals unterzugehen. Und selbst die Männer und Frauen, die bis dahin eher reserviert geguckt hatten, lachen mit. Nicht ich bin, der pöbelnde Mann ist blamiert.

Und der Humor. Der ist eine ultimative Waffe. Und er macht außerdem noch Spaß! Auf meinen Veranstaltungen wurde immer schon und wird bis heute sehr viel gelacht. Es ist, ehrlich gesagt, ein regelrechter Sport von mir, in den ersten fünf Minuten den ersten Lacher zu erzielen (und zwar auch im verschlossensten Gesicht). Erst dann kann ich entspannt weitermachen.

Den Bumerang-Effekt habe ich übrigens drei Jahre später auch im sogenannten *Stern*-Prozess praktiziert. EMMA hatte damals gemeinsam mit etlichen Frauen das Magazin wegen seiner sexistischen Titelblätter verklagt. Dabei ging es uns nicht um die Sittenfrage, sondern um die Frage der Menschenwürde. Doch *Stern*-Chef Nannen und sein Anwalt Nesselhauf glaubten, es genüge, wenn sie ganz einfach die Klägerinnen vorführen, statt sich zur Sache, zu der Klage zu verhalten. So begnügte der renommierte Hamburger Anwalt sich in seinem Plädoyer damit, Anzüglichkeiten über »diese Frauen« von sich zu geben. Das hohe Gericht müsse nur mal die Kleinanzeigen in EMMA lesen, hüstel, um zu begreifen, was für Frauen das sind, räusper. Sie verstehen schon ...

Nach kurzer Verständigung mit unserer Anwältin, Gisela Wild, habe ich daraufhin mit sehr ruhiger, klarer Stimme ganz einfach vor Gericht noch mal den gesamten Text dieser »Verteidigungsschrift« des *Sterns* (die wir fünf Minuten vor Prozessbeginn in die Hand gedrückt bekommen hatten) vorgelesen. Ein Stöhnen ging durch den Saal. Entlarvt! *Moralisch* hatten wir den *Stern*-Prozess spätestens jetzt gewonnen. *Juristisch* gab es – und gibt es bis heute – noch kein Gesetz gegen Sexismus (so wie gegen den Hass auf andere Bevölkerungsgruppen, gegen den Rassismus oder Antisemitismus). Dabei hieß es schon anno 1978 in der Urteilsbegründung: »Die Kammer verkennt nicht, dass es ein berechtigtes Anliegen sein kann, auf eine der wahren Stellung der Frau in der Gesellschaft angemessene Darstellung des Bildes der Frau in der Öffentlichkeit und insbesondere den Medien hinzuwirken.« Und der Vorsitzende Richter, Manfred Engelschall, fügte hinzu: »In 20, 30 Jahren« würde den Klägerinnen vielleicht recht gegeben werden, aber heute sei die *Stern*-Klage eher etwas für den Gesetzgeber. – Ein solches Gesetz aber existiert bis heute nicht.

Anfang 1976 erhalte ich einen langen Brief von Peter J. Klein, einem jungen Lehrer aus Ostfriesland. Er hat im Sexualkundeunterricht mit seinen 14-jährigen SchülerInnen ein Kapitel aus dem

»Kleinen Unterschied« durchgenommen, und zwar das, in dem es um die Hausarbeit geht. Zu den in der Klasse verfassten Briefen von drei Schülerinnen und einem Schüler (Willy W., der findet, dass »Alice Schwarzer mit ihren Behauptungen, Vorwürfen gegenüber Deutschlands Männern zum größten Teil recht hat«) schreibt mir der Lehrer:

Liebe Alice! Als Lehrer der Schülerinnen, die die Briefe geschrieben haben, möchte ich noch einige Hinweise geben. Das Unterrichtsthema war »Sexualerziehung«. Die Stunden, in denen wir den Text behandelten, waren sehr chaotisch. Schon der Name Alice Schwarzer löste einen ungeheuren Tumult in der Klasse aus. Zunächst musste ich mich gegen den Vorwurf wehren, überhaupt einen Text von Dir vorzulegen. Besonders die Jungen (alle ungefähr 14 Jahre alt) waren von einer riesigen Aggressivität, die sich auch in weiteren Gesprächen nicht legte. Ganz ähnlich reagierten auch die meisten Mädchen. Nur eine – die Insa Reinecke, die ja auch einen Brief geschrieben hat – war begeistert. (Sie war übrigens überhaupt nicht froh, dass sie Alice genannt wurde, beklagte sich häufig bei mir, sie würde aufgezogen, und hat sich für einige Zeit auch noch einen zweiten Ehrennamen zugezogen: »lesbische Sau«, was typisch ist.) Insa hat dann in den Klassendiskussionen immer wieder versucht, Deine Argumentation zu verteidigen, obwohl sie letztlich doch in den allgemeinen Tenor einstimmte, Du würdest zu sehr übertreiben.

Keiner der Jungen war in der Lage, seine Aggressivität zu verbalisieren. Als Beobachter fiel mir auf, dass die Stunden, in denen wir den Text besprachen, erstens eine gesteigerte sexuelle Aggressivität der Jungen untereinander brachte (in die Eier treten usw.) und zweitens eine intensive Protzerei mit dem späteren Beruf und dem späteren Geldverdienen einsetzte. Die Mädchen reagierten differenzierter. (...)

Das Thema »Sexualerziehung« hat ja an den Schulen seine aufklärerische Funktion im Grunde längst verloren (falls es die je gehabt hat). Ich habe oft das Gefühl gehabt, nur Leistungsdruck zu verbreiten, denn die Schüler reagieren bei sexuellen Themen meistens wie im Sport: Wie hoch? Wie weit? Wie groß? Wie lang? Modelle sinnvoller Sexualerziehung, gerade für 13/14-Jährige gibt es eigentlich noch überhaupt nicht. Der Fortschritt besteht höchstens darin, dass man frühzeitig über Verhütungsmittel aufklärt, um, wie eine Mutter sagte, »wenigstens das Schlimmste zu verhindern«.

Diese Jungen und Mädchen sind inzwischen um die 50. Was sie wohl heute denken – und wie sie ihr Leben gestaltet haben? Bei einer wollte ich es wissen! Neulich habe ich also mit Insa Reinecke-Buß telefoniert. Ich konnte sie nur deshalb im Internet aufspüren, weil sie ihren Namen behalten hat. Die früher als »Alice« und »lesbische Sau« beschimpfte Insa ist heute verheiratet (mit einem Richter), hat drei Kinder – und ist von Beruf Kriminalhauptkommissarin. Zurzeit ist sie Frauenbeauftragte der Polizeidirektion Braunschweig, ihr nächstes Ziel ist die Leitung einer Polizeidienststelle (in der Region noch reine Männersache). »Angst habe ich keine«, erklärte Insa 2007 der *Braunschweiger Zeitung*.

Auch für mich ist seither sehr viel passiert, doch im Ton und in der Polarisierung der Reaktionen hat sich leider wenig geändert – wenn auch die Zustimmung inzwischen weit überwiegt. Zumindest bei den Menschen. In den Medien sieht das anders aus (wie auch der Medienseite jeder EMMA-Ausgabe immer wieder zu entnehmen ist). Seit Jahren werde ich nun immer wieder gefragt und frage mich das manchmal auch selber: Wie habe ich das alles überhaupt überlebt? Gerne denke ich nicht darüber nach, ich muss mich regelrecht zwingen … Es ist hier nicht von Differenzen in der Sache die Rede, die machen mir nicht nur wenig aus, sondern eigentlich meist sogar Spaß, sind eine Herausforderung. Ich rede von persönlichen Diffamierungen. Da ist zunächst zu sagen, dass ich ja weiß, dass man Frauen – und gar Frauen, die sich für Frauen einsetzen – selten die Ehre antut, sich mit ihnen sachlich auseinanderzusetzen. Das hieße, sie ernst nehmen. Nein, Feministinnen werden in der Regel persönlich diskreditiert, also gar nicht erst ernst genommen. Dieser Mechanismus trifft mich mit Wucht, seit ich eine öffentliche Feministin bin, also seit fast 40 Jahren.

Doch die rationale Erkenntnis, warum es so ist, ist eines. Sie schützt noch nicht vor der emotionalen Betroffenheit. Da ist es so, dass die Angriffe von Männern mir weniger ausmachen. Deren Gegnerschaft verstehe ich. Und ihre Motive sind meist nur allzu durchschaubar. Sie haben bei der Emanzipation der Frauen schließlich privat wie beruflich mit realen Privilegien- und Machtverlusten zu rechnen. Und Privilegierte haben noch nie in der Geschichte ihre Privilegien freiwillig aufgegeben. Warum also sollten die Männer das tun?! Außerdem sind sie oft schlicht lächerlich.

Mein Problem sind die Frauen. Und da muss ich zwar auch oft lachen, aber auch ihre Tragik steht mir häufig nur allzu deutlich vor Augen. Diese Karrierefrauen, die das hohe Lied der Hausfrau singen, um die Männer zu beruhigen. Diese Opfer-Verhöhnerinnen, denen selbst Schmerzliches passiert ist, was sie mit aller Macht verdrängen müssen. Diese in die Jahre Gekommenen, die vorgeben, auch die erniedrigendste Pornografie noch »geil« zu finden, um sich bei den Männern anzubiedern. Diese Mittvierzigerinnen bzw. Mittfünfzigerinnen, die mich neuerdings so gerne als »Alt-Feministin« titulieren und doch längst schon selber in dem Alter sind, in dem ihr Marktwert in der Männerwelt gesunken ist. All diese peinlichen und längst zum Scheitern verurteilten Anbiederungsversuche bei den Männern … Das Furchtbare ist, dass die meisten Männer dieses Manöver sehr wohl durchschauen – denn sie verstehen traditionell mehr von Verrat und Macht als Frauen.

Ja, ich bin jetzt 68. Also in einem Alter, das für einen erfolgreichen, aktiven Mann meines Kalibers kein Thema wäre. Und da ist es sehr aufschlussreich, dass manche Kritiker, vor allem weibliche, mir mein für mich so unbeschwertes Älterwerden doch tatsächlich als Manko anlasten wollen. Dabei ist es doch eher ein Vorteil: ein Vorteil an Erfahrungen und Erkenntnissen.

»Die Alt-Feministin« ist die siebte Etappe in all den Diffamierungswellen, die in den letzten Jahrzehnten über mich hinweggeschwappt sind. Die erste war »die frustrierte Männerhasserin«; die zweite »die Lesbe«; die dritte »die Kapitalistin« (weil ich EMMA gegründet hatte) die vierte die »autoritäre Chefin«, die schlimmer sein soll als jeder Chef (wozu allerdings seit rund 30 Jahren noch kein einziges Mal eine der Frauen, die seit Jahren und Jahrzehnten tatsächlich mit mir arbeiten, befragt worden ist); die fünfte »die Reaktionärin« (weil ich fand, dass eine Kanzlerin Vorbildfunktion für Frauen haben könnte, unabhängig von ihrer Politik und Parteizugehörigkeit); die sechste »die Mutter«; ihr folgt auf dem Fuße »die Alte«.

Gerade jetzt, im Sommer 2011, nimmt es mal wieder groteske Formen an. Das liegt daran, dass ich mich erneut reichlich unbeliebt gemacht habe. In diesem Fall dadurch, dass ich im Kachelmann-Prozess daran erinnert habe, dass nicht nur der Angeklagte vielleicht unschuldig sei – sondern dass auch das mutmaßliche Opfer vielleicht die Wahrheit sage.

In der Zeit zum Beispiel bemühte eine als 41-jährig ausgewiesene Autorin jüngst die »ideologischen Scheuklappen eines überholten Altfeminismus« und meinen »Rapunzelkomplex«. Den hätten solche »Mütter« wie ich, die ihren Töchtern den Spaß am Ausziehen für den *Playboy* und der Pornografie vermasseln wollen. Die die jungen Frauen also nicht aus ihren Fängen bzw. Festungstürmen lassen wollen und damit an eigenen Erfahrungen hindern, weil sie alles besser wüssten. Die *Zeit*-Autorin könnte in der Tat biologisch meine Tochter sein und hat vermutlich ja auch ganz persönlich ein Problem mit ihrer Mutter. Nur, deswegen jeglichen Versuch von weiblichen Menschen, ihre Erfahrungen und ihr Wissen an die nächsten Generationen weiterzugeben, schlicht zu psychologisieren, das ist natürlich kurzsichtig bis blindwütig.

Als seien Frauen immer nur Töchter oder Mütter bzw. die Frau an seiner Seite – also relative Wesen. Als seien Frauen nicht auch reflektierende Individuen, von denen auch eine nächste Generation etwas lernen kann, ja lernen muss. Dies zu leugnen, würde Hunderte von Generationen über Jahrtausende immer wieder auf Eva zurückwerfen – und eine jede müsste immer wieder bei Null anfangen. Was schön wäre. Für die Männergesellschaft.

Ebenfalls in der *Zeit* durfte eine selber durchaus in die Jahre gekommene Journalistin mich im Zusammenhang mit dem Fall Kachelmann als »böse Großmutter« bezeichnen – und sie merkte noch nicht einmal ihre sehr komische Fehlleistung. Denn in dem Vergewaltigungs-Märchen gibt es zwar einen »bösen Wolf«, doch die Großmutter ist die Gute. Und ich wäre in diesem Stück doch wohl eigentlich das Rotkäppchen, oder?

Noch toller trieb es jüngst die *Berliner Zeitung*, seit Jahren ein Hort der verlässlichen Schwarzer-Häme. Da verstieg sich ein Journalist zu der Formulierung: »Was bewog die Feministin Alice Schwarzer, sich an der Schwelle zum Greisentum vom Gossenjournal *Bild* in Dienst nehmen zu lassen?« – An der Schwelle zum Greisentum? Nun, einmal abgesehen davon, dass solche Sätze nur in einem echten Gossenjournal gedruckt werden können, ist die Botschaft klar: Die Schwarzer soll endlich den Mund halten! Sie soll von gestern sein! Sie soll sich nicht länger einmischen! Am liebsten soll sie tot sein oder zumindest scheintot.

Doch ich fürchte, ich muss meine GegnerInnen enttäuschen. Solange ich lebe, werde ich denken, reden, schreiben und handeln. Hinzuzufügen wäre noch: Ich konnte schon immer auch im größten Trubel abschalten und das Leben genießen; essen gehen oder ins Kino, FreundInnen treffen oder aufs Land fahren. Ich nehme mich selber nicht so schrecklich ernst. Und ich habe wenig Neigung zum Negativen, bin einfach ein zutiefst positiver Mensch. Vor allem: Ich blicke selten zurück, sondern eher nach vorn. Das war schon immer so. So auch im Jahr 1976. Da schlagen die Wellen wegen des »Kleinen Unterschieds« gerade sehr, sehr hoch – aber ich nehme einfach das nächste Projekt in Angriff: EMMA.

1
Buchmesse,
1975
2
Lesung in Bochum,
1975
3
Nach Lesung in
Büdingen,
1975
4
Nach Lesung in
Bad Schwalbach,
1975

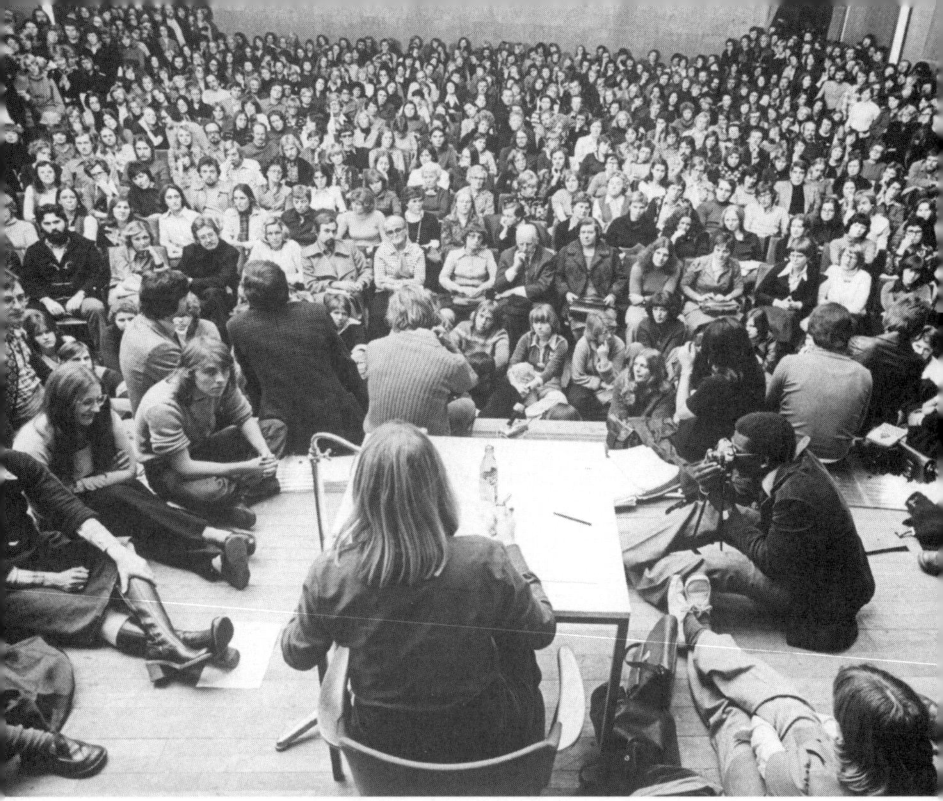

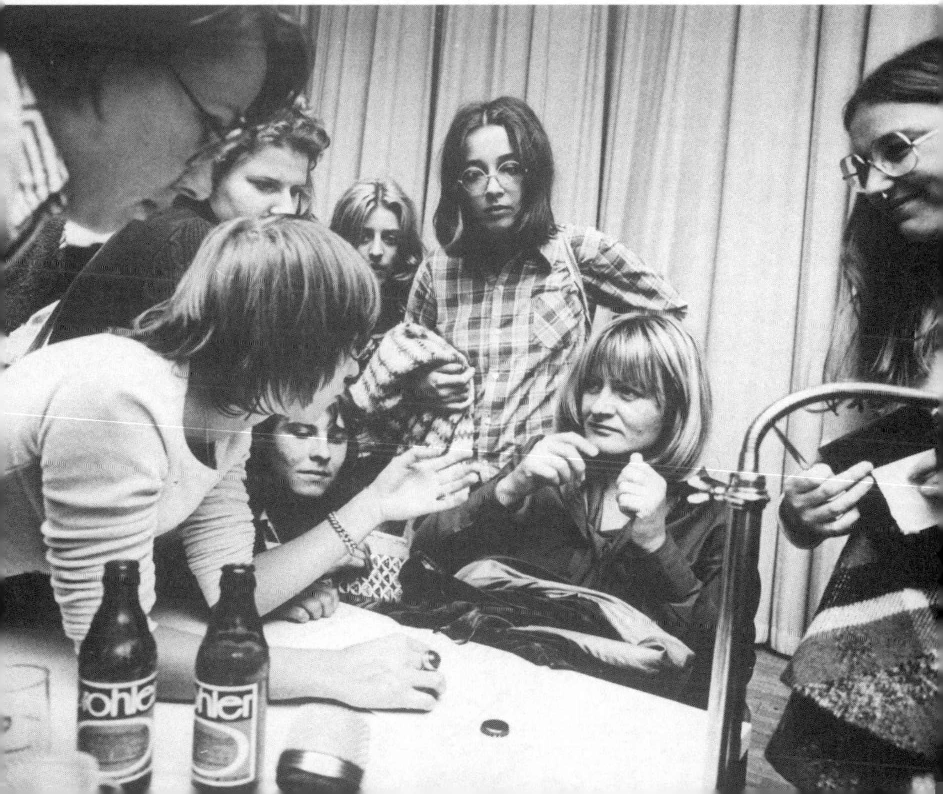

1
Im »Schlabberlook«,
Stern 1975
2
Disput mit
Esther Vilar,
6.2.1975
3
Mit Morgner
in Paris, 1980er
4 + 5
Mit Mitscherlich,
1985 und 2010

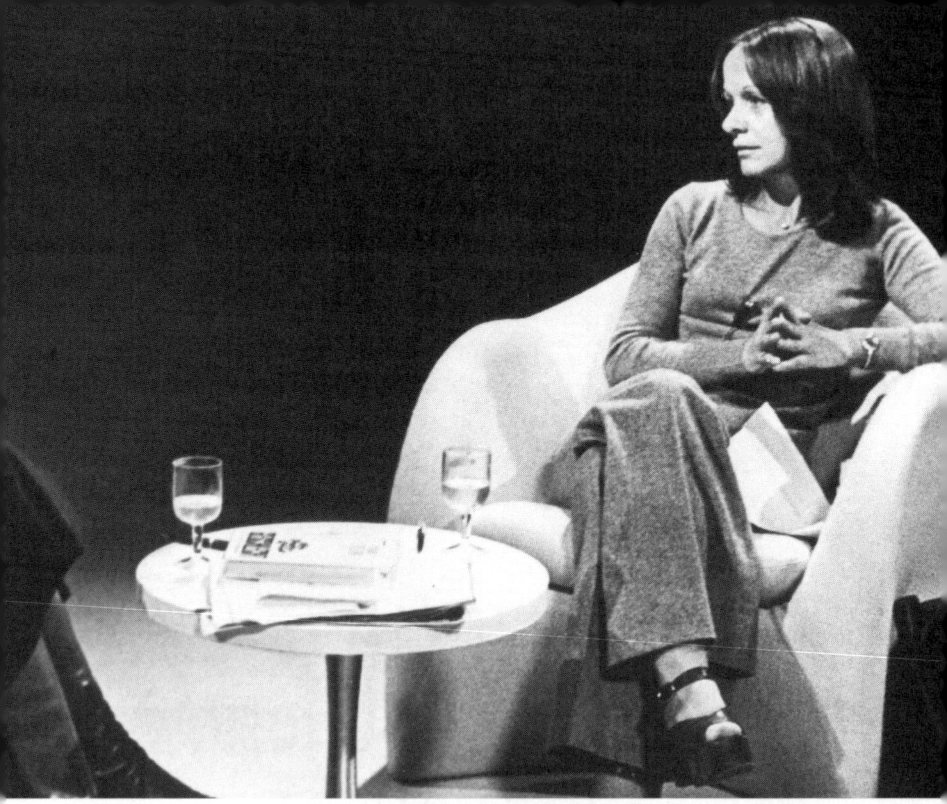
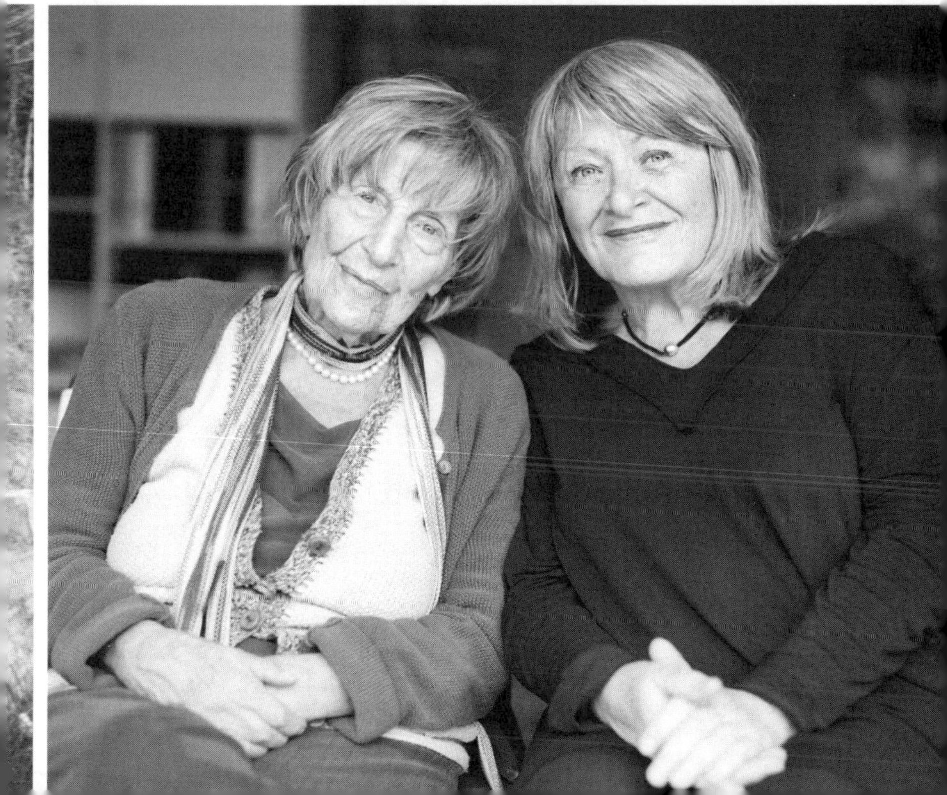

1976/1977
Das unendliche Abenteuer
Der Start von EMMA

In dieser Zeit stoße ich das wohl folgenreichste Projekt meines Lebens an: EMMA. Seit 1973, seit meiner kurzen Begegnung mit Gloria Steinem in Paris, die gerade *Ms.* gegründet hatte, träume ich von einer feministischen Zeitschrift. Und seither hatte sich mein Eindruck, dass die bewussten Journalistinnen in Deutschland eine eigene Stimme bräuchten, verstärkt. Eben ein Medium, bei dem uns niemand mehr sagen kann: Ihr seid viel zu betroffen! Viel zu parteiisch! Feministinnen sollten von den Frauenthemen die Finger lassen! Sondern ein Blatt, in dem wir selber das Sagen haben.

Mit dem »Kleinen Unterschied« hatte ich im ersten Anlauf mehr Geld verdient, als ich benötigte. Mir bleiben etwa 250.000 Mark, die ich in so ein Projekt investieren kann. Das scheint mir viel. Außerdem würden ja auch andere vielleicht Geld geben? Es waren letztendlich nur zwei, eine davon war Margarete Mitscherlich. Jede gab einen Kredit von 10.000 Mark (und erhielt das Geld Ende 1977 mit zehn Prozent Zinsen retour).

Inzwischen bin ich zwar eine relativ erfahrene Journalistin, aber – ich bin keine Verlegerin. Frauen, die im Bereich des Blattmachens wirklich Ahnung haben, gibt es damals noch gar nicht. Ich verabrede mich in diesem ersten Halbjahr 1976 also mit drei Männern: dem Verleger eines engagierten Magazins, einem Hersteller und einem Blattmacher.

Als Erstes spreche ich mit Hermann Gremliza, früher *Spiegel*-Redakteur und jetzt Verleger und Chefredakteur von *konkret*. Er sitzt mir in Berlin beim *Il Gattopardo* über Spaghetti vongole gegenüber und beantwortet bereitwillig meine vielen Fragen. Schon über die erste wundert er sich. Eine viertel Million? Na ja, eigentlich gehe man in der Branche davon aus, dass vier Millionen Mark das absolute Minimum zum Start eines neuen Blattes seien. Aber mit einer viertel Million plus meiner Gratisarbeit und viel gutem Willen könnte ich wohl schon eine erste Auflage drucken und vertreiben – die zweite allerdings müsste ich dann bereits vom Verkauf der ersten bezahlen können. Einen Fehler aber dürfte ich auf keinen Fall machen, warnt Kollege Gremliza noch: Zum Start zu kleine Räume mieten, das habe er leider getan. Ich beherzige den

Rat und werde ein paar Monate später in Köln nicht nur eine Etage über 100 qm, sondern gleich zwei anmieten.

Sodann treffe ich in Frankfurt Franz Greno. Er war beim Fischer Verlag der Hersteller vom »Kleinen Unterschied«, und wir sind in freundschaftlichem Kontakt geblieben. Greno (der erst später als Büchermacher und Co-Verleger der »Anderen Bibliothek« in der Branche bekannt werden wird) findet mein Projekt mutig und ist zu allem bereit. Er wird acht Monate später im tiefsten Bayern die preiswerteste Druckerei auftun und bis nachts um vier mit müden kleinen Augen in der EMMA-Redaktion hocken, um die Druckunterlagen der ersten Ausgabe persönlich in die Druckerei zu fahren. Bis Jahresende bleibt Greno dann unser Hersteller, ehrenamtlich, versteht sich. Bis wir es selber können. (Ich werde ihm Anfang 1978, als wir das Geld haben, nachträglich ein Honorar überweisen.)

Zu guter Letzt treffe ich in Hamburg Hans Huffzky. Der Linke war nach dem Krieg der emanzipatorisch aufgeschlossene Chefredakteur von *Constanze*, einer Frauenzeitschrift, die im Gruner + Jahr-Verlag erschien. Huffzky bringt mich mit dem Vertrieb IPV zusammen. Denn so eine Zeitung, die will ja nicht nur geschrieben, layoutet und gedruckt, sie muss auch vertrieben und verkauft werden.

Ich hole mir also das Wissen bei Männern, die Bescheid wissen. Wie ahnungslos ich dennoch bin, zeigt das sehr komische Motiv meines Autokaufs im September. Ich kaufe mir, gebraucht, ein Auto, für das ich schon lange schwärme: den klassischen Citroën, aber als Kombi, mit viel Laderaum. Denn, denke ich, man weiß ja nie – vielleicht muss ich die EMMA auch mal selber ausliefern …

*

Gleichzeitig habe ich im ersten Halbjahr 1976 noch alle Hände voll zu tun mit den Reaktionen und Lesungen zum »Kleinen Unterschied«. Auch mein Lehrauftrag bei den Soziologen in Münster geht weiter. Einen gerade begonnenen Lehrauftrag für Publizisten in Berlin allerdings breche ich nach zwei, drei Vorlesungen wieder ab. Vermutlich vor allem aus zeitlicher Überforderung. Doch auch, weil ich gegen das hochideologisierte Klima in der Frontstadt einfach nicht ankomme. Die Mehrheit der StudentInnen will Mitte der 1970er-Jahre nicht das journalistische Handwerk lernen, sondern Ideologien verkünden. Was ermüdend ist.

Am liebsten allerdings würde ich eigentlich jetzt ein Buch schreiben über ein Thema, das mir seit Längerem am Herzen liegt: Transsexualismus. Das wäre für mich die logische Fortsetzung meiner Arbeit über Sexualität & Geschlechtsidentität. Beim Transsexualismus geht es ja um das Auseinanderdriften von biologischer und kultureller Geschlechtsidentität, um Sex and Gender, wie es die amerikanische Sexualwissenschaft nennt (ein Begriff, der später vom sogenannten Postfeminismus übernommen werden wird). Der Konflikt transsexueller Menschen, die in einem biologisch männlichen bzw. weiblichen Körper eine weibliche bzw. männliche »Seele« fühlen, scheint mir der ultimative Beweis für die Konstruktion des sozialen Geschlechts. Denn dieser Konflikt zeigt, dass die Seele stärker ist als der Körper. Kultur sticht Biologie.

Doch ich werde zu diesem Buch über Transsexualismus nie kommen, sondern ab Herbst in den Sog von EMMA geraten – und erst nach der Umstellung auf die von nun an zweimonatlich erscheinende EMMA 1993 wieder das erste originäre Buch schreiben können. (Die Fallstudie »Eine tödliche Liebe«. Da erschießt der Exgeneral Gert Bastian seine grüne und pazifistische Lebensgefährtin Petra Kelly im Schlaf und dann sich selbst – und die ganze Nation spricht von einem »Doppelselbstmord«.)

In diesem Frühjahr 1976 steht das so lange tabuisierte Problem der (sexuellen) Gewalt von Männern gegen Frauen und Kinder auf der Agenda des Feminismus. Es ist der Bruch des Schweigens der Frauen, sind die Geständnisse in Frauenzentren und Frauenhäusern, die den scheinbar privaten Skandal als Politikum entlarven. Ursula und ich sind dabei, als sich Anfang März in Brüssel Feministinnen aus der ganzen westlichen Welt zu einem »Tribunal Gewalt gegen

Frauen« treffen, um über das Ausmaß der Gewalt, die Folgen und vor allem die Gegenstrategien zu reden. Es kommen über 1.500 Frauen aus 33 Ländern. Simone de Beauvoir schickt ein Grußwort.

In Amerika hatte Susan Brownmiller gerade ihre wegweisende Studie »Gegen unseren Willen« veröffentlicht. Darin analysiert sie die Vergewaltigung als Machtinstrument innerhalb des Geschlechterkampfes, sowohl individuell in Friedenszeiten wie kollektiv in Kriegszeiten. Die amerikanische Jüdin ist die Erste, die auch über die systematischen Vergewaltigungen deutscher Frauen im Zweiten Weltkrieg vor allem durch die sowjetischen »Befreier« spricht. Als Jahre später deutsche Feministinnen wagen, dieses Tabu zu thematisieren, werden sie von linken Feministinnen als »Revisionistinnen« und »Rassistinnen« beschimpft.

Ein erstes »Haus für geschlagene Frauen« existiert in London, in Berlin ist eines in Planung. Der *Stern* veröffentlicht eine Umfrage, nach der zwei von drei Frauen sich vom eigenen Mann manchmal »sexuell bedrängt« fühlen und (mindestens) jede fünfte regelrecht »vergewaltigt« (in Bayern sogar mehr als jede vierte). Die ARD sendet einen Film über häusliche Gewalt (»Schreien nützt nichts«). Und am 1. November 1976 eröffnet schließlich das Haus in Berlin seine Pforten. Mehrere Freundinnen von mir machen mit bei dem Modellprojekt, auch Ursula. Und am Breitenbachplatz wird oft bis in die Nacht diskutiert. Für die zweite Ausgabe der EMMA werde ich im März 1977 eine Reportage über dieses erste Frauenhaus in Deutschland schreiben (»Ein Tag im Haus für geschlagene Frauen«).

*

Bei einer Lesung ihres fantastischen Romans »Leben und Abenteuer der Trobadora Beatriz« in Westberlin lerne ich Irmtraud Morgner kennen. Die (reale) Beatriz war im 12. Jahrhundert der einzige weibliche Troubadour in der Provence. Die Romanfigur wacht nach einem 800 Jahre währenden Dornröschenschlaf im Paris der 1968er-Jahre wieder auf und landet schlussendlich ernüchtert im realsozialistischen Frauenalltag der DDR. Morgners Buch, das sowohl im Osten wie im Westen Furore macht, ist nicht nur große Literatur, sondern auch großer Feminismus – und seine Autorin ein vor Temperament und Lebenslust funkelnder sächsischer Troll, gepaart mit einem Schuss Melancholie.

Zwischen Irmtraud und mir ist es Gleichklang auf den ersten Blick! Wir werden bis zu ihrem frühen Tod 1990 enge Freundinnen bleiben. Doch als sie mich mit ihrem damaligen Mann, Paul Wiens, seines Zeichens Dichter und Nationalpreisträger, 1976 am Breitenbachplatz besucht, da ahne ich nicht, dass Wiens, der als Kind das KZ überlebt hatte, sich sein Luxusleben und seine Weltreisen mit der Zuträgerschaft bei der Stasi erkauft. Auch Irmtraud ahnt es wohl (noch) nicht.

Aber auch sie wird irgendwann in die Fänge des Kraken geraten, erpressbar sein mit ihrem Sohn, den sie vor dem Militärdienst schützen will. Ihr letzter, 1983 erschienener Roman »Amanda« ist bei aller Komik das vielleicht bitterste, scharfsichtigste Zeugnis aus den Reihen der DDR-LiteratInnen über die Repression in ihrem Staat. Erst nach ihrem Tod kann der dritte Teil der geplanten Trilogie erscheinen, in Fragmenten. Die Tragik dieser Tochter aus einem bücherlosen Eisenbahner-Haushalt ist, dass sie über den Niedergang der DDR hinaus ihrem Ideal vom Sozialismus treu bleibt – und wohl auch nicht zuletzt daran 1990 gestorben ist.

Doch erst einmal bin ich nun Irmtrauds Anlaufstelle im Westen. Sie besucht mich oft; wir sind uns emotional, intellektuell und politisch nah; wir mögen dasselbe Essen und denselben Frisör; und wir versacken beide auch gerne ab und an in schrägen Lokalen. Noch heute sehe ich den erstaunten Blick unserer Begleiterin vor mir, als Irmtraud weit nach Mitternacht in dem Kölner Transvestitenlokal Timps anfängt, mit einem in der Tat sehr hübschen Strichjungen zu knutschen ...

Beim Erscheinen der Beatriz auf Französisch fahren wir zusammen nach Paris. Wir wohnen bei Bruno und werfen uns für ein paar übermütige Tage ins Shopping und auf die Spuren ihrer Trobadora (bei der das weiße Einhorn von dem fantastischen Wandteppich-Zyklus im Cloitre Cluny am Boulevard Saint Germain eine zentrale Rolle spielt).

Wenn ich Irmtraud in Ostberlin besuche, gelingt es mir nicht immer, die mich verfolgenden Spitzel abzuschütteln. Einmal sind es sage und schreibe acht Männer in zwei Autos! Absurd. Sie benehmen sich wie in einem sehr schlechten Krimi, sprechen in Tempo-Packungen, huschen um Ecken und nehmen Verfolgungsjagden im 100-km/h-Tempo auf. Selbst beim Canard à l'Orange im Restaurant Ganymed spitzt noch der dafür bezahlte Geiger an unserem Tisch die Ohren. So groß ist die Angst der DDR-Herren vor Ketzern. – Auch ich werde das teuer bezahlen.

Irmtrauds Bücher werden vor Veröffentlichung nun zunehmend krude zensiert. So, dass die Schriftstellerin vor dem Erscheinen von »Amanda« im Kampf um ihren von der Zensur verstümmelten Text zeitweise regelrecht erblindet. Sie will einfach nichts mehr sehen. Dieser absurde Terror gegen eine so frei, aber auch so loyal denkende Sozialistin und Feministin wie Morgner raubt mir endgültig die letzten Illusionen über die DDR.

Aber warum fürchtet die DDR eigentlich dermaßen den Feminismus und versucht, nicht nur die Feministinnen im eigenen Land zu unterdrücken, sondern auch die im Westen zu diskreditieren? Zum einen ist zu bedenken, dass die DDR als Frontstaat zwischen dem Ost- und West-Block das einzige Land in Europa war, das eine gemeinsame Sprache (und Geschichte) mit einem Weststaat, der Bundesrepublik, hat. Das heißt, die DDR ist den Einflüssen aus dem Westen in besonderem Maße ausgeliefert.

Was nun die neue Frauenbewegung angeht, so war gerade die ja eine Reaktion auf die Bigotterie der Genossen und die mangelnde Emanzipation der Frauen auch innerhalb der linken Szene und der sozialistischen Staaten. Die hatten sich die Gleichberechtigung der Frauen zwar theoretisch auf die Fahnen geschrieben – und in der DDR sogar in die Verfassung –, waren jedoch praktisch Lichtjahre davon entfernt. In der DDR durften zwar die Frauen den Männern gleich berufstätig sein, und das sogar in sogenannten »Männerberufen« (von der Kranführerin bis zur Naturwissenschaftlerin), aber die Kinder- und Hausarbeit blieb vorwiegend Frauensache. Und im Zentralkomitee gab es auch nur wenige Alibifrauen.

Die Frauenbewegung stellte diesen Alleinvertretungsanspruch der Sozialisten in Sachen Emanzipation in West wie Ost infrage. Und: So manche bis dahin treue Genossin fing ebenfalls an, sich Fragen zu stellen. Genau das konnte die DDR in den 1970er- und 1980er-Jahren, in denen sie eh unter Druck stand, überhaupt nicht gebrauchen. Darum: Kampf dem Feminismus! Mit allen Mitteln.

*

Im April 1976 verschicke ich an potenzielle Mitarbeiterinnen der geplanten Frauenzeitschrift einen ersten Rundbrief, Mitte Juni den zweiten. Darin kündige ich »erste konzeptionelle, strukturelle und praktische Überlegungen« zu der geplanten Frauenzeitung an, die monatlich erscheinen und eine Startauflage von 100.–200.000 Exemplaren haben soll. Weder steht zu diesem Zeitpunkt der Name der Zeitschrift fest noch ihr Standort. Ich lade alle Frauen, »die an dem Projekt ernsthaft interessiert sind«, zu einem Treffen im Juli ein.

Auf den eng getippten drei Seiten an die »Lieben Kolleginnen« umreiße ich das journalistische und politische Programm von EMMA, das im Prinzip so bis heute Bestand hat. Es soll eine Zeitschrift werden, die von Frauen gemacht wird und sich an alle Frauen richtet, an »Sekretärinnen wie Studentinnen, Hausfrauen wie Akademikerinnen«. Journalistisch soll auf »sterilen Perfektionismus und Glanzpapier-Journalismus« verzichtet werden und neben Berichten und Reportagen sollen »Glossen und der Humor nicht zu kurz kommen«. Auch »auf Fotos und Gestaltung soll großes Gewicht gelegt werden: Die Aufmachung muss sinnlich sein und Spaß machen«.

Politisch soll das Blatt auf eine »Vermenschlichung der Geschlechter zielen«: »Denn es versteht sich, dass auch Männer in unserer Gesellschaft meist Opfer sind – alle Frauen jedoch noch die Opfer dieser Opfer.« Und ich füge hinzu, »dass die Zeitschrift nicht zur Mystifizierung einer ›natürlichen Weiblichkeit‹, nicht zur Beibehaltung der Geschlechterrollen beitragen, sondern Traditionelles kritisch infrage stellen soll«. Sie soll »da ansetzen, wo Frauen sich heute befinden, d. h.: vom Gegebenen ausgehen; Fähigkeiten, Ängsten, Bedürfnissen und Widersprüchen von uns Frauen Rechnung tragend«.

Ich möchte also weder ein Blatt für die »kleinen Frauen an der Basis« noch eines für die »bewussten Feministinnen« machen, sondern eine Publikumszeitschrift, die eine Brücke schlägt zwischen dem Feminismus drinnen und den Frauen draußen. Kurzum: guter Journalismus aus feministischer Sicht, von den sogenannten »Frauenfragen« bis hin zu Außenpolitik, Wissenschaft oder Mode. Es soll eine Zeitschrift werden, die ich auch selber gerne lesen würde!

Wir befinden uns in einer Periode des Fort- und des Rückschritts zugleich. Längst sind die Tendenzen zum Rückfall in die alten Rollen unübersehbar. So weiß *Der Spiegel* schon Mitte 1975 in einer seiner predigtartigen Trendstorys (»Frauen 75«) zu berichten, es gäbe erste Ermüdungserscheinungen in der Frauenbewegung und einen Trend »zurück zur neuen Weiblichkeit« und »neuen Mütterlichkeit«. In meinem Ende dieses »Jahres der Frau« 1975 geführten Interview mit Simone de Beauvoir, das ebenfalls im *Spiegel* erscheint, warnt sie vor dieser sogenannten »neuen Weiblichkeit«, die die alte sei (»Das ewig Weibliche ist eine Lüge«), sowie vor einer Mystifizierung der Mutterschaft (»Mutterschaft ist unter den heutigen Umständen für Frauen eine böse Falle«). Und vor einer Flucht in die Esoterik sollten die Frauen sich ebenso hüten, findet die Autorin vom »Anderen Geschlecht«: »Wenn man uns Frauen sagt: ›Immer schön Frau bleiben. Überlasst uns nur all diese lästigen Sachen: Macht, Ehre, Karriere … Seid zufrieden, dass ihr so seid: erdverbunden, befasst mit menschlichen Aufgaben …‹ dann sollten wir auf der Hut sein.«

Spätestens jetzt zeichnen sich erneut die schon aus der Geschichte der Frauenbewegung bekannten drei großen Strömungen ab, als da sind: 1. die Reformistinnen, die mehr Rechte für die Frauen wollen, aber keine radikale Gleichberechtigung; 2. die Biologis-

tinnen bzw. Differenzialistinnen, die von einer irreversiblen (ange-
borenen oder anerzogenen) »Weiblichkeit« bzw. »Männlichkeit«
ausgehen und darum keine Gleichheit, sondern eine »Gleichwer-
tigkeit« der sich ergänzenden Geschlechter anstreben; 3. die Universalistinnen bzw. Antibiologistinnen, die zwar die bestehenden
realen und psychischen Unterschiede zwischen den Geschlechtern sehen, diese Geschlechterrollen aber für kulturell gemacht
und überwindbar halten und eine uneingeschränkte Chancen-
gleichheit anstreben. Zur dritten, traditionell minoritären und
auch innerhalb der Bewegung oft bekämpften Strömung gehöre
ich, und in dieser Tradition soll auch EMMA stehen. Das ist eigentlich schon genug Zündstoff. Aber nicht der einzige. Es ticken
gleich mehrere Bomben.

Am 13. Juli 1976 treffen sich in einem Haus in der Eifel, dem
Elternhaus einer Kollegin, zwischen 30 und 40 Frauen verschie-
denster Provenienz und wohl auch sehr unterschiedlicher Motivation. Wir sitzen in einem großen Kreis, die Fenster stehen weit
offen, und wir diskutieren, nachdem ich den Stand der Pläne vor-
getragen habe. Es vergehen ein, zwei Stunden, bis eine der Journalistinnen, Viola Roggenkamp, plötzlich entdeckt, dass eine Redakteurin vom Hessischen Rundfunk bei diesem internen Treffen
unter ihrem weiten Kattunrock die ganze Zeit ein Tonbandgerät
hatte laufen lassen. Ohne ein Wort darüber zu verlieren, geschweige denn zu fragen. Ich finde es komisch und muss lachen. Aber eigentlich ist es unerhört.

Von den drei, vier Dutzend Frauen, die an diesem Sommertag
in die Eifel gekommen waren, bleiben beim Start von EMMA
letztendlich nur eine Handvoll, die wirklich mitarbeiten und das
Bewusstsein *und* das Können dazu mitbringen. Der Rest ... Die oft
schier unüberbrückbare Kluft zwischen »gut gemeint« und »gut
gemacht« ist ein Problem, das mir in den kommenden Jahren noch
extrem zu schaffen machen wird. Aber ich lasse mich nicht entmutigen. Ich bin überhaupt reichlich naiv in dieser Zeit. Sonst hätte
ich auch nicht so blauäugig die sich über mir zusammenbrauende
Unbill übersehen.

Die vielfältigen Motive meiner auch bewegungsinternen Kritikerinnen sind mir zu der Zeit noch keineswegs klar. Das geht von Sachdifferenzen über unerwiderte Gefühle und Eifersucht bzw. Rivalität bis hin zu verdeckten ideologischen Grabenkämpfen seitens mancher Feministinnen aus der Linken, die vermutlich gar nicht so selten gezielt angesetzt werden. In manchen Fällen wohl auch indirekt oder direkt auf Geheiß der DDR – das gilt es noch aufzuarbeiten; nicht nur für mich persönlich, sondern für die ganze Frauenbewegung.

Ich bin eine besonders einfache Zielscheibe für drinnen wie draußen. Denn ich bin die bekannteste Feministin, und ich stehe alleine da: Ich gehöre zu keiner festen Gruppe, keiner Organisation. Ein zunehmendes Ärgernis für die Ehrgeizigen in der Frauenbewegung ist mein unaufhaltsam steigender Bekanntheitsgrad. Und das in einer Bewegung, in der das Wir vor dem Ich steht und nichts verpönter ist als »Startum«. Erst jüngst habe ich im Frauenkalender 1977 einen Text wiederentdeckt, der dokumentiert, wie fast rührend ich versuche zu verhindern, dass ich als Einzelne aus der Bewegung herausgehoben werde. Da stellen sich alle vier Macherinnen dieses Kalenders vor – Ursula, Gudula, Renate und ich. Und ich schreibe im Sommer 1976:

»Ich heiße Alice Schwarzer, bin 33 Jahre alt und Journalistin (davor war ich mal fünf Jahre lang »Tippse« im Büro und Au-pair-Mädchen in Paris). Ich bin die bekannteste von allen vieren, und darum kommt es manchmal vor, dass Außenstehende meinen, es handle sich um den ›Kalender von der Schwarzer‹! Neulich hat einer es sogar so weit getrieben zu glauben, die anderen drei Frauen seien bei mir angestellt. Dass das nicht so ist, dafür ist der Kalender selbst der beste Beweis. Nur zeigt das ein Problem, das für mich generell immer schwieriger wird: Mein Erfolg macht mir zwar einerseits viel Spaß (denn es ist schön, Bücher zu schreiben, die auch gelesen werden und sogar einiges in Gang setzen); andererseits aber ist es für mich und meine Freundinnen eine große Belastung, dass ich so zum ›Star der Frauenbewegung‹ hochstilisiert werde.

*Das ist nicht in meinem Sinne. Denn ich bin in der Frauenbewe-
gung, weil ich für Gleichheit zwischen den Menschen kämpfe und
nicht für Führer(innen) und Gefolge. Aber es ist sicherlich kein Zufall, dass es trotzdem immer wieder behauptet wird: solche Spal-
tungsmanöver sind traditionell eine der stärksten Waffen gegen
Frauen und von außen und von innen eine große Gefahr.«*

Meine Demut wird vergebens sein. Da die Ebene, auf der ich agie-
re, über Jahre und Jahrzehnte von keiner Zweiten betreten wird,
bleibe ich für die Medien *die* Stimme der Bewegung – und bleibt
dies ein Ärgernis für anonym Agierende und meine Achillesferse
für alle, die so gerne behaupten, ich habe »auf dem Rücken der
Frauenbewegung« Karriere gemacht. Wenn ich im Rückblick mal
ganz ehrlich sein darf, habe ich eher das gegenteilige Gefühl: »Die«
deutsche Frauenbewegung hat sehr viel auf meinem Rücken aus-
tragen lassen. Auch wenn gleichzeitig viele aktive Feministinnen
meiner Meinung waren und die Distanzierungen missbilligten –
aber die meisten haben leider geschwiegen. Zumindest öffentlich.

In dieser Zeit, im Juli 1976, schreibt Christian Schultz-Gerstein,
der mich auf der Lesereise zum »Kleinen Unterschied« begleitet
hatte, einen Kommentar in der *Zeit:*

*»So geht das nun seit Monaten. ›Hexe mit dem stechenden Blick‹
(Bild), ›frustrierte Tucke‹ (Süddeutsche Zeitung), ›Nachteule mit
dem Sex einer Straßenlaterne‹ (Münchner Abendzeitung). Und ein
Ende der Beschimpfungen, die so offenkundig kein anderes Ziel
haben als das, die deutsche Frauenrechtlerin Alice Schwarzer so
lange zu demütigen, bis sie es endlich gefressen hat, dass sie ihre
Schnauze halten soll, ein Ende dieser bisher längsten und perfidesten journalistischen Menschenjagd in der Geschichte der Bundesrepublik ist nicht abzusehen. Denn Alice Schwarzer hat immer noch
nicht abgeschworen, darum muss sie weiter büßen nach dem Motto: Mit dir werden wir schon noch fertig werden. (...) Dass rechte
und linke Journalisten gleichermaßen ihr Stumpfsinniges Schwanz-*

Ab-Schwarzer, das so verdächtig nach Kopf-ab-Schwarzer klingt, über sie verhängen und es ihren Lesern vormachen, wie man mit so einer umspringt, das ist schon furchterregend. Der Einzelne, der sich auf eigene Faust, das heißt ohne den schützenden Apparat einer Zeitung oder einer politischen Partei, mit Meinungen in die Öffentlichkeit wagt, die den Mächtigen unbehaglich sind und bei den Ohnmächtigen auch noch Beifall finden, der wird hierzulande zunehmend als Freiwild gejagt.« (Siehe Seite 450)

Ganz ehrlich: Ich weiß es wirklich nicht mehr, wie ich das alles ausgehalten habe. Und da ist mir ja auch nicht klar, dass das Schlimmste noch kommen wird: Zu der Hatz draußen wird sich verstärkt das Halali drinnen gesellen, im Namen der Frauenbewegung.

*

Ende August ziehe ich um, nach Köln. Ich entscheide mich gegen Berlin als Standort für die Zeitschrift, weil es mir politisch zu rigide ist; und gegen Hamburg, wo mir zu viele Kollegen lauern. Also die »Medienstadt« Köln. 50 Kilometer von meiner ersten Geburtsstadt Wuppertal entfernt und 500 Kilometer von meiner zweiten Geburtsstadt, Paris. Ich genieße es sehr, zurück ins Rheinland zu kommen. Die gelassene, kommunikative, selbstironische Art der Kölner liegt mir.

Eine Kollegin hat die Räume gefunden: zwei Etagen, die dritte und vierte in dem Eckhaus am Kolpingplatz 1a, mit Blick auf die Minoritenkirche und das Museum, einen Steinwurf vom WDR und Dom entfernt. Ich wohne zunächst in einem Zwölf-Quadratmeter-Aufbau auf der Dachterrasse des Hauses. Doch was eigentlich als vorübergehendes Provisorium geplant war, wird für über ein Jahr zum Dauerzustand. Denn die schöne Wohnung mit Erker (wollte ich immer schon mal haben!), die ich am Rhein gefunden hatte, wird mir im letzten Augenblick von einem sich vor Verlegenheit windenden Makler wieder abgesagt. Warum? Weil der Besitzer mich für eine »Terroristin« hält.

So ist das damals. Alle, die nicht jeden Morgen noch vor dem Frühstück das Grundgesetz runterbeten (dessen Wertvorstellungen mir in Zeiten des dräuenden religiösen Fundamentalismus so lieb und teuer geworden sind), sind »Terroristen« oder zumindest »Sympathisanten«. Gehen wir Frauen jetzt abends noch ein Kölsch trinken, wird im Brauhaus nicht mehr »Feministin« hinter uns hergezischt, sondern »Terroristin«. Der »deutsche Herbst« wirft seine bleiernen Schatten voraus.

Allmählich findet sich eine kleine, sehr kleine Kerntruppe zusammen. Angelika Wittlich, Freundin noch aus Pariser Tagen und Redakteurin beim WDR-Fernsehen, ist nach Dienstschluss dabei. Zu den ersten EMMA-Ausgaben wird sie kulturell wie visuell entscheidend beitragen. Doch nur Sabine Schruff, eine junge Redakteurin beim *Kölner Stadt-Anzeiger*, wird es später riskieren, ihre Stelle zu kündigen und, bewaffnet mit Räucherstäbchen und Teekanne, EMMA-Redakteurin werden. Bereits in der August-Ausgabe 1977 wird ein Artikel von ihr erscheinen über das Problem der (zwangs-)verschleierten jungen Türkinnen.

Pech habe ich noch vor dem Start mit der Redaktionssekretärin. Die berufserfahrene Anne aus Münster ist nicht so handfest wie gedacht und wird vor Antritt ihrer Stelle in Köln krank. Wir müssen uns also um eine neue Redaktionssekretärin bemühen. Da taucht die Information auf, die Schwester des in Stammheim einsitzenden RAF-Mitglieds Gudrun Ensslin finde, im Zuge der Sippenhaft, keine Stelle. Das empört uns. Christiane hat gerade eine Umschulung hinter sich: von der Vermessungstechnikerin auf Bürokraft. Ich stelle also die Ensslin-Schwester für das Sekretariat ein – und tue im Laufe des Jahres einen tiefen Blick in die schwäbisch-pietistische Familien-Prägung der Ensslin-Töchter, deren Eltern ich auch irgendwann kennenlerne.

Am 29. September schreibe ich im Namen von uns »EMMA-Redaktionsfrauen« an die »lieben Frauen« von der Frauenbewegung. Der Brief legt detailliert das journalistische und politische Konzept der geplanten Zeitschrift dar und bietet an, jederzeit relevante Informationen aus der Frauenbewegung zu veröffentlichen.

Inzwischen steht also der Name: EMMA! Er kommt übrigens nicht von einer Frau, sondern von einem Mann: von Angelikas Freund. Der schlägt ihr EMA vor – in Anspielung auf den Vornamen und die Emanzipation. Mir gefällt das auf Anhieb. Wir machen EMMA daraus. Damals ist dieser Name noch überhaupt nicht angesagt, sondern gilt als altmodisch und passé. Und die Gerüchteküche brodelt, wie Schwarzer denn wohl ihre verrückte Zeitschrift nennen würde. Lilith (nach der Göttin)? Nora (nach der Ibsen-Emanze)? Kastrateuse (in der Fantasie gewisser Männer)? Und da gefällt es mir außerordentlich, mit so einem überraschend traditionellen und handfesten Namen um die Ecke zu kommen: EMMA. Ich habe die Wahl nie bereut. Schon wenige Monate nach Erscheinen wird Emma zum Synonym für Emanzipation werden. Rebellische kleine Mädchen werden auf dem Schulhof nicht mehr nur »Alice«, sondern jetzt auch »Emma« genannt.

Am 31. Oktober folge ich einer Einladung – oder sollte ich sagen: Order? – ins Berliner Frauenzentrum. Die szeneerfahrene Ursula warnt mich: »Sei doch nicht so verrückt, da hinzugehen!« Ich gehe. Denn ich glaube an die Kraft der Argumente. Vor rund 300 Frauen stehe ich vier Stunden lang Rede und Antwort zu der geplanten EMMA. Mir fällt nicht auf, dass manche Fragen sehr ins Detail gehen: Themen? Namen von Mitarbeiterinnen? Finanzen? Ich antworte bereitwillig auf alles. Ich habe schließlich nichts zu verbergen.

Mit dem Resultat, dass in den Tagen darauf potenzielle Mitarbeiterinnen angerufen und »vor der Schwarzer gewarnt« werden; darunter Margarete Mitscherlich. Sie erzählt es mir umgehend – und ist nun erst recht entschlossen mitzumachen. Das Bekenntnis der international renommierten Psychoanalytikerin in der ersten EMMA, »Ich bin Feministin«, wird Furore machen.

Folgen die Boykottaufrufe. Eigentlich sind es nur drei. Drei von inzwischen über 200 Adressen der Frauenbewegung (Zentren, Gruppen, Projekte) und nur ein Dutzend der inzwischen zu Hunderten, ja Tausenden aktiven Feministinnen. Sie sind alle in Berlin und personell wie politisch eng verbandelt. Gleichzeitig gibt es reichlich Zustimmung für die EMMA-Pläne, auch und gerade aus der Frauenbewegung: Aus Frankfurt, Aachen, Dortmund, München oder auch Berlin erreichen mich begeisterte Briefe. Doch das ist es nicht, was von den Medien begierig aufgegriffen wird. Es sind diese drei Boykottaufrufe, die wieder und wieder zitiert werden. Nehme ich es zu ernst? Bin ich nicht cool genug? Vermutlich. Ich bin eben einfach nicht cool und werde es nie sein. Und: Auch ich bin ein Kind meiner Zeit. Auch ich wünsche mir einfach, dass das geht: dass ich eine Initiative anstoße, die von vielen getragen wird und Teil der Bewegung ist. Was illusorisch ist. Aber das weiß ich da noch nicht.

Der erste Boykottaufruf erscheint im Herbst in der *Schwarzen Botin*, einem feministischen, satirischen Kulturblatt von ein paar Hundert Auflage. Darin spotten die Herausgeberinnen Brigitte Classen und Gabriele Goettle: »Frau S.« wolle jetzt »200.000 Frauen penetrieren« (ein von mir geprägter Begriff aus dem »Kleinen Unterschied«). Und sie warnen: »Wir Frauen müssen der Vermarktung der Frauenbewegung entgegentreten!« Denn EMMA sei in Wahrheit ein Projekt des Konzerns Gruner+Jahr, ich also nur eine Strohfrau, die allerdings »mit allen patriarchalen Wassern gewaschen« sei. Gleichzeitig wirbt die *Schwarze Botin* für *Courage*, damals noch eine Berliner Stadtzeitschrift, von der gerade die zweite Ausgabe erschienen ist.

Es folgt der zweite Boykottaufruf. Diesmal vom LAZ, dem Lesbischen Aktionszentrum, mit dem ich ja schon auf Femø aneinandergeraten war und das mir mein offenes Sexualitätskonzept im »Kleinen Unterschied« verübelt. Für die LAZ-Frauen ist Homosexualität eine politische Strategie. Sie werfen der »Frau Schwarzer« den »großen Ausverkauf der Forderungen der Frauenbewegung« vor, die »Entpolitisierung der Frauen«, ja »Bäuerinnenfängerei« sowie die »Stabilisierung der Heterosexualität und patriarchalen Kleinfamilie«. Schweres Geschütz. Da ist EMMA noch gar nicht erschienen.

34 Jahre später wird es eine Ironie der Geschichte sein, dass

die CDU-Frauenministerin Schröder ausgerechnet mir die Positionen meiner politischen Gegnerinnen unterstellt. In ihrer Unbedarftheit setzt sie den Lesbianismus gleich mit dem »frühen Feminismus«.

Am 29. November greift *Der Spiegel* die Boykott-Stimmen auf und fragt unter der Schlagzeile »Kampf um EMMA« süffisant: »Frisst die Emanzipation ihre Kinder – als Erstes Wunderkind Alice Schwarzer?« Und während diese ersten Kampagnen gegen EMMA toben – noch bevor es sie überhaupt gibt! –, sitze ich in den noch leeren Räumen am Kolpingplatz 1a in Köln und bereite die erste Ausgabe vor. Angelika und Sabine kommen mittags oder am frühen Abend öfter mal vorbei, Christiane wird angestellt und bezieht Posten. Abends gehen alle drei nach Hause zu ihren Lebensgefährten – und ich bleibe da.

Meistens arbeite ich, bis am Dom das Licht ausgeht. Mitternacht. Dann steige ich die Treppe hoch, in meine Dachkammer. Sonntags setze ich mich schon mal auf die Terrasse vom Dom-Hotel. Da sind nur Touristen, und ich laufe nicht Gefahr, jemanden zu treffen, der mich kennt. Spätabends gehe ich manchmal tanzen. Allein. Da gibt es so einen schrägen Rock-'n'-Roll-Keller am Heumarkt. Oder auch die Schwulen-Disco Pimpernel am Rudolfplatz. Da sind wenigstens keine Frauen. Denn die bin ich in diesen Monaten gerade mal so richtig leid.

Die dritte Boykottinitiative lässt nicht lange auf sich warten. Diesmal kommt sie direkt von *Courage*, mit der die *Schwarze Botin* von der ersten Ausgabe an eng verbandelt ist. Alles in allem sind es letztendlich tatsächlich nur ein knappes Dutzend Frauen in Berlin, die da mit Eifer versuchen, das Erscheinen von EMMA zu verhindern, mindestens aber zu belasten.

Hatten bei dieser sich über Jahre erstreckenden Hatz gegen mich und EMMA auch West-Stasis der DDR die Hand im Spiel? Die Frage stellt sich, denn schließlich gab es davon nach neuerem Forschungsstand alleine in Westberlin zu der Zeit rund 5.000. Die waren systematisch infiltriert in Parteien, Gewerkschaften, Institutionen, Medien und Universitäten. Und eben auch in die linke und die feministische Bewegung.

Vor einigen Jahren habe ich einen Dokumentarfilm gesehen, der über die Methoden der Destabilisierung und Diffamierung berichtete, in denen die Stasis unterwiesen wurden. Und ich habe mich sehr erschrocken. Denn ich erkannte plötzlich Vorgehensweisen, denen auch ich jahre-, ja jahrzehntelang ausgeliefert war. Es wird nicht leicht sein, es zu belegen, aber ich meine: Das ist die autonome Frauenbewegung sich bei der Aufarbeitung ihrer eigenen Geschichte schuldig: zu analysieren, welche Kräfte in ihrem Namen mit welchen Motiven eben auch am Werk waren.

Es ist schon erstaunlich – doch erst mit dem Abstand von über 30 Jahren erschließt sich mir die Chronologie: Im April 1976 schicke ich einen ersten Rundbrief in Sachen Frauenzeitschrift an alle potenziellen Mitarbeiterinnen. / Im Juni 1976 erscheint die erste *Courage* als 0-Nummer und »Berliner Frauenzeitung«. / Im September 1976 erscheint die Ausgabe Nr. 1 von *Courage* in Berlin, Druckauflage 12.000 Exemplare. / Im September 1976 kündige ich an, dass EMMA im Januar 1977 kommen wird. / Im Januar 1977 geht *Courage* auf bundesweiten Vertrieb.

Es sieht also ganz so aus, als hätten meine EMMA-Pläne die Macherinnen von *Courage*, allen voran Sabine Zurmühl und Sibylle Plogstedt, inspiriert, auch ihrerseits eine Zeitschrift zu machen. Wogegen im Prinzip nichts zu sagen wäre. Schließlich brechen die Kioske zusammen unter Blättern in Männerhand – warum sollte es da nicht zwei – und noch viel mehr! – Blätter geben, die in Frauenhand sind? Finde ich. Doch die *Courage*-Frauen hören nicht auf, öffentlich zu erklären, wie unerhört es sei, dass ich EMMA mache – schließlich gäbe es doch schon die *Courage*. Dass die anscheinend erst *nach* der Ankündigung von EMMA überhaupt in Gang gesetzt wurde, verschweigen sie.

Außerdem handelt es sich um formal wie inhaltlich sehr, sehr unterschiedliche Blätter. *Courage* wird überwiegend von Nichtjournalistinnen gemacht, sie richtet sich in erster Linie an die Frauenbewegung sowie die linke Szene. Ihre politische Haltung oszilliert zwischen Sozialismus, Esoterik und »neuer Weiblichkeit«. So wird *Courage* zum Beispiel einen »Hausfrauenlohn« fordern, inklusive der Bezahlung der »Sexarbeit« innerhalb der Ehe, viel vom Mond und der Göttin parlieren und offensiv für eine »neue Mütterlichkeit«, für langes Stillen etc. plädieren.

Zweieinhalb Monate vor Erscheinen der EMMA veröffentlicht jetzt also auch *Courage* den Boykottaufruf der *Schwarzen Botin* und fordert nun alle Feministinnen unverblümt und direkt dazu auf, EMMA keine Informationen aus der Frauenbewegung zu liefern. Stattdessen positioniert sich *Courage* als die »wahre« und »kollektive« Stimme der Frauenbewegung und als Anti-EMMA – im Gegensatz zu dem »kommerziellen« Schwarzer-Blatt. Mir wird unter anderem vorgeworfen, dass ich Gehälter zahlen will ...

Auch in der Folge lässt *Courage* wenige Gelegenheiten aus, Gehässigkeiten über mich zu verbreiten, Stil: EMMA residiere in einer »1A-Villa« (unsere Hausnummer ist 1a). Klar, dass das den Medien gerade recht kommt. Sie schreiben viel über *Courage*, aber quasi ausschließlich in ihrer Funktion als Anti-Schwarzer-Blatt. Die Männermedien haben den Frauenzank innerhalb der Frauenbewegung entdeckt. Das Aufeinanderhetzen von Feministinnen macht Spaß, vor allem die Hatz auf die »Star-Feministin« (und so ist es unter nur geringfügig veränderten Vorzeichen bis heute geblieben). – Die letzte Ausgabe von *Courage* erschien übrigens 1984. Die Zeitschrift wurde sehr plötzlich eingestellt.

*

In diesem Herbst 1976 gibt es in meinem Frauenkalender kaum Eintragungen. Die Seiten sind leer. Das liegt nicht daran, dass so wenig los ist, sondern daran, dass ich Tag für Tag an dem selber dunkelbraun gestrichenen, massiven Büroschreibtisch im vierten Stock am Kolpingplatz sitze, mit Blick auf die Minoritenkirche. Es ist einfach eine Riesenarbeit, EMMA in Gang zu setzen.

Am 20. November treffe ich in Berlin Romy Schneider, die da gerade dreht: »Gruppenbild mit Dame«, nach dem Roman von Heinrich Böll. Zwei Wochen später sehen wir uns wieder in Köln. Romy kommt, um Böll zu besuchen – und wir verabreden für den Abend ein Gespräch für die erste EMMA. Romy hat spontanes Vertrauen zu mir und sieht viele Gemeinsamkeiten in unserem Leben. »Wir sind«, sagt sie, »die beiden meistbeschimpften Frauen Deutschlands.« Und wir kennen beide das Leben zwischen Deutschland und Frankreich, die Zerrissenheit zwischen französischem Esprit und deutschem Gemüt.

In Berlin gehen wir zusammen mit einer Freundin von Romy essen. Danach kommt sie, nicht ohne noch eine Flasche Champagner zu greifen, mit mir in meine Wohnung am Breitenbachplatz. Und redet. Redet. Redet. Ihr Mitteilungsbedürfnis, ihr Schmerz, ihr Ringen um Wahrgenommen- und Verstandenwerden ist überwältigend.

Am 4. Dezember kommt Romy nach Köln. Sie hatte mich gebeten mitzukommen zu Böll, den ich kenne. Sie traut sich nicht alleine. Romys zunehmend verzweifelte Briefe über die miserablen Dreharbeiten und ihr Verständnis von Bölls Figur Leni hatte er nie beantwortet. Ich entdecke sie erst Jahre später, als ich 16 Jahre nach Romys Tod eine Biografie über sie schreibe (»Romy Schneider – Mythos und Leben«).

Romy ist sehr verletzt darüber, dass Böll ihr nie geantwortet hat. Doch Böll hatte diese Briefe nie erhalten, wie er bei unserem Besuch glaubhaft versichert. Heute bin ich der Überzeugung, dass die Briefe nie abgeschickt wurden – von Menschen ihres Umfeldes, denen sie sie anvertraut hatte.

Es ist ein verregneter Dezembertag und das erste Adventwochenende. Als wir in der Hülchrather Straße ankommen, öffnet uns Frau Böll die Tür. Sie hat liebevoll den Couchtisch gedeckt: Kerzen, Plätzchen, Tee. Romy flattert vor Aufregung. Und obwohl sie in den Briefen an Böll (die ich später in der Biografie veröffentlichen werde) wirklich sehr kluge Sachen über ihre Interpretation der Leni vom »Gruppenbild« sagt, hat die weltberühmte

Schauspielerin, die in Frankreich wie eine Halbgöttin verehrt wird, bodenlose Komplexe gegenüber dem Nobelpreisträger. Der überspielt das väterlich. Und Romy beruhigt sich langsam. Nach ein, zwei Stunden verabschieden wir uns.

Romy kommt direkt mit mir zum Kolpingplatz. Wir setzen uns in meine Dachkammer aufs Bett, einen anderen Sitzplatz gibt es da nicht, und fangen an zu reden. Irgendwann kommt auch Gabi Jakobi vorbei, EMMAs sehr gute Fotografin der ersten Stunde – es gibt also aufschlussreiche Fotos von dieser Begegnung.

Romy redet mit mir mal Deutsch, mal Französisch. Wenn es heikel wird, eher Französisch. Zum Beispiel, wenn sie über die Annäherungsversuche ihres Stiefvaters Hans Herbert Blatzheim spricht. Das war einen Steinwurf von hier passiert, in Köln, wohin ihre Mutter Magda die 14-Jährige aus dem österreichischen Internat nach dem ersten Filmerfolg in »Wenn der weiße Flieder wieder blüht« geholt hatte. Romy hatte ihre Teenagertage am Rhein verlebt, bevor sie an die Seine ging. Auch darum ist gerade diese Stadt so besonders bedrückend für sie.

Die jetzt 37-Jährige ist sehr aufgewühlt. Und es wird das einzige Interview in meinem langen professionellen Leben, an dem ich scheitere. Unmöglich, eine Frage zu stellen bzw. eine Antwort zu bekommen. Romy respektiert die professionelle Distanz nicht. Sie redet und redet. Viel. Zu viel. Das meiste werde ich nicht in EMMA schreiben, aus Diskretion. Und auch später in der Biografie sage ich nicht alles. Denn das ist eines der zentralen Prinzipien meiner Arbeit als Journalistin: Zu unterscheiden, was die Menschen mir, mir ganz persönlich anvertrauen – und was geeignet ist zur Veröffentlichung.

Als ich 22 Jahre später ausgerechnet am Tag des Schreibens der letzten Seite meiner Biografie über Romy Schneider zufällig die alten Tonbänder wiederfinde, da schallt mir beim Einschalten des Abspielgerätes als Erstes ein dramatischer Satz von Romy entgegen: »Ne me trahis pas!« Verrate mich nicht.

In der ersten EMMA-Ausgabe werden drei Seiten daraus, auf

denen ich von unserer Begegnung erzähle, Romy zitiere und ihre für uns deutsche Frauen so exemplarische und hochpolitische Rolle als Frauenidol im Nachkriegsdeutschland analysiere: von der unschuldigen Jungfrau Sissi über die »Hure« und »Vaterlandsverräterin« in Paris (wohin sie wegen Alain Delon gezogen war) und die brave Ehefrau in Berlin (wohin sie wegen Harry Meyen gezogen war) bis zum Weltstar in Frankreich (wo sie nun als Tochter von Nazieltern immer wieder »Wiedergutmachungsfilme« dreht, also Opfer des Naziterrors verkörpert).

Genau dieser Text über Romy wird nach Erscheinen der EMMA den Unwillen gewisser Kreise der Frauenbewegung erregen. So schreibt uns das Frauenzentrum Berlin, neben Lob für andere Artikel: »Großes Unbehagen rief bei der Mehrheit der FZ-Frauen das Interview mit Romy Schneider hervor. Wir sehen eine starke Distanz zwischen einigen ›Starfrauen‹, wie Alice Schwarzer und Romy Schneider, und den Frauen im Alltag. (…) Für diese Frauen sind weder Alice noch Romy Schneider realistische Vorbilder.«

Und das Kölner Frauenzentrum, in dem wir vier EMMA-Frauen nach Erscheinen der ersten Ausgabe auf Einladung hin Rede und Antwort stehen, bereitet uns ein regelrechtes Tribunal. In dem überfüllten Zentrum fordert uns die Wortführerin energisch auf, unser »Programm« vorzulegen. Es ist übrigens tatsächlich schon wieder eine Berlinerin namens Anke, die gerade nach Köln gezogen war. Und zwar eine von denen, die bereits anno 1974 versucht hatten, die »Rockfete im Rock« zu verhindern, mit dem Argument, das würden »die Frauen an der Basis nicht verstehen«. Und genau diese Anke wird einige Monate später bei einem öffentlichen Frauenfest in Räumen der Kölner Universität zum Mikrofon greifen und mich des Saales verweisen: »Eine Frau wie Alice Schwarzer hat auf einem feministischen Fest nichts zu suchen …« Niemand widerspricht.

Ich erinnere mich nur zu gut, wie ich noch eine Viertelstunde blieb, um das Gesicht zu wahren, und dann gegangen bin. Damals war ich einfach nur fertig. Heute stelle ich mir natürlich

Fragen. Gab es eigentlich Kräfte, die mich mit System verfolgt haben?

An diesem Abend im März 1977 im Kölner Frauenzentrum sind wir EMMA-Frauen ratlos. Schließlich sage ich: »Was für ein Programm sollen wir denn haben? Wir sind doch keine Partei. Da könnten wir euch doch vieles erzählen … Vor euch liegt das Heft. Lasst uns doch darüber reden.« Folgt eine Abrechnung, anders kann man es nicht nennen. Im Zentrum der Kritik steht wiederum mein Romy-Text. EMMA sollte besser über Fabrikarbeiterinnen schreiben, statt über Schauspielerinnen. Auch hätten die Frauen an der Basis mit solchen Stars nichts gemein (das Thema der Funktion von »Idolen« war damals noch nicht angesagt). Irgendwann wird der Ton so gehässig, dass auch mir die Argumente ausgehen.

Und Sabine kippt um. Sie muss aus dem Raum getragen werden. Ich glaube, von den drei anderen EMMA-Frauen hat nie mehr eine ein Frauenzentrum betreten. Und ich wurde noch Jahre danach in Köln auf den Abend angesprochen. Von Frauen, die dabei waren. »Ich fand das ganz fürchterlich«, sagten sie dann. »Und war ganz deiner Meinung.« Mag sein – aber keine hat gewagt, den Mund aufzumachen.

*

Und dann ist da noch meine hehre Absicht, auch Humor, Glossen und Cartoons sollten ihren Platz haben in EMMA. Was gar nicht so einfach ist. Die Kategorie Glosse ist ja schon an sich rar in deutschen Gefilden, und bei Frauen noch rarer, denen ist verständlicherweise das Lachen vergangen. Doch eine Cartoonistin gibt es immerhin: Marie Marcks. Ich frage sie, ob sie mitarbeiten will. Sie kommt nach Köln – und sagt dann doch ab. Vermutlich ist der frauenbewegten Zeichnerin das umtoste Unterfangen EMMA nun doch zu heiß.

Zum Glück hatte damals die durchaus weiterhin geschätzte Marie abgesagt. Denn so bleibt Raum für Franziska Becker. Von der

27-Jährigen trudelt eines Novembertages ein Brief ein. Sie sei Kunststudentin in Karlsruhe und im Heidelberger Frauenzentrum aktiv (wo sie auch den Aushang gesehen hatte: EMMA sucht Mitarbeiterinnen). Und ob sie denn nicht für EMMA Cartoons machen könnte ... Unter ihre Unterschrift kritzelt sie gleich schon mal ein Selbstporträt.

Geschult von *pardon* und *Hara-Kiri* erkenne ich sofort ihr Talent. Für die erste EMMA-Ausgabe macht Franziska also einen zweiseitigen Cartoon über Frau Knöbel, Titel: »Machen Sie das Beste aus Ihrem Typ«. Eine Satire auf *Brigitte*, versteht sich (»Frigitte«, wie Franziska die große Schwester seither despektierlich nennen wird). Frau Knöbel wird das Haar gefärbt, sie wird geschminkt und kriegt blaue Kontaktlinsen verpasst, es umwallt sie der neueste Schrei (Längsstreifen, wadenlang) – und der letzte Satz lautet im *Brigitte*-O-Ton: »Eine gelungene Veränderung! Aus Frau Knöbel ist eine attraktive, selbstbewusste Frau mit persönlichem Stil geworden, die mit sich zufrieden sein kann.« Wir sehen Frau Knöbel auf einem geblümten Sofa sitzen, sie schaut uns an. Neben ihr sitzt ihr Mann, Bierflasche in der Hand, Pantoffeln an den Füßen – und den Blick unverwandt auf das Fußballspiel im Fernsehen gerichtet.

Von der ersten Ausgabe bis heute hat Franziska Becker seither genau 300 satirische Bildergeschichten und unzählige Cartoons für EMMA gezeichnet. Ihr am Anfang noch ungelenker Strich wird schnell charakteristisch. Seither hat sie zahlreiche Bücher veröffentlicht, Ausstellungen gemacht und Preise eingesackt, auch den nach dem von ihr verehrten Wilhelm Busch benannten Max-und-Moritz-Preis. Becker gilt heute zu Recht als die bedeutendste Cartoonistin in Deutschland und weit darüber hinaus.

Doch was wäre gewesen, wenn es EMMA nicht gegeben hätte? Wenn ich ihr Talent nicht gesehen und sie in EMMA nicht einen Freiraum gehabt hätte? Wäre die Kunststudentin, die nach der dritten EMMA-Ausgabe ihr Studium schmiss, um hauptberuflich Cartoonistin zu sein, vielleicht in der Meisterklasse von Markus Lüpertz schwermütig geworden?

Mitte der 1980er-Jahre zieht Franziska nach Köln. Sie wird eine meiner engsten Freundinnen. Und das ist sie bis heute.

*

Auch mit der visuellen Gestaltung, dem Gesicht von EMMA, ist es nicht einfach. Die Publikationen der Polit-Szene sind in dieser Zeit extrem textlastig und regelrecht bilderfeindlich. Im letzten Augenblick rufe ich meine alte Freundin Sonja Hopf aus Paris zu Hilfe. Die Malerin und Zeichnerin hatte als Grafikerin beim *Nouvel Observateur* gearbeitet. Sie reist an, quartiert sich im Stockbett in der dritten Etage ein und legt los. Das grafische Konzept der frühen EMMA ist also von ihr, inklusive der kühnen Idee, Fotos oder Texte auch mal am Rand zu platzieren – schade eigentlich, dass wir das nicht mehr machen.

Das visuelle Konzept ist sehr bewusst anti. Kein Glamour, kein Glanzpapier, aber Raum für Fotos, Kunst und Zeichnungen. Für den später legendär gewordenen Titel lassen wir vier uns auf der nahe gelegenen Schildergasse fotografieren, mitten unter den PassantInnen. Doch das Foto zeigt nur die halbe Wahrheit. Wir sind zwar vier, aber vier, die sehr unterschiedlich in EMMA investieren, und das in sehr unterschiedlichen Funktionen. Links neben mir geht Angelika, die hauptberufliche WDR-Redakteurin; neben ihr Sabine, die frischgebackene EMMA-Redakteurin; und rechts von mir Christiane, die angestellte Redaktionssekretärin. Das Foto suggeriert also ein Wir, das es nur partiell gibt.

Ein Jahr später, wenn diese erste Truppe unter dem inneren und äußeren Druck zerbrechen wird, wird Angelika sich wieder aufs Fernsehen beschränken, Christiane einen Job bei Franz Greno finden und Sabine weiterschreiben, viel später auch über ein Thema, das sie damals schon beschäftigte: das Kind eines Nazivaters zu sein.

Das »Kollektiv« ist also in dieser vom Kollektivwahn geknebelten Zeit nur eine Behauptung, die nicht real ausgefüllt ist. Und ich stricke mit an dieser Illusion. Warum? Weil ich es glauben möchte. Und weil auch ich unter dem Druck der Ideologinnen

stehe. Die ermächtigen sich einer Stimme im Namen eines ominösen Kollektivs. Doch gerade sie werden besonders freudig von den
Medien zitiert, immer wieder.

*

Bis zum letzten Augenblick, bis Mitte Januar sitze ich nun Tag und
Nacht an meinem Schreibtisch. Sabine und Christiane sind inzwischen in die Räume nebenan gezogen, im dritten Stock macht sich
die Grafik breit. Der Countdown läuft.

Die Themen der ersten Ausgabe sollen programmatisch sein –
und sind es dann auch. Reportagen (über alleinreisende Frauen
ebenso wie über »Unsere roten Schwestern« in der DDR) und Glossen (über High Heels oder *Spiegel*-Kollegen); Berichte über Wirtschaft, Scheidungsrecht und Arbeitslosigkeit; eine »Seite für Mädchen« und die viel verspottete Seite »Selbst ist die Frau« (Folge 1:
»Wie repariere ich einen Abfluss?«). Ich schreibe über die »Männerjustiz« (die bis heute mein Thema ist) und Angelika über die zu
der Zeit in Deutschland komplett vergessene und nicht mehr ver-
legte Virginia Woolf. Ihr Text wird eine Woolf-Renaissance auslö-
sen und Fischer mit EMMAs publizistischer Unterstützung erneut die Bücher der großen Schriftstellerin und Feministin
verlegen. Der erste »Pascha des Monats« ist Rudolf Augstein, der
geliebte Gegner. EMMA zeigt Flagge.

Am 26. Januar 1977 liegt die erste EMMA in den Kiosken.
Deutschland steht Kopf. Die Startauflage von 200.000 Exemplaren
ist innerhalb weniger Tage vergriffen, wir drucken 100.000 nach.
Und die Medien – die »Männermedien«, wie wir zu sagen pflegen – können es nicht fassen. Die ZDF-Sendung *Drehscheibe* zählt
die Kommata-Fehler im Heft (im Ernst). Die *Stuttgarter Nachrichten* zitieren »Verlagsprofis«, die uns »den baldigen Tod prophezei-
en«. Die *Süddeutsche Zeitung* ortet in EMMA den Mann als
»King Kong mit einem Penis wie das Empire State Building«.
Konkret findet: »Die Emanzipation der Frau wird auch eine
Emanzipation von EMMA sein müssen.«

Und Carola Stern, mit der ich jahrelang gearbeitet hatte – und die ich mehrfach getröstet hatte wegen ihrer Probleme, die sie im WDR gerade auch mit Männern hatte, die sie als Frau nicht akzeptierten –, ausgerechnet sie spöttelt nun im WDR und in der *Deutschen Allgemeinen Sonntagszeitung*: »Zwar mag ich Frauen, doch ich bin nicht lesbisch und sehe darin kein Manko. Geschieden bin ich auch nicht, will mich auch nicht scheiden lassen. Im Unterschied zu Romy Schneiders um neun Jahre jüngeren Mann ist meiner neun Jahre älter. Er hat nicht die Absicht, sich sterilisieren zu lassen. (…) Ich mag Männer als Liebhaber, als Kollegen, vor allem auch als gute Freunde.« – Es hat, finde ich, fast etwas Tragisches.

Doch es gibt auch andere Stimmen. Die *FAZ* orakelt: »Auf Dauer wird hier für die moderne Gesellschaft mehr Sprengstoff liegen als in den Traumtänzereien verworrener Systemveränderer.«

Und ich? Ich komme eigentlich kaum dazu, mich um die Reaktionen zu kümmern. Denn nach der EMMA ist vor der EMMA. Das Heft erscheint einmal im Monat und allein die Grafik erstreckt sich über drei Wochen (damals gibt es noch keine Computer, sondern Klebelayout). Mir bleibt also kaum Zeit, die Post zu beantworten. Es geht weiter, immer weiter.

Doch als ich eine Woche, bevor die erste EMMA im Verkauf ist, die druckfrischen Exemplare aus der Druckerei mitbringe – da werden wir EMMAs übermütig. Wir setzen uns in meinen grauen Citroën und sausen nach Brüssel. Am Steuer sitzt Ursula. Dort schlemmen wir in einem kleinen Restaurant am alten Hafen bis weit nach Mitternacht, köpfen mehrere Flaschen Champagner und lassen uns sehr, sehr hochleben!

Emma

3 Mark
Februar 1977

Zeitschrift für Frauen von Frauen

Alice Schwarzer über Männerjustiz

Romy Schneider: Ich bin es leid, zu lügen!
Hausfrauen und ihre arbeitslosen Männer…
Vietnam – Moderne Amazonen

1
Der 1. EMMA-Titel,
1977
2
Vorbereitung der
ersten Ausgabe:
Hopf, ich, Ensslin,
Wittlich, Schruff
3
Die erste EMMA
wird layoutet
4
Die erste EMMA
wird gedruckt

1
Ich, 1977
2
Mit Romy beim
EMMA-Interview, 1976
3
Podiumsdiskussion
an der Uni Frankfurt
mit u. a. Cohn-Bendit
4
Am EMMA-
Schreibtisch,
1977

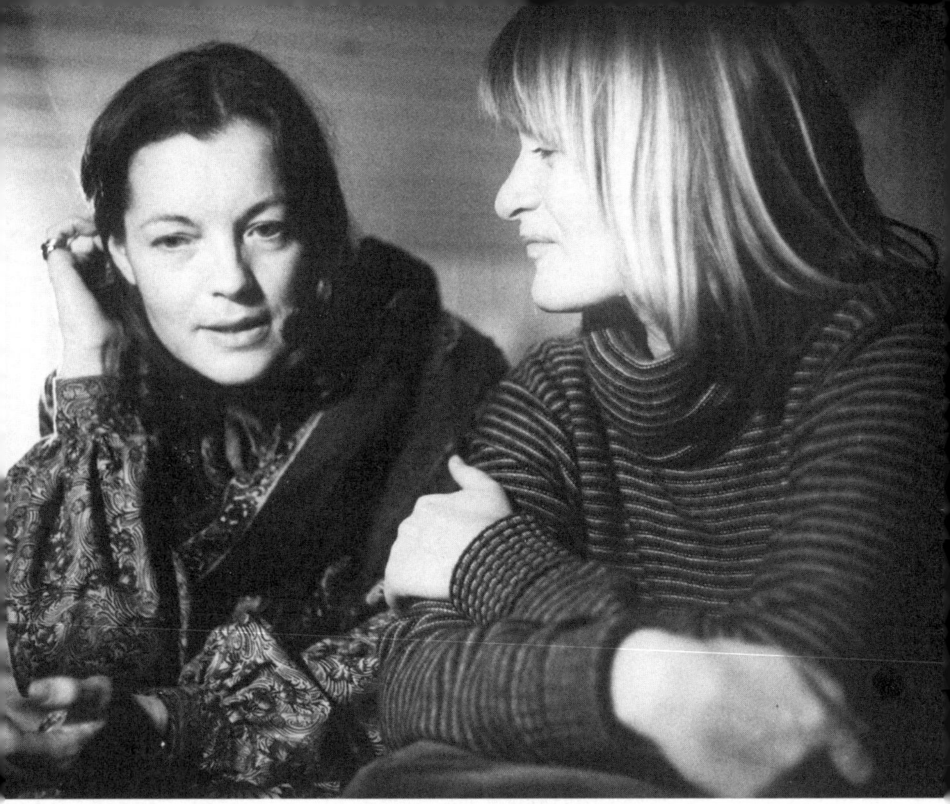

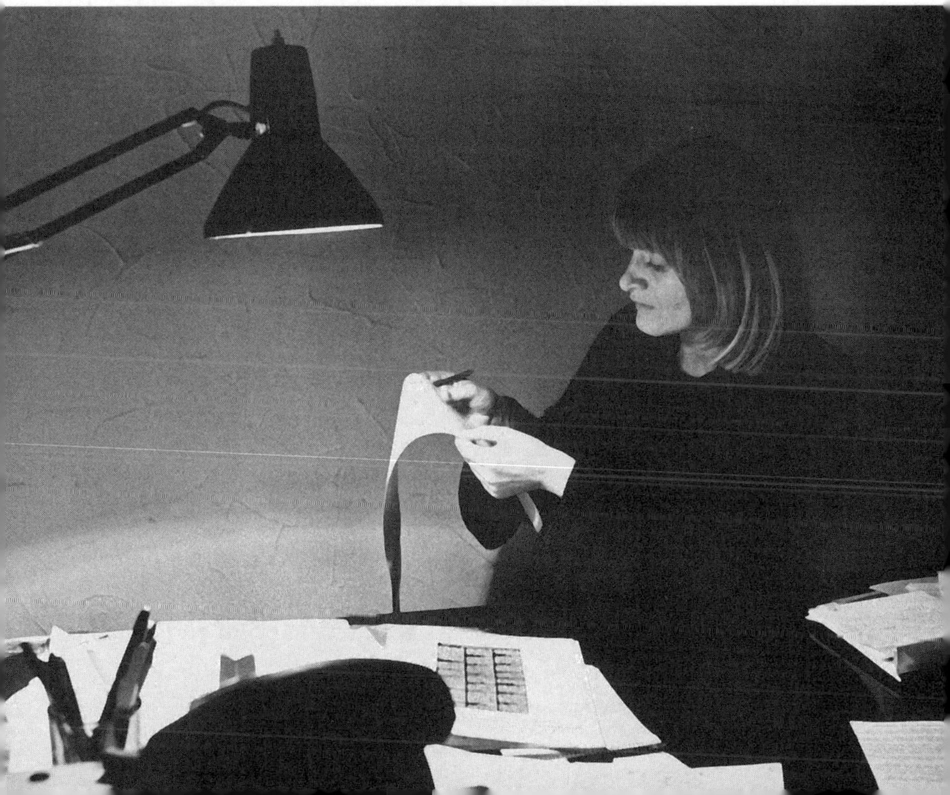

Juni 2011. Seit einem Jahr schreibe ich nun an diesen Lebenserinnerungen, gerade ringe ich um die letzten Zeilen. Wie schon oft sitze ich auch in diesem Jahr auf der Terrasse dieser leicht abgeblätterten provenzalischen Villa, inmitten eines verwilderten Gartens, und schaue durch zwei mächtige Eukalyptusbäume auf das blaue Meer. Vielleicht ist das der höchste Preis, den ich für EMMA gezahlt habe: dass ich über Jahrzehnte den Kontakt mit meiner zweiten Heimat, mit Frankreich, verloren hatte. Ich hatte ganz einfach nicht die Zeit, von meinem Schreibtisch hochzublicken, geschweige denn, nach Paris zu fahren. Das ändere ich gerade.

Was hätte ich wohl getan, wenn mir jemand vor 34 Jahren gesagt hätte, dass ich EMMA auch noch im Jahr 2011 machen werde? Wäre ich schreiend weggelaufen? Ganz sicher hätte ich ungläubig den Kopf geschüttelt. Denn ich war davon ausgegangen, dass ich das Blatt auf die Beine stelle, drei, vier Jahre eng begleite – und EMMA dann laufen kann. Es ist anders gekommen.

Ich bin und bleibe, solange es EMMA gibt, ihre Verlegerin und Herausgeberin. Leider bin ich auch immer noch die Chefredakteurin. Leider, weil das ein Knochenjob ist, den man eigentlich nur ein paar Jahre lang machen sollte – und für den es viel Leidenschaft, viel Kompetenz und sehr viel Zeit braucht. Warum ich es dennoch weitermache? Das ist eine lange Geschichte und gehört schon in den irgendwann zu schreibenden zweiten Teil meiner Lebenserinnerungen.

Der zweite Preis, den ich für EMMA gezahlt habe, ist die Abhängigkeit. Abhängig von einem Team, das mit mir das Blatt macht. Denn so ein Magazin macht man auch als erfahrene Chefredakteurin selbstverständlich nicht allein, sondern dafür muss man eine verlässliche Truppe haben, die es mitträgt. Und exakt das war am Anfang die Achillesferse von EMMA – verlässliche Mitarbeiterinnen – und ist heute ihre Rüstung. Der harte Kern ist seit Jahrzehnten dabei: angefangen bei Margitta Hösel über Chantal Louis bis hin zu Angelika Mallmann und Anett Keller. Die EMMAs sind heute zwischen 30 und 50. Neue kommen dazu, Alte gehen vielleicht irgendwann – aber EMMA wird seit Langem verlässlich auf mehreren Schultern getragen. Und auch so manche Freie ist seit Jahren bzw. Jahrzehnten dabei. Das war in den ersten Jahren anders. Ganz anders. Und es war die Hölle. Für mich.

Der dritte Preis, den ich für EMMA gezahlt habe, ist die Reduktion. Reduktion auf das stupideste Klischee vom Feminismus. War ich früher auch für Kollegen selbstverständlich eine gesuchte Gesprächspartnerin in Fragen der Arbeitswelt, Politik oder Kulur, so stöhnen heute manchmal sogar dieselben auf, wenn ich mich dazu äußere. Wider besseres Wissen. Denn meine Erfahrungen sind ja eher größer geworden. Doch ich soll jetzt gefälligst bei meinen Leisten bleiben, bei den Frauen! Denn wer über Frauen redet und schreibt, der hat zum Rest der Welt die Klappe zu halten. Der bzw. die gilt als Fachidiotin. Genau darum schweigt verständlicherweise so manche kompetente Frau zum Thema Frau – weil sie sich nicht aus der Welt drängen lassen will.

Die Nachteile für mich ganz persönlich, EMMA initiiert zu haben und bis heute nicht davon zu lassen, sind also klar. Doch was sind die Vorteile?

Wenn sich irgendwann mal, vermutlich erst in weiter Ferne, die Aufregung um EMMA gelegt haben wird, dann wird man sehen, was für ein unerhört kühnes Projekt das ist. Da machen Journalistinnen seit 34 Jahren ein politisches Magazin aus Frauensicht, das ganz und gar unabhängig ist von Konzernen oder von der Werbung und sich zu 90 Prozent aus dem Verkauf des Heftes finanziert. Das ist ungewöhnlich und normalerweise umgekehrt: Nur 20 bis 30 Prozent der Einnahmen kommen bei Zeitschriften üblicherweise aus dem Verkauf, der Rest aus der Werbung. Das Finanzmodell von EMMA gilt heute, in Zeiten der wegbrechenden Werbeeinnahmen, als Zukunftsmodell für Publikationen, die ihre Autonomie bewahren wollen.

Die ökonomische Unabhängigkeit ist die Voraussetzung für eine journalistische und politische Unabhängigkeit. Nur ihr ist es zu verdanken, dass EMMA es sich erlauben kann, seit der ersten Ausgabe konsequent die Interessen von Frauen zu vertreten – ohne Rücksicht auf Verluste. Denn wir sind nicht nur unabhängig von Werbeagenturen, sondern auch unabhängig von Institutionen und Parteien.

Am Anfang jeder EMMA-Produktion liegen heute 164 leere Seiten vor uns – und wir füllen sie so, wie wir es für richtig und wichtig halten. Da redet uns niemand rein! Dank dieser Unabhängigkeit konnte EMMA in den vergangenen 34 Jahren zahllose Tabus brechen, Themen lancieren, Debatten und Gesetzgebung beeinflussen.

Nur wenige seien hier beispielhaft genannt: So berichtet EMMA seit 1977 über den sexuellen Missbrauch von Kindern und verhinderte 1979 sogar die Streichung des Pädophilie-Paragrafen. Ebenfalls schon seit den allerersten Ausgaben fordern wir gleiche Chancen für den Frauenfußball und lancieren 1998 die Kampagne »Die Hälfte vom Ball für die Frauen«. Seit 1978 ist Pornografie, diese Verknüpfung von sexueller Lust mit Lust an Erniedrigung und Gewalt, zentrales Thema. Und ebenfalls schon seit 1978 fordert EMMA den Vaterschaftsurlaub und Ganztagsbetreuung für Kinder. Seit 1979 informieren wir über den Kreuzzug des islamischen Fundamentalismus, von Iran und Pakistan bis Deutschland. Seit 1984 bekämpfen wir die Essstörungen bzw. die Hungersucht. Und ebenfalls seit 1984 plädieren wir für die 2001 eingeführte Homo-Ehe. Seit 1999 fordern wir den »Girlsday« sowie eine aufgeklärte Erziehung der Jungen etc. Und 2011 analysieren wir unter anderem die Frage: Kann es unter den gegebenen Verhältnissen und in den bestehenden Rechtssystemen überhaupt Gerechtigkeit geben für Opfer sexueller Gewalt?

All diese Artikel und Kampagnen öffneten nicht nur EMMA-LeserInnen die Augen, sondern zwangen oft auch die anderen Medien nachzuziehen. So manches Thema hielt nur Einzug in Öffentlichkeit und Politik, weil EMMA am Ball blieb. Und auch in Zukunft bleiben wird (zum Nachlesen: 300 EMMA-Ausgaben aus 34 Jahren stehen seit Sommer 2011 im Volltext online auf: www.emma.de/service/emma-lesesaal/).

Schon seit vielen Jahren ist EMMA weltweit leider das letzte Publikumsmagazin am Kiosk in feministischer Hand. Doch die

Leserinnen von EMMA werden – ganz im Gegensatz zum Klischee – nicht älter, sondern jünger. Heute ist jede dritte EMMA-Leserin unter 30 und das Durchschnittsalter beträgt 39 Jahre (zum Vergleich: Bei *Brigitte* ist das Durchschnittsalter 47).

Dass es EMMA trotz anhaltender Häme noch immer gibt und sie heute so lebendig und aktuell ist wie am ersten Tag – das ist ein kleines Wunder, auf das ich stolz bin. Sicher, mein Preis dafür war hoch – aber vielleicht ja doch nicht zu hoch. Ich mache also weiter. Gleich nächste Woche erwartet mich in Köln die erste EMMA-Konferenz für die nächste Ausgabe. Aber noch genieße ich in Frankreich die Umsetzung meines frühen Traums.

*

Es ist 19 Uhr. Mal wieder Zeit für den Apéro mit den Nachbarn. Bei der ersten Einladung vor ein paar Jahren waren wir noch in dem Glauben, so was dauert eine Stunde. Weit gefehlt. Eine »Vorspeise« folgt der nächsten, erst kurz vor Mitternacht trennen wir uns von den Sommer-Freunden. In dieser verwunschenen Bucht ist der »Apéro« unter Nachbarn das ganze Glück. Und es ist ganz so wie damals, 1963, in den Hügeln von Saint Tropez: Da sitzen wir an langen Tischen, reden, essen, trinken, lachen, die Fenster stehen weit offen. Und draußen rauscht das Meer.

Im November 1977 in der
EMMA-Redaktion.

Artikel von/über
Alice Schwarzer
1965 bis 1975

Generalanzeiger 1965
Eine Wuppertalerin in Paris

Seit Soraya zur ständigen Begleiterin wurde und auch das Thema Kilius-Bäumler reichlich erschöpft ist, beunruhigt ein Teil der deutschen Presse die Leser mit der »Wahrheit« über Deutschlands verlorene Töchter in Paris.

Von der von Verführern belagerten Alliance Française, die aus diesem Grund einen direkten Draht zur nächsten Polizeiwache hat, kann man da lesen, von wilden Dolce-Vita-Partys, Rauschgiftorgien – kurzum, es ist der berühmt berüchtigte Pariser Sumpf, in den unsere braven Gretchen, die im Grunde wohl mit guter Absicht kamen, sinken.

Seit einem Jahr besuche ich nun die umstrittene Sprachenschule Alliance Française. Ob in den Morgen-, Nachmittag- oder Abendkursen, meine deutschen Mitschülerinnen waren meistens junge Mädchen in artig gestärkten Blusen, langen Hosen und Schuhen mit flachen Absätzen, die sich den Kopf zerbrachen, wie sie ein paar Stunden für einen Einkaufsbummel oder eine Promenade erübrigen könnten, denn leider spielen in 90 von 100 Fällen die Deutschen wie alle anderen Ausländerinnen für ein Zimmer im 7. Stock, drei Mahlzeiten täglich und F 150 das Dienstmädchen der Madame – sechs bis acht Arbeitsstunden am Tag sind bei einer Sechstagewoche leider keine Seltenheit. F 150 – ein Tropfen auf den heißen Stein in der teuersten Stadt der Welt. Allein das Schulgeld beträgt F 55, dann Schulhefte, Strümpfe, Seife, mal ein Lippenstift und ein bunter Pulli, ab und zu ein »Expreß« im Cafe an der Ecke – Deux Margots, das läßt man lieber, denn da zahlt man für den traditionsbeladenen Namen gleich das Doppelte.

Warum nun eigentlich Paris? Um eine gute Dolmetscherin, Sekretärin oder Stewardess zu werden – oder einfach, weil's trotz allem Spaß macht, Paris und die Franzosen ein wenig kennenzulernen.

Die Scharen, die auf das blonde Opfer warten? Ich habe sie noch nie gesehen. Ich glaube, wir sollten endlich einmal mit unseren Vorstellungen über die Franzosen, die entweder nie oder lediglich vor meiner Generation zutrafen, aufräumen. Der junge Franzose ist meistens recht reserviert, tritt überwiegend in Gruppen auf, gibt sich – da von der Französin ziemlich umworben – sehr selbstbewußt und ist, trotz Charme, oft schockierend unhöflich.

Neben der Unmöglichkeit, abends allein auszugehen, da man unaufhörlich von einer gewissen Sorte Männer, die hier in Paris stärker vertreten ist als in anderen Großstädten, belästigt wird, sind es vor allem die Sprachschwierigkeiten, die die deutschen Mädchen in Paris oft isolieren; deshalb sollten sie nicht nur mit etwas Erfahrung und Sicherheit nach Paris gehen, sondern auch mit einer gehörigen Portion Mut.

Wuppertal, 31.7.1965

Westdeutsche Zeitung 1967
Sollen Prostituierte Steuern zahlen?

In hochnotpeinliche Verlegenheit bringt eine neuerschlossene Geldquelle das Finanzamt: Gladbachs Dirnen sollen Steuern zahlen! Theoretisch sind die Damen schon seit Jahren »steuerwürdig«. Bereits im Juni 1964 machte der Große Senat des Bundesfinanzhofes als letzte Instanz dem permanenten Hickhack der Senate ein Ende und entschied: »Daß Sittenwidrigkeit des Verhaltens die Besteuerung nicht ausschließt, entspricht ... der ständigen Rechtsprechung. Auch Wucherer und Wahrsager zahlen Steuern.« Heillose Verwirrung griff in staatlichen Finanzstuben um sich. »Was tun?« fragten sich die braven Beamten, und vor allem: »Wie?«

Mönchengladbachs Inspektoren blieb bisher eine praktische Auseinandersetzung mit dem delikaten Problem erspart, da die ansässigen Nachtarbeiterinnen ihren Arbeitsplatz unter freiem Himmel ständig wechselten – also weder greif- noch taxierbar waren. Doch jetzt, nach Einzug in das Haus an der Künkelstraße, wird das Thema auch hier aktuell. Seit etlichen Monaten arbeiten zwanzig steuerpflichtige Bürgerinnen schwarz – und zwar unter den Augen des Fiskus, nur knapp fünf Fahrminuten vom sonst so argusäugigen Amt in der Kleiststraße entfernt.

Doch nicht mehr lange soll dieser paradiesische (da steuerfreie) Zustand währen. Das Schicksal, das die Düsseldorfer Kolleginnen schon Anfang des Jahres ereilte, scheint auch den ortsansässigen Gunst-Gewerblerinnen nicht erspart zu bleiben: Von den unter »sonstige« eingestuften Einkünften fordert Vater Staat sein ihm zustehend Teil!

Mit der Begründung, es sei bei diesem Gewerbe zwar »keine Beteiligung am allgemeinen wirtschaftlichen Verkehr gegeben«, wie einer der Senate es formuliert hatte, jedoch handele es sich um »entgeltliches Leisten« im Sinne von Paragraph 22, Ziffer 3 EStG. Richtungsweisend verurteilte der Große Senat am 23. Juni 1964 eine strichelnde Frankfurter Großverdienerin zu Einkommensteuer, Notopfer Berlin und Kirchensteuer.

Die Bundesrepublik ist bei weitem nicht der erste Staat, der, wenn's ums Geld geht, von Moral nichts mehr hören will, dafür um so mehr vom Gleichheitsgesetz (siehe Paragraph 3 des Grundgesetzes). Schon Griechenführer Solon bat vor 2500 Jahren die Ausüberinnen des ältesten Gewerbes der Welt zur Kasse.

Es muss sich also schon in der Antike um eine einträgliche Beschäftigung gehandelt haben. Und das ist, über Jahrtausende hinweg, so geblieben. Diese »sonstigen Leistungen« scheinen heute so gefragt wie damals. Experten schätzen, daß allein 1964 auf bundesdeutschen Straßen, in »Pensionen« und Bordellen über 1 Mrd. durch die Hände biederer Straßendirnen und exklusiver Callgirls gingen.

»Mit Moral haben wir nichts zu tun. Wir versteuern schlechthin alle Einkünfte. Das ist unsere gesetzliche Pflicht«, belehrte Steuerexperte Oberregierungsrat Tillen die WZ. Theoretisch scheint demnach Klarheit in Finanzamtkreisen zu herrschen, aber praktisch? Wie sollen die frischgebackenen Steuerzahlerinnen erfaßt und nach welchen Maßstäben eingestuft werden? »Die ganze Angelegenheit ist mehr als delikat«, seufzt der Leiter des hiesigen Amtes, Dr. Monßen. »Ich kann meine – überwiegend verheirateten – Beamten ja schließlich nicht auf Dirnenfang schicken!«

Und was sagen die mit der Honneur der »Steuerwürdigkeit« Bedachten zu der gestarteten Aktion? Sie protestieren auf das Heftigste – verständlicherweise. Wer zahlt schon gerne Steuern? Und dann jammern sie über das schlechte Geschäft. »Unsere Künkelstraße«, sagen sie, »ist nicht der Düsseldorfer Bahndamm. Wir verdienen hier kaum die Butter aufs Brötchen – und da sollen wir auch noch dem Staat Geld schenken?«

Außerdem: »Wieso verlangt man plötzlich, ganz brav-bürgerlich, Steuern von uns? Wir werden ja auch sonst wie Menschen zweiter Klasse behandelt! Früher hieß es immer, unser Geld sei schmutzig – jetzt sollen Straßen, Kirchen und Schulen damit gebaut werden. Komisch. Wenn wir die gleichen Pflichten haben, fordern wir auch die gleichen Rechte!« erregen sich die Bewohnerinnen des Hauses Künkelstraße Nr. 60 im Chor. »Unsere Kinder nimmt man uns weg, obwohl wir mehr Zeit für sie hätten als manche berufstätige Hausfrau. Heiraten dürfen wir auch nicht.« (Da der Ehemann sonst wegen schwerer Kuppelei belangt werden kann. Anm. d. Red.).

Auch der Pächter ist nicht gewillt, täglich – wie es in Düsseldorf gehandhabt wird – eine Pauschalsteuersumme bei seinen Mieterinnen zu kassieren.

Ein weiteres, gar nicht zu unterschätzendes Problem ist die Gefahr, daß Kriminalpolizei und Gesundheitsamt wieder die Kontrolle über die Minne-Mädchen verlieren könnten. Denn:»Ehe wir auch nur einen Pfennig zahlen, gehen wir lieber wieder auf die Straße!«verkünden sie drohend.

In Düsseldorf, wo der Fiskus seit ein paar Wochen am Lohne für die »gewerbsmäßige Unzucht« partizipiert, haben mehrere steuerunwillige Dirnen bereits ihre feste Bleibe gekündigt.

Mönchengladbach, 18.2.1967

Westdeutsche Zeitung 1967
Ich kann ohne dich nicht mehr leben

Das Mönchengladbacher Schwurgericht verurteilte gestern den 32jährigen Sudanesen Kamal Abu Elela wegen Totschlags im Zustand verminderter Zurechnungsfähigkeit zu drei Jahren Gefängnis. Die Untersuchungshaft wird dem Afrikaner angerechnet. Abu Elela hatte am 6. Juni vergangenen Jahres seine 21jährige Frau Doris im Haus der Schwiegereltern in Wickrathberg durch sechs Stiche mit einer Schere getötet. Allein drei der Stiche, einer ins Herz, zwei in die Lunge, waren, jeder für sich, tödlich. Die junge Frau starb wenige Minuten nach der Tat.

Fünf Monate vor dem blutigen Ende im vergangenen Sommer legten sich die ersten Schatten über die bis dahin so glückliche Ehe zwischen dem Afrikaner und dem blonden Mädchen vom Rhein. Daß es die Schatten einer Tragödie klassischen Ausmaßes waren, ahnte zu der Zeit noch keiner der Beteiligten.

Die bereits einmal geschiedene Doris G., die aus erster Ehe eine kleine Tochter hatte, lernte Abu Elela in ihrem Heimatort Wickrathberg kennen. Er lebte dort als Student der Textil-Ingenieurschule Mönchengladbach in einem Wohnheim.

Doch nicht mehr lange. Im Oktober desselben Jahres zieht er – auf das Drängen der Eltern seiner Freundin – in das Haus der zukünftigen Schwiegereltern. Als er zwei Monate später seine Eltern im Sudan besucht, nimmt er Doris und die kleine Sabine mit.

Und die zarte, junge Frau fühlt sich wohl in der Heimat ihres Freundes. Im August 1964 gibt sie ihm in Khartoum ihr Ja-Wort, nachdem sie, die Christin, zuvor den Glauben ihres Mannes angenommen hatte. Sie heirateten nach mohammedanischem Ritus.

Das Ehepaar Abu Elela baut sich in den nächsten zwei Jahren eine gesicherte Existenz im Sudan auf. Kamal verdient gut, sie haben ihre eigene Wohnung, mit der Familie ihres Mannes versteht Doris sich ausgezeichnet. Nur ein Schatten trübte das Glück: Die kleine Sabine, die auch der Stiefvater sehr lieb hatte. – »Ich trug sie immer in meinen Augen«, sagt er nach einem arabischen Sprichwort. – Dieses kleine Mädchen also vertrug das Klima im Sudan nicht. Es musste schon wenige Wochen nach seiner Ankunft zu den Großeltern zurückgeschickt werden.

Im Dezember 1965 packt Doris zum zweiten Male, ihre erste Reise nach Deutschland machte sie Ende 1964, das Heimweh. »Ich fahre nur für ein paar Wochen«, versicherte sie beim Abschied. Und: »Ich komme bestimmt wieder.« Doch sie kam nie zurück. Anfangs klangen ihre Briefe noch ganz normal. Der Ehemann ahnte nichts. Bis dann am 22. Januar, zu Kamals Geburtstag, er vor die Tatsache gestellt wurde: »Ich will zu Hause bleiben. Komm du hierher.« Er versucht, sie umzustimmen; ohne Erfolg. Dann entschließt er sich. Er schreibt: »Vater und Mutter haben über deinen Brief geweint. Sie haben sich so an dich gewöhnt. Alle sagen: Fliege doch schnell zu deiner lieben Doris! – Ich laß dich nicht. Ich liebe dich zu sehr.« Abu Elela kündigt seine Stellung, verkauft sein Hab und Gut und fährt zu seiner Frau. Doch das Glück, das er in den noch verbleibenden 13 Wochen zu finden sucht, ist nur eine Fata Morgana. Ein Wunschtraum Kamals. Während ihr Mann noch im Sudan auf sie wartete, hat Doris wieder Kontakt zu ihrem ersten Mann Kurt aufgenommen. Obwohl sie kurz zuvor einer Freundin gesteht: »Kamal hat aus mir einen besseren Menschen gemacht«, zieht es sie wieder in diese Verbindung, die ein so kurzfristiges Ende in der Scheidung gefunden hatte.

Im Mai 1966 sagt Doris ihrem Mann zum ersten Male die Wahrheit ins Gesicht: »Ich liebe wieder meinen ersten Mann. Geh! Ich kann dich nicht mehr sehen.« Sie wirft ihn hinaus. Kamal irrte eine ganze Nacht lang völlig verstört umher. Am nächsten Tag trifft sich das Paar bei Bekannten – und versöhnt sich wieder. Doch die Atmosphäre bleibt gespannt.

Dann, am 5. Juni, einem Sonntag, waren beide nachmittags bei Freunden, danach, gegen 23 Uhr, gingen sie noch in eine Wirtschaft. Doris war bereits leicht betrunken.

»Zuerst benahm sie sich ganz normal«, berichtet eine Zeugin. »Dann begann sie zu weinen und verlangte, wir sollten sie zu Kurt, ihrem ersten Mann, fahren. Kamal versuchte, Doris zu beruhigen, und schlug ihr vor, nach Hause zu gehen. Doris wollte nicht.«

Erst gegen ein Uhr nachts bringt er seine Frau dazu, mit ihm heimzugehen. Unterwegs streiten sie weiter. Im Wohnzimmer der Eltern angelangt, schreit sie ihn an:»Hau doch ab!« Durch den lautstarken Streit wird die Mutter wach. Sie steht auf und nimmt ihren Schwiegersohn in Schutz. Da gehen Doris endgültig die Nerven durch. Sie rennt auf die Straße. Ihr Mann hinterher.»Laß mich«, schluchzt Doris,»meine Eltern haben dich gern, nicht mich!« Und Kamal, der seine Frau liebt, resigniert:»Nein. Du brauchst nicht wegzulaufen. Ich gehe.«

Er beginnt zu packen. Seine Frau folgt ihm. Sie legt sich ins Bett. Doch Kamal kann es noch immer nicht glauben.»Wohin soll ich gehen. Ich habe doch gar kein Geld?« fragt er verzweifelt.»Das ist mir egal!« Das Geld, das er verdiente, gab er regelmäßig an Doris ab. Er selbst hatte keinen Pfennig. Noch mal schreit sie:»Schluß! Aus! Hau ab!«

Die Stimme des Angeklagten wird immer leiser. Ob sein Anwalt nicht den Rest erzählen könne? Nein. Kamal greift zurück auf seine Muttersprache. Erzählt auf arabisch, was dann passierte. Der Dolmetscher übersetzt.

»Ich erinnerte sie an unsere schönen Tage in meiner Heimat. Sie schrie weiter, sie liebe mich nicht mehr. Sie liebe Kurt. Da habe ich auf arabisch geschworen, daß ich nicht glaube, was sie sagt.« –»Hau ab mit deinem Gott«, kreischt Doris.»Hau ab!«

Eine Welt bricht zusammen. Kamal stürzt die Treppen herunter, reißt eine Schere aus der Schublade, rast zurück und sticht zu. Sechsmal bohrt er die Schere in den Leib seiner Frau, die nur eine abwehrende Handbewegung macht. Kamal schluckt in der Küche Tabletten. Sein Leben gilt ihm nichts mehr. Im Krankenhaus pumpt man ihm den Magen aus. Später, im Gefängnis, versucht er dasselbe noch einmal.

Der Sachverständige bescheinigt ihm eine sensible, feinsinnige Natur. Im Augenblick der Tat habe er die Kontrolle über sich selbst verloren.»In einem solchen Zustand können Handlungen automatisch ablaufen – ohne bewußtes Zutun des Handelnden«, erläuterte der Psychiater. Bedingt zurechnungsfähig also. Fünf Jahre Gefängnis hatte der Staatsanwalt beantragt.»Drei Jahre Gefängnis unter Anrechnung der Untersuchungshaft«, lautete das Urteil. Kamal Abu senkte schweigend den Kopf. An der rechten Hand trägt er noch immer den Ehering.

Mönchengladbach, 2.3.1967

Westdeutsche Zeitung 1968
Wenn der Prinz kommt

Der Prinz kommt. Und die Prinzessin auch. »Nett«, strahlt die WZ-Redaktion. »Nett, daß wir auch in diesem Jahr die Ehre haben.« Und sogleich widmet sie sich wieder, eifrig wie es aller Journalisten Art ist, den liebgewordenen Verkehrsproblemen, Stadt-Geflüstern und Gerichtsprozessen. Mit Gelassenheit.

Denn so ein Prinzenbesuch, meint die WZ-Redaktion, der kann uns nicht aus der Ruhe bringen. Schließlich sehen wir die Nirsia Katherina XXIII. und den Theo II. in dieser Session nicht zum erstenmal. – So also war die Stimmung bis zum vergangenen Montag.

Und dann? Noch zweieinhalb Tage bis zum Einzug des personifizierten Gladbacher Karnevals in unsere nüchternen Redaktionsstuben. Noch 48 Stunden plus sechs. Höchste Zeit, scheint es plötzlich einigen Kollegen, daß sich einer um angemessene Dekoration bemüht. Luftschlangen, Goldpapier und so. Denn schließlich ist der Prinz ja nicht irgendwer.

Dienstagnachmittag. Ausbeute emsigen Suchens aller WZ-Leute nach irgendwelchen Silvester- und Geburtstagsparty-Resten: drei Rollen Kreppapier, ein angebrochenes Päckchen Luftschlangen und ein Filmplakat mit Liselotte Pulver. Die ist ja ganz nett, die Lilo, und hat auch eine lustige Stupsnase, aber das genügt halt nicht. Rote Pappnasen wären uns im Augenblick lieber.

Noch 24 Stunden bis Mittwoch 18.30 Uhr, bis zum Einzug des Prinzenpaares in unser Domizil Westlandhaus, 1. Stock. Jetzt ist der Moment gekommen, wo alte Redaktions-Routiniers nervös werden und Jungredakteure scheuchen. Lustig muss es morgen aussehen. Zum Teufel noch mal! Das muß doch hinzukriegen sein. Schließlich können wir das Prinzenpaar ja nicht so ... Nein, da sind sich alle einig. Das können wir nicht.

Mittwochnachmittag. Mächtig ulkig sieht's seit heute mittag bei uns aus. So ulkig, daß ausnahmslos alle Besucher des Tages zu einem »Halt

Pohl!« animiert wurden – wenn auch nur zu einem recht matten. Wir halten das für ein vielversprechendes Zeichen.

Aber irgendeiner hat ja immer was zu meckern. Die Girlanden hängen ihm zu tief. »Die haben doch alle was Hohes aufm Kopf. Sooo geht das nicht!« Puh, mit einem heiteren »Der Prinz kütt!« wäre Theo II. vielleicht auch zufrieden gewesen?

Aber das, lieber Leser, ist nur Vorgeplänkel. Am härtesten – das muß mal gesagt werden – am härtesten trifft's den, der Sie, lieber Leser, in wohlgesetzten Worten über das Ergebnis informieren muß. Das ist, als ob man zum Karnevalsball das Auto mitnehmen müßte. Keinen Sekt darf man trinken und überhaupt.

Plötzlich sind sich alle einig. Der Jüngste bzw. die Jüngste muss das machen. »Noch unvorbelastet«, »frischer Blick«, »keine Routine« – und was es der überzeugenden Kollegenargumente mehr gibt.

Hier sitz ich also. Um mich rum viel Glimmer und geschlossene Sektflaschen. Daß Prinz und Prinzessin heute abend bezaubernd, die Journalisten bezaubert und alle zusammen beschwipst! sein werden – wer wagt das zu bezweifeln? Wenn Sie, verehrter Leser, diese Zeitung in den Händen halten werden, ist alles vorbei. Die WZ-Redaktion hat sich, das ist sicher, köstlich amüsiert. Und ihr jüngstes Redaktionsmitglied auch.

Haben wir's nicht gleich gewußt? Entzückend war das Prinzenpaar!! Wirklich. Und das sagen wir nicht, weil wir alle einen Orden bekommen haben.

Der WZ-Besuch war die 50. Prinzenvisite dieser Session und der siebte Besuch karnevalistischer Tollitäten in unseren bescheidenen vier Wänden überhaupt. Nirsia-Katherina ließ es sich nicht nehmen, das ganz echte Journalisten-Gefühl am Fernschreiber zu erleben. Theo II. beglückte die Schreiber mit detaillierter Kenntnis der karnevalistischen Berichterstattung.

Bei uns blieben das Prinzenpaar und sein Gefolge für 120 Minuten. Dann ging's weiter zur Schöpp op. Schade.

Mönchengladbach, 22.2.1968

pardon 1969
Das Dorf der freien Liebe

Ein schwarzer Wächter hütet den weißen Liebesstrand von Agadir. Doch Alice Schwarzer und Lützel Jeman ließen sich von ihm nicht schrecken. Zu groß war ihr Verlangen, das der »Stern« in ihnen geweckt hatte. Das Verlangen nach Liebe, freier, schrankenloser Liebe ...

VORSPIEL IN FRANKFURT, LÜTZEL JEMAN (PSEUDONYM VON ROBERT GERNHARDT)

»Hier *pardon*-Redaktion, Rudolph. Herr Jeman, hätten Sie Ende des Monats Zeit für eine kleine Reportage?«

»Wohin soll es denn gehen?«

»Sie haben vielleicht schon gesehen, daß der Club Méditerranée, diese französische Feriengesellschaft, jetzt in Deutschland wirbt. Und da hatten wir uns gedacht, ob Sie sich nicht so ein Feriendorf ansehen wollten. In ihren Anzeigen versprechen die allerhand, ich weiß nicht, ob Sie sie schon gesehen haben ...«

An eine konnte ich mich erinnern. Auf ihr sah man eine Zeichnung mit vielen Leuten, die sich, mit einer Art Lendenschurz bekleidet, umarmen, ohne dabei vor den sekundären weiblichen Geschlechtsmerkmalen halt zu machen. »Lauter Leute hier, die dasselbe mögen wie wir. Nous sommes heureux«, lautete der Text.

»Wir möchten Sie und Fräulein Schwarzer von der Redaktion da runter schicken. Nach Agadir. Das heißt, wenn Sie Lust haben ...«

»Doch, doch.«

»Fein. Der *Stern* hat übrigens schon etwas über Agadir gebracht. Vielleicht schauen Sie sich das einmal an. Da scheint es ja wirklich wild zuzugehen. Und überlegen Sie doch schon mal, welchen Aspekt die Sache haben könnte ...«

Als guter Ehemann informierte ich zunächst meine Frau. »Das freut mich aber für dich«, erwiderte sie, noch nichts Böses ahnend.

Als guter Journalist informierte ich mich sodann selber. Ich recherchierte ein wenig und hatte bald herausgefunden, daß Agadir an der Atlantikküste Marokkos liegt. Bald sollte ich noch mehr wissen. »Sie fahren nach Agadir?« fragte ein befreundeter Soziologe. »Im *Stern* war da ein Bericht: *Das Dorf der freien Liebe.* Das scheint so eine Art Riesenkommune zu sein, wissen Sie. Jeder mit jedem ... Aber was ich doch sehr interessant fand: Obwohl die Leute anfangs eine Phase von Partnertausch und Promiskuität durchleben, bilden sich am Ende doch wieder Pärchen.« Er griff ins Bücherbord und holte den *Stern*, Nummer 6/1969. Und zitierte: »*Gegen Ende jeder Woche, bevor am Sonntag viele Urlauber wieder nach Europa fliegen, werden im Nightclub die Tänze langsamer. Die Pärchen halten sich enger umschlungen und schauen einander tief in die Augen. Und am Flugplatz von Agadir, wenn die Trennung kommt, gibt es am Sonntag viele Tränen ...*« Der Soziologe lächelte: »Ein aufschlußreiches Beispiel dafür, wie stark immer noch überkommene Verhaltensweisen sind ...«

Am nächsten Morgen kaufte ich mir den *Stern*. »Das Geschlechterverhältnis verspricht viel«, las ich. »Auf vierzig Männer kommen sechzig Frauen. Von den Frauen kommt die Hälfte allein ...« Ich rechnete: 30 kommen also schon mit Mann – bleiben 10 Männer übrig, auf die kommen 30 Frauen, 1:3, nicht schlecht, nicht schlecht ...

Ich erfuhr ferner: »Nahezu alle erotische Initiative ging und geht von den Frauen aus. Die Frauen haben die Rolle der Männer usurpiert ...« »Ein sehr informativer Bericht«, sagte ich.

»So?«, sagte meine Frau und warf das Heft in die Ecke.

Ob ich schon einen Aspekt für die Sache habe, wollte Hagen Rudolph, der Geschäftsführende Redakteur, wissen.

»Das ist schwierig«, entgegnete ich. »Einen satirischen Aspekt sehe ich noch nicht. Oder haben wir etwas gegen die freie Liebe?«

»Keineswegs«, beteuerte Rudolph. »Aber vielleicht gibt es doch etwas Lustiges her, wenn Männlein und Weiblein plötzlich alle Tabus durchbrechen, obwohl ihnen vielleicht gar nicht danach ist. Sie kennen das doch auch von unseren Faschingsbällen – das organisierte, ungezügelte Treiben bekommt leicht etwas Spießiges ...«

Ich versprach, die Augen offen zu halten.

Dann kam ein Brief von der Münchener Geschäftsstelle des Club Méditerranée. Er schloss:»Mit den besten Grüßen, Ihre Ulrike.« – Kein Nachname. Nur Ulrike. Meine Ulrike. L'esprit du Club – der berühmte Clubgeist – hier wehte er mir das erste Mal entgegen. Und noch deutlicher sagte es der»Trident«, die 130 Seiten starke Club-Broschüre:»Dann kommen sie an. Sie, Männer und Frauen, die alle etwas suchen: Die Erholung ... die Freunde ... die nicht voraussehbaren Augenblicke, die vielleicht Augenblicke des Glücks sind ...«

Es begann ernst zu werden. Drei Tage vor der Abfahrt rief mich meine Mutter an.»Weil du doch nach Agadir fährst. Ich habe da einen Bericht im *Stern* gelesen... Ich glaube, Almut erzählen wir besser nichts davon.«

»Sie kennt ihn schon.«

»Ach so. Ich hoffe, du bist erwachsen genug ...«

Und am vorletzten Tag besuchte ich noch einen Freund, einen Mediziner.»Was haben wir denn Schönes für dich? Hier, das ist etwas gegen Reisebeschwerden, und hier ... das ist gut gegen Darmkrankheiten ... Und das hier wirst du auch brauchen können ...« »Gegen Erschöpfungs- und Müdigkeitserscheinungen. Belebt ... Schafft Kraft ...«, las ich.»Also, viel Spaß. Und treib's nicht zu wild ...«

In Paris, wo ich meine Kollegin Schwarzer traf, war der Himmel noch bewölkt.»Was sagt denn Ihr Verlobter dazu, daß Sie nach Agadir gehen?« »Ich habe ihm hoch und heilig versprechen müssen ...«

Und dann saßen wir in der Caravelle, die uns in fünf Stunden in das Dorf der freien Liebe tragen sollte.

LIEBESRECHERCHEN, ALICE SCHWARZER

Samstag, 15. März, 22 Uhr, Flughafen Agadir. Das müssen sie sein: zwei schnieke bronzefarbene Knaben. Das sind sie: unsere ersten»GOs«, die »gentils organisateurs«: freundliche Organisatoren, wie sich die Angestellten des Clubs suggestiv nennen.

»Michel und Ali«, präsentieren sich die beiden, angetreten zum Empfang der»GMs«: das sind wir,»gentils membres«, freundliche Mitglieder. Tja, so sind die im Club. Michel, ganz GO, bemüht sich sofort um meinen Koffer, der versehentlich in Casablanca geblieben ist. 24 Stunden wird er wohl noch unterwegs sein. Ich bin mürrisch, möchte maulen, tu's auch,

will nicht ohne Nachthemd schlafen und überhaupt.»Nachthemd?«
echot Michel.»Voyons! Im Club brauchst du doch kein Nachthemd. Im
Club schläft man nackt.« – »Nackt« mit sinnlich gezogenem Nnnn.
Ich werfe Jeman einen vielsagenden Blick zu. Da haben wir's. Ganz
wie erwartet.
Als letzte steigen wir in den Bus zum Club. Nanu? Sind das die von der
Club-Werbung versprochenen »glücklichen Wilden«? Die Twens der Avant-
garde, zu allem bereit im Dorf der freien Liebe? Nein, vor uns sitzt – kein
Zweifel – Twens Ahnengalerie. Ein Kaffeekränzchen am Tag der heiligen
Agnes, eine Abiturientenklasse etwa anno 1919. Die reizenden alten Da-
men und Herren wollen doch wohl nicht ...?

Im Club-Dorf angekommen, im Foyer immerhin einige Gleichaltrige
gesichtet. Aber auch weitere betuliche Alte. Jeman verbirgt seine Enttäuschung nur mühsam.

Zweiter Tag. Noch vor dem Frühstück von Jeman abgefangen worden.
Ob ich auch nicht ...? Nein, ich auch nicht. Aber Florence.

*Auch Florence, aus Frankreich angereist, mußte das nicht. In ihrem
2-Mann-Bungalow fand sie bereits einen jungen Mann vor.*

Soweit der *Stern* über eine gewisse Florence. Heißt man Alice, regelt
der Club die Bettenzuweisung anscheinend orthodoxer. Ich fand in meinem Bungalow weder einen jungen noch einen alten Mann vor, dafür eine
Mittdreißigerin namens Andrée aus Brüssel (noch nicht einmal lesbisch).
Und Jeman teilt sein Zimmer mit Yves, einem Rechtsanwalt aus Lille. Mi-
rakel. Sehen wir so teutonisch-bieder aus? Oder hat uns eine Neue einge-
wiesen? Eine, die mit der Clubmoral noch nicht so vertraut ist? Wir beschließen, uns mit der zweiten Erklärung zu trösten.

Unseren ersten Aktionsplan beim sehr ausgiebigen Frühstück aufge-
stellt. Alle Mahlzeiten im Club sind, genau wie sämtliche sportlichen Aktivitäten und Lektionen, im Preis inbegriffen (eine Person zahlt für 14
Tage 1540 DM ab Frankfurt). Jeman ist entschlossen, gleich heute Segeln
zu lernen. Und Surfing. Und am Nachmittag vielleicht Judo. Ich kapitulie-
re. Zwischen elf und zwölf werde ich beim Joga mitmeditieren. Scheint
mir die am wenigsten ermüdende Recherche.

Vierter Tag. Wie live müssen Live-Reportagen sein? Muss ich für *pardon*
auch lieben? Jeman meint, das wäre nur von Fall zu Fall zu entscheiden.

Mein Fall heißt Dao und ist unser vietnamesischer Vorturner. Drein-
schauend wie Hänsel ohne Gretel im Walde, weckt er bei seinen entschlossen den Bauch einziehenden Schülerinnen nicht nur mütterliche
Gefühle. Nach den ersten langen sechzig Minuten auf der Gymnastikmat-
te am Morgen treffe ich Dao am Abend im Nachtclub wieder. Ein, zwei,
drei Tänzchen, und Dao nimmt mich zart bei der Hand, verzögert noch
feinfühlig durch einen Drink unter freiem Himmel und schlendert dann
melodisch plaudernd auf seinen Bungalow zu.

Fünfter Tag. Gentil organisateur Dao mag noch nicht einmal mehr
Tischtennis mit mir spielen. Er mag nur noch schmollen. Weil, wie er auf
meine naive Anfrage entrüstet antwortet, ich »ihm das angetan habe«.
Weil ich, on s'imagine!, nicht mit ihm ins Bett gegangen bin. Das scheint
gegen die règles du jeu zu verstoßen. Freundliches Mitglied sein, verpflichtet. Déjeuner. Am kalten Büffett – ich kalkuliere gerade, ob ich auf
meinen Vorspeisenteller neben die Krebse, den geräucherten Hecht und
die Oliven noch Gänseleber packen kann – reißt mich ein englisch-franzö-
sisches »allou!« aus meinen lukullischen Träumen. Peter, der Segellehrer
aus London. In seinem Schlepptau, wie schon gestern abend, die ihn
ohne Unterlaß befummelnde Jeanne aus Paris. Die zärtliche Jeanne ist zu
verstehen, Peter sieht so verwirrend unfranzösisch aus: groß, blond und
englisch-spröde. Peter war mir schon in Frankfurt ein Begriff, ihn hatte
der *Stern* ganz besonders bedacht:

Das Bemühen, Lust zu bereiten, macht auch vor denen nicht halt, de-
ren Lustbedürfnis in der Bundesrepublik zum Beispiel noch immer unter
Strafandrohung steht. Peter, Jean-Yves, Eric und François heißen die vier
Segellehrer (aller Sport umsonst) in den hautengen Hosen.

Punkt. »Drei Wochen war der Max Scheler vom *Stern* hier im Club, ich
selbst habe immer für ihn gedolmetscht. Ständig hat er fotografiert und
alle Leute befragt«, sagt Peter in klagendem Ton. Beim Steak ist er immer
noch beim Thema Scheler, froh, wenigstens einer *Stern*-Leserin seine
Version mitteilen zu können. Und erst beim Käse kann sich Peter zu dem
abschließenden Seufzer durchringen: »Der weiß doch ganz genau, dass
wir alle vier stocknormal sind. Ich kann das nicht verstehen.« – Ich auch
nicht. Zwar gibt ein zärtliches Mädchen am Arm letztlich keinen Auf-
schluß über die Lustbedürfnisse eines Segellehrers, ebenso wenig aber

tun das hautenge Hosen. Wonach es sie aber auch immer gelüstet, eines ist sicher: Peter und seine Kollegen geben zwar Lektionen im Segeln, nicht aber Lektionen in Lust. Die ist Privatsache und durchaus nicht im Gehalt inbegriffen. Sie werden als Segellehrer bezahlt, nicht als Lustknaben. Am Bassin auf Familie T. aus Wunsiedel gestoßen. Mit T.s sind wir ein knappes Dutzend Deutsche in Agadir. Was bei mangelnden Französischkenntnissen das Variieren von Gesprächen und Gesprächspartnern ein wenig kompliziert. T.s machen in Textilien, haben daheim einen Swimmingpool vor dem Haus und Afrika-Routine. Letztes Jahr in Johannesburg, erfahre ich, war es noch viel heißer. T.s haben ihren Stammplatz am Bassin. T.s gefällt es im Club. Nur Töchterchen Cornelia mopst sich ein wenig. Mangels Flirt, was allerdings weniger an Cornelia als am beschränkten Kreis Infragekommender liegt.

Frau T. ist *Stern*-Leserin und weiß, was gespielt wird. Sie fragt neckisch:»Sind Sie wegen der freien Liebe in den Club gekommen, Alice?« Meine Gegenfrage, ob sie schon freie Liebe im Club entdeckt habe, irritiert Frau T. nur wenig. Nein, nein, das nicht. Aber wo es doch in der Zeitung stünde. Ein Körnchen Wahrheit wäre da sicherlich ...

Halbzeit. Gestern wieder drei Partien Dame gegen Jeman verloren. Bei anschließendem Arbeitsgespräch übereingekommen, dass das nicht alles sein kann. Wird im»Club der glücklichen Wilden« wirklich mehr Bridge gespielt als Liebe gemacht? Oder – verkehren wir in den falschen Kreisen?

Sollte ich mit Madame S. aus Paris, die ein Faible für mich hat, weil ich ihrer Lieblingsnichte so gleiche, und mit Monsieur S., der seit neun Jahren Beamter in Pension ist, weniger Pétanque spielen? Sollte ich Advokat M. aus Brest sans gêne klarmachen, daß er mir das Schachspiel selbst nach der hundertsten Partie nicht nähergebracht haben wird? Auch wenn er vorgestern zum 60. Geburtstag, seinem 60. Geburtstag, eine ganze Flasche Champagner beim Diner ausgegeben hat? Ich sollte! Es ist beschlossene Sache. Ab sofort wird alles anders. Gleich nach dem Frühstück lasse ich die Gymnastik ausfallen, mache um den Pétanque-Platz einen großen Bogen und widerstehe auch der Versuchung, mich den GMs am Bassin zu zeigen, die spätestens um 11 Uhr ihre Plätze an der Sonne eingenommen haben werden.

Ich erkunde das Gelände. 350 Meter lang, 200 Meter breit, an der Ostseite Ausgang und Tennisplätze, im Westen der Sandstrand, dazwischen Bungalows und Eukalyptusbäume. Drum herum ein hoher Zaun. Was dahinter ist, interessiert uns GMs nicht sonderlich. Wir sind Insulaner. Das einzig marokkanische am Club ist ein Teil des Personals. Der Teil, der sich die Hände schmutzig macht. Die Männer, die die Bungalows putzen zum Beispiel, und das Küchenpersonal. Ansonsten geht's sehr französisch zu. Vor allem bei den Mahlzeiten.

Unser Tagesrhythmus richtet sich weder nach Sonnenauf- noch -untergängen, auch nicht nach der Uhr, sondern nach dem petit déjeuner, dem déjeuner und dem Diner. Dreimal am Tag schlemme ich hemmungslos, jedesmal fürchtend, bei der nächsten Runde aussetzen zu müssen. Hinzu kommt, daß ich, die ewig Suchende in Sachen freie Liebe, grundsätzlich alleine ins Restaurant gehe, meist mit Franzosen am runden Tisch sitze und von ihnen unweigerlich in eine längere Diskussion über – das Essen verwickelt werde. Ein Thema, das unsere Nachbarn auch mit vollen Magen noch zu leidenschaftlichen Ausbrüchen verleiten kann. Zehn Uhr. Das allabendliche Kabarett beginnt. Die beliebtesten und witzigsten 30 Minuten eines Club-Tages.

Dann, Punkt 22 Uhr 30, senkt sich der Vorhang, davor bauen die »Blauen Teufel« flink ihre Beatinstrumente auf – und die müden gentils membres bauen ebenso flink ab. Zurück bleiben, ein wenig verloren in dem großen Saal, drei, vier Dutzend Unverdrossene, jeder zweite davon ein GO, ein Club-Angestellter. Denn GOs, das sind die besten Tänzer, GOs, das sind die Sportlichsten, die Begehrtesten im Club. GOs, das sind die Stars mit dem Ein-Mann-Bungalow. Nur sie, die Angestellten, können es, im Gegensatz zu den Gästen, bei Tag und bei Nacht toll und noch toller treiben. Kein Zimmergenosse, der sie zum Liebesplaning nötigte.

Also doch freie Liebe in Agadir? »In Maßen«, meint Marie-Claire, eine der drei charmanten Hostessen. Bei einem Whisky erklärt sie mir, warum: Ein Viertel der insgesamt 78 gentils organisateurs sind miteinander verheiratet oder befreundet. Einige der Ehepaare haben Kinder. Die verbleibenden GOs beschränken ihre berufsmäßige Gentilesse auf die Arbeitszeit und bleiben unter sich. »Tu comprehns«, zwinkert Marie-Claire, »mit den Alten hier in Agadir ...«

Marie-Claire war vor dem Club Stewardess bei der Air-France. Ihre Kollegen kommen aus den unterschiedlichsten Berufen. Jogalehrer Jean-Marie par exemple war Laborant, bevor er über ein Buch zum Joga und damit zum Club fand. Was aber ist entscheidend? Was muß man können, um GO zu werden? Der *Stern* weiß es ganz genau: *Sie alle sind ausgewählt nach ihren Fähigkeiten, jede Lust zu bereiten.* Dazu Jean-Marie, der Jogalehrer aus dem Elsaß: »Warte, ich will es Dir ganz genau sagen: Seit Anfang Dezember habe ich mit sechs Frauen Kontakt gehabt. Weil sie mir gefielen. Natürlich je Frau nur einmal – sonst wird die Geschichte zu kompliziert.« Das Du ist, zumindest für die GOs, Bestandteil der Club-Philosophie. Im Prospekt liest sich das so: »Das Feriendorf ist keine Szene in Technicolor. Es ist dazu bestimmt, gelebt zu werden, als Möglichkeit, menschliche Kontakte unter dem Zeichen natürlicher Gleichheit zu mehren, als Erfahrung einer anderen Gesellschaft.«

Zurück zur Natur, seinen Rousseau immer unterm Arm. Der Möglichkeit menschlicher Kontakte gedenke ich mich an diesem Abend nicht vorzeitig zu berauben. Um elf Uhr spielt die Band wie gewohnt ihr dernière chanson, ich lasse mich nicht entmutigen, will heute das Nachtleben au fond studieren und ziehe mit einem Trupp Unermüdlicher in den einige Meter tiefer liegenden Nachtclub. Flankiert von einem langen Amerikaner mit deutschem Blick und einem kurzen Franzosen mit englischer Schnäuz. Beide umkreisen mich seit Tagen, beide lassen sich, nach kühnen Vorstößen wie Konversationen über Wetter und Wassertemperaturen, durch sporadisches Auftauchen von Jeman immer wieder aus der Bahn werfen. Ein enervierendes Spielchen. Da waren meine Verehrer auf Wangeroog kühner. Zugestanden, der Flirt mit scheinbar bereits vergebenen Frauen ist auf unserer gutumzäunten Clubinsel auch weitaus problematischer als auf der Nordseeinsel. Wer mag schon bereits beim Frühstück dem Ehemann seiner Bluestänzerin vom vergangenen Abend gegenübersitzen? Ein Uhr. Im Nightclub ist die Nacht zu Ende. Auf dem Weg zu meinem Bungalow wundere ich mich nachträglich über meine Phantasie. Was, zum Teufel, hab ich mir nur gedacht, als ich im *Stern* las: *Zwischen 500 und 1800 Gäste, die in Strohhütten, Bungalows oder*

auch, wie in Agadir, an der afrikanischen Atlantikküste, in gekalkten Dop-
pelzimmern von 14 qm untergebracht sind. Und in allen geschieht das
gleiche.
Ja, was nur? Achter Tag. Heute mit Dorf-Chef Alan, einem Bilderbuchfranzosen
vom Montmartre, unter vier Augen gesprochen.»Oh, non. Wie kommst
du nur darauf?« stöhnt er gequält.»In keinem unserer 32 Club-Dörfer ist
jemals eine Frau mit einem Mann zusammen in ein und demselben Bungalow einquartiert worden. Nie! Außer, sie hätte es ausdrücklich ge-
wünscht. Auch Ihre famose Florence nicht. Ganz sicher!«
Und wie ist das mit Rudy?
Rudy, dunkelhäutig und an einer freundlichen Südseeküste an das
Licht der Welt gekommen, animiert, was animiert werden muß.
»Aber ja doch, da hat Ihr *Stern* schon recht«, sagt Alan.»Rudy ist Ani-
mateur, verstehst du? Das heißt, er ist bei uns der zuständige Mann für
Animation, er schreibt die Kabarett-Texte und spielt mit auf der Bühne.
C'est tout. Das ist alles.«
Animiert, was animiert werden muß – schon sehr fein gesagt. Cha-
peau, Kollege. Weiter im *Stern*-Text:
Florence aus Frankreich hatte sich bald von dem ihr zugeteilten jun-
gen Mann getrennt. Seither klopften nachts bis zu drei verschiedene Be-
werber an ihr Bungalow-Fenster.
Scheint schon ein aufregendes Mädchen gewesen zu sein, diese
Florence. Nur, wie hat sie das angestellt? Ich stelle mir vor: Mitternacht.
Ich liege im Bett. Da, plötzlich klopft es an mein Fenster. An unser Fenster. Denn fünfzig Zentimeter weiter liegt Andrée und schläft. Andrée ist
33 Jahre alt, Ärztin, und nach Agadir gekommen, um auszuspannen. Aus-
zu-span-nen, verstehst du? Andrée kann sehr energisch werden, wenn
man sie weckt. Egal, gesetzt den Fall, es klopft dennoch? Das kann nur ein
Dummkopf sein, denn der weiß ja ganz genau, daß ich hier mit Andrée ...
Neugierig würde ich trotzdem sein, auf Zehenspitzen zur Türe gehen, öff-
nen und – ganz schnell wieder schließen. Denn draußen weht ein fies
kühles Windchen. Afrikanische Nächte, davon bin ich überzeugt, bringen
auch die intensivste Glut zum Erlöschen.
Also: Es klopft gar nicht erst.

Weitere Variationen zum Thema Liebe in Agadir. Yves, Schlafkumpel von Jeman, fragte Jeman gestern mittag zögernd:»Hast du heute nachmittag, sagen wir so zwischen vier und sechs, im Zimmer zu tun? Nein? Bestimmt nicht? Merci!« – Gestern war Yves' letzter Tag. Jeman hat »Sie« aus dem Bungalow schleichen sehen und macht seitdem böse Sprüche wie:»Kurzschlußhandlung« und:»Meint wohl, er müßte auch unbedingt mal ...«

PS: Meine neuesten, pingeligst errechneten Zahlen: Laut täglich öffentlich aushängenden Abfahrtslisten sind gut zwei Drittel der 600 Gäste verheiratet. Miteinander. Rechne ich noch etwa zwanzig Prozent unverheiratete Paare dazu, bleiben etwa 80 freie GM für die freie Liebe. Das heißt, wenn sie nicht gerade Tennis oder Bridge oder Pétanque spielen. Jeman zeigt sich beeindruckt von meinem Klimmzug am Rechen-Reck, meint aber störrisch, Zahlen bewiesen noch gar nichts. Sündig könnte es trotz meiner 86,66 Prozent Paare zugehen. Ob ich noch nie etwas von Partnertausch gehört hätte?

Neunter Tag. Endlich. Heute das Laster frei Bungalow geliefert bekommen. Yvonne aus Paris, eine nicht unflotte Endvierzigerin. Sie liebt nur Knaben und gesteht kokett:»Die Jungen von heute sind meine fünfte Generation.« Und:»Wie schön, daß unser Bungalow zwei Türen hat, da können die Männer vorne rein und hinten raus, n'est-ce pas?« Ihr Parfüm: Je reviens. Ich empfehle Yvonne Giorgio. *Stern*:

Für die, die allein kommen, ist zum Beispiel Giorgio da.

Giorgio schläft nie allein, sagt er allen, die es hören wollen.

»Merci«, flötet Yvonne und entschwindet.

Zehnter Tag. Yvonne ist mir gram. Giorgio existiert nicht und hat nie existiert, wie ihr der Dorf-Chef händeringend klarmachte. Geniert mich ein wenig. Hätte ich mir aber auch denken können. Ich gehe noch früher als gewöhnlich zum Diner. Im Restaurant ertappe ich Jeman beim fünften Gang. Wie war das noch? Schon am zweiten Tag hatte er, einen mit Vorspeisen völlig überladenen Teller balancierend, verkündet:»Ich esse ja ganz gerne mal gut. Aber so auf die Dauer ... Sie werden sehen, spätestens in drei Tagen, bescheide ich mich auf zwei Oliven und ein Stückchen Brot.«

Elfter Tag. Sensation. Sensation. Unter den neu Angekommenen drei Transvestiten entdeckt. Sie tragen Stiefel bis zum Oberschenkel und irre

Miniröcke. »Die aufregendsten Frauen im ganzen Dorf«, konstatiert Jeman beifällig und verdreht sich den Hals. Madame S. aus Brest weiß von Parisern im Nachbar-Bungalow: »Die Transvestiten treten in einem bekannten Pariser Kabarett auf.«

Folgt eine lebhafte Diskussion über die Lebens- und Liebesgewohnheiten der Transvestiten im allgemeinen und unserer drei im besonderen. Ob so ein Geschöpf – der oder die oder was denn nun – wohl Homosexuelle liebe, fragt sich Monsieur S., Arzt mit gutgehender Praxis. Nein, gerade nicht, belehrt Monsieur R., Beamter in Paris und passionierter Bridge-Spieler. Denn gerade die fühlten sich hundertprozentig als Frauen und liebten nur richtige Männer. Mein Einwand, ich hätte die Halb-Damen beim barbusigen Sonnenbad mit einem dorfbekannten Homosexuellen gesehen, läßt Madame S. wonniglich erschaudern.

Ach, das Herz könnt es einem schier zerreißen. Warum nur durfte der *Stern*-Kollege das nicht mehr erleben?

Beim Beat sind wir diesmal – ich zähle – sieben Frauen ohne Begleitung. Sechs davon, ich inbegriffen, gucken verschämt mal auf ihre Schuhspitzen, mal auf die Band. Tanz im Club der freien Liebe oder Schwof in Köln-Nippes? Nur eine, die quicke Blonde, wirft einladende Blicke. Aber die gibt's ja auch in Köln-Nippes.

Er könne, erklärte ein Clubgast, jetzt nur noch ›die Mann‹ und ›der Frau‹ sagen. Was ihn dazu bewog: Nahezu alle erotische Initiative ging und geht von den Frauen aus. Die Frauen haben die Rolle

Schade, das hätte ich dem *Stern* so gerne geglaubt.

Zwölfter Tag. Auf einer Exkursion die ersten echten Marokkaner in freier Wildbahn gesehen. Und die Wüste auch. Mir en face im Land-Rover ein veritabler Exminister mit Frau: François Missoffe, von 1966 bis 1968 unter de Gaulle zuständig für Jugend und Sport. Im Club tout simplement François und Hélène.

Beim Couscous-Essen in der Oase erklärt mir ein gentil membre, warum die Franzosen die Deutschen Shleih (sprich: Schlöh) nennen. Weil die Shleih, ein marokkanisches Reitervolk, sich im Ersten Weltkrieg auf französischer Seite durch besonders große Brutalität hervorgetan haben. Darum.

Dreizehnter Tag. Heute einem leibhaftigen Star begegnet. Udo Jürgens. Im Club. Warum? Weil von ihm in den marokkanischen Bergen eine Woche lang viele dufte Fotos mit vielen duften Berbern geschossen worden sind. Für *Bravo*. In wenigen Stunden fliegt seine Caravelle nach Paris. Zeit genug für mich, mit Udo Hasch-mich in den Atlantikwellen zu spielen. Haschen kann er, der Udo. Scheint er oft geübt zu haben. Zeit genug für Jeman, die Fotos seines Lebens zu schießen. Jürgens-Fans werden es ihm zu danken wissen.

Vierzehnter und letzter Tag. Gleich nach dem Frühstück mit Jeman im Foyer verabredet. Wir gehen ein letztes Mal den *Stern*-Artikel durch. Punkt für Punkt. Zeile für Zeile. Es macht fast keinen Spaß mehr. Der *Stern* schummelt mit ermüdender Konsequenz. Sogar beim zeilenfüllenden Detail informiert er falsch. Das fängt mit der Erläuterung der Abkürzung GO (gentil organisateur, freundlicher Organisator) an. Ein GO, belehrt der *Stern*, ist ein »gentil Operateur«, das sei, laut *Stern*, ein »*liebenswürdiger Helfer*«, laut Larousse-Wörterbuch bestenfalls ein Filmvorführer, Wundarzt oder Funker.

»Und erst der Whisky-Preis«, erinnert Jeman verbittert. Recht hat er. 2,40 DM schrieb der *Stern*, 5,40 kostet ein Glas Whisky an der Club-Bar tatsächlich. Und bei wem nur hat Max Scheler die vielen Tränen am Flughafen fließen sehen? Bei Florence? »Als ihr deutscher Kollege da war«, erinnert sich Gerard an der Bar, »hatten wir das gleiche Publikum wie jetzt. Nur waren die Gäste ein wenig älter ...« Noch älter? Wahrlich, Nannens Mannen vom Ressort Reise sind nicht zu beneiden. Den kompletten Club Méditerranée am Schreibtisch neu erschaffen – und vielleicht nicht nur den – nein, ein Plaisir ist das sicher nicht. Jeman und ich, wir wundern uns. Warum nur wird dem Leser im *Stern* über drei Seiten hinweg etwas vorphantasiert, wo doch die Wahrheit so offensichtlich und so simpel ist?

Die letzten Stunden. Uns fehlt noch das Strandkamel. Ein nicht zu entbehrendes Motiv. Denn:

Auch über das, was die Geschlechter zueinanderbringt, sind die Erfahrungen gleich: Ausflüge, Kamelritte,

Soweit der *Stern* und die Kamele. Wir haben es eilig. Am Strand angekommen, stellen wir misslaunig fest: Das Kamel steht bereits Modell. Für Profis anscheinend. Für zwei Männer, von denen einer mit vielen teuren Fotoapparaten behängt ist. Deutsch sprechen sie auch noch.

»Los, los, die Kamele vor die Boote. Ja. Und davor so'n alter Muselma-
ne. Sehr schön!«

Wir staunen. Richtig rasende Reporter. So wie Leserin Lieschen sich
das vorstellt. Der Ältere, Typ überreifer Playboy, braungebrannt, grau-
meliert, wief, sieht sofort, daß wir Landsleute sind, und haut uns lässig
an:»Hallo, sind Sie Deutsche? Guten Tag. Mein Name ist Rolf Lasa. Ich
mache mit meinem Kollegen eine Marokko-Reportage.«

Wir staunen. Rolf Lasa? Doch nicht etwa der Lasa, der das Buch »Die
sieben Weltwunder der Liebe« und die Illustrierten-Serien über Liebe im
Urlaub geschrieben hat? Er nickt.»Doch, doch. Stimmt. Das bin ich. Ich
bin sozusagen der Erfinder der Liebe im Urlaub.« Genussvolles Päus-
chen.»1962 war das. Bei der ›Neuen‹. Die wollte zum x-ten Mal was über
Papagalli machen. ›Was heißt'n hier Papagalli‹, hab' ich dem Struwe damals gesagt. Das ist doch uralt. Papagalli gibt es in Deutschland schon
ewig. Nur heißen die hier Kurschatten oder Saisongockel. Da sollte man
mal was drüber schreiben! – Tja, so fing das an. Ruhpolding war die erste
Station und dann – alle Strände dieser Erde hab' ich nach Liebe abgeklap-
pert. Bis ich's leid war. Vielmehr, bis meine Frau es leid war. Jetzt mach ich
nur noch Reise.«

Wir staunen noch mehr. Wirklich, der große Liebe-Lasa. Da sollten wir
kleinen Debütanten die Gelegenheit wahrnehmen und ein wenig profitieren vom reichen Erfahrungsschatz des Kollegen.

Eifrig traben wir hinter ihm her zum kalten Büffett.»Halt, wart mal,
bis die Alte mit dem Dutt weg ist. Mein Gott, müssen denn diese Alten
hier ausgerechnet jetzt alle Fisch essen?«Und zu mir:»Könnse mir nicht
ein paar hübsche Mädchen besorgen? Fürs Foto? Die Französinnen sind
doch immer so hochnäsig.«

Gar nicht so einfach im Club, aber ich kann. Aber wozu er denn hübsche Mädchen ...?»Na, Sie haben vielleicht 'ne Ahnung. Mit den Mum-
melgreisen hier kann ich doch keinen Blumenpott gewinnen. Die verderben mir das ganze Bild.«

Wir haben uns an unsere Club-Copains gewöhnt und finden sie nicht
unfotogen. Lasa seufzt ungeduldig.»Hören Sie mal. Die nimmt mir doch
niemand ab. So wie die zittrigen Tanz-Berber von gestern abend. Die waren ja auch mehr als schwach. Da müßte so 'ne Fatima her. So 'ne richtig

runde Fatima mit Bauchtanz und so. Und flotte Miezen müssen aufs Bild.« Wer ihm denn die Fotos abnehmen müsse?»Mein Chefredakteur natürlich. Wenn ich dem mit so was komme, dann macht die nächste Reportage ein Kollege. Und ich kann sehen, wie ich die Butter aufs Brot verdiene.« Das sehen wir ein. Lasa fährt fort mit der Aufklärung über Journalisten.»Für Sie ist das hier natürlich was anderes. Sie machen Ferien. Aber ich arbeite. Verstehen Sie? Ich sehe das alles in einem ganz anderen Licht. Ich sehe nicht die Leutchen hier, ich sehe die Geschichten, die in ihnen stecken. Und die muß ich rausholen. Das ist das schwierige.« Wir beginnen zu begreifen. Aber die Miezen? Wozu die Miezen, die hier doch nun wirklich nicht gerade typisch sind?»Weil das Zeug gelesen werden muß. Und ohne schicke Mädchen guckt da doch keiner hin. Nee, nee, Miezen müssen rein. Schließlich muß ich meinen Lesern Marokko verkaufen.« Ach so.

DR. JEMANS PHILOSOPHISCHE SCHLUSSBILANZ (ROBERT GERNHARDT)

Was lernen wir aus alldem?

Wir sind auf den *Stern*-Artikel reingefallen. Wir alle: Die Redaktion, die uns ins ferne Marokko schickte, um dort die freie Liebe am lebenden Objekt zu studieren, die Freunde, die mir wissend zublinzelten, der Soziologe, der das Phänomen der Pärchenbildung so aufschlußreich fand, der Mediziner, der mir das Stärkungsmittel zusteckte. Und ich, weiß Gott, der ich noch im Flugzeug mit leisem Grusel an die drei männersuchenden Frauen gedacht hatte, die mich laut Statistik in Agadir erwarteten.

Warum der *Stern* mit dem Bericht von Max Scheler uns alle beschummelt hat, wissen wir jetzt von Schelers Berufskollege, Rolf Lasa. Er mußte Agadir verkaufen, das also ist geklärt, und eigentlich hätte man es sich ja denken können.

Es bleibt die viel interessantere Frage, warum wir uns alle beschummeln ließen. Denn das weiß man doch, daß Papier geduldig ist, daß manipuliert wird, daß es nicht umsonst heißt: Er lügt wie gedruckt. Und schließlich sind wir doch keine heurigen Hasen mehr. Wir lesen die *Bild*-Zeitung gegen den Strich, und kein Bulletin der Bundesregierung kann uns so leicht etwas vormachen. Warum konnte es dieser eine Urlaubsartikel?

Ich kann nicht im Namen aller Betuppten antworten. Aber vielleicht ist mein eigener Fall in gewisser Weise typisch. Also: Weshalb meine Gutgläubigkeit? Deshalb: Weil ich im tiefsten Grunde meines Herzens davon überzeugt bin, daß es irgendwo ein Land der freien Liebe gibt. Einen Ort, ohne Zwänge und Normen, wo jeder Mann drei Frauen und jede Frau Befriedigung findet, wo es jeder ohne Gewissensbisse mit jedem treiben kann, einen Ort der ewigen Balz unter immerscheinender Sonne – ein Paradies also. Ein säkularisiertes Paradies, ein Sexparadies. Aber wo ist es zu finden? Nicht hier in Frankfurt. Nicht in meinem Bekanntenkreis. Aber irgendwo weit weg. Warum also nicht in Mallorca? Oder in Marokko? Oder – sagen wir einmal – Rawalpindi? Irgendwo weit weg, was auch sozial weit weg heißen kann. Weshalb ich mir auch gerne von den Rauschgiftorgien der Gammler, den alles in den Schatten stellenden Schülerpartys und dem hemmungslosen Underground erzählen lasse. Denn das normale Leben in Anstand und Sitte kann doch nicht alles sein. Es darf nicht alles sein.

Und deshalb glaube auch niemand, daß mich mein Agadir-Erlebnis entmutigt hat. Nun gut, es war nicht sehr viel anders als in Frankfurt. Die Frauen lagen nicht im gemachten Bett, die meisten waren schon vergeben, wer eine gute vom Rest abbekommen wollte, der mußte etwas dafür tun – das richtige Sexparadies war es noch nicht.

Aber wie sagte doch mein Bungalow-Genosse Yves, Rechtsanwalt aus Lille und Kenner vieler Clubs? »Es gibt Club-Dörfer, die tatsächlich eine Art Kurs in freier Liebe sind. Wenn ich da an Korfu denke ...«

Und was erzählte mir ein Bekannter, den ich kurz nach der Rückkehr in Frankfurt traf? »Weißt du, wo sie es wirklich toll treiben sollen? In Falkenstein, jawohl keine zwanzig Kilometer von hier. Da finden doch diese politischen Seminare statt. Das geht über ein, zwei Wochen, und zu diesen Tagungen kommen ganze Busladungen junger Schwedinnen ...«

Und was steht auf dem Titelblatt des ersten Stern, den ich auf deutschem Boden in Händen halte? »Auf Ibiza ist alles möglich.«

Und das meine ich auch. Es gibt dieses Fleckchen Erde, wo alles möglich ist. Warum sollte es nicht Ibiza heißen? Oder Korfu? Oder Falkenstein? Es scheiden doch nur Agadir und Frankfurt aus ...

Und was, wenn all diese Orte auch Windeier sind? Dann weiß ich im mer noch ein Plätzchen, wo die freie Liebe gedeiht, wo das wirkliche, das blutvolle Leben pulsiert, wo wirklich alles, alles möglich ist. Im *Stern*. Und dafür sei ihm gedankt.

Lützel Jeman und Alice Schwarzer / Mai 1969

pardon 1969
Was ist eine
Frau wert?

Mann und Frau sind längst gleichberechtigt, heißt es. Stimmt das? par-
don-Reporterin Alice Schwarzer ging in einen Industriebetrieb. Als Ak-
kordarbeiterin Nr. 3444 bei den VDO-Tachometerwerken in Frankfurt er-
fuhr sie, was eine Frau wirklich wert ist: wenig. Lesen Sie ihr Protokoll
vom Fließband.

Ich warte.

Endlich wendet der Mann in dem weißen Kittel seinen Kopf – weg vom
Karteikasten, mir zu. Fragend schaut er durch den Glasschalter.

»So, so, als Arbeiterin wollen Sie anfangen? Im Akkord? So, so.«

Der eilfertig ausgefüllte Fragebogen (»Beruf des Vaters?«) stellt ihn zufrieden. Ich darf wieder Platz nehmen auf einem der Plastik-Stühle und –
warten.

Dann gibt der Mann im weißen Kittel mir Zeichen.

»Tja, in der Montage hätten wir was frei, Lohngruppe II. Oder«, er blät-
tert zögernd, »oder wollen Sie in der Nieterei arbeiten, Wechselschicht,
Lohngruppe III?«

Weder unter Montage noch unter Nieterei kann ich mir allzuviel vorstellen. Ob ich die Arbeitsplätze kurz sehen könnte?

Nieterei ja, Montage nein.

Warum?

»Aus Prinzip«, sagt der Mann im weißen Kittel. Dann also Nieterei. Ich
soll abgeholt werden. Doch zuvor darf ich mich wieder setzen und – warten.

Nach einer halben Stunde etwa taucht ein Mann in grauem Kittel auf.
Mit ihm durchquere ich Werkhallen, Gänge, Treppenhäuser. Beim Betreten der Nieterei schlägt uns ein schrilles Kreischen entgegen.

Nietmaschinen in Aktion erzeugen Geräusche wie Presslufthämmer,
nur einige Tonlagen höher. Zusammen erreicht das gute Dutzend Maschi-

nen hier im Raum eine Phonzahl, die körperlich schmerzt. Hier soll ich acht Stunden täglich verbringen?

Ich schaue mich um. Einziger Schmuck in dem klassenzimmergroßen, neonbeleuchteten Raum sind ein paar hutzelige, metallverstaubte Kakteen auf den Fensterbänken. Zwei farblose Reklamekalender lassen die kahlen Wände noch trostloser wirken. Keine der etwa ein Dutzend arbeitenden Frauen schaut auch nur hoch.

Fortschrittliche Bauern, fällt mir ein, streichen die Stallwände farbig an und beglücken ihre Kühe mit Schlagermusik. Nicht aus Tierliebe, nein, damit das liebe Vieh mehr Milch gibt.

Auch Menschen werden in freundlicher Umgebung produktiver. Arbeitspsychologische Erkenntnisse, die an den VDO Tachometerwerken Frankfurt offensichtlich spurlos vorübergegangen sind. Schöne Aussichten.

Einverstanden, gleich morgen fange ich an. Gut, in der Spätschicht. Beklommen mache ich mich auf den Weg zurück in die Redaktion. Ja, sie haben mich genommen.

Mit der linken Hand ein Tachogehäuse, mit der rechten zwei Bolzen. Bolzen in das Gehäuse, Gehäuse über einen massiven Klotz, Klotz über die Nietstifte, Nietstifte mittels Hebeldruck durch den rechten Fuß auf die Bolzenköpfe. Mit der rechten Hand das genietete Tachogehäuse in einen Kasten, mit der linken ... 478mal in der Zeit von halb drei bis sechs Uhr abends. Mehr als das Doppelte, vier in einer Minute, hätte ich schaffen müssen.

Pausenzeichen. Einige Frauen verlassen den Raum, ich marschiere auf gut Glück hinterher und finde mich wieder in der Toilette.

»Seife und Handtuch, wo gibt's das hier?« erkundige ich mich mit dem zaghaft-anbiedernden Lächeln aller Neuen.

»Seife?« echot die angesprochene Kollegin erstaunt. »Seife? Na, hören Sie mal, Seife für 6.000 Mann. Das käme die Firma ja viel zu teuer!«

Die Unterhaltung um uns herum stockt. Erstaunte Blicke treffen mich. Kopfschüttelnd verlässt die Kollegin den Raum.

Der zweitgrößte Tachometerhersteller der Welt (VDO über sich) hat kein Geld für Seife? Selbst nicht für die, die eine stark verschmutzende Arbeit verrichten?

Na ja.

Ich frage mich durch zur Kantine. Fünfter Stock. Oben angekommen, stoße ich schon im Gang auf eine lange Schlange Wartender.

Bis ich an der Selbstbedienungstheke und Kasse vorbei bin, ist die Hälfte meiner 30-Minuten-Pause vergangen.

Fein, aber klein ist die Kantine. An den acht langen Tischen sitzen ausnahmslos Ausländer.

Von meinen Kolleginnen keine Spur. An einem Tischende würge ich mein 60-Pfennig-Käsebrötchen hinunter. Verstohlen oder gar nicht beachtet.

Wieder in der Nieterei, sehe ich sie in Grüppchen vor den Maschinen hocken, schön aufgeteilt nach Nationalitäten, Butterbrotpapier und Brote auf schmutzigen Metallkästen ausgebreitet. Tuschelnd steckt die drei Frauen starke Deutschengruppe bei meinem Anblick die Köpfe zusammen. Mein Verlangen nach Betriebsseife scheint bereits die Runde gemacht zu haben.

Das Pausenzeichen hilft mir aus der Verlegenheit. Ich greife zu Tachogehäuse 479.

Rücken und Nacken tun nach wenigen Minuten wieder weh. Maschine und Stuhl sind zu hoch für mich. Mein Rücken ist über die Nietplatte gekrümmt, meine Füße baumeln in der Luft. Auf der Suche nach einer erträglicheren Haltung rutsche ich hin und her, zerreiße mir dabei die Strümpfe an dem aufgesplitterten Stuhl.

Dem sollte abzuhelfen sein. Ich halte Ausschau nach einem der Männer, die permanent in der Nieterei rumstehen oder -laufen. Welche Funktion sie haben, weiß ich noch nicht, aber eines habe ich bereits begriffen: Mann sein, heißt hier: vorgesetzt sein, übergeordnet sein, Respektsperson sein.

Einer kommt an meine Maschine. Er ist, stellt sich auf meine Fragen hin heraus, der Vorarbeiter. Welsch heißt er. Ich zeige Herrn Welsch meinen kaputten Stuhl.

»Na und, was soll ich da tun?«

»Abschmirgeln oder einen neuen Stuhl besorgen.«

Grinsen. »Da würde der Chef sich aber freuen, wenn er einen neuen Stuhl kaufen müsste ...«

Ich gebe nicht auf, sage, dass alle Frauen so schlecht sitzen, er solle sich nur mal umschauen.

»Tja«, antwortet der Vorarbeiter mit einem Blick auf die verkrümmt auf dem Stuhlrand balancierenden Frauen. »Sie haben recht. Aber Sie sind die erste, die sich beschwert. Ich habe noch nie eine der Frauen klagen hören.«

Ein letztes aufmunterndes Lächeln, und er entschwindet.

Ich schaue fragend in die Runde. Warte auf eine Reaktion meiner Kolleginnen. Nicht vergebens.

Zwischen zwei Tachos wendet meine Nachbarin den Kopf. »Das ist doch kein Schaukelstuhl!« Die anderen nicken zustimmend. »Wo wir seit Jahren draufsitzen, da werden Sie wohl auch sitzen können!«

Ich werde wohl müssen.

Die letzten Stunden wollen nicht vergehen. Einzige Abwechslung sind die Kontrolleure, die von Maschine zu Maschine schlendern und ab und zu prüfend einen der genieteten Tachometer in die Hand nehmen. Sie schwatzen oft mit den mechanisch weiterarbeitenden Frauen.

Um 22.30 Uhr stellen die ersten ihre Maschinen ab und beginnen mit dem Kehren ihrer Arbeitsplätze. Eine Viertelstunde später stehen alle, ich eingeschlossen, startbereit an der Tür. Doch erst Punkt 23 Uhr wird die erste Karte in die Stechuhr geschoben.

Im Heizungskeller, wo unsere metallenen Garderobenschränke stehen, beginnt eine erstaunliche Verwandlung. Aus Arbeiterinnen in tristen Kitteln und Sandalen werden innerhalb von Minuten schicke Frauen in modischen Kostümen und Pumps. Beim Verlassen der Fabrik bin ich in meinem gewollten »Arbeiter-Look« – simpler Regenmantel, flache Schuhe – mit Abstand die Biederste. Und die Erschöpfteste sicherlich auch. Mir graut vor morgen.

Erst gegen Mittag wache ich auf. Noch immer ganz zerschlagen. Bei VDO angekommen, bleiben mir vor Schichtbeginn gerade noch einige Minuten für den Betriebsrat.

»Haha, Seife«, amüsiert sich der Genosse Sunderleit vom Betriebsrat. »Wo steht denn das geschrieben, dass die Firma Seife und Handtuch stellen muss? Seien Sie froh, dass Papier auf den Toiletten ist. Das war vor gar nicht langer Zeit noch nicht so selbstverständlich.«

Mein Meister findet mein Anliegen nicht weniger wunderlich. »Seife?« Meister Sundheim mustert mich wie ein Provinzpfarrer sein verirrtes

Schäfchen. »Seife bringen wir uns alle selbst mit. Das werden Sie wohl auch können?!«

Und, besänftigend: »Wir wollen doch hier keine neuen Sitten einführen.« Ich trolle mich an meine Maschine.

Erst am vierten Tag entdecke ich, dass die Frauen sich bereits eine halbe Stunde vor Arbeitsbeginn in der Keller-Garderobe treffen. Auf abgestellten Heizungskörpern und Fensterbänken hocken sie und unterhalten sich. Schon jetzt abgekämpft vom bereits versorgten Haushalt und den Kindern. Ungern unterbreche ich ihren erholsamen Schwatz über Alltagsnichtigkeiten wie neue Spülmittel und preiswerte Strümpfe mit der Frage nach der Gewerkschaft. Ich wolle reingehen, ob sich das lohne?

Gelangweilte Gesichter.

»Mein Alter ist drin. Das genügt mir.«

»Ich bin seit 20 Jahren drin, hab aber nie mit denen zu tun gehabt. Meine Sachen fecht ich allein aus. Dazu brauch ich keine Gewerkschaft.«

»Seit 19 Jahren bin ich bei VDO – mich hat noch nie einer von der Gewerkschaft gefragt.«

»Ja, tun die denn was?« beharre ich.

»Na, wenn gestreikt wird, kriegen Sie Geld. Das ist alles.«

In der Nieterei packt die Frühschicht zusammen und räumt für uns die Plätze. Darunter ein junger Mann. Ich mache mich flugs an ihn ran und frage ohne Umschweife, in welcher Lohngruppe er sei. »In fünf«, antwortet er. Ich bin sprachlos. Wie hatte mir Lucie Mattis, Frauenlohn-Referentin bei der IG-Metall, resigniert erzählt?

»Nicht nur bei gleichwertiger, sogar bei gleicher Arbeit verdienen die Männer mehr. So plumpe und offensichtliche Ungerechtigkeiten sind allerdings rar. Die Arbeitgeber behaupten dann einfach, die Männer seien aufgrund des Frauenarbeitsschutzes vielseitiger einsetzbar. Bleibt natürlich bloße Theorie. Andererseits ist es schon vorgekommen, dass Ehemänner sich beim Betriebsrat beschwert haben, weil ihre Frauen, die das Gleiche taten, nicht weniger Geld bekamen als sie.«

Gleich in der Pause bringe ich an diesem Abend im Kreis der Frauen die Lohngruppe fünf des männlichen Kollegen zur Sprache.

»Das ist ja auch ein Mann. Der muss ja mehr verdienen.«

Warum?

Irritiertes Blinzeln.

»Na, schließlich muß er doch Mann bleiben«, erklärt die Kriegerwitwe, seit 19 Jahren bei VDO.

Alle nicken zustimmend. Ich bohre weiter. Aber für die gleiche Arbeit? Ist das denn gerecht?

»Och«, murmelt's im Chor. »Da kümmern wir uns nicht drum. Wir sind zufrieden. In keiner Abteilung verdienen die Frauen so gut wie hier.«

Später stellt sich heraus, dass der junge Mann aufgeschnitten hat. Er ist, genau wie wir, in Lohngruppe III. Es war ihm nur peinlich, zuzugeben, daß er in einer »Frauenlohngruppe« ist.

»Aber lang bin ich nicht mehr hier«, sagt er mir. »Hier verdient man ja nix. Außerdem pack ich den Akkord nicht so wie die Frauen mit ihren geschickten Fingern.«

Den »pack« ich auch noch nicht. Normal für Anfänger.

»In den ersten Wochen sind Sie im Stundenlohn«, beruhigt mich Vorarbeiter Welsch.

Wieviel?

»Das weiß ich auch nicht. Hat Ihnen das denn niemand gesagt?«

Nein, das hat mir niemand gesagt und will mir auch anscheinend niemand sagen. Die Lohnabteilung verweist mich an den Meister, der Meister vertröstet mich mal auf nachher, mal spricht er vom »Akkord vom ersten Tag an«. Jetzt, am achten Tag, will ich es endlich wissen. Meister Sundheim ist von der gewohnten Väterlichkeit. Groß, breitschultrig, glatt rasiert, blauäugig.

»Na, was haben wir denn auf dem Herzen?« Meinen Lohn haben wir auf dem Herzen.

»Also das ist so: Die Firma gibt Ihnen in den ersten Tagen, wenn Sie den Akkord noch nicht schaffen, einen Zuschuss, damit Sie auf die Mindestsumme von 3,29 DM kommen.«

Ich bin beschämt, dass ich bezuschusst werden muss, bleibe aber hartnäckig und spreche von 3,84 DM (diesen Stundenlohn nannte der Betriebsrat).

»Nein, nein«, begütigt Meister Sundheim, »da irrt sich der Betriebsrat. Sie kriegen 3,29 DM.« Ich passe, bringe dafür die zu hohen Maschinen, für Männermaße gebaut, und die unbequemen Stühle ins Gespräch.

»Ich schau mir das gleich mal an«, sagt er und entschwindet. Er schaut nicht. Also gehe ich noch mal, frage, wie das denn wäre, er wollte doch ...?

»Aber, aber ...«Blauäugig klopft Meister Sundheim mir auf die Schulter.»Darüber brauchen Sie sich doch keine Gedanken zu machen. Das ist alles schon längst besprochen worden. Schon vor Monaten. Glauben Sie mir.«

Und dann stehe ich wieder da. Schwer, gehört zu werden, wenn man gar keine Stimme hat. An Gummiwänden kann man nicht anecken.

Gleich mittags gehe ich noch einmal zum Betriebsrat. Der scheint nicht gerade auf mich gewartet zu haben, guckt ein wenig gereizt. Ich verstecke meine ölverschmierten Hände auf dem Rücken.

»Mit dem Lohn«, sage ich,»damit bin ich noch nicht ganz klar.«

»Wie«, maunzt Genosse Sunderleit.»Sie waren doch schon mal hier!«

»Ja, schon, aber mein Meister, der meint, ich bekäme nur 3,29 DM.«

Mit wütendem Gesicht greift Genosse Sunderleit sich den Telefonhörer, spricht kurz und bescheidet mich knapp: 3,84 DM Stundenlohn.

»Da brauchen Sie sich doch nicht gleich so aufzuregen«, beschwichtigte ich.

»Na, wie oft wollen Sie denn noch hier angetanzt kommen«, faucht Genosse Betriebsrat zurück und wendet sich ab.

Bleibt mir für meine weiteren Klagen die tizianrote Dame, die am Schreibtisch nebenan sitzt. Stühle? Längst bestellt. Seife? Wird ja doch geklaut. Nein, Sozialeinrichtungen – einen Betriebskindergarten zum Beispiel – gibt es für die ca. 4.000 Frauen bei VDO nicht.

Darauf ist die Alleingesellschafterin der Tachowerke, Erbin Liselott Linsenhoff, noch nicht gekommen.

»Aber frei kriegen wir, wenn die Kinder krank sind. – Ja, unbezahlt. Selbstverständlich.«

Meister Sundheim bringen auch meine neuerlichen Lohnprobleme nicht aus der Ruhe. Er will sich erkundigen. Endlich, nach zehn Tagen, klärt sich die Sache. Dank meiner Initiative, sagt der Meister und setzt sein väterlichstes Lächeln auf, dank meiner Initiative also wisse er endlich, daß der Lohn für die Neuen 3,84 DM betrage. Jawohl. Stolz könne ich darauf sein.

Das bin ich auch. Wenige Tage haben genügt, und so ein gönnerhaftes Meister-Lob lässt mich freudig erröten. Ich niete nicht nur wie die anderen, ich ducke mich auch wie die anderen. Da gibt es kein Ausbrechen. Frau sein heißt bei VDO: bescheiden sein. Frau sein heißt: kleinlaut befolgen, was Männermund großspurig verkündet. Frau sein heißt: viel arbeiten und wenig verdienen. Im Gegensatz zu den Männern.

Die Kontrolleure zum Beispiel, deren Aufgabe ist, die Ware zu überprüfen und zu wiegen, und die sich nicht gerade totschuften, bekommen Lohngruppe sechs und sieben, das sind ein, zwei Mark mehr die Stunde. Jede Frau könnte diese Arbeit ebenso verrichten. Aber sie ist den Männern vorbehalten und wird entsprechend eingestuft.

Denken kann ich während der monotonen Nieterei schon längst nicht mehr. Mit immer derselben Melodie – eine andere fällt mir nicht ein – versuche ich, die Monotonie zu bekämpfen. Vergebens. Auch am Feierabend breche ich nur unter größter Willensanstrengung aus diesem Trott aus. Mir ist nach *Bild*-Zeitung.

An einem Nachmittag (nach der Frühschicht) gehe ich zur Abwechslung in die nur fünf Minuten von VDO entfernte Universität. Im Foyer der Mensa höre ich am SDS-Bücherstand einen SDSler diskutieren, im Begriff, seinem ungläubigen Gegenüber darzulegen, wie wenig sozial es in der Bundesrepublik zugehe.

»Nehmen Sie doch nur mal den Frauenlohn!«, argumentiert er. »Was für eine schreiende Ungerechtigkeit das ist.«

Ich werde hellhörig, mische mich ein, frage, ob es schon eine Arbeitsgruppe innerhalb des SDS gebe, die sich mit dem Frauenlohn-Problem beschäftige.

Kurzes Stutzen. Dann kommt die Antwort.

»Na klar doch. Die Basisgruppe zur Befreiung der Frau.«

Ich erinnere mich: Vor einigen Monaten, bei einem Versuch, Kontakt mit der Frankfurter Gruppe zur »Befreiung der Frau im SDS« zu bekommen, murmelte eine Männerstimme von der SDS-Zentrale gelangweilt in den Hörer: »Nö, Adresse ist uns nicht bekannt. Nö, Name von einer, die da mitmacht, auch nicht.« Eine, die da mitmacht, Studentin Karin Rausch, antwortete, endlich aufgetan, auf meine Frage nach allgemein frauenaufklärerischen Ambitionen der Frauen-Gruppe:

»Die Geschlechtsgenossinnen aufklären? Soweit sind wir noch lange nicht. Noch haben wir vollauf mit der Aufklärung unserer Genossen zu tun. Die haben nämlich auf unser erstes Aufmucken gegen die autoritär-patriarchalischen Strukturen innerhalb des SDS übel reagiert. Nach dem Tomatenwurf, erster spektakulärer Protest auf dem Frankfurter Kongress im Herbst, hieß es ›Euch fehlt wohl ein Mann im Bett?‹. Mit dem gleichen Zynismus wurde unsere schriftlich verbreitete Kampfansage gegen die von den Genossen produzierten repressiven Kommunikationsstrukturen bei der Fortsetzung des Kongresses in Hannover übergangen. Nur das Argument ›unbefriedigte Frau‹ mochten sie nicht mehr so recht ins Spiel bringen. Einfach, weil sie sahen, dass ihre eigenen Bettgenossinnen in unseren Reihen kämpften. Dafür versuchten sie, uns kaltzustellen mit Raisonnements wie ›Was wollt denn Ihr? Über Sozialismus reden? Ist ja lachhaft! Ihr in Euren 500-DM-Kleidchen‹. Wir können die Augen nicht länger davor verschließen: Man drückt uns systematisch zu Sensations- und Konsumtionsobjekten herab ...«

»Inzwischen«, klagte die frustrierte Genossin weiter, »haben wir die Männer von unseren Treffen ausgeschlossen. Weil sie sonst immer das große Wort führen und die Genossinnen sich einschüchtern lassen.«

Das also war – und ist – der Bewusstseinsstand der SDSler in Sachen Frauenemanzipation.

SDS und Studenten – Schtudente, wie die Frankfurter sagen – sind am nächsten Tag auch in der Fabrik aktuell.

»Die wolle ja heut die ganze Universität anzünde«, weiß die Werkstattschreiberin, Mitte dreißig, seit 20 Jahren in der Gewerkschaft, zu berichten.

»Also da kann man sagen, was man will, aber bei Hitler war' das nicht möglich gewesen.«

Einwand einer anderen: »Na ja, der hat aber auch viel Schlimmes getan, der Hitler.«

»Trotzdem. Wie die randaliere ... Und vor denne hat ich mal Respekt. Ich dacht immer, die wäre intelligent. Dabei benehme die sich fast wie die Arbeiter ...«

Fünf Minuten vor Feierabend. Die Handtasche in der Hand warte ich – wie gewohnt und wie alle anderen – auf das Brummen. Plötzlich steht

Meister Sundheim vor mir. »Gearbeitet wird hier bis 14.30 Uhr«, sagt er und guckt einschüchternd.

Ich rufe mir ins Gedächtnis, daß ich, sollte ich den Job bei VDO verlieren, immer noch den bei *pardon* habe, und antworte tapfer: »Ja, aber die hören doch alle ...«

»Heißt gar nichts«, unterbricht mich Sundheim. Noch ein autoritätsheischender Blick.

»Übrigens – ich höre, Sie rasen überall rum und kritisieren alles. Sie sind ja noch in der Probezeit, nicht wahr ...!«

Ich nicke, reihe mich ein in die Schlange vor der Stechuhr, nehme Karte 3444 aus dem Kasten und drücke. Zum letzten Mal.

Juli 1969

pardon 1972
Männer,
wir kommen!

Aktion 218 und was nun? Mit der Abtreibungs-Kampagne brachten Frauen ein Gesetz ins Wanken und eine Regierung in Bedrängnis. Jetzt gehen sie weiter. Fast unbeachtet von den Medien gaben 400 Frauen auf dem ersten nationalen Treffen in Frankfurt das Signal für eine autonome Frauenbefreiungs-Bewegung, für ein Women's lib made in Germany. Für den 11. Juni kündigten 36 Frauengruppen ein »Tribunal gegen den § 218 und seine Profiteure« an. Ort der Handlung: Köln.

Der Frankfurter Weiberrat, bisher eher bekannt durch seine marxistischen Schulungsgruppen, erschien mit einem Lied auf den Lippen. Da reimten sich auf der Melodie von Lotta continua die »Puppen« in der Werbung auf die »Leichtlohngruppen« in der Arbeit, und die Zeile »Schluss mit Objekt sein in Betten« auf »Frauen, zerreißt eure Ketten!«. – So ein wenig holprig klang das noch, trotzig und vor allem ungewohnt. Deutsche Frauen singen Kampflieder in eigener Sache – Ausdruck eines neuerworbenen Selbstbewußtseins, das ihnen, im Gegensatz zu den Amerikanerinnen und etlichen Europäerinnen, bis vor kurzem noch so ganz abgegangen ist.

Premiere hatte der Protest in Noten in einer Frankfurter Jugendherberge, Ort des ersten überregionalen Treffens der 36 Frauengruppen, die heute die bedingungslose Abschaffung des Paragraphen 218 fordern. Zwei Tage lang diskutierten Berufstätige, Hausfrauen und Studentinnen ihr Selbstverständnis, ihre Ziele und Strategien. Die dabei gemeinsam erarbeiteten Resultate und Resolutionen machten den Frankfurter Frauenkongreß zu einem historischen Datum: »Die Gruppen«, so hieß es in der abschließenden Presseerklärung, »die zunächst größtenteils nur aus dem Kampf gegen den Abtreibungsparagraphen entstanden, haben erkannt, daß die Unterdrückung der Frauen in einem umfassenden gesellschaftlichen Zusammenhang zu sehen ist, der über die Abtreibungskampagne hinausgeht.« – Das war das Signal zum Aufbruch. Als erstes wurde, begleitet von vereinzelten Buhrufen, der Beschluß verkündet:»Männer werden ab sofort aus unserer kollektiven Arbeit in den Frauengruppen ausgeschlossen.« Damit bekannten sich die Deutschen zum ersten Mal prinzipiell zu dem heute in fast allen ausländischen Frauenbewegungen zum Prinzip erklärten Männerausschluß in einer ersten Etappe. Warum? »Weil wir eben einfach immer wieder untergebuttert werden!« Weil auch emanzipationsbestrebte Frauen in Gegenwart von Männern den Mund nur schwer aufmachen und auch sympathisierende Männer nur allzu leicht in die gewohnte Führungsrolle verfallen. Vor allem aber, weil die Frauen einen Freiraum brauchen, der ihnen zumindest in der kollektiven politischen Arbeit die Analysierung ihrer spezifischen Unterdrückung erlaubt und der sie wappnet für eine Auseinandersetzung an zwei Fronten: Gegen eine Gesellschaft, die sie doppelt benachteiligt, und gegen die Männer, die diese Benachteiligung geschaffen haben und von ihr profitieren.

Was sich auf der Abschlußversammlung des Kongresses so anhörte: »Auch unterdrückte Männer unterdrücken Frauen. Privilegierte haben in der Geschichte ihre Rechte nie freiwillig preisgegeben. Deshalb fordern wir: Frauen müssen ein Machtfaktor werden innerhalb der ausstehenden Auseinandersetzung. Ein Hinderungsgrund, sich selbst zu organisieren, ist immer wieder der Legitimationsdruck der Frauen gegenüber den Männern. Wir bekämpfen den Anspruch der Männer, den Schwerpunkt der politischen Arbeit weiterhin allein zu bestimmen!«

Das liest sich so glatt, war es aber ganz und gar nicht. Denn in der Frankfurter Jugendherberge trafen erstmals Frauen zusammen, die bis vor kurzem noch wenig gemein zu haben schienen. Da waren auf der einen Seite die Frauen, die es einfach leid waren. Leid, sich mit Gratis-Hausarbeit, Leichtlohngruppen, minderen Karrierechancen und Gebärzwang herumzuplagen. Sie waren bisher noch nie aus ihrem privaten Lebensbereich herausgekommen und wurden durch die Aktion 218 zum erstenmal überhaupt mobilisiert (zwei Drittel der 36 Gruppen bildeten sich im Verlauf der Aktion 218).

Auf der anderen Seite standen die traumatisierten Erbinnen der Studentenbewegung. Drei insgesamt etwa 300 Frauen zählende Gruppen: der Frankfurter Weiberrat, die Münchner Rote Frauenfront und der Berliner Sozialistische Frauenbund. Sie hatten zwar die Lehre aus der auch bei Linken praktizierten Arbeitsteilung – Männer dachten, Frauen tippten – gezogen und sich separat organisiert, sie blieben aber dennoch Opfer des Legitimationszwanges gegenüber den Genossen. Nach einem vielversprechenden Auftakt im Frühling 1968 fielen die sozialistischen Frauen zurück in ihr theoretisches Ghetto.

Sie redeten vom Klassenkampf, büffelten Marx und Mandel und reproduzierten innerhalb der Gruppen die Trennung vom sogenannten Privatleben und der Politik. Getreu der Genossenparole vom »Hauptwiderspruch zwischen Lohnarbeit und Kapital« beließen sie es bei politökonomischen Studien, die den größten Arbeitsaufwand der Frauen, die Gratis-Hausarbeit, völlig außer acht lassen. Sie stellten ihre traditionelle Rolle nicht in Frage, verdrängten die eigenen Bedürfnisse nach freier Entfaltung in Beruf, Familie und im Zusammenleben mit dem Mann. Die Forderung der Genossen – »Wenn du frei bist, musst du mit mir schlafen« – schien ihnen eher ein Zeichen der neugewonnenen Libertinage als ein Mißbrauch ihrer sexuellen Freiheit.

Erst der Schock der Selbstbezichtigung (»Ich habe abgetrieben«) brachte die dogmatisch verhärteten Genossinnen und die theoretisch unvorbelasteten Frauen zusammen. Sie entdeckten, dass sie gemeinsame Interessen haben. Ihr Erfolg ermutigte sie. Zum erstenmal.

Wenn sich bis zum Manifest der 374 Selbstanklägerinnen (»Ich habe abgetrieben«) im Juni vergangenen Jahres trotz allem nur Zaghaftes in deutschen Küchen und Vorzimmern regte, dann liegt das an der mangelnden Tradition im deutschen Frauenkampf. Deutsche Frauen stürmten weder die Bastille noch das Patriarchat. Sie haben keine Märtyrerinnen. Sie wurden nicht Opfer der Guillotine wie Olympe de Gouges, die während der französischen Revolution das Manifest über die Rechte der Frauen verfaßt hatte und sich nach bestandenem Kampf – wie viele ihrer Schwestern – nicht wieder auf ihren »angestammten« Weiberplatz in der Küche zurücktreiben lassen wollte. Ja noch nicht einmal Opfer der Lächerlichkeit wie die englischen Suffragetten, die für die Durchsetzung des Frauenwahlrechts mit ihren Regenschirmen auf so manchen Männerkopf schlugen. Deutsche Frau sein, hieß, wohlgeübt sein im honetten Streben nach Rechten, nie und nimmer aber in der Revolte gegen den Mann.

Bis zum Januar 1968. Damals verteilten zwei Frauen – eine davon war Helke Sander, die später vor dem SDS die inzwischen historischen Reden über das neue Verständnis der Frauen hielt – ein erstes Flugblatt für Frauen an der FU. Es richtete sich an all die Apo-Mütter, deren schöne Theorie sich nicht deckte mit ihrer unschönen Praxis: nämlich der Alleinverantwortung für die Kinder. Innerhalb weniger Monate wuchs die Gruppe, die sich ab Mai »Aktionsrat zur Befreiung der Frauen« nannte, auf etwa 700 Aktive an. Männer waren ausgeschlossen.

Der Aktionsrat ist nicht, wie oft falsch berichtet wird, aus dem SDS hervorgegangen. Die ersten Frauen waren überwiegend Berufstätige, die zu dem weiten Kreis der Apo zählten. An den SDS selbst traten die rebellierenden Frauen erst im Herbst 1968 heran, nach der Schaffung der ersten Kinderläden und einer Kindergärtnerinnen-Kampagne. Warum? Helke Sander: »Weil wir dachten, das ist so eine Art Partei, da kann man lernen, wie man Klassenkampf macht.«

Eine etwas naive Sicht der Dinge, die den Frauen rasch verging. Die Reaktion der Genossen war gutmütiger Spott. Bestenfalls. Auch nach dem schriftlich vorgelegten Selbstverständnis, in dem die Frauen sich als revolutionäre Bewegung definierten, deren Ziel über eine ökonomische Revolution hinaus der Kampf gegen das patriarchalische Prinzip, die Aufhebung der gerade Frauen treffenden »Trennung von persönlichem und gesellschaftlichem Bereich« sei – auch danach hielten die Genossen die Frauen nicht für diskussionswürdig. Sie gingen nicht nur kommentarlos zum nächsten Punkt der Tagesordnung über, sondern diffamierten die Aktionsrätinnen als »hysterische Weiber« und »unbefriedigte Bourgeoise«.

Der Ton stieg auf beiden Seiten. Inzwischen waren die SDSlerinnen zu den Rebellinnen gestoßen. Auch sie mochten nicht mehr länger für die Genossen Denker Kaffee kochen, Flugblätter abziehen und im Namen der sexuellen Freiheit für jeden jederzeit disponibel sein.

Dann klatschte, auf der 23. SDS-Delegierten-Konferenz im Herbst 1968, die spektakuläre Tomate auf die linke Szene. Nun deplazierte sich selbst *Spiegel*-Reporter Schreiber. Seine Klatsch-Seite über den Geschlechterclinch innerhalb der Linken ist ein Paradebeispiel für den Hochmut der Patriarchen aller Couleur. Sie endete mit dem süffisanten Anekdötchen über die aufmüpfige SDSlerin, die zu ihren rebellierenden

Schwestern stößt und schüchtern fragt:»Hat nicht eine von euch ein Tampon für mich?«

Spiegel-Moral: Und ewig blutet das Weib. Da kann sie noch so emanzipiert tun, die Periode hat sie doch und die Kinder obendrein. Vor allem in einem Staat mit ideologischem und juristischem Gebärzwang. Frau bleibt eben Frau – für den *Spiegel* so gut wie für die Bibel und den SDS.

Die Genossinnen zogen die Konsequenzen, trennten sich von dem »aufgeblasenen konterrevolutionären Hefeteig« SDS und bildeten in mehreren Städten autonome Frauengruppen. Ideologisch aber blieben sie den Genossen hörig, innerhalb der Frauengruppen bildeten sich die gleichen Hierarchien: Mit den Männern waren die männlichen Kriterien, war der Leistungs- und Legitimationszwang noch lange nicht ausgeschlossen.

Mit dem Verscheiden des SDS verschieden auch die meisten Frauengruppen, die drei letzten verbarrikadierten sich in einem theoretischen Ghetto. Der einstige »Aktionsrat zur Befreiung der Frauen« wurde in den Monaten des in Berlin besonders heftig wütenden anti-autoritären Katzenjammers umstrukturiert in eine Kader-Organisation mit fester Mitgliedschaft und Schulungsgruppen und im Dezember 1970 umbenannt in »Sozialistischer Frauenbund Westberlin«.

»Das«, so kommentierten die neuen Frauenbündlerinnen, »drückt das veränderte Bewußtsein und Selbstverständnis aus, das aus der seit 1969 konsequent durchgeführten marxistischen Schulung resultiert. Wir organisieren uns zunächst separat als Frauen, um in theoretischer Arbeit die Ansatzpunkte zur spezifischen Frauenagitation herauszufinden. Wir sehen dies als Voraussetzung, um unter Führung der Kommunistischen Partei unsere Aufgabe im Klassenkampf zu übernehmen.«

Kaum steh'n sie auf den Füßen, da soll'n sie auch schon im Gleichschritt marschieren. Nein, die Mehrheit der 218-Gruppen und auch die beiden anderen sozialistischen Frauenorganisationen erteilten den ideologischen Bevormundungs-Versuchen der Frauenbündlerinnen auf dem Kongreß eine Absage. Nach Frankfurt kam auch erstmals wieder eine neue Berliner Gruppe: »Brot und Rosen«, in der sich auch einige der verprellten Exaktionsrätinnen wiedergefunden haben, unter anderen Helke Sander. »Brot und Rosen«, der Frankfurter Weiberrat und die Münchener »Gruppe zur Befreiung der Frauen« erschienen auf dem Kongreß mit dem Schlachtruf: »Feminismus und Sozialismus schließen sich nicht aus, sondern ergänzen sich!« Zum erstenmal überhaupt wagten damit Frauen in Deutschland den bisher höchst suspekten Begriff »Feminismus« zu rehabilitieren.

»Wir wollen nicht die Fehler der Arbeiterbewegung wiederholen«, argumentierte der Weiberrat. »Wir Frauen wollen uns nicht reduzieren auf irgendwelche Handlangerdienste, sondern im Befreiungskampf unseren Kampf ebenfalls führen.«

Ob kollektiv im Weiberrat oder isoliert in der Vorstadt, erst in der Gemeinsamkeit der Aktion 218, der ersten von Frauen initiierten und von Frauen getragenen frauenspezifischen Kampagne überhaupt, erkannten sie ihre eigene Betroffenheit, sahen sie die gesellschaftlichen Zusammenhänge für ihre bis dahin für individuell gehaltene Misere.

Von einer stimmlosen Mehrheit zum gewichtslosen Stimmvieh befördert, wählen Frauen auch ein halbes Jahrhundert nach Erringung des Wahlrechtes noch immer die Parteien, die ihnen am übelsten wollen. In der Aktion 218 haben sie dazugelernt. Am vergangenen 6. und 20. November protestierten Frauen in der ganzen Bundesrepublik gegen den Gebärzwang und skandierten: »Von Frauen, die er quält, wird Jahn (der SPD-Justizminister) nicht mehr gewählt.« Und sie gingen noch weiter. Auf dem Frankfurter Kongreß resümierten die Gruppen: »Wir haben durch die Erfahrung in der Aktion 218 begriffen: Diskussionen mit Parlamentariern und Forderungen der Betroffenen an die Parteien führen zu nichts. Die Parteien haben entlarvt, wessen Interessen sie vertreten. Daraus folgt: Frauen sind gezwungen, ihre Interessen selbst zu vertreten. Sie müssen sich zusammenschließen.«

Das Bonner Mauschel-Hearing im April stürmten die Frauen mit dem Ruf: »Schluß mit dem Unsinn! Weg mit dem Paragraphen!« Die hartnäckigste unter ihnen musste zum Befremden der Herren Volksvertreter aus dem Saal getragen werden. Frauen sind keine unterdrückte Minderheit, sondern eine unterdrückte – Mehrheit.

Das Anklägerinnen-Potential auf dem Kölner-Tribunal wird groß sein: 79 Prozent aller befragten Frauen in der Bundesrepublik, stellt das Wickert-Institut fest, sind gegen den § 218. Seine Abschaffung steht an

erster Stelle auf dem Forderungs-Katalog des Frankfurter Kongresses.
Weitere Punkte:

- gleiche Löhne für gleichwertige Arbeit (und dazu die Abschaffung
  des Hausarbeits-Gesetzes § 1356),
- Teilzeitarbeit für Mann und Frau,
- Gratis-24-Stunden-Kindergärten und Ganztagsschulen,
- ein Babyjahr für Mutter oder Vater statt des üblichen Mutterschutzes
  von 6 Wochen vor und 8 Wochen nach der Geburt,
- die steuerliche Gleichstellung von unverheirateten mit verheirateten
  Paaren,
- die Vergesellschaftung der Hausarbeit (Großküchen sollen zeitrau-
  bende Vorarbeiten wie z. B. Kartoffelschälen übernehmen)
- und die Errichtung von Großwohnungen zu niedrigen Mieten, um
  die Isolation der Kleinfamilie aufzuheben.

Soweit die Theorie. Aber wie soll sie in der Praxis durchgesetzt werden? Dringendstes Problem innerhalb der Gruppen scheint heute die Frage der Organisation oder Nicht-Organisation zu sein – eine Frage, die sich
übrigens im Ausland kaum gestellt hat. Die Französinnen zum Beispiel haben sich, wie auch die Amerikanerinnen, von Anbeginn an als »Bewegung«
begriffen. Es gab bei ihnen nie den Versuch, sofort alle Hausfrauen, alle
Studentinnen, alle Mütter, alle Lesbierinnen, alle Sekretärinnen, alle Kon-
sumentinnen – kurz, Frauen unterschiedlicher Bedürfnisse und unterschiedlichen Bewußtseinsstandes, unter EINEN Hut, in EINE Organisation,
auf EINE politische Linie zu bringen. Sie gehen davon aus, daß Organisation an sich für Frauen repressiv ist, stellen Macht und Hierarchie in Frage.
Es gibt keine Redeordnungen und keine Schulungsgruppen.

In Amerika zum Beispiel scheint es, daß gerade das Zusammenspiel
von revolutionären und reformistischen Gruppen eine fruchtbare Wirkung gehabt und zu der Sensibilisierung der Bevölkerung und der wach-
senden Bedeutung der Frauenfrage beigetragen haben.

In der Bundesrepublik, wo die Frauenbewegung am Anfang steht, zeigen sich nach ersten spröden Organisationsansätzen Tendenzen zu weniger einengenden, flexibleren Konzeptionen. Auch die Frauen, die bereits
in Organisationen und Parteien sind, beginnen aufzumucken. So machten Frankfurter SPD-Frauen zum Muttertag ein munter-aggressives Flug-

blatt (»Zum Muttertag bekommt Mutti einen Blumentopf und eine Schachtel Mon Cherie – damit sie Kinder in eine kinderfeindliche Welt gebiert und nicht die Abschaffung des § 218 fordert ...«).

Und bayrische DGB-Frauen forderten auf der Landeskonferenz im Sommer vergangenen Jahres einen »Ehevertrag, der den Ehemann zur Mitarbeit im Haushalt verpflichtet«. Frauen der Frankfurter Gruppe »Revolutionärer Kampf« schließlich drückten den Aufstand der Frauen auf ihre Weise aus. Sie tönten auf den letzten Genossen-Demonstrationen: »Die Herrschaft der Schwänze hat ihre Grenze!«

edition suhrkamp 1973
Frauenarbeit –
Frauenbefreiung

Der Preis für die Frauenerwerbstätigkeit ist die Doppelbelastung. Unter solchen Umständen kann Berufstätigkeit nicht zwangsläufig emanzipieren, sie ist aber dennoch fundamentale Voraussetzung zur Befreiung, denn nur die entlohnte Arbeit gewährt der Frau eine relative materielle Unabhängigkeit, auch vom Ehemann. Und nur die Arbeit außer Haus kann die soziale Isolation der Frauen lindern und ihr Selbstwertgefühl steigern.

Es wäre zynisch, Frauen, die die *unentlohnte* Haus- und Erziehungsarbeit leisten, zur *zusätzlichen* Erwerbstätigkeit zu ermutigen, ohne sie gleichzeitig vor der modernen KKK-Idylle (Kinder-Küche-Konsum) zu warnen. Die Hauptrolle spielen die *Dennoch*-Berufstätigen, die dreifach Ausgebeuteten. Sie arbeiten im Haus gratis als Hausfrau und Mutter (ihren Unterhalt verdienen sie als Berufstätige selbst), außer Haus als Lohnabhängige, und sie sind als Frauen zusätzlich betroffen von der geschlechtsspezifischen Benachteiligung im Beruf.

»Darf eine Mutter berufstätig sein?« fragte *Eltern* seine Leser im Sommer 1972 und gab auch gleich die Antwort. Die 34-jährige Margit Karl z. B. breitete ihren zur Nachahmung empfohlenen, nach Minuten abgestoppten Tag chronologisch aus. Er beginnt um 5 Uhr (»Ich mache das Frühstück, bereite die Bügelwäsche für den Abend vor, stopfe oder flicke ein bisschen«) und endet nach 21 Uhr (»Ich koche das Mittagessen für Armin und Christa und das Abendessen für die Familie vor. Ich lege den Kindern die Kleidung für den nächsten Tag heraus und bügle ein bisschen oder mache Handarbeiten«).

Das ist das neue Frauenleitbild: Frauen *dürfen* nicht nur berufstätig sein, sie *sollen* sogar berufstätig sein. Aber sie dürfen – zum Nutzen des Kapitals und des Patriarchats – ihr KKK-Leitbild dabei nicht aus den Augen verlieren. In Küche und Kinderzimmer arbeiten Frauen ohne Widerspruch und schuldbewußt – weil berufstätig – weiterhin allein; im Büro und am Fließband bleiben sie das willig-billige Arbeitskraftpotential – weil vor allem Mutter und Ehefrau –, auf das die Wirtschaft längst nicht mehr verzichten kann.

Dazu ein paar Zahlen: Jede zweite Frau im erwerbsfähigen Alter ist in der Bundesrepublik erwerbstätig, die Hälfte davon ist verheiratet. 50 Prozent aller berufstätigen Frauen lassen sich mit weniger als 600 DM Monatslohn abspeisen – nur jeder 33. Mann wird mit einem solchen Entgelt beschieden. Von rund 5.000 Plätzen im Topmanagement waren 1971 lediglich 16 mit Frauen besetzt.

»In der aktuellen arbeitsmarktpolitischen Diskussion besteht Übereinstimmung darüber, daß allein bei den Frauen ein bemerkenswertes ungenutztes inländisches Arbeitskräftepotential besteht. In der Beurteilung der Frage, wie weit dieses Potential genutzt werden kann oder soll, gehen die Meinungen allerdings auseinander«, schreibt Günter Buttler in der Broschüre *Beiträge des deutschen Industrieinstituts*. Und er fährt fort: »Es geht im nachfolgenden um die Möglichkeiten und Voraussetzungen zur Förderung der Frauenerwerbsarbeit, die geeignet sein können, latente Beschäftigungsreserven für das Wirtschaftswachstum zu erschließen, ohne daß dadurch die spezifische Rolle der Frau und ihre Funktion im Rahmen der Familie beeinträchtigt oder gar in Frage gestellt werden.«

Was Buttler unter der »spezifischen Rolle« der Frau versteht, wird wenige Zeilen später präzisiert: »Man kann die menschliche Arbeit in Erwerbsarbeit und Hausarbeit einteilen, beide tragen zum Lebensunterhalt bei. Von jeher galt es als Aufgabe der Frau, sich um den Bereich der Hausarbeit zu kümmern.« Gemeint ist also die Arbeitsteilung, die ebenso im allgemeinen Interesse der Wirtschaft liegt wie im individuellen der profitierenden Männer, kurzum: im Interesse der Männergesellschaft.

Selbst das Gesetz zementiert in der Bundesrepublik sowohl die geschlechtsspezifische Arbeitsteilung wie auch die Doppelbelastung. Die §§ 1356 und 1360 des BGB *untersagen* der Frau einerseits die Berufstätigkeit, wenn sie *ihren* Haushaltspflichten nicht voll nachkommt, und *verpflichtet* sie andererseits zur Berufstätigkeit, wenn die wirtschaftliche Lage der Familie es erfordert. (§ 1356: »Die Frau ist berechtigt, berufstätig zu sein, so weit dies mit ihren Pflichten in Ehe und Familie vereinbar ist.«– Es gibt im bundesdeutschen Gesetz keinen entsprechenden Paragraphen für Männer, obwohl ja auch sie Teil einer Ehe und Familie sein können ...) Nicht einmal *de jure* existiert also die vom Grundgesetz an den Gesetzgeber gerichtete Forderung der Gleichberechtigung.

De facto wird die Benachteiligung der Frauen und ihre Indoktrinierung auf allen Ebenen perpetuiert. Auch staatliche Institutionen stehen im Dienste der Doppelbelastung. So schrieb die *Süddeutsche Zeitung* am 21. Oktober 1971 über den amtierenden Präsidenten der Bundesanstalt für Arbeit:»Um der Frau mit Familienpflichten die Anpassung an die Arbeitswelt nach längerer oder kürzerer Berufspause zu erleichtern, regte der Präsident der Bundesanstalt an, einige Stunden Haushaltstechnik und Haushaltsrationalisierung in das berufliche Fortbildungsprogramm aufzunehmen, damit eine Überbeanspruchung der Frau und Mutter durch die beiden Aufgabenkreise Familie und Beruf möglichst vermieden wird.«

Das heißt: Frauen sollten nicht *entlastet* werden, Arbeit soll nicht gleichmäßig auf *beide* Geschlechter verteilt werden, sondern die Doppelbelastung soll diskreter bewältigt werden. Das Essener Arbeitsamt zum Beispiel hat die Anregung des Präsidenten realisiert, hat Lehrgänge, in denen Koch- und Schreibmaschinenkurse gekoppelt werden, bereits eingerichtet.

»Ich arbeite nicht«, sagen bezeichnenderweise die »Nur«-Hausfrauen, die ohne Kind mindestens 16 Stunden, mit Kind bis zu 100 Stunden in der Woche arbeiten. Sie bekunden damit ungewollt, wie sehr sie selbst die Missachtung der Hausarbeit durch die Gesellschaft verinnerlicht haben. Die Deutsche Gesellschaft für Ernährung e. V. in Frankfurt errechnete, daß in der BRD für private Haushalte rund 45 bis 50 Milliarden Arbeitsstunden im Jahr aufgewendet werden, für die Erwerbswirtschaft 52 Milliarden. Die Zahl der nicht entlohnten Arbeitsstunden ist also nur geringfügig niedriger als die der entlohnten.

Für die »nicht arbeitenden« Frauen mit Kindern kalkulierte Reinhold Junker in seiner Untersuchung »Die Lage der Mütter in der BRD« einen Arbeitstag von 13 Stunden mit 7-Tage-Woche.

Nur dank dieser unentlohnten Frauenarbeit können Männerlöhne ganze Familien ernähren. Und nur dank der psychischen Regeneration in der Familie können Männer dem Leistungsdruck »draußen« standhalten.

»Weshalb die unentgeltlichen Dienstleistungen der Hausfrauen nicht in das Sozialprodukt eingehen, läßt sich logisch aus dem System der volkswirtschaftlichen Gesamtrechnung nicht begründen«, schreibt Rainer Skiba in der Zeitschrift des Wirtschaftswissenschaftlichen Instituts der Gewerkschaften. Er zitiert den Ökonomen Samuelson, nach dessen Auffassung »diese Ausklammerung als bedeutungslos hingenommen werden kann, solange mit einem einigermaßen konstanten Anteil der im Hause tätigen Frauen zu rechnen ist«.

Ein solcher volkswirtschaftlicher Kalkül ist nur möglich, solange die geschlechtsspezifische Arbeitsteilung nicht in Frage gestellt wird; solange Frauen es hinnehmen, daß ihr Geschlecht sie als Kaste brandmarkt, die exklusiv für Küche und Kinder zuständig ist; solange Frauen es billigen, aus irgend welchen physischen oder metaphysischen Gründen für Spülen und Windelnwaschen als allein zuständig angesehen zu werden und, vor allem, solange *sie* sich für allein zuständig halten. Totale Arbeitsteilung im Haushalt? »Nein«, antwortet Gisela A., geschiedene »Karrierefrau« und Gewerkschaftlerin, »wenn ein Mann Staub wischte, da käme ich mir doch albern vor – man sollte auch Frau bleiben.«

Eine im Herbst 1972 in *Brigitte* veröffentlichte repräsentative Untersuchung ergab, daß ein Drittel der Ehemänner *erwerbstätiger* Frauen nie bei der Hausarbeit helfen; ein Drittel hilft bei ein bis zwei Arbeiten (Abtrocknen, Einkaufen), ein Drittel hilft öfter – aber wie häufig auch immer, alle *helfen* den Frauen bei *ihrer* Hausarbeit: Hausarbeit gleich Frauenarbeit.

»Frauen sind Gastarbeiterinnen in einer Männergesellschaft«, kommentierte die Soziologin Helge Pross diese von ihr geleitete Untersuchung. Sie sind weniger noch: Sie sind *Sklavinnen* in einer Männergesellschaft. Im Haus wie außer Haus, wo die männerdominierte Berufswelt nicht mehr ist als ein Schauplatzwechsel. Frauen bleiben auch im Beruf die machtlosen Exekutantinnen der Männer.

Wie komplex die De-facto-Benachteiligung ist, zeigen meine Gespräche. Sie beschränkt sich leider nicht auf die Leichtlohngruppen, die jetzt zum »Jahr der Arbeitnehmerin« von den Gewerkschaften wieder diskutiert werden. Da wird so getan, als könnte die formale Abschaffung der Leichtlohngruppen – wovon man weit entfernt ist – wirklich etwas ändern. Sie wird ebensowenig ändern wie die Abschaffung ihrer Vorgängerinnen, der so genannten »Frauenabschlagsklauseln«, die vom Gesetzgeber verboten wurden. Mit der Einteilung in acht Lohngruppen fanden die Arbeitgeber rasch wieder ein legalistisches Instrument zur niedrigeren Einstufung so genannter »typischer Frauenarbeiten« en bloc. Ganze Branchen – wie z. B. die Textilindustrie – und alle monotonen Fließband- und Akkordarbeiten wurden in die Lohngruppen eins bis vier eingestuft (90 % aller Akkordarbeiten werden von Frauen verrichtet).

Die typischste Frauenarbeit, die Hausarbeit, wird überhaupt nicht entlohnt. Und in den Berufsbereichen, in die man Frauen einbrechen läßt, gehen soziales Prestige und/ oder Entlohnung rasch zurück (so zum Beispiel Sekretär/Sekretärin oder in der UdSSR der heute von Frauen beherrschte, schlecht bezahlte Arztberuf).

Eine Analyse der Gratis- und der minderwertigen Frauenarbeit wurde von den traditionellen kommunistischen Gruppen und Parteien bisher nicht geleistet. Die heutige Klassendefinition beruht auf dem außerhäuslichen Produktionsprozeß, die spezifische Ausbeutung der Frau wird darin nicht berücksichtigt. Das patriarchalische Prinzip ist ein Grundmuster, nach dem auch andere gesellschaftliche Herrschaftsmechanismen funktionieren, wie Rassismus, Kapitalismus und Imperialismus.

Die Zerschlagung der kapitalistischen ökonomischen Strukturen allein genügt nicht. Auch in den sozialistischen Staaten sind die Frauen eine »niedere Kaste« geblieben. Das Problem der Kindererziehung ist dort zwar weitgehend gesamtgesellschaftlich gelöst (da die Frauen auch stärker in den außerhäuslichen Produktionsprozeß eingespannt sind), aber die Frauen bleiben zusätzlich vorrangig für Haus- und Erziehungsarbeit zuständig.

Es sind die berufstätigen *Mütter*, die zu Hause bleiben, wenn Kinder krank sind. Es sind die Mütter, die beim Ton der Krankenwagen-Sirene aufschrecken am Arbeitsplatz, weil sie fürchten, *ihr* Kind sei betroffen. Es sind auch die Mütter, die sich einen Arbeitsplatz »gleich um die Ecke« suchen – unabhängig von seinen sonstigen Qualitäten –, damit sie ihre Kinder vom Kindergarten oder nach Schulschluß abholen können. Es sind die Mütter, die Teilzeitarbeit machen.

Es sind die Frauen, die von Kindesbeinen an auf die Mutterschaft vorbereitet werden. Die Mutterschaft ist der einzige kreative Akt, den die herrschende Ideologie Frauen gestattet. An ihr werden sie gemessen, selbst wenn sie sich verweigern – so wie Simone de Beauvoir, die ihr Leben lang nicht nur als Philosophin und Schriftstellerin, sondern auch als *Nicht-Mutter* be- und verurteilt wurde. Käme einer auf den Gedanken, Sartre eine verpaßte Vaterschaft vorzuwerfen?

60 % aller befragten werdenden Mütter in der BRD wünschen sich zwei Kinder. Zwei Kinder, weil ein Kind allein allzu einsam ist, wie die Psychologen sagen; zwei Kinder, weil nicht die Auflösung der Kleinfamilie angestrebt wird, sondern ihre Zementierung und Isolierung – darum soll jedes Paar innerhalb seiner eigenen vier Wände seinen Kindergarten reproduzieren, anstatt sein Kind mit dem Kind von nebenan spielen zu lassen. Die Frau vor allem aber zahlt die Rechnung. Hat sie erst einmal die Erfahrung gemacht, ist es zu spät.

Der Gießener Psychosomatiker Richter resümierte im Winter 1972 eine Untersuchung der Misere der Frauen mit den Worten:»Ehe und Emanzipation schließen sich auch heute noch aus! Wenn die Kinder erwachsen sind, stehen viele Frauen vor der großen Leere – einsam, unnütz und ohne Kraft, sich selber zu helfen. Die Häufung von Depressionen bei Frauen ab vierzig ist weniger eine organische Folge der Wechseljahre – wie man früher dachte –, sondern vielmehr eine Konsequenz aus den Widersprüchen in der Rolle als Frau in unserer Gesellschaft.«

Frauen existieren aus zweiter Hand, stehen abseits, sind weniger integriert in die etablierte Männergesellschaft. Diese ihre Außenseiterposition hat Nachteile, aber auch Vorteile. Frauen sind zwar stärker belastet, aber weniger korrumpiert als Männer. Das ist ihre Stärke. Frauen müssen erkennen, daß sie recht haben; daß sie Gründe haben, sich unter den gegebenen Umständen kaum für»Karriere«und»offizielle«Politik zu interessieren (die doch nur ein Instrument zu ihrer Unterdrückung ist). Die Spielregeln, nach denen die Berufswelt und die Sphäre der Öffentlichkeit funktionieren, sind nicht die ihren.

Leistungssteigerung um jeden Preis und Profitstreben sind keine vernünftigen Handlungsmaximen. Anstatt aus ihrem»Desinteresse«ihren»minderen Wert«zu folgern, sollten Frauen nicht nur sich selbst in Frage stellen, sondern auch an den Werten und Strukturen der Männerwelt zweifeln. Gemeint sind Werte, die *nicht biologischer Natur* sind, sondern kultureller. So haben Frauen recht, emotional zu sein und zu bleiben. Es kann nicht um die Abschaffung der Emotionalität gehen, sondern nur um ihre Verbindung mit der Rationalität: um die Gemeinsamkeit von Kopf- und Handarbeit sowie um die Aufhebung der Arbeitsteilung.

Für die Mehrheit der Frauen aber kommt, wenn sie nicht schon von Anbeginn aus materiellen Gründen zur Erwerbstätigkeit gezwungen sind, das Aufwachen spät, so spät, daß sie sich nur unter größten Anstrengungen von der häuslichen Isolation, Monotonie und Abhängigkeit lösen und so organisieren können, daß eine zusätzliche, außerhäusliche Arbeit möglich ist. Im Laufe dieses gegen die vordergründig profitierenden Männer (und Kinder) durchzusetzenden Lösungsprozesses kann die Frau nicht die innere Freiheit und Stärke gewinnen, die sie bräuchte, um ihre exklusive Zuständigkeit für das Haus in Frage stellen zu können.

Auch in der Berufstätigkeit bleibt die Frau aufgrund ihrer Einübung als Sklavin und ihrer Überzeugung von der eigenen Minderwertigkeit (genannt Anderssein) Opfer einer spezifischen Ausnutzung.

Marginalität und Zuverdiener-Bewußtsein lassen Frauen im Beruf nur eine Gastrolle spielen: zeitlich und/oder ambitiös begrenzt. Doch der Kreis, der sich da zu schließen scheint, ist nicht hermetisch. Die relative wirtschaftliche Unabhängigkeit gibt einen Spielraum. Drei Viertel aller erwerbstätigen Frauen wollen trotz Doppelbelastung und Benachteiligung im Beruf bleiben. Zwar möchte jede zweite Frau den Beruf wechseln, doch wagt auch sie nur innerhalb des ihr gesteckten Rahmens zu träumen: Arbeiterinnen wollen »ins Büro« (40 % aller erwerbstätigen Frauen in der BRD arbeiten im Büro), Angestellte in einen Sozialberuf. Weniger als zwei Prozent denken zum Beispiel an einen technischen Beruf.

Doch so machtvoll die von Patriarchat und Kapital aufgebauten ökonomischen und sozialen Schranken auch sind, die eine Emanzipation der Frauen behindern, sie werden noch übertroffen von den psychologischen, den inneren Schranken der Frauen. Ihre Betroffenheit als Frauen können Frauen jedoch nur in der Gemeinsamkeit aufdecken. Erst sie gibt ihnen die Möglichkeit zu der Erkenntnis, daß ihre scheinbar individuelle Misere eine *Frauenmisere* ist. Erst in ihr könnten sie erkennen, warum es »typisch Frau« ist: sich für minderwertig zu halten, nicht ehrgeizig zu sein, keine Zukunftsperspektive zu haben, die anderen für intelligenter zu halten, frigide zu sein, hysterisch zu sein, weniger zu verdienen, in Versammlungen nicht zu reden. Zum Beispiel. Die fatalistischen Sprüche von der Doppelbelastung wirken längst mehr einschläfernd als alarmierend. Nichts davon zielt auf die Aufhebung der Doppelbelastung, alles auf ihre diskrete Bewältigung. Die Männergesellschaft kann bestenfalls ein Interesse an spannungsmildernden Konzessionen, nicht aber an grundlegenden Veränderungen haben, da sie von der Benachteiligung der Frauen gesamtgesellschaftlich und individuell profitiert. Die offerierten Lösungen sind nichts als verschleiernde Flickschusterei. Hüten sollten Frauen sich vor:

- *der Teilzeitarbeit,* die zwar eine Übergangs- und individuelle Lösung sein kann, für das Kollektiv Frauen jedoch diskriminierend, da nur in unqualifizierten Berufen praktikabel ist. Auch ist die Teilzeitarbeit eine neue Form der zusätzlichen Ausbeutung und bei Rezessionen ganz besonders gefährdet: Teilzeitarbeiterinnen werden als erste nach Hause geschickt.
- der *Drei-Phasen-Theorie* (Beruf – Mutterschaft – Beruf). Hier gilt das gleiche wie für die Teilzeitarbeit. Sie ist schon in halbwegs qualifizierten Berufen nicht praktikabel.
- dem *Hausfrauengehalt,* das – von wem auch immer gezahlt: Staat, Arbeitgeber des Ehemannes oder Ehemann selbst – die Abhängigkeit der Frau vom Ehepartner und die Zuständigkeit *eines* Geschlechts für Haus und Kinder nur zementieren würde. Dieses Präsent, das auf den ersten Blick so verlockend aussieht, ist eine Zeitbombe.
- den *Sackgassenberufen* (Sekretärin, Assistentin, Stewardess etc.). Sie schließen selbst die theoretische Möglichkeit eines beruflichen Aufstiegs kategorisch aus und sind oft nur der Deckmantel für einen Arbeitsaufwand und eine Verantwortung, die in keinem Verhältnis zur Entlohnung und zum sozialen Prestige stehen.

Was aber sollten Frauen heute anstreben?

Die Erziehungs- und Hausarbeit muß weitgehend vom Kollektiv übernommen, die Hausarbeit industrialisiert werden. Das heißt: ausreichend 24-Stunden-Krippen und -Kindergärten, die von Frauen *und* Männern betrieben werden; Kinderhorte und Ganztagsschulen, in denen die Geschlechterrollen nicht perpetuiert werden. Es ist nicht einzusehen, warum die Kindererziehung ausschließlich den Frauen aufgebürdet werden soll. Was die Hausarbeit angeht, die noch immer vorindustriell betrieben wird, so ist sie ein schlichter Anachronismus. Auch das Brot wird schließlich längst nicht mehr im Haus gebacken. Großküchen mit teilweise und ganz vorbereiteten Gerichten müssen zur Verfügung stehen, wenn beide Partner berufstätig sind. Schon beim Häuserbau muß die Rationalität der Hausarbeit eine entscheidende Rolle spielen. Ziel ist eine strikte Teilung der verbleibenden Hausarbeit mit den Männern. Fernziel ist eine Teilzeitarbeit für beide Geschlechter.

Frauen müssen lernen, eine berufliche Zukunft von 30, 40 Jahren zu planen. Sie müssen eine zusätzliche Förderung und Bildungsmaßnahmen für Frauen fordern. Bei ihrer spezifischen Benachteiligung wäre selbst bei gleicher Ausgangsbasis – wovon in der BRD nicht die Rede sein kann – ihr Rückstand nicht aufzuholen.

Diese *ersten* Schritte müssen *gegen* die von der Diskriminierung der Frauen Profitierenden, d. h. auch *gegen die Männer,* erzwungen werden. Erst in einer zweiten Phase kann von *Gemeinsamkeit* die Rede sein. Dann, wenn die Männer begriffen haben, daß sie lediglich vordergründig etwas zu verlieren, langfristig aber etwas zu gewinnen haben: nämlich menschenwürdige Beziehungen. In kürzester Frist auch Milderung des Karrierezwanges, den die frustrierten Frauen aus Existenzangst und sozialer Abhängigkeit auf die Männer ausüben.

In dieser Auseinandersetzung müssen Frauen zum Machtfaktor werden. Sie müssen miteinander reden und handeln, überall: im Wohnblock, im Büro, in der Fakultät. Nur »Frauen gemeinsam sind stark!«. Nicht unsere Integration ist wünschenswert, nicht die *Vermännlichung* der Frauen, sondern die *Vermenschlichung* der Geschlechter.

Gekürzter Auszug aus: »Frauenarbeit – Frauenbefreiung. Praxis-Beispiele und Analysen« 1973. (Das Buch wurde 1985 unter dem Titel »Lohn: Liebe« wieder aufgelegt.)

konkret 1974
Lesbische Liebe
am Pranger

Die Front ist breit. Seit Wochen zelebriert eine männerdominierte Presse, wie man aus einem Mord-Prozeß einen Lesben-Prozeß macht. Marion Ihns und Judy Andersen, die beiden jungen Frauen, über die in Itzehoe das gesunde Volksempfinden zu Gericht sitzt, haben sich, so scheint's, weniger des Mordes und mehr ihrer Liebe zueinander schuldig gemacht: »Liebe und Hass der lesbischen Frauen« (*Bild*) und so weiter und so fort. Kein Zweifel, das musste so enden. Die Moral von der Geschicht ist: Wer lesbisch ist, der wird auch kriminell. Denn »wenn Frauen nur Frauen lieben, kommt es oft zu einem Verbrechen« (*Bild*).

Nun ist das mit *Bild* besonders einfach, weil besonders derb. Doch in diesem Fall unterscheidet sich die so genannte seriöse Presse von der Boulevard-Presse oft nur durch die Größe der Druckbuchstaben und die Subtilität. Nicht Inhaltlichem wurde nachgespürt, bestenfalls Formaljuristisches – wie zum Beispiel die in der Tat ungewöhnliche Fotografiererlaubnis – wurde gerügt. Aber da, wo es um Tat und Täterinnen geht, tönt das Halali quer durch alle Gazetten: Gejagt werden Frauen, die Frauen lieben, gewarnt werden Frauen, die die Absicht haben könnten.

Wobei das Ausmaß der Reaktion gerade jetzt sicherlich kein Zufall ist. In einem Augenblick, in dem eine »neue Zärtlichkeit« das bisher fast ausschließliche Männermonopol auf Frauenliebe und -Sexualität zu erschüttern beginnt, wird am Itzehoer Prozeß exemplarisch demonstriert, wie Erpressung und Drill auf den Mann an die Frau gebracht werden sollen. Verständlich. Steht doch nicht nur der Mann als »begehrteste Ware« (Hans Habe), als alleiniger Beglücker der Frauen und Oberhaupt der Familie auf dem Spiel; sondern geht es auch um seine Privilegien, die er in einer Gesellschaft, in der Frauen und Männer Opfer, aber die Frauen in Bett, Küche und Büro noch Opfer der Opfer sind, als Mann nun mal hat.

Darum: wenn schon leidenschaftlich lesbisch, dann wenigstens mit »männlichem« und »weiblichem« Part. So scheint die Welt der zwei sich so ergänzenden Hälften wieder komplett. Das sieht dann so aus: Da gibt es eine, Judy, die ist der Kerl. Kranführerin, schon von der »körperlichen Konstitution her« (!) zum Lesbischsein bestimmt, mit »männlich« kurzem Haar, Lederkleidung, flachem Busen und »zwergenhaftem Mopsgesicht« (so Gerichtsreporter Mauz im *Spiegel*). Die wird – so Marion laut *Bild* zu Judy – »für unsere Tochter ein guter Papi sein«.

Die andere, Marion, ist das verführte Weib. Die Vollbusige, Langhaarige, die sich ein Kleid in der Zelle häkelt und den Rosenkranz gern dabeihat. Sie scheint den Berichterstattern noch zu retten für die Männerwelt – obwohl gerade sie sich nie hat retten können vor den Männern. Mit neun Jahren zum ersten Mal vergewaltigt, ein Leben lang von Männern benutzt und erniedrigt, erpresserisch geschwängert, fortsetzend das Leiden ihrer Mutter, einer Näherin, die für ihre vier Kinder »anschaffen« ging, ließ sie sich – im Unterschied zu Judy, erstmals vierjährig vergewaltigt (!) – zunächst mit Männern ein.

Was sollen wir aus diesen Lebensläufen schließen? Erstens, daß das Leben diesen beiden Frauen ungewöhnlich mitspielte; und zweitens, daß nur diese Ausnahmesituation die Frau auf die Frau bringen konnte. Beides ist falsch. Es handelt sich hier zwar im negativen Sinne um ganz besonders typische Frauenleben, nicht aber um Ausnahmen. Abhängigkeit, Ratlosigkeit, Vergewaltigung, ungewollte Schwangerschaft und Abtreibung sind in einem Frauenleben durchaus die Regel. Statistiken aus Amerika lassen zum Beispiel vermuten, daß mindestens jede zweite Frau schon einmal vergewaltigt wurde – die eheliche sanktionierte Vergewaltigung nicht mitgerechnet (*Bild* über das Opfer, Herrn Ihns: »... auch seine häufigen Trinkereien werden plötzlich verständlich. Er mußte sich einen Rausch antrinken, um sich mit Gewalt holen zu können, was ihm von »Rechts wegen« zustand.«).

Da wird wenig nach Tatmotiven gefragt. In welchen sozialen Abhängigkeiten und ökonomischen Zwängen muß ein Mensch sein, um nicht einfach fortgehen zu können, sondern zu glauben, den Tod bestellen zu müssen? Marion Ihns, 36, ohne Beruf und Selbstbewußtsein, Mutter und Gefangene der engen Welt des Gemüseladens von Herrn Ihns. Ihr Verhältnis mit Judy war nach all den Erniedrigungen ihre erste menschliche Beziehung überhaupt.

Im Gerichtssaal selbst wird das Ausmaß des Dramas vollends klar. Am sechsten Verhandlungstag z. B. werden Briefe von Marion an Judy verlesen, beschlagnahmt von der Polizei. Briefe, die Zeugnis ablegen von ihrer tiefen Zuneigung und Verzweiflung (»Jedesmal, wenn du anrufst, kehrt Leben in mich zurück.«). Ein Brief. Zwei Briefe. Drei. Vier. Fünf. Seitenlang. Darin nur einmal eine Anspielung, die interpretiert werden könnte als bereits gefaßte Tötungsabsicht. Die Tatsache und die Art des öffentlichen Vortrages durch den Beisitzer (»glaubeanmichpunktgeliebteausrufungszeichenauchwieichandichglaubepunktdeinemaus«) machen das Drama zur Klamotte. Und niemand schreitet ein. Die Anwälte schon gar nicht.

Dann der Richter. Herr Selbmann, der seinen Giese gelesen hat, und dessen fast rührend-naive Liberalität bei dieser Hatz im höchsten Maße unangebracht ist. Er spielt normal, wo nichts normal ist, und macht damit das Spektakel in diesem Ausmaß überhaupt erst möglich. Und die Geschworenen. Bis auf eine Frau ausschließlich Männer, die allesamt die Väter der Angeklagten sein könnten und moralisch – darf man ihren schwer und ehrbar gefurchten schleswig-holsteinischen Gesichtern glauben – ihre Urgroßväter sind. Davor die Presse. Bild an diesem Tag auf einem Sonderstuhl, der fast vor dem Richtertisch steht, und von dem aus der Bild-Reporter Judy und Marion aus anderthalb Meter Entfernung voll ins Gesicht sehen kann. Dahinter die etwa hundert Zuhörer(innen). Meist selbstgefällige ältere Damen, die sich Generationen von der gelebten Leidenschaft und aufgedeckten Tragik der Frauen jenseits der Barriere entfernt glauben.

Darin Judy Andersen und Marion Ihns – allein. Zwischen ihnen die Anwälte, die Lichtjahre von der Problematik trennen. Seit Beginn des Prozesses, vom *Quick*-Exklusiv-Bericht der Frau Ihns (20.000 Mark soll sie dafür bekommen haben – vielleicht gerade die Anwaltskosten) über die Hinnahme des Fotografierens bis hin zum Akzeptieren ausschließlich männlicher Gutachter, sind die Angeklagten denkbar schlecht beraten. Diese biederen Familienväter finden das Presseecho »ganz in Ordnung«. »Die Tatsache, daß die beiden ein lesbisches Verhältnis haben«, ist für Judys Pflichtverteidiger Dr. Vaagt beim Gespräch zwischen Tür und Angel

ein »Tatmotiv«. Ansonsten ist er ratlos: Lesbische hat er noch nie verteidigt ... Ihns-Verteidiger Dr. Sayk aus Itzehoe weiß auch nicht so recht, wie
weit weibliche Homosexualität »anormal« ist, das ist für ihn eine »medi-
zinische Frage«, die »hoffentlich von den Gutachtern beantwortet wird«.
Dann wisse man ja, was man davon zu halten habe. – Während in den
Verhandlungspausen Pressevertreter ungestört mit den Angeklagten reden (!), plaudern deren Anwälte miteinander.

Es liegt auf der Hand: Die Dimensionen dieses Prozesses sprengen
Itzehoer Verhältnisse. Tragisch daran ist vor allem, daß sich dieses Über-
fordertsein ungünstig für die Angeklagten auswirkt.

*Sicher, alle Angeklagten sind, unabhängig vom Geschlecht, in dieser
unserer Justiz meist hilflos ausgeliefert – wenn sie nicht gerade privile-
giert sind. Die Duldsamkeit jedoch, mit der diese beiden Frauen den Zynismus und die Ignoranz aller Beteiligten über sich ergehen lassen, hat
ohne Zweifel etwas mit ihrer »Weiblichkeit« zu tun. Es ist diese anerzo-
gene, selbe Unsicherheit, mit der einst Marion Ihns in ihren Liebesbriefen
an Judy Andersen immer wieder an deren Liebe zweifelte. Sie, Marion,
konnte sich kaum vorstellen, es wert zu sein, geliebt zu werden.*

Das heimliche, individuelle Ausscheren hat die beiden Frauen weder
für diese Hatz gewappnet noch für die Solidarität. Vermutlich waren sie
überrascht, als vorletzte Woche im Gerichtssaal zwei Dutzend junge Frau-
en, angereist aus Frankfurt, Hamburg und Berlin, plötzlich hochsprang-
en, sich mit bemalten T-Shirts zum lebenden Transparent formierten –
»Gegen geile Presse – für lesbische Liebe« – und dazu riefen »Lesbische
Liebe ist schön!«. Die Frauen auf der Anklagebank haben zu lange gehört,
dass die gar nicht schönen Folgen ihrer Liebe eben daran liegen, daß es
sich um eine lesbische handelt. Und so ist es denn auch nicht weiter ver-
wunderlich, daß Frau Ihns in *Quick* jetzt alle Frauen reuig vor »Lesbierinnen warnt«.

Dennoch hat sich etwas getan. Die Brühne-Hatz zum Beispiel, die im
Klima dem Itzehoer Prozeß so unähnlich nicht ist, konnte noch ohne jeg-
liche Gegenreaktion aus der Bevölkerung über die Bühne gehen. Inzwischen aber hat sich das Bewußtsein verändert. Heute protestieren auch
Journalistinnen (144 plus 44 männliche Kollegen) »gegen eine Berichterstattung, die aus Gründen übler Geschäftemacherei Emotionen aus-

schlachtet und Vorurteile zementiert. Dies ist eine Verteufelung lesbischer Liebe und eine Herabwürdigung der Frauen allgemein. Wir fordern den Deutschen Presserat auf, die Publikationen des Springer-Verlages, insbesondere *Bild*, die Berliner Tageszeitung *Der Abend* und die Illustrierte *Quick* für ihre Sensationsberichterstattung zu rügen.« Der Presserat reagierte und mißbilligte die »unangemessen sensationelle Berichterstattung«.

Daß Frauen nicht lesbisch sein müssen, um so behandelt zu werden, daß schlichtes Frausein genügt, beweist auch Professor Elisabeth Trube-Becker aus Düsseldorf in einer ersten BRD-Untersuchung über »Frauen als Mörderinnen«. Sie stellt fest: Frauen werden für gleiche Taten härter bestraft als Männer und kommen auch im Strafvollzug schlechter weg. Männer werden systematisch früher begnadigt. Auch fördert – anders als bei Männern – die Ehe die Kriminalität der Frauen: Ihre Opfer sind meist Ehemann oder Kinder. (Müssen wir daraus, frei nach *Bild*, schließen: Wenn Frauen Männer lieben, kommt es oft zum Verbrechen?)

Wie das hingegen bei einem Mann tönt, der seine Frau umbringt, mag ein wahllos herausgegriffenes Beispiel aus diesem Jahr illustrieren. So berichtet der Berliner *Tagesspiegel* über einen 26jährigen Berliner, der seine Frau erwürgt hat: »Im Prozeß wiederholte er, daß er von der Frau, bei der später ein Blutalkohol von rund 2,4 Promille ermittelt worden war, durch neue Sticheleien in seiner Mannesehre auf das Schwerste gekränkt und gereizt worden sei. In der einjährigen Ehe hatte er in seinem Bemühen, die Frau vom Alkohol und von Liebesaffären abzuhalten, nur Enttäuschungen erlebt. Die lange aufgestauten Affekte hätten sich schließlich, so hieß es in dem psychiatrischen Gutachten, in einem Affektsturm entladen. Auch der Staatsanwalt äußerte die Überzeugung, bei dem zutiefst gekränkten Mann seien »alle Sicherungen durchgebrannt«. Er ließ die Totschlagsanklage fallen und beantragte »zwei Jahre Freiheitsstrafe mit Bewährung wegen« Körperverletzung mit Todesfolge«.

Mit Sicherheit wird ein Begriff wie »Frauenehre« in Itzehoe nicht fallen, denn den gibt es gar nicht. Frau Ihns hat vergewaltigt und geschlagen werden können – Herr Ihns wird weiter als besonders netter Mann geschildert. Denn das liebste Opfer dieser Justiz ist im Zweifelsfalle immer der Mann, ihr liebstes Luder ist die Frau – egal, ob es sich dabei um die Mörderin oder die Ermordete handelt.

Wie immer die Hatz auch ausgehen mag – mit lebenslänglich oder mit ein paar Jahren weniger wegen »Abhängigkeiten« der einen von der anderen – eines ist schon jetzt erlegt: die Beziehung der beiden Frauen. Sie wurden zehn Tage nach der Tat verhaftet und schrieben sich in den ersten Wochen im Untersuchungsgefängnis weiter innige Liebesbriefe. Heute aber scheinen sie sich nur noch zu hassen. Sie verletzen sich gegenseitig, wo sie nur können. Jede versucht, auf Kosten der anderen den Kopf aus der Schlinge zu ziehen. Diese Zerstörung ihrer Zuneigung ist zweifellos ein Resultat der Vernehmungs- und der »Verteidigungs«-Taktik.

So wurde das, was die bestallten und die unbestallten Richter an diesem Fall am meisten erregt – nämlich ihr, der Männer Ausschluß aus einer Frauenbeziehung –, noch vor dem Urteil verurteilt. Um es mit Böll zu sagen: Die verlorene Liebe der Judy Andersen und Marion Ihns.

PS: Am 1.10.1974 ergeht das Urteil: lebenslänglich für beide. Die traumatisierenden Erfahrungen von Andersen und Ihns – beide wurden in der Kindheit mißbraucht – sowie die Tatsache, daß der ermordete Ehemann von Marion Ihns sie jahrelang mißhandelt hatte, werden im Urteil nicht berücksichtigt. Beide werden nach zehn Jahren begnadigt. Andersen geht zurück in ihre dänische Heimat. – 144 Journalistinnen und 44 Journalisten hatten beim Deutschen Presserat Beschwerde eingelegt gegen die hetzerische Berichterstattung. Der Presserat spricht eine Rüge aus.

konkret, November 1974

* Die kursiv gesetzten Passagen waren in der Veröffentlichung von konkret gekürzt worden.

Fischer Verlag 1975
Der kleine
Unterschied

Fast immer, wenn ich in den letzten Jahren mit Frauen geredet habe, egal, worüber, und egal, mit wem – ob mit Hausfrauen, Karriere-Frauen oder Aktiven aus der Frauenbewegung –, fast immer landeten diese Gespräche bei der Sexualität und bei den Männerbeziehungen dieser Frauen. Auch und gerade Frauen, die sich in anderen Bereichen scheinbar weitgehend »emanzipiert« hatten, blieben in ihrem so genannten Privatleben rat- und hilflos. Am schlimmsten ist es in der Sexualität: die »Sexwelle«, Kolle und Reich brachten den Frauen nicht mehr Freiheit und Befriedigung, sondern mehr Selbstverleugnung und Frigidität.

Die Sexualität ist der Angelpunkt der Frauenfrage. Sexualität ist zugleich Spiegel und Instrument der Unterdrückung der Frauen in allen Lebensbereichen.

Hier fallen die Würfel. Hier liegen Unterwerfung, Schuldbewußtsein und Männerfixierung von Frauen verankert. Hier steht das Fundament der männlichen Macht und der weiblichen Ohnmacht. Hier entzieht sich scheinbar »Privates« jeglicher gesellschaftlichen Reflexion. Hier wird die heimliche Wahrheit mit der öffentlichen Lüge zum Schweigen gebracht. Hier hindern angstvolle Abhängigkeit und schamerfüllte Isolation Frauen daran, zu entdecken, wie sehr sich die Schicksale gleichen ...

Fast immer, wenn ich in den letzten Jahren versucht habe, mit Männern über Emanzipation zu reden – egal, ob mit Freunden oder Kollegen, ob mit Rechten oder mit Linken –, fast immer landeten diese Gespräche beim »kleinen Unterschied«. Das sei ja alles schön und gut mit der Emanzipation, und es läge auch noch manches im Argen (so die, die sich für fortschrittlich halten), aber den kleinen Unterschied – den wollten wir doch hoffentlich nicht auch noch abschaffen? Und je progressiver die Kreise sind, in denen er debattiert wird, der Unterschied, umso kleiner wird er – nur die Folgen, die bleiben gleich groß.

Es wird darum Zeit, daß wir uns endlich einmal fragen, worin er eigentlich besteht, dieser gern zitierte kleine Unterschied. Und, ob er tatsächlich rechtfertigt, daß aus Menschen nicht schlicht Menschen, sondern Männer und Frauen gemacht werden.

Lange muß man in dieser potenzwütigen Männergesellschaft nach besagtem Unterschied nicht suchen.

Im schlaffen Zustand, so versichern Experten, misst der Unterschied acht bis neun Zentimeter, im erigierten sechs bis acht Zentimeter mehr. Und in diesem Zipfel liegt das Mannstum? Liegt die magische Kraft, Frauen Lust zu machen und die Welt zu beherrschen? Die Zipfelträger zumindest scheinen davon überzeugt zu sein ...

Ich meine, er ist nicht mehr als ein Vorwand. Nicht dieser *biologische* Unterschied, aber seine *ideologischen Folgen* müßten restlos abgeschafft werden! Denn Biologie ist nicht Schicksal, sondern wird erst dazu gemacht. Männlichkeit und Weiblichkeit sind nicht Natur, sondern Kultur. Sie sind die in jeder Generation neu erzwungene Identifikation mit Herrschaft und Unterwerfung. Nicht Penis und Uterus machen uns zu Männern und Frauen, sondern Macht und Ohnmacht.

Die Ideologie vom Unterschied und den zwei Hälften, die sich angeblich so gut ergänzen, hat uns verstümmelt und eine Kluft zwischen uns geschaffen, die heute kaum überwindbar scheint. Frauen und Männer fühlen unterschiedlich, denken unterschiedlich, bewegen sich unterschiedlich, arbeiten unterschiedlich, leben unterschiedlich. Wie das auf unsere Stirn gebrannte Stigma der »Weiblichkeit« und »Männlichkeit« uns festlegt und einengt, weiß jede, weiß jeder von sich selbst nur zu gut. Nichts, weder Rasse noch Klasse, bestimmt so sehr ein Menschenleben wie das Geschlecht. Und dabei sind Frauen und Männer Opfer ihrer Rollen – aber Frauen sind noch die Opfer der Opfer.

Angst, Abhängigkeit, Mißtrauen und Ohnmacht der Frauen sind groß. Nicht einzelne versuchen, einer Mehrheit von »zufriedenen« Frauen den Männerhaß einzureden, sondern diese einzelnen gestehen ihn nur ein. Sie wollen nicht länger darüber hinweglügen. Je näher wir hinschauen, umso tiefer wird die Kluft zwischen den Geschlechtern. Nur wer es wagt, diese Kluft auszuloten, wird sie eines fernen Tages vielleicht auch überwinden. Nur wer Existierendes eingesteht, wird es auch verändern können.

Langfristig haben dabei beide Geschlechter zu gewinnen, kurzfristig aber haben Frauen vor allem ihre Ketten und Männer ihre Privilegien zu verlieren.

Alle, die von Gleichheit reden, obwohl Ungleichheit die Geschlechterbeziehungen bestimmt, machen sich täglich neu schuldig. Sie sind nicht an einer Veränderung, nicht an der Vermenschlichung von Männern und Frauen interessiert, sondern an der Beibehaltung der herrschenden Zustände, denn sie profitieren davon.

Bei meinen Gesprächen in den letzten Jahren habe ich den Eindruck gewonnen, daß zwei Drittel aller Frauen und mehr akut oder zeitweise »frigide« sind. Besser: frigide gemacht worden sind. Die Schätzungen der Sexualwissenschaft sind nicht weit davon entfernt. Experten vermuten, daß jede dritte oder zweite Frau akut frigide ist und fast alle Frauen massive Schwierigkeiten in der Sexualität haben.

Mit solchen Zahlen vor Augen wird erst richtig klar, wie makaber die Sexwelle für Frauen ist. Für sie hat sich weder an ihrer Abhängigkeit von Männern noch an der Unwissenheit über den weiblichen Körper grundlegend etwas geändert. Für sie hat sich nur eines geändert: Frauen müssen die nicht vorhandene Lust nun auch noch vorspielen. Früher konnten Frauen sich aus Prüderie oder Angst vor unerwünschter Schwangerschaft wenigstens verweigern, wenn sie keine Lust hatten, heute haben sie dank Aufklärung und Pille zur Verfügung zu stehen. Nach ihren Bedürfnissen fragt niemand. Auch sie selbst nicht. Sie verschweigen sie schamhaft, verbergen ihre sexuelle Verstümmelung und Ohnmacht, als hätten sie Angst, damit zu den Aussätzigen einer sexbesessenen Gesellschaft zu werden.

So veröffentlichte Prof. Bell 1974 in den USA eine Untersuchung bei 2.373 Frauen und resümierte: Die Frauen sind so frigide wie zu Zeiten des Kinsey-Reports, also vor 20 Jahren. Nur behaupten sie heute, im Unterschied zu früher, »in überwältigender Mehrheit«, das sexuelle Zusammensein »nicht mehr als Pflicht zu empfinden, sondern Spaß daran zu haben«.

Früher, als Frauen Sexualität überhaupt abgesprochen wurde, hatten wir dennoch eine Identität, wenn auch eine negative. Heute wird uns diese negative Identität genommen, aber dafür keine Möglichkeit gegeben, Sexualität in Freiheit und Bewußtsein zu leben. Die neue Norm ist nicht die unsere, sondern die der Männer, Resultat: Wir sind total verunsichert.

Vom Hamburger Institut für Sexualforschung berichten Prof. Schorsch und Gunter Schmidt, daß zunehmend Männer ihre Frauen in die Sexualberatung schicken, damit sie »richtig funktionieren«: »Immer wieder sind in den letzten Jahren Frauen in die Sprechstunde gekommen mit Erklärungen wie: Mein Mann hat mich aufgefordert, etwas zu unternehmen, damit ich einen Orgasmus bekomme. Er verlangt von mir, daß ich richtig reagiere.«

Und auf Vorstadtbällen ist es schon lange üblich, daß Jungen Mädchen vor dem Tanz fragen: »Hast du heute schon geschluckt?« – die Pille nämlich. Hat sie noch nicht geschluckt, wird gar nicht erst mit ihr getanzt – sie ist ja doch nicht zu gebrauchen ... So erklärt es sich, daß eine 15-jährige Schülerin, die noch keine sexuelle Beziehung hatte, vor zwei Jahren einem Journalisten auf die Frage, warum sie die Pille nehme, antwortete: »Damit ich vielleicht auch einmal einen Jungen kennenlerne, mit dem ich ein wenig länger zusammen sein kann.«»Wie lange?«»Na, vielleicht ein paar Wochen, das wäre schön.«

Das heißt: Frauen erkaufen sich menschliche Nähe, Hautkontakt, Zärtlichkeit und soziale Anerkennung durchs Bett. Eigene sexuelle Bedürfnisse werden gar nicht erst bewußt, sie sind zu unterdrückt und deformiert.

Die Beziehungen zwischen Mann und Frau sind heute so eindeutig Machtbeziehungen (selbst da, wo Männer an ihrer Rolle zweifeln oder zerbrechen), daß auch die weibliche Sexualität nur wieder Ausdruck weiblicher Ohnmacht sein kann. Daran liegt es, daß auch wünschenswerte Freiheiten wie Verhütung oder legaler Schwangerschaftsabbruch Frauen manchmal noch unfreier machen können: Sie schlagen als Bumerang auf die Frauen zurück. Darum muß jede Liberalisierung gerade auch in der Sexualität Hand in Hand gehen mit Bewußtwerdungsprozessen, die es den Frauen möglich machen, dies für sich selbst zu nutzen, anstatt sich zusätzlich benutzen zu lassen.

Vor allem anderen macht Abhängigkeit vom Mann Frauen unfähig, sexuelle Lust zu empfinden. Ein ebenso wesentlicher Faktor wie die Abhängigkeit aber sind die herrschenden sexuellen Normen, die total an den körperlichen Bedürfnissen von Frauen vorbeigehen.

»Frigide« ist heute eine Frau, die keinen »vaginalen Orgasmus« bekommt, das heißt, einen Orgasmus, der ausschließlich durch das Eindringen eines Penis in die Scheide ausgelöst wird. Das ist die offizielle Definition der Wissenschaft. Gleichzeitig aber weiß diese Wissenschaft seit über einer Generation (seit dem Kinsey-Report), daß es diesen vaginalen Orgasmus gar nicht gibt.

Der mit einer seltenen Konsequenz und Ehrlichkeit erarbeitete und dargestellte Kinsey-Report basiert auf der Befragung von 6.ooo Frauen und ebenso vielen Männern. Er ist die bisher umfassendste Studie der herrschenden Sexualpraktiken und konstatiert in nüchternen Zahlen und Fakten unter anderem: Es gibt keinen vaginalen Orgasmus, es gibt nur einen klitoralen, das heißt, einen körperlich durch die Klitoris ausgelösten Orgasmus. Die Klitoris ist das weibliche Pendant zum männlichen Penis, ist das erotische Zentrum des weiblichen Körpers.

Der Kinsey-Report, der eigentlich zur Grundschul-Lektüre gehören müßte, wurde in mehreren Ländern verboten, in einigen sogar verbrannt. In allen aber wurde seine Bedeutung durch verfälschte Resümees und Auslassungen manipuliert. Kein Wunder, denn seine Realität ist Dynamit für die heutigen menschlichen Beziehungen, vor allem für die zwischen Mann und Frau.

In den sechziger Jahren bestätigten Masters und Johnson (»Die sexuelle Reaktion«) Kinseys Befragungen mit präzisen Messungen und Labor-Beobachtungen. Auch sie kamen zu dem Schluß: Es gibt keinen vaginalen Orgasmus. Er ist eine physiologische Absurdität, denn die Vagina hat so viele Nerven wie der Dickdarm, das heißt: fast keine. Ihr Hauptteil kann ohne Betäubung operiert werden. Frauen wissen selbst sehr gut, daß sie z. B. ein Tampon nicht spüren und daß das auch alles andere als erotisierend wirkt. In der Vagina spielt sich nichts ab.

Zur sexuellen Stimulierung muß der klitorale Bereich direkt oder indirekt gereizt werden – einmal abgesehen von der psychischen Komponente des Orgasmus, der rein körperlich jedoch ebenfalls in der Klitoris ausgelöst wird. Bei der Penetration, dem Eindringen eines Penis in die Scheide, geschieht das in den meisten Fällen nicht: Die Klitoris liegt zu sehr vorne, um automatisch mit berührt zu werden.

Masturbierende Frauen wissen das sehr gut. Sie berühren sich fast immer nur außen, also an der Klitoris, und nie innen in der Scheide und kommen dabei zu 85 % (Giese) zum Orgasmus. Diese Frauen spüren instinktiv, wo ihr Lustzentrum liegt, wagen es aber nicht, ihr eigenes Bedürfnis gegen die von ihnen selbst akzeptierten herrschenden Normen und gegen das Verhalten der Männer durchzusetzen. Viele Frauen masturbieren (oft heimlich) bis zum Orgasmus, während sie in der gleichen Zeit mit ihren Männern »frigide« sind.

»Gleichzeitig aber wächst makabererweise die Zahl der Frauen (und Männer), welche die Gleichung Vaginalorgasmus – Normalität bedingungslos akzeptieren«, schreibt Mary Jane Sherfey, Psychiaterin und Autorin des Klassikers »Die Potenz der Frau«. »Die Folge davon ist ein stetig wachsendes Schuldgefühl, ein Bewußtsein der Furcht und des Ressentiments bei in jeder Beziehung durchaus gesunden Frauen, denen es aber nicht gelingen will, jenen so schwer greifbaren Preis zu erringen.«

Sherfey geht dem »Unterschied« bis in den Mutterleib nach. Sie erinnert daran, daß, embryologisch gesehen, die biologische Weiblichkeit und Männlichkeit nur leichte Varianten ein und desselben Grundmusters sind. Daß am Anfang nicht Adam ist, sondern Eva: Zwar liegt bei der Befruchtung das Geschlecht fest, doch ist zunächst jeder Embryo weiblich. Erst in der fünften Woche »maskulinisieren« Androgene die ursprünglich weiblichen Fortpflanzungsanlagen und Sexualorgane des zukünftig männlichen Embryos.

Dazu Sherfey: »Embryologisch gesehen ist es durchaus richtig, im Penis eine wuchernde Klitoris, im Skrotum eine übertrieben große Schamlippe, in der weiblichen Libido die ursprüngliche zu sehen! Die moderne Embryologie müßte für alle Säugetiere den Adam-und-Eva-Mythos umkehren.«

Am Anfang war also das Weib! Nichts liegt mir ferner, als daraus die ideologische Umkehrung schließen zu wollen und nun die »natürliche« Überlegenheit des Weibes zu propagieren! Das hieße, biologistischer Männerargumentation aufsitzen und damit jedem Evolutions- und Emanzipationsgedanken ins Gesicht schlagen. Aber in einer Gesellschaft, die die Überlegenheit des Mannes und die Minderwertigkeit der Frau im Namen der scheinbar »natürlichen« männlichen Erstlingsrechte folgert, in einer solchen Gesellschaft sind diese Richtigstellungen natürlich nicht ganz ohne Reiz ... Sie sind wesentlich für das Selbstverständnis von Frauen, die endlich begreifen müssen, dass sie weder physisch noch psychisch oder intellektuell Anhängsel der Männer sind; nicht Adams Rippe, sondern eigenständige Wesen.

Doch all dieses Wissen konnte weder den Mythos von der weiblichen Minderwertigkeit noch den vom vaginalen Orgasmus erschüttern. Selbst Masters und Johnson straften, nachdem sie bewiesen hatten, daß es den vaginalen Orgasmus nicht gibt, ihre eigene Erkenntnis Lügen mit den Konsequenzen, die sie zogen. Sie veranstalten heute mit sexualgestörten Paaren regelrechte Koitus-Gymnastiken. Und damit die Frauen dabei nicht total frustriert auf der Strecke bleiben, wird das, was für sie physisch das Wesentliche ist – nämlich Hautkontakt, Zärtlichkeit und klitorale Stimulierung –, im so genannten »Vorspiel« untergebracht.

Nur die einstigen Propheten scheinen manchmal Skrupel zu befallen. So die Freudianerin Helene Deutsch, Päpstin der Psychologie von der »Weiblichkeit«. Die Psychoanalytikerin war jahrzehntelang treue Anhängerin von Freuds These vom »unreifen klitoralen Orgasmus« mit dem Übergang zum »reifen vaginalen Orgasmus«. Erst nach langer praktischer Erfahrung mit den »frigiden« Frauen, die sie »heilen« wollte, kapitulierte Helene Deutsch vor der Realität der Frauen. Mary Jane Sherfey berichtet über sie, Helene Deutsch sei zu der Überzeugung gekommen, »die Klitoris ist das eigentliche Geschlechtsorgan und die Scheide dient nur der Fortpflanzung«. Sie, die sich ein Leben lang gefragt hatte: Wie kommt es, daß Frauen keine vaginalen Orgasmus haben?, frage sich nun: »Warum und wie ist es gekommen, daß es Frauen gibt, die überhaupt einen vaginalen Orgasmus erleben?«

Das heißt: Der Koitus, der bis heute als unentbehrliche und zentrale Praxis in der Heterosexualität gilt, ist zwar unentbehrlich zur natürlichen Zeugung von Kindern, aber durchaus entbehrlich zur Zeugung von Lust. Er könnte eine von vielen möglichen Varianten des Hautkontaktes sein, die man tun, aber auch lassen kann. Körperlich wesentlich für eine lustvolle Sexualität ist für die Frau nicht die Penetration, sondern das Stimulieren ihrer Klitoris – so wie für den Mann das Stimulieren seines Penis. (Und der muß auch nicht unbedingt in der Vagina stimuliert werden.)

Wie aber konnte es überhaupt zu diesem scheinbar absurden Dogma kommen? Wie konnte es zu der zentralen Bedeutung einer Sexualpraktik kommen, die Frauen frigide macht und für Männer auch nicht zwangsläufig die körperlich befriedigendste Praktik sein muß?

Was spricht für die Penetration? Nichts bei den Frauen, viel bei den Männern! Der die Frau zur Passivität verdammende Koitus ist für Männer die unkomplizierteste und bequemste Sexualpraktik: Sie müssen sich nicht mit der Frau auseinandersetzen, müssen sie weder seelisch noch körperlich stimulieren – passive Hingabe genügt. Auch ist die psychologische Bedeutung dieses in sich gewaltsamen Aktes des Eindringens für Männer sicherlich nicht zu unterschätzen: Bumsen, wie es im Volksmund so treffend heißt, als höchste Demonstration männlicher Potenz! Außerdem wird für viele Männer Gewalt gleich Lust sein und darum die Penetration vielleicht *heute* doch auch das lustvollste.

Aber das allein erklärt noch nicht den absoluten Zwang zu sexuellen Normen, die konträr zu den Bedürfnissen der Hälfte der Menschheit (nämlich der weiblichen) stehen und zusätzlich die ungeheure Belastung der Verhütung mit sich bringen. Man stelle sich vor: Das ganze Grauen der ungewollten Schwangerschaften und Abtreibungen, die Nebenwirkungen der Pille und die Entzündungen durch die Pessare – alles wäre mit einem Schlag überflüssig –, wenn Frauen Sexualität ihren natürlichen Bedürfnissen entsprechend leben könnten: Die Penetration in der Heterosexualität wäre dann keine Liebespraktik mehr, sondern der Zeugung vorbehalten. Ungewollte Schwangerschaften wären nicht mehr möglich.

Doch weder das Elend der Abtreibung noch die weibliche Frigidität konnten das Dogma vom vaginalen Orgasmus erschüttern. Die Gründe müssen gewichtig sein. Meine These:

Nur der Mythos vom vaginalen Orgasmus (und damit von der Bedeutung der Penetration) sichert den Männern das Sexmonopol über Frauen. Und nur das Sexmonopol sichert auch Männern das private Monopol, das das Fundament des öffentlichen Monopols der Männergesellschaft über Frauen ist.

Das Monopol ist nur scheinbar umkehrbar. Denn ein Mann ohne Frau ist in unserer Gesellschaft allemal ein Mann, eine Frau ohne Mann aber keine Frau. Männer finden ihre Existenzberechtigung nicht nur in der privaten Beziehung, sie haben noch andere Bereiche der Bestätigung (Beruf, Öffentlichkeit, Kumpanei mit anderen Männern). Ein Mann zum Beispiel, der im Privatleben scheitert, es aber im Beruf schafft, ist anerkannt. Eine Frau kann im Beruf noch so tüchtig sein, sie wird immer an ihrem Privatleben gemessen werden.

Eine Frau hat keine Existenzberechtigung als autonomes Wesen, sondern nur in Bezug auf den Mann. Ihre Definition ist die eines Geschlechtswesens. Jeder Emanzipationsversuch muß darum früher oder später in einer Sackgasse landen, solange jede Frau einzeln privat dem Mann ausgeliefert ist. Und solange sie keine Alternative hat, kann sie ihre Beziehung nicht freiwillig wählen, sondern ist auf sie angewiesen.

Das ist der entscheidende Punkt: Das Sexmonopol von Männern über Frauen sichert ihnen gleichzeitig das emotionale Monopol (Frauen verlieben sich selbstverständlich nur in Männer), das soziale Monopol (Frauen sind zur sozialen Anerkennung auf die Ehe, mindestens aber auf die Männerbeziehung angewiesen) und das ökonomische Monopol (Frauen akzeptieren »aus Liebe zum Mann« Gratisarbeit im Haus und Zu-Verdiener-Jobs im Beruf).

Darum kann nur die Erschütterung des männlichen Sexmonopols von Grund auf die Geschlechterrollen ins Wanken bringen.

Kategorien wie Heterosexualität und Homosexualität sind kultureller Natur und nicht biologisch zu rechtfertigen. Die herrschende Heterosexualität ist eine kulturell erzwungene, eine Zwangsheterosexualität. Wie unhaltbar sie von Natur aus ist, schrieb schon Kinsey in seinem Report über »Das sexuelle Verhalten der Frau«:

»Man kann nicht häufig genug betonen, daß das Verhalten eines jeden Lebewesens von der Art des Reizes, der es trifft, von seinen anatomischen und physiologischen Fähigkeiten und von seinen früheren Erfahrungen abhängig ist. Die Klassifizierung des sexuellen Verhaltens als onanistisch, heterosexuell und homosexuell ist daher unglücklich, wenn dies den Gedanken nahelegt, daß drei verschiedene Reaktionstypen beteiligt seien oder daß nur verschiedene Typen von Menschen je eine dieser sexuellen Betätigungen suchen oder bejahen. Es ist uns in der Anatomie oder Physiologie der sexuellen Reaktion und des Orgasmus nichts bekannt geworden, wodurch sich onanistische, heterosexuelle und homosexuelle Reaktionen unterscheiden.

Die Ausdrücke sind nur deshalb von Wert, weil sie die Quelle des sexuellen Reizes angeben, sollten aber nicht zur Charakterisierung der Personen verwendet werden, die auf die jeweiligen Reize reagieren. Unser Denken wäre klarer, wenn die Ausdrücke vollständig aus unserem Wortschatz verschwänden, denn dann könnte das zwischenmenschliche Sexualverhalten als Betätigung zwischen Mann und Frau oder zwischen zwei Frauen oder zwischen zwei Männern beschrieben werden, was eine objektivere Darstellung der Tatbestände wäre.«

In einer Kultur, in der Zeugung nicht primärer Impuls für menschliche Sexualität ist, müßte also bei freien Entfaltungsmöglichkeiten die Homosexualität ebenso selbstverständlich sein wie Heterosexualität und Eigensexualität. Das hieße, daß Menschen in erster Linie Menschen wären und nur in zweiter biologisch weiblich oder männlich. Geschlecht wäre nicht mehr Schicksal. Frauen und Männern würde kein Rollenverhalten mehr aufgezwungen, der Männlichkeitswahn wäre so überflüssig wie der Weiblichkeitskomplex. Die geschlechtsspezifische Arbeitsteilung und Ausbeutung wäre aufgehoben. Nur die biologische Mutterschaft bliebe Frauensache, die soziale Mutterschaft aber (das heißt die Kindererziehung) ginge Männer ebenso an wie Frauen. Das Leben von weiblichen und männlichen Menschen verliefe nicht nach Rollenzwang, sondern nach individuell unterschiedlichen Bedürfnissen und Interessen – unabhängig vom Geschlecht (das Aktiv-passiv-Verhalten wäre austauschbar). Menschen könnten mit Menschen kommunizieren, nach ihrem jeweiligen Bedürfnis auch sexuell unabhängig von Alter, Rasse und auch Geschlecht (Klassen gäbe es in einer befreiten Gesellschaft nicht mehr). Utopie, aber auch reales Ziel, das wir hier und heute nicht aus den Augen verlieren dürfen. Es muss jetzt unser Handeln bestimmen.

Doch schon die Möglichkeit zur Alternative, schon die Entwicklung emotionaler Freundschaften zu Frauen wirkt sich befreiend aus, erweitert den Spielraum. Im Klartext: Es kann und darf nicht um neue Normen gehen. Nicht alle Frauen sollen bisexuell oder lesbisch werden. Aber alle Frauen sollen die Möglichkeit haben, bisher Selbstverständliches in Frage zu stellen. Und – das scheint mir mit das Wesentlichste – Frauen sollen endlich ihre Wahrheit sagen können. Sie dürfen nicht eingeschüchtert bleiben durch den Terror der angeblichen Norm, müssen begreifen, dass ihre Probleme die der meisten Frauen sind. Frauen müssen endlich von ihren Ängsten, Abhängigkeiten, Widersprüchen und Hoffnungen reden können.

Gekürzter Auszug aus: »Der kleine Unterschied und seine großen Folgen«, 1975.

Die Zeit 1975
Christian Schultz-Gerstein
Lange Nacht mit
Alice Schwarzer

Einer im Saal verstand das ganze Frauen-Gerede nicht, das Gerede von Männermacht und Frauenohnmacht, von sexueller Unterdrückung und ökonomischer Abhängigkeit der Frau. »Ich bin froh«, erhob sich der kerngesund, wohlgenährt aussehende Mittvierziger, »ich bin froh, ein Mann zu sein. Und alle Mädchen, mit denen ich's getan hatte, die haben es freiwillig getan und hinterher gesagt, es sei sehr schön gewesen.«

Ein anderer Vertreter des Patriarchats dagegen verstand den Frauenkampf geradezu unterwürfig gut und erzählte in männlich ausschweifender Rede von seiner wundersamen Bekehrung zum Feminismus.

Wo immer Alice Schwarzer, 33, die populärste unter Deutschlands Frauenrechtlerinnen, während ihrer im Oktober gestarteten, kurz vor Weihnachten endenden Diskussionsreihe durch die Republik auftritt, da fühlt sich die Minderheit der Männer in überfüllten Volkshochschulen, Bürgerhäusern und Buchhandlungen herausgefordert. Wenn nach dem halbstündigen Einleitungsreferat zur Situation der Frauen, das Alice Schwarzer längst aus-, aber auch beim 25. Mal noch inwendig vorträgt – mit sanfter Stimme und einem vor Dringlichkeit gehetzten Redefluß –, wenn danach die Diskussion beginnt, dann sind es meist Männer, die sich ermannen und den Anfang machen.

In Büdingen, einer Kleinstadt von 7.000 Einwohnern, in der Männer noch Männer sind, muß Alice Schwarzer die stumm und eingeschüchtert dasitzende Frauenmehrheit im randvollen Bürgerhaus ermuntern, sich ein Herz zu fassen und die Diskussion nicht den Männern zu überlassen. Schweigende zum Reden bringen, Mutlosen Mut machen und die Schwachen zu stärken, diese charismatische Fähigkeit der Alice Schwarzer verfehlt auch in Büdingen ihre Wirkung nicht.

Eine unscheinbare Frau steht auf, entschuldigt sich lapidar (»Mir sind vor ein paar Tagen die Zähne ausgeschlagen worden«) für ihre schlechte Aussprache. Sie hat wie viele Frauen in diesen Versammlungen keine spezielle Frage, sie will nicht diskutieren mit Alice Schwarzer, sie will ihr etwas von sich erzählen. »Ich bin 40 Jahre alt, habe drei Kinder und einen gut verdienenden Mann. Seit einigen Wochen gehe ich putzen. Endlich einmal habe ich eigenes Geld, von dem ich mir jetzt eine Stereoanlage gekauft habe. Außer meinen Kindern ist die Stereoanlage das einzige, was mir nach 20 Ehejahren gehört.« Vom nächsten Geld werde sie sich dann ein Auto kaufen. »Denn ein Auto hat Räder, und es trägt mich hinaus.«

In Offenbach faßt sich kurz vor Ende eine junge Arbeiterin ein Herz, die in ihrem bisherigen Leben ein einziges Buch gelesen hat, Alice Schwarzers Buch »Der kleine Unterschied und seine großen Folgen«. Ihre Stimme zittert, sie wird rot, schämt sich hier in einer Buchhandlung vor so vielen Leuten, die wahrscheinlich das Abitur haben, ihres breiten hessischen Dialekts.

Alice Schwarzer aber hört unverwandt zu, und die junge Frau erzählt nach so viel Hindernisläufen nun nichts weiter als eine nebensächliche Begebenheit, wie sie mal Männern in der Kneipe einen Schnaps ausgeben wollte, wie die da richtig beleidigt waren, sie ausgelacht, ihr in den Hintern gekniffen und dann selber einen ausgegeben haben. Es sind immer wieder diese Frauen aus den sozialen Niederungen, Angehörige einer sozialen Schicht, die man sonst in kulturellen Veranstaltungen nicht antrifft, die sich von Alice Schwarzer von vornherein verstanden fühlen.

Was ist an dieser Person, die in der Medien-Öffentlichkeit als »Hexe mit stechendem Blick« (Bild), als »frustrierte Tucke« (Süddeutsche Zeitung), als »Amazone, kämpferisch von Kopf bis Fuß« (Stern) gilt, daß in Darmstadt, Buß- und Bettag vormittags um elf Uhr 2000 Leute zu dieser »Nachteule mit dem Sex einer Straßenlaterne« (Münchner Abendzeitung), strömen, daß selbst in Büdigen, wo man nach Einbruch der Dunkelheit keine Menschenseele mehr auf den Straßen trifft, abends das Bürgerhaus gerammelt voll ist und daß sie selbst auf ihre Gegner, in deren Eheleben alles ganz anders als bei ihr beschrieben zugeht, noch sympathisch wirkt?

Es muß wohl an dem kleinen Unterschied liegen zwischen der öffentlichen Figur Alice Schwarzer, die bis zur Karikaturreife als kastrationswütiges Monster populär gemacht wurde, und der leibhaftigen Person, der eine vertrauenseinflößende Melancholie unübersehbar im Gesicht geschrieben steht. In ihren Vorträgen spricht sie viel vom »Leidensdruck der Frauen«, von dem Ziel, »die Beziehungen zwischen den Geschlechtern zu vermenschlichen«, davon, dass die Frauenbewegung »ein Klima der Dringlichkeit« schaffen wolle.

»Wir sind ja keine befreiten Frauen, die andere Frauen befreien wollen und die nun genau wissen, wie man's macht.« Die sachlichen Fragen in den Diskussionen, warum Männer aus den Frauengruppen ausgeschlossen seien, ob der eigentliche Feind der Frauen nicht der Mann, sondern das Kapital sei, diese sachlichen Fragen langweilen sie eher. Sie antwortet mit routinierter Schlagfertigkeit, wenn ein Mann wissen will, woher sie die Behauptung von der nervlichen Unempfindlichkeit der Vagina habe: »Haben Sie mal einen Tampon getragen?«

Und die meisten ihrer Entgegnungen beginnt sie mit dem Hinweis, sie habe zwar schon tausendmal gesagt, etwa, daß sie nichts gegen Männer habe, »aber für Sie will ich es gern noch mal sagen«. Denn »Frauenkampf ist nicht in erster Linie ein Kampf gegen Männer, er ist ein Kampf für Frauen. Allerdings richtet er sich gegen Männer, wo sie individuell und gesellschaftlich auf Kosten von Frauen an ihren Privilegien festhalten.«

Zu theoretischen Diskussionen über die so genannte Geschlechterfrage hat Alice Schwarzer schlicht keine Lust. Auf soziologische Fachsimpeleien – »Was wollen Sie eigentlich mit dem Frauenkampf erreichen? Wollen Sie die Misere dieser Gesellschaft auf beide Geschlechter gleichmäßig verteilen, oder wollen Sie eine bessere Gesamtgesellschaft?« – läßt sie sich je nach Stimmung im Saal ein oder nicht.

Bei dieser Art Fragen spielt sie mit ihren Haaren, nippt unwillig-ungeduldig am Selterswasser und reagiert dann allergisch, als ob sie gar nicht zugehört hätte: »Einige Genossen glauben immer, sie haben die Wahrheit gepachtet. Aber ich will hier keine Expertendiskussion, mich interessiert nur die Betroffenheit.«

Gelegentlich auch flieht die in kleineren Gesprächsrunden ganz und gar undogmatische, bis zur Selbstironie humorige Feministin vor dem öffentlichen Zwang, auf alle Fragen eine Antwort wissen zu müssen, eben auch auf Fragen, die sie weder beschäftigen noch interessieren, in die

Rolle der Oberlehrerin, die bündig Bescheid gibt, wie überhaupt die Bestimmtheit, mit der Alice Schwarzer reden und auftreten kann, oft wie ein selbst erteilter Befehl wirkt, sich in der Öffentlichkeit keine Blöße zu geben, in der Öffentlichkeit, vor der sie jedesmal wieder eine Anfangsscheu erst überwinden muß.

Da kommt ihr dann erst in den ersten Minuten forsches Feministinnen-Vokabular nur zögernd über die Lippen; zu Wörtern wie »Männergesellschaft, Männernormen«, die sie schon wenig später ganz selbstverständlich benutzt, zuckt sie leicht mit den Achseln, entschuldigt sich, daß sie das »jetzt mal so verallgemeinernd sagen« müsse, hinterher könne man das ja »noch vertiefen«. »Das Wesen mit Penis«, von dem sie sonst zu sprechen pflegt, umschreibt sie in den ersten Minuten als »Wesen mit ... ich weiß auch nicht was, wir brauchen ja auch nicht gleich so in die delikaten Einzelheiten zu gehen.«

Und manchmal, wie in Offenbach, zögert sie überhaupt ihren Auftritt hinaus, geht fünf Minuten vorher in die nächstgelegene Kneipe und läßt sich bei Bier und Schinkenbrot in aller Seelenruhe nieder.

Wenn dann aber glücklich alles vorüber ist und sich zu vorgerückter Stunde die Mühsamen und Beladenen mit ihren persönlichen Nöten um sie scharen, dann lebt sie nach dem anstrengenden Frage- und Antwortspiel wieder auf, schlägt vor, man sollte sich doch in Ruhe in ein Lokal setzen.

Fragt man einmal umgekehrt sie nach ihrem Leben, dann erhält man von Alice Schwarzer einen biografischen Abriß, den sie wachsam gegen psychologisierende Deutung ihrer heutigen Aktivitäten absichert. (...)

Als eine Frau, die im entscheidenden Moment die Ärmel hochkrempelt statt in Tränen auszubrechen, so sieht sie sich selbst und so erzählt es auch ihre Biographie, als die Biographie einer Frau, die im Notfall auf niemanden angewiesen ist.

Christian Schultz-Gerstein / Die Zeit, 12.12.1975

Die Zeit 1976
Christian Schultz-Gerstein
Wie Journalismus
zur Menschenjagd wird

So geht das nun seit Monaten: »Hexe mit dem stechenden Blick« (*Bild*), »frustrierte Tucke« (*Süddeutsche Zeitung*) »Nachteule mit dem Sex einer Straßenlaterne« (*Münchner Abendzeitung*). Und ein Ende der Beschimpfungen, die so offenkundig kein anderes Ziel haben als das, die deutsche Frauenrechtlerin Alice Schwarzer solange zu demütigen, bis sie es endlich gefressen hat, daß sie ihre Schnauze halten soll, ein Ende dieser bisher längsten und perfidesten journalistischen Menschenjagd in der Geschichte der Bundesrepublik ist nicht abzusehen. Denn Alice Schwarzer hat immer noch nicht abgeschworen, darum muß sie weiter büßen nach dem Motto: Mit dir werden wir schon noch fertig werden.

Vorige Woche traten nach den Journalisten zur Abwechslung wieder einmal deren Leser, diesmal die *Spiegel*-Leser, zur Exekution an. Der Betriebswirt Hans Lochbaum aus Karlsruhe schlug vor, zur Beseitigung der Frauenrechtlerin – denn nur um die Frage, wie man diese »Hexe«, die sich unverschämterweise unter uns Arier mengt, am besten loswird, nur darum geht es noch –, der Herr Lochbaum schlug also vor, ein Mann müßte her, »es der Alice zu besorgen, daß die Heide weint –, ich wette, Deutschland hätte eine ›Frauenrechtlerin‹ weniger«. Joachim Böttger aus München dagegen versucht es, einmal noch, im Guten, Alice Schwarzer zum Verschwinden zu bewegen, indem er sie höflich, wenn auch mit hörbar bebender Stimme, die nichts Gutes ahnen läßt für den Fall des Ungehorsams, auffordert: »Verschonen Sie uns in Zukunft bitte mit diesem unausgegorenen, orthodoxen Scheißdreck.«

Man könnte Seiten füllen, mit solchen Zitaten lallender und zugleich herrischer Empörung, es wiederholt sich auf monotone Weise ein und derselbe Vorgang: Hier sollen Gedanken vernichtet werden, indem man sie gar nicht erst zur Kenntnis nimmt, geschweige denn, sich mit ihnen auseinandersetzt, sondern zum offenen Angriff auf diejenige übergeht, die sie verbreitet. So gewiß Alice Schwarzers Kritik am Patriarchat nicht unter Naturschutz steht, so gewiß muß eine demokratische Öffentlichkeit, die diesen Namen verdient, den Schutz ihrer wie jeder anderen Person gewährleisten dadurch, daß sie sie ernst nimmt, ihr sachlich widerspricht, zustimmt oder sie auch für unwichtig hält und schweigt. Daß Alice Schwarzer diesen selbstverständlich erscheinenden Schutz nicht genießt, daß rechte und linke Journalisten gleichermaßen ihr stumpfsinniges Schwanz-ab-Schwarzer, das so verdächtig nach Kopf ab, Schwarzer, klingt, über sie verhängen und es ihren Lesern vormachen, wie man mit so einer umspringt, das ist schon furchterregend.

Der einzelne, der sich auf eigene Faust, das heißt ohne den schützenden Apparat einer Zeitung oder einer politischen Partei mit Meinungen in die Öffentlichkeit wagt, die den Mächtigen unbehaglich sind und bei den Ohnmächtigen auch noch Beifall finden, der wird hierzulande zunehmend als Freiwild gejagt. Aus Ostfriesland berichtet ein Lehrer, der mit 14-Jährigen zum Thema Emanzipation einen Text von Alice Schwarzer las: Die Stunden ... waren sehr chaotisch. Schon der Name Alice Schwarzer löste einen ungeheuren Tumult in der Klasse aus ... Ich musste mich gegen den Vorwurf wehren, überhaupt einen Text von Schwarzer vorzulegen.

Christian Schultz-Gerstein / Die Zeit, 16.7.76

Personenregister

Fotonachweis

Alle Fotos: privat – außer:
Seite 105 unten: Senta Berger
Seite 260 oben: ullstein bild – du vinage
Seite 302 unten: Anke Rixa-Hansen
Seite 304 oben: Bundesbildstelle
Seite 305 unten: bpk / Abisag Tüllmann
Seite 331: Walter Vogel
Seite 332 oben: Monika Zucht
Seite 332 unten + 333: Walter Vogel
Seite 334 oben: Volker Krämer
Seite 335 oben: ullstein bild – Mokos
Seite 335 unten: Bettina Flitner
Seite 363: Walter Vogel
Seite 364 + 365 unten: Matthias Olbrisch
Seite 365 oben: Gabriele Jakobi
Seite 366 oben: Bert Nienhuis
Seite 366 unten: Digne Meller-Marcovicz
Seite 367 oben: Gabriele Jakobi
Seite 367 unten: Matthias Olbrisch
Seite 372 / 373: Gabriele Jakobi

EMMA

„Sie fanden mein Leben interessant?
Sie wollen wissen, wie es weitergeht
mit mir, den Frauen & der Welt?
Dann lesen Sie EMMA. Jetzt!"

Weitere Titel von Alice Schwarzer bei Kiepenheuer & Witsch

Romy Schneider. Mythos und Leben.
KiWi 1074

Marion Dönhoff. Ein Widerständiges
Leben. KiWi 1075

Die große Verschleierung. Für Integration, gegen Islamismus. KiWi 999
Verfügbar auch als eBook

Die Antwort. Gebunden

www.kiwi-verlag.de

Kiepenheuer
&Witsch